普通高等教育"十一五"国家级规划教材

孙翊刚　　王文素　　主编

中國財政史

中国社会科学出版社

图书在版编目（CIP）数据

中国财政史/孙翊刚，王文素主编. —北京：中国社会科学
出版社，2007.6（2013.4 重印）
ISBN 978 - 7 - 5004 - 6377 - 1

Ⅰ.①中… Ⅱ.①孙…②王… Ⅲ.①财政—经济史—中国
Ⅳ.①F812.9

中国版本图书馆 CIP 数据核字（2007）第 132215 号

责任编辑	张	红
责任校对	修广平	
封面设计	毛国宣	
责任印制	戴	宽

出 版	中国社会科学出版社	
社 址	北京鼓楼西大街甲 158 号（邮编100720）	
网 址	http://www.csspw.cn	
	中文域名:中国社科网	010 - 64070619
发 行 部	010 - 84083685	
门 市 部	010 - 84029450	
经 销	新华书店及其他书店	

印刷装订	三河市君旺印装厂
版 次	2007 年 6 月第 1 版
印 次	2013 年 4 月第 2 次印刷

开 本	710×1000 1/16
印 张	25.75
字 数	423 千字
定 价	30.00 元

编写说明

一、本书是教育部列入"十一五"规划教材的大学本科教材。

二、本书力图以马克思主义的基本原理为指导，历史地、辩证地、实事求是地看待中国历史上的重大财政决策和事件，客观地反映中国数千年来财政发生、发展的历史轨迹，为当前的国家经济建设提供借鉴。

三、本书是普通高等学校本科教材，立足于对财政基本理论和基本知识的传授。本书主要根据中国历代史籍的记载和当今考古发现以及中外最新研究成果编写而成。为适应本专业学习需求，力图文字简洁，历史事件准确，体系设计规范，以有助于学生的学习和理解。

四、本书是在原《简明中国财政史》和《中国财政史》等高等财经院校教材的基础上，经过多年教学实践，对原来的体系和内容作了合理的修改和补充后形成的成果。

五、本书主要供普通高等学校本科教学之用，也可作为财税干部培训用教材。

六、先后参与本书编写的人员有：山西财经大学的谭建立教授、中央财经大学的马金华、王文素、（王复华）、孙翊刚、张劲涛教授和南京审计学院的蒋大鸣教授。修正定稿是由孙翊刚教授完成的。

七、本书在编写过程中，学习、参考了有关文献典籍，也学习参考了近代有关学者、专家的研究成果，在此表示感谢。还要感谢中国社会科学出版社的张红主任，她为本书的出版作出了无私的贡献。

由于我们水平有限，本书在史料的取舍，观点表达，文字组织诸方面可能存在不少缺点或错误，恳请读者批评指正。

中央财经大学

孙翊刚　王文素

2007 年 3 月

目　录

导　言

　　现在大家对财政在国家建设中的重要作用已经有相当的了解了。大至基础设施的建设，小到小学生学杂费的减免，无不与钱有关，而这个钱是"公"钱，是国库中的钱！从作用的范围来看，国家财政对社会的稳定、经济的发展、国家政权的巩固等方面，无不具有重大关系。

　　财，从贝从才。"贝，货也"（《广雅·释诂》）；"资货粮用之属"。古人把帛布粮物看成是宝货，这是时代的反映。"才"，指人的能力和智慧。所以，"财"可理解为创造财富的人和人所创造的财富及天地自然之物（金、玉、布、帛粮物等宝货）。"政"，正也；治也；赋也；法制也；又指官府所治公事，包括维持民生诸事。中国古代称国家财务活动为"财用"，如"乘其财用之出入"。综观其义，原始意义的财政，是官府（或氏族、部落）将所属成员（人）和其所创造的财富用于公共事务的行为。就是说，财政是因"公"事活动而生，因公共事务之需而用，这应是后世所说的公共财政。中国具有五千多年的文明史，由氏族社会、奴隶社会、封建社会发展演变到今天的社会主义社会。历代的统治者，特别是那些开国之君臣，在治国安邦，治理、整顿财政方面，以经世、济民的理念，"九式经邦"的体系设计，大都作出过一些有益于社会的贡献。对破坏了的社会秩序和萎缩了的经济，或面对诸多的社会矛盾，起到了某种缓解（恢复）作用。当然，每一次变革，大都要付出高昂的代价，但不如此，社会便不能前进。所以，这些长期积淀起来的、用血汗换来的历史经验和教训，是一份相当宝贵的"历史遗产"！是值得我们认真总结和汲取的。

　　我们党和国家领导人从来都十分重视对历史的研究（包括中国的历史和外国的历史）。毛泽东同志说过一句十分精辟的话，他说："指导一个伟大的革命运动的政党，如果没有革命理论，没有历史知识，没有对实际运动的了解，要取得胜利是不可能的。"他提出的研究范围从孔夫子到孙中山，近百年的经济史、政治史、军事史、文化史，都要用马克思主义的立场、观点和方法去总结、去研究，因为这种总结和研究，对指导中国革命取得胜利有利。在今天来说，总结和研究历史，对推动今天的国家经济建设，对处理当前的各种错综复杂的诸多矛盾，仍然是有重要作用的。

中国财政史，是专门介绍中国历代财政决策、财政制度，以及该时期社会政治经济背景，财政面对的各该时期的诸多矛盾，以及财政政策和财政制度的实施所带来的利弊得失的专门史，属于应用理论范畴。有人可能要问，中国财政史能给我们带来什么教益？我们认为，至少可以从以下几个方面去解读：

第一，财政与国家的关系。《周礼》说，大宰的职责之一是"以九赋敛财贿"，"以九贡致邦国之用"。王安石则把理财看成是政治的一个重要方面。他说："政事所以理财，理财乃所谓义也。"同时，认为政府理财除了赋税之外，还在于促进财富的生产和"均节财用"。就是说，为国家管好财、用好财，是政府职能的重要组成部分。而财政又是国家实现其职能的经济基础和保证。

第二，财政与经济的关系。《周礼》："以九职任万民。"又说，职方氏之职，"掌天下之地。辨其邦国、都鄙、四夷八蛮、七闽九貉、五戎六狄之人民，与其财用、九谷、六畜之数要，周知其利害"。社会财富是各族人民创造的。经济的发展是财政充足的基础。所以，王安石提出，"因天下之力以生天下之财，取天下之财以供天下之费"。他认为，"自古治世未尝以不足为天下之公患也"，"欲富天下，则资之天地"。治财之道，在于取之"天下"。

第三，财政是摧抑兼并的工具。从史籍记载来说，管仲的"官山海"方针，就在于将"轻重敛散之权"收归国家。孟子之所以主张征商，也在于要对"垄断"者加以限制。王安石同样主张"摧抑兼并，均济贫乏，变通天下之财"。① 可见，国家财政作为限制和打击兼并的经济手段，一直在发挥其作用。

第四，理财原则。"量入以为出"原则和西汉初期实施的"量吏禄，度官

---

① 《宋史纪事本末》卷三十七。

用，以赋于民"的原则和唐中期确立的"量出以制入"的原则，其前提条件或者说其指导思想是：财税的征收、政费的开支要适应经济的发展和广大人民的负担能力，并不是某些人所理解的为满足统治阶级的贪欲，任意向人民征税。也就是说，在一般情况下，财政支出是有原则的，有条件限制的。

围绕上述原则，自古至今，在土地分配、田赋征收、盐铁（茶）酒买卖、工商税收乃至支出范围、支出原则等方面都呈现出多彩的演进过程；税收的重与轻、征与免、限制与反限制，支出的有限与无限，以及经济发展与萎缩，财政的丰与歉，等等，在改革与发展中凝练了理财思想，完善了制度；留下了精华，淘汰了糟粕。

为了让大家比较清楚地了解中国国家财政发展的全过程，我们在本书中将介绍如下主要内容：

（一）国家财政产生的社会背景。财政产生的基础条件和原始职能。

（二）在中华五千年的文明演进过程中，国家财政从中发挥了哪些作用？在社会激烈的变化中，国家财政自身发生了哪些变化？

（三）国家财政同国家职能、经济发展、人民生产生活都有着密切的关系，是一个不可分割的统一体。

（四）国家财政从共同需要开始走到今天，随着政府职能的扩大、收支的越界，其核心的、本质的东西，作为分配范畴，在满足公共需要方面，仍然是主要的。

我们认为，历史记载的是前人走过的印迹，是 5000 年来人类文明（人的思想、行为方式、生产生活、社会演变等）在历史的长河中发生发展的真实写照，间接地透视出社会发展的规律性。为了读懂历史，我们必须以马克思主义的基本原理为指导，历史地、辩证地对待历史上的人和事，同时也要密切结合中国当前的实际，去其糟粕、取其精华，为中国的社会主义建设服务。

第一章　传说时期氏族社会的经济生活

　　本章中心内容：通过考古发掘、典籍记述和前人研究成果，简要介绍中国人类祖先为改善生存条件，选择适于人类生活生存的农业，改革农耕工具，提高农业出产量，初步达到食用后有余剩。当私有制和权力集团（因公众事业选举产生）形成后，为国家和财政的产生奠定了基础。

　　中国，是世界文明古国之一。中华民族，同世界各地民族一样，在国家形成以前，曾经历过若干万年没有阶级的原始社会。据考古发现，我国云南元谋古猿（东方人），生活于至今 400 万年前后，核定元谋人为距今 187 万年；陕西蓝田公王岭直立人，距今 115 万—110 万年；山西襄汾丁村人，距今 13 万—8 万年。① 说明中华民族的祖先，在很早以前就生活在中国这块土地上。

　　大约在 10 万年前后，中华民族已进入母系氏族时期。自从氏族公社替代原始群这一历史发展阶段后，人类经济生活方面发生了重大变化。我国古代文献保存了这一历史时期的美丽的传说；各地遗址中也保留了丰富的历史遗存。它不仅告诉我们中国社会发展的历史轨迹，同时也生动地说明了氏族社会生活如何为后世锻造了国家的雏形。

---

　　① 《人民日报》1993 年 2 月 4 日第 4 版。

第一节　氏族社会末期的经济生活

一　农业的选择

原始社会初期，采集和狩猎为两大主要生产部门。由于当时生产工具多为粗笨的石器和木器，生产力极为低下，因而生产劳动靠集体力量来完成。无论是到野外采集，或是在河湖中捕捉鱼虾，尤其是到森林中狩猎，必须依靠集体力量才能完成。这种简单的协作，在原始社会生活中具有十分重要的意义，它既能使人在共同劳动中获得最低生活资料，以维持自身生存；又能以群体的联合力量和集体行动来弥补个体自卫能力的不足，保卫个人生命不致受到伤害。

距今10万年前后，随着生产力的发展，逐渐形成母系氏族社会。它是一个以生产资料公有为基础，以母系血缘为纽带的血缘集团，既是生活单位，又是生产单位。最先仍以采集和渔猎为生。山西朔县峙峪遗址出土的距今2.8万多年前的石箭头和能加工皮革的细石器，有力地说明人类征服自然的能力大大加强。但这时的生产生活，仍停留在依靠自然的无为时代。据古籍记载，传说时代的情况是：

"上古之世，人民少而禽兽众，人民不胜禽兽虫蛇；有圣人作，构木为巢，以避群害，而民悦之，使王天下，号之曰有巢氏。民食果蓏蚌蛤，腥臊恶臭，而伤害腹胃，民多疾病；有圣人作，钻燧起火，以化腥臊，而民说之，使王天下，号之曰燧人氏。"①

"古者禽兽多而人民少，于是民皆巢居以避之。昼食橡栗，暮栖木上，故命之曰有巢氏之民。古者民不知衣服，夏多积薪，冬则炀之，故名之曰知生之民。"（《庄子·盗跖》）

而包羲氏"仰则观象于天，俯则观法于地；观鸟兽之文，与地之宜；近取诸身，远取诸物；于是始作八卦，以通神明之德，以类万物之情。作结绳而为网罟，以佃以渔，盖取诸《离》"。② 即伏羲氏观天象、察地利，作八卦

---

① 《韩非子·五蠹》。
② 《易·系辞下》。

文字，结绳而为网罟，有简单的渔猎工具，仍处于田猎捕渔阶段。直至黄帝部落时，亦弦木为弧，剡木为矢。此处所指，除用作武器之外，还具有猎捕之功能。

总之，古人所传，古籍所记，都是指在神农氏之前，虽发明构木为巢，发明了用火，但并未改变游牧的生活。只是到了神农部落时，才发明了农业种植，逐渐过上了"男耕而食，妇织而衣"（《商君书·画策》）的定居生活。不过，古农业的发明，曾经过了数千万年的摸索和培育过程。

中国的农业，大约是在距今一万多年前出现的。古人之所以选择农业，既有其自然环境，也有其历史发展的必然。从中国地形、地貌看，北为荒漠，西和西南为高原，东和东南是大海；境内有长江、黄河流贯东西，大小河流遍布其间；气候温润，土地也比较肥沃，是适于农耕的环境。但神农氏之所以选择农业，应是当时的生产生活条件发生变化所致。史传："古之人民皆食禽兽肉。至于神农，人民众多，禽兽不足，于是神农因天之时，分地之利，制耒耜，教民农作。"①《淮南子》则称："古者民茹草饮水，采树木之实，食蠃蚌之肉，时多疾病毒伤之害，于是神农乃始教民播种五谷，相土地，宜燥湿肥硗高下。"这里是说，选择农业种植业的原因有三：（1）人口显著增多，活动区域相对扩大，需要有比较稳定的生活资料来源；（2）人口众多，禽兽不足，生活资料来源出了问题；（3）传统的采集果木之实，食蠃蚌之肉，伤害身体。三者之中，食物不足是主要原因。神农选择了适合于定居、有选择和发展空间的农业作为主业。而且，经过长时期的采集生活，细心的妇女发现了某些植物的生长规律，并曾尝试着栽培。"于是，神农因天之时，分地之利，制耒耜，教民农作，神而化之，使民宜之。"

关于神农时期所发明的农具，据《易·系辞》所记："神农氏作。斫木为耜，揉木为耒，耒耜之利，以教天下。"据考证，至迟在距今 6000 年前后，耜耕技术已有相当发展。黄河流域以石耜为主；长江流域，除石耜外，浙江余姚河姆渡遗址还出土了大量骨耜。关于耒耜的广泛使用，一直到西周未变，《诗经·豳风·七月》记"三之日于耜，四之日举趾"。《毛传》解释说，"于耜"即修理耒耜；举趾是用脚踏耜柄横木掘土，即下地劳动。《淮南子》说：

---

① 《白虎通·号》。

"织者日以进，耕者日以却"（《缪称训》），十分形象地描绘了耕者翻土的过程。由于用耒农具耕作过的土地，结构疏松，有利于提高产量，并能延长土地使用寿命；而且用耒开沟排水，引水灌溉也较方便，所以南方水稻栽培的历史最早，地域较广。据对河姆渡遗存的稻谷和稻壳堆积层的探测，应为距今7000年左右的实物。

首先，为了给本部落居民谋取一个较好的生存条件和环境，在创制农具的同时，对男女成员进行简单的分工，这就是史书上所说的神农"身自耕，妻亲织"。其次，亲尝百草滋味、水泉甘苦。这不是研究其酸、甜、咸、淡，而是探求其对人身体是否有益或有害。神农尝百草，一是选择可食植物，以便栽培（百蔬）；二是寻找能医治疾病的药草，传世的《本草纲目》，应是此时及以后的知识积累。至于尝泉水，这是因为地上的流水或地下的涌泉，并不是都能饮用的，当时也有腐水、"毒泉"之类，饮后能致人死亡。

总之，当人类发明了农耕器具，转向农业种植和作物栽培后，人类生产、生活发生了质的转变。它不仅改变了人类生活，而且对人类历史的发展也具有重要意义。首先，它开发了人类生产和生活空间。因原来的采集和狩猎经济，受自然条件制约很大；受野生植物的再生能力和野禽、野兽的繁殖能力的影响很大，加之以狩猎艰难，使人们终日忙于觅食。而农业的种植和栽培，则为人类提供了较为稳定和比较丰富的衣食之源。其次，随着农业种植业和栽培业的发展，作物收获的增多，为人类定居奠定了物质条件。最后，农业种植业的发展，也为家庭饲养业的发展提供了条件，为人们的饮食及其他副产品开辟了新的源泉。据西安半坡遗址和浙江河姆渡遗址的出土物看，有狗、鸡、猪、羊等动物骸骨，有的地方还发现有大量的水牛骨，说明此时的家畜饲养业已有了相当的发展。

二　原始农业遗存

原始农业的确立，是在很长的时期内，经过几十代人的共同努力来完成的。史传从神农"教民播种五谷，相土地，宜燥湿肥硗高下"；神农世衰，黄帝"治五气，艺五种，抚万民……时播百谷草木，淳化鸟兽虫蛾"（《史记·五帝本纪》）；到"尧立孝慈仁爱，使民如子弟。西教沃民，东至黑齿，北抚幽都，南道交趾……舜作室，筑墙茨屋，辟地树谷，令民皆知去岩穴，各有家室……禹沐浴霪雨，栉扶风，决江疏河；凿龙门，辟伊阙，修彭蠡之防；乘四载，随山刊木，平治水土，定千八百国"。① 在几千年的历史发展过程中，从传说的神农到夏禹，中华民族的祖先为发展农业，安定民生，不仅最早开发中原大地，还不畏艰险严冬，披荆斩棘，足迹遍及祖国万里边疆，在美丽富饶，幅员广阔的国土上，东北到黑龙江，西北到伊犁河，南到台湾、海南岛，西南到西藏和云贵高原，东至海，到处都发现了原始社会的遗址。只是由于历史久远，山河变迁，许多有关农业的实物多已无存。

我国氏族社会的农业遗存，主要表现在粮食和农具两个方面，而各地的农业遗存，因受自然条件的制约，又都具有各自的特点：

1. 粮食。相传舜命弃为后稷，播时百谷。所以后世把谷物发祥地定在陕西。因为后稷之母姜嫄为有邰氏之女；其后后稷复封于邰，地在今陕西武功县境。武功饶水利，故后稷及其子孙在此从事农耕是可能的。又陕为秦地，古秦字从春从禾。秦字籀文并从禾，指禾茂盛。从字形上讲，秦作"秦"，"十"作杵、"𦥑"表示双手、下为"禾"字，即两手持杵春禾。《史记·货殖列传》记述："关中自汧、雍以东，至河华，膏壤沃野千里（这里包括秦开郑国渠灌溉所产生的经济效益）。自虞夏之贡，以为上田。"此事《诗经》也有记载："诞降嘉种，维秬维秠，维穈维芑，恒之秬秠，是获是亩，恒之穈芑，是任是负，以归肇祀。"这里是指后稷培育了多种可供食用的粮食：秬为黑黍；秠为黑黍的一种，一谷有二米；穈为红色高粱；芑为白色高粱。这里没有提稷，说明稷是早于后稷之前就已培育成功。在黄河流域的河北、河南、山东、山西、甘肃、青海以及东北辽宁等省的文化遗址中，多次发现了粟。北方之所以多种黍稷，是因黍稷耐干旱，不论土地肥硗，只需将土地疏松即可下种，春种秋收，即有收获。所以舜以弃主农，官名后稷；古以农立国，后世则以社稷为国家代名词。在南方，长江流域分布有野生稻，是水稻的主要发源地。浙江余姚县河姆渡遗址不仅出土了狗、鸡、猪、羊等骸骨，还发现了稻谷和堆积很厚的稻壳。其他如安徽肥东大陈墩、湖北放鹰台、湖北京山屈家岭、江苏钱三漾以及湖南、广东、广西、云南和四川等地遗址中，都发现了稻谷，有些地方的稻谷，

---

① 《淮南子·修务训》。

是成堆出土的。说明长江流域是世界上最早栽培水稻的主要地区之一。这只是粗略划分，据《周礼·职方氏》所记，中国的九州各有种植作物：东南扬州，"其谷宜稻"；正南荆州，"其谷宜稻"；河南豫州，"其谷宜五种"（黍、稷、菽、麦、稻）；正东青州，"其谷宜稻麦"；河东兖州，"其谷宜四种"（黍、稷、稻、麦）；正西雍州，"其谷宜黍稷"；东北幽州，"其谷宜三种"（黍、稷、稻）；河内冀州，"其谷宜黍稷"；正北并州，"其谷宜五种"。此虽是西周情况，事实上在父系氏族社会已培育出来。

2. 农具。中国古农具的出土比较多，但大多为木石农具。只是有选用材料的不同和制作精粗的不同。如母系氏族时期，播种和中耕用的尖木棒和木手锄，翻土用的石锄、石耜（半坡出土）、骨耜（河姆渡出土）；收割等用的石刀、陶刀（半坡出土）等；父系氏族时期，使用的农具得到改进，耕作技术也有提高。石器和骨器均较前精致。一是翻地农具多样化，石耜和骨耜普遍增加，石铲和双齿木末的使用，是开荒的有力农具。二是中耕技术推广，北方出土了许多石锄和鹿角制的鹤嘴锄，南方也出土很多石锄和耘田器，在太湖地区还出土了木制的千篰，是戽水灌溉和捻河泥施肥的重要工具。收割工具也成倍增长，除了大量沿用前期所用的长方形有孔石刀外，还普遍使用石镰、蚌刀和骨镰。镰刀的广泛使用，不仅提高了收割效率，还能将粟秆、稻秆收割回来使用。

我国古代农业遗存的出土，说明一万余年以来，农业和农业生产逐渐成了氏族社会的主要经济形态，是中华民族的重要衣食之源，也是氏族公共事务活动的物质之源。

第二节　氏族社会末期的经济分配

距今 5000 年前，随着生产力的发展，社会分工的扩大，男子逐渐在农业生产活动中居于主导地位并掌握了财物的主动权；耜耕农业普遍推广，家畜饲养不断扩大，出现了专门手工业；商品交换也经常化了。这时，剩余产品出现并增多，私有制也发展起来；贫富向两极分化，产生了阶级；晚期，出现了国家权力萌芽。

一　农业经济发展，剩余产品产生

母系氏族社会晚期，由于农业逐渐取代了采集、狩猎经济的主导地位，男子转入农业。从各地出土的耘田器和石锄可以证明，他们改进农具，更新耕作技术，中耕除草技术也在各地推广。太湖地区出土的木制千篰，说明人们已知灌溉和施肥，这是提高农产品产量的重要措施。与此同时，人们还注重农作物品种的选择、改良和培育。黄河流域主种黍稷（粟），长江中游及以东主种稻，说明适应各地气候地理条件的农作物，已广为种植并成为主产品。农业的发展，还改变了过去饥饱无常、忙于觅食的被动状态。勤劳耕作的结果，粮食生产除了满足人们的基本食粮之外，还出现了剩余，从大汶口出土的各种酒器如陶盉、陶杯、高柄杯等大量酒器，说明人们已用粮食酿酒。仪狄酿酒，禹恶旨酒的传说，当是指酿酒浪费粮食、酗酒妨碍生产、生活的情况。此外，从各地出土遗存中，发现有大量的家畜骸骨，如河南陕县庙底沟文化的 26 个灰坑中，有大量的鸡、猪、狗、山羊和牛的骸骨，有的遗址中还有马骨，说明家畜数量增多，家畜品种也空前增加。而家畜饲养的增加，正是农业产量的提高和农副产品的增多，能为家畜饲养提供所需饲料的结果。

家畜饲养的结果，为氏族成员增加了食物和财富：家畜不仅为人们提供美味肉食，为人类提供御寒皮毛，为农业生产提供畜力，为交换提供原始货币职能；同时，也为祭祀提供了重要的祭品，各氏族墓地中，猪、羊、狗等作为祭祀和随葬的现象比较多见。

农业和家居生活，必然促进家庭手工业的发展。相传："神农耕而作陶"（《太平御览》引《周书》）说明农耕和制陶有不可分割的联系。从仰韶出土的炊煮用的釜、罐、甑、灶和鼎，贮粮用的瓮、罐，饮食用的盆、钵、碗、盘和杯等，到大汶口文化的白陶罐和黑陶背壶，说明制陶工业在进步。家庭纺织业，也在编织业的基础上出现了，从西安半坡和华县泉护村出土的麻布痕，从江苏苏州草鞋山出土的葛布、河姆渡出土的织机零件看，至少在距今六七千年前我国就已有了织布机和纺织业。而在南京北阴阳营等地出土的制作精美的玉器和泰安大汶口出土的象牙器，其制作技术，均达到前所未有的水平。特别是甘肃永登连城和山东胶县三里河出土的小型铜器，说明中国的冶铜技术（开矿、冶炼、铸造和加工等）开始于父系氏族时期。随着制陶、纺织、制玉、冶铜等专门手工业的出现，农业与手工业开始分离，从而促进了直接以交换为目的的商品生产。最初的交换，是氏族之间偶发性的物物交换，《易·系辞下》记："日中为市，致天下之民，聚天下之货，交易而退，各得其所。"这种在短暂的时间内，换上自己必须的某种或某几种物品即离开（回家）的交易活动，其范围和内容，绝非今日所说的"天下"之民、之货，应该是指近邻、近村（部落）之间，以其所有，易其所无，主要是生产生活必需品之类，至于青海、云南等离海较远的地方出土的海贝，应认定为特殊情况，或者是氏族晚期商品生产和交换环境扩大所致。

恩格斯指出："一切部门——畜牧业、农业、家庭手工业——中生产的增加，使人的劳动力能够生产出超过维持劳动力所必须的产品。"① 农业、家畜饲养业和家庭手工业的发展，使产品有了剩余。而剩余产品的出现，是私有制产生的物质前提，也是占有他人剩余产品的物质条件。

二　私有制和权力集团的形成

由于耜耕农业的发展，生产力迅速提高，一个人所生产的产品除维持自己基本生活需要之外，还能提供一些剩余产品——剩余产品的出现，为劳动产品私人占有奠定了物质前提。而最初的个人财产仅是生产工具、生活用品和个人的装饰品。更主要的是个体生产、社会分工和交换的发展，催化了私有制的形成过程。因耜耕农业的发展，使个体家庭能独立进行农业生产；随着野兽被驯化为家畜，个体家庭也能饲养家畜，从而出现了个体经济，农业产品和畜产品都归个体家庭支配；在对内分配和对外交换的过程中，氏族首领和其他担任"公职"者，开始从中获取好处，将共有财产据为私有。这时，私有财产增加了，除生产工具外，粮食、家畜、手工业产品等都变成了私有财产，私有制得到普遍发展。与此相呼应的是制陶、骨器、冶铜等专业手工业的出现，随着生产领域的扩大，直接以交换为目的的商品生产发展了。而个体经济和商品交换的发展，加速了贫富分化，也瓦解了氏族公有制。据对大汶口 133 座墓地随葬牲畜等的统计：随葬猪头、猪下颚骨的墓有 45 座，一般随葬品的墓 80 座，没有随葬品的墓 8 座。贫富对比显而易见。

---

① 恩格斯：《家庭、私有制和国家的起源》，《马克思恩格斯选集》第四卷，第 157 页。

　　由于剩余产品的产生和财产的私人占有，导致氏族内部和氏族之间为掠夺财产而战争（械斗）。正如恩格斯指出："邻人的财富刺激了各民族的贪欲，在这些民族那里，获取财富已成为最重要的生活目的之一。他们是野蛮人，进行掠夺在他们看来是比进行创造的劳动更容易甚至更荣誉的事情。"① 部落首领发动掠夺其他部落的财产和奴隶（战俘）是战争经常化的结果，一些部落出于防御的需要，联合若干相邻部落组成部落联盟；由于部落联盟的公共事务很多，包括对外掠夺和防止其他部落掠夺的战争及战争准备（物资、武器、健壮斗士的培训等），农业气象预测，农作物的种植和收获、储存，土地开发、水利灌溉，财产纠纷的处理，以及宗教传播，对外联络交往等，于是联盟中形成了一个领导集体，分管包括农业、军事、水利、宗教、婚姻（人口）、分配等事务。这些负责分管氏族联盟公共事务的首领，最初是由氏族成员临时选举产生的。后来，为了保护自己的既得利益，也因为在掠夺或反掠夺战争中，加强了各军事首领的权力。一个强有力的统治集团逐渐形成。

三　国家和财政萌芽

　　国家，是阶级矛盾日益尖锐、当阶级矛盾发展到不可调和的时候的产物。但是，中国的历史表明，阶级的形成经过了相当长的历史时期，国家权力的出现，也经过相当长的演变过程。中国古代传说生动地说明了这一点。

　　自容成氏、大庭氏、伏羲氏至神农氏之初，"当是时也，民结绳而用之。甘其食，美其服，乐其俗，安其居，邻国相望，鸡狗之音相闻，民至老死而不相往来。若此之时，则至治已"。② 在《盗跖篇》中说："神农之世，卧则居居，起则于于；民知其母，不知其父；与麋鹿共处，耕而食，织而衣，无有相害之心。"《商君书·画策》篇中也说"神农之世，男耕而食，妇织而衣，刑政不用而治，甲兵不起而王。"这里所说虽互有矛盾之处，"民知其母，不知其父"是母系氏族时期情况；而"男耕而食，妇织而衣"的生产生活，则是进入父系氏族以后的情况了。从传说的情况看，神农氏部落延续时间比较长久，是个比较强大的部落，生产发展也比较快；所以，到后期，随着剩

---

　　① 恩格斯：《家庭、私有制和国家的起源》，《马克思恩格斯选集》第四卷，第160页。
　　② 《庄子·胠箧》。

余产品的出现，也出现了财产的私人占有现象，于是，随之而来的是为财产私人占有而争斗，为生存权利而争斗。部落之间的流血冲突，规模之大，战斗之残酷，以神农之后，黄帝之时最为明显。《庄子·盗跖》说："然而黄帝不能致德，与蚩尤战于涿鹿之野，流血百里。"《商君书》说："神农既殁，以强胜弱，以众暴寡，故黄帝……内行刀锯，外用甲兵。"司马迁在《史记》中说："天下有不顺者，黄帝从而征之，平者去之。披山通道，未尝宁居。东至于海，登丸山，及岱宗；西至于空桐，登鸡头；南至于江，登熊、湘，北逐荤粥，合符釜山，而邑于涿鹿之阿。"至"尧舜作，立群臣"。至尧之时，"天下犹未平"，加以"洪水横流，氾滥于天下"，致"五谷不登，禽兽逼人"，可能是人因天灾饥饿而死者甚多。于是，尧举舜治理，舜以益掌火，益烈山泽而焚之，驱走禽兽，播种五谷，恢复农业；使禹疏九河，安定民居，一个强有力的领导集体，在中原大地形成。据传说，直到禹之时，部落联盟领袖虽仍由氏族成员选举产生，但是已有传子的意向，如"尧知子丹朱之不肖，不足授天下，于是乃权授舜"；同样，"舜子商均亦不肖，舜乃预荐禹于天"，禹传位于皋陶、益，而诸侯朝禹子启。在选举的背后，争夺十分激烈，不免刀光剑影。如黄帝与炎帝战于阪泉，与蚩尤战于涿鹿之野，"共工与颛顼争为帝"，"舜流共工于幽州"；《韩非子·说疑》还说："舜逼尧，禹逼舜，汤放桀，武王伐纣。"把尧、舜、禹、汤之事并列；而诸侯拥启，有扈氏不服，启伐之，遂灭有扈氏。可见，在国家出现以前，禅让制逐渐被世袭制取代。而一旦氏族公仆成了氏族主宰后，为部落服务的公共事务机构也演变成统治氏族成员的专政工具。这时，氏族社会已处于国家产生的前夜。

如前所述，在神农之前，"身无在公之役，家无输调之资。安土乐业，顺天分地"（《抱朴子·诘鲍》）。但自部落联盟的出现，公共事务的增加，分管专职的成员在为氏族的生产、生活和安全付出劳动时，为补偿自己的劳动损失，必然要从氏族成员的剩余产品中得到补偿，这就是恩格斯所说的："氏族首长已经部分地靠部落成员的献礼如家畜、谷物等来生活。"[1] 对此，中国古文献早有记载。相传："轩辕（黄帝）之时，神农氏世衰，诸侯相侵伐，暴虐

---

① 恩格斯：《家庭、私有制和国家的起源》，《马克思恩格斯选集》第四卷，第140页。

百姓。而神农氏弗能征。于是轩辕乃习用于戈，以征不享，诸侯咸来宾从。"①对不来贡纳的诸侯、部落进行讨伐，促使其臣服和朝贡。历经数百年后，贡赋制度日益成形了，史称"自虞夏时，贡赋备矣"。②据文献记载，在舜、禹统治时期，为保证公共职务的实现，要求臣服部落和被保护的小部落贡献财物；另一方面，也考察其是否真心臣服；同时，要求本部落居民贡纳土地出产物。据传，当时各部落一年一贡，"禹合诸侯于涂山，执玉帛者万国"。③稍有不慎，则有杀身危险，相传涂山之会，防风氏后至，禹将其杀掉。④关于部落成员的交纳，史传在禹平治洪水之后。于是，禹"定九州，量远近，制五服，任土作贡，分田定赋，什一而税"。⑤以土地出产向部落酋长（舜、禹）进行定量贡纳，开创了后世土地税的先河。

早期的财政支出，主要有四项：

（一）军事耗费

史称轩辕之时，神农氏世衰，一些部落国家相互侵伐，暴虐百姓，神农氏无力控制，"于是轩辕乃习用干戈，以征不享"。这时的武器，不过是弧、矢之类，史称黄帝"弦木为弧，剡木为矢，弧矢之利，以威天下"。面对强大的蚩尤部落和炎帝后代子孙，轩辕修德振兵，调集"熊罴貔貅貙虎"以与炎帝战于阪泉之野；又"征师诸侯，与蚩尤战于涿鹿之野"。从而被诸侯尊为天子，代神农。为黄帝后，"以师兵为营卫，官名皆以云命，为云师。置左右大监，监于万国"。"天下有不顺者，黄帝从而征之，平者去之，披山通道，未尝宁居"。⑥黄帝之后，自颛顼、帝喾至尧、舜、禹之世，与炎帝支系因争帝位而进行过长期的、有时十分激烈的战争。但从"黄帝之时，以玉为兵"的情况看，此时的战争，规模不会很大，持续时间也不会很长。有关这方面的支出，作为兵器的玉（石）、弓矢、刀之类，是就地取材，人皆自备；只有"战争"中的伤亡，作为国家（部落）来说，可能有相应的抚恤和救济措施。

---

① 《史记·五帝本纪》。
② 《史记·夏本纪》。
③ 《左传·哀公七年》。
④ 《韩非子·饰邪》。
⑤ 《通典·食货·赋税》。
⑥ 《史记·五帝本纪》。

（二）官员俸禄

按《史记》记载，黄帝时有诸侯、左右大监，风后、力牧、常先、大鸿诸官；尧时"信饬百姓，众功皆兴"；舜有十二牧、四岳等22人。这些人，可能是长期脱离生产的专职人员，"三考黜陟"，要定期接受考察，应在公共积累中给予适当补偿。

（三）祭祀耗费

远古祖先，宗教观念十分浓厚，时有祭祀。史称黄帝立，"万国和，而鬼神山月封禅与为多焉"。《索隐》称，古代祭祀，以黄帝为多。从考古发掘的遗迹证明，多处发现古代祭祀场所。祭祀的供品（物），包括猪、羊等在内，有时还有所俘虏的奴隶，耗于祭祀的财物是相当多的。

（四）居民生活保障和灾荒救济

华夏大地，自古以来，频遭自然灾害的袭击，特别是黄河流域，灾情更多更严重。从史籍记载来看："遂人氏时，天下多水。"（《尸子》）至尧舜时代，"天下犹未平"。"洪水横流，氾滥于天下。"由于当时的水患持续的时间特别长，史称"尧有九年之水"。这里的九年，当是指连年洪涝，由于暴雨成灾，一时难以排泄所以成了大面积的洪涝区。即史籍所说的"鸿水滔天，浩浩怀山襄陵"。《淮南子》把当时水害的严重情况，描述成"往古之时，四极废，九州裂，天不兼复，地不周载。火爁炎而不灭，水浩洋而不息"。据传，当时水旱频发，不是偶发性的。《吴越春秋》称，整个五帝时期，都"有氾滥之忧"。按当时的生产力发展水平，还无力对水、旱、虫灾等自然灾害，作出有力的回应。所以大雨大灾，小雨小灾，无雨旱、蝗，人民的生产生活，时常受到威胁。为了保持氏族的安定，牢固氏族联盟的统治，在领导集团中设有水官（"共工"）之职，相继以鲧、禹组织治水，以平息水患。其次，领导集团节衣缩食，以身为教。史称"尧之王天下也，茅茨不剪，采椽不斲，粝粢之食，藜藿之羹；冬日麂裘，夏日葛衣，虽监门之服养，不亏于此矣！"又如"舜之王天下也，身执耒臿，以为民先，股无胈，胫不生毛，虽臣虏之劳，不苦于此矣"。由于上下同甘共苦，才能步调一致，全力抗灾。第三，妥善安排人民生活。史称舜继尧位后，调整人员分工，命弃"播时百谷"，以解决"黎民始饥"的状况；命禹继鲧之后，疏导江河，解决洪涝问题。为此，禹"居外十三年，过家门不敢入"。他在勘察水势、全力治水的同时，还解决被洪水久困的灾民的生活问题：在山林地区，劈山开径时，"暨益奏庶鲜食"，即同林官益猎捕鸟兽供民之食；在平地、低洼多水地区，同农官稷率民播种五谷，供民食用；在难得食物之处，从疏导洪水时所得鱼鳖供民充饥（《尚书·益稷》）。即在重灾区领导灾民就地取食，当食物实难解决时，"食少，调有余相给"。于是，"烝民乃粒，万邦作乂"。[①] 由此可见，中央对粮食的调控，实始于此。

复习思考题

1. 原始人为何选择以农业作为经济支柱？
2. 国家和国家财政产生的前提条件。
3. 早期公共收入的形式和内容。
4. 早期公共支出的形式和内容。

[①] 《史记·夏本纪》：令益予众庶稻，可种卑湿。命后稷予众庶难得之食。食少，调有余相给，以均诸侯。

第二章 夏、商、西周时期的财政

> 本章中心内容：传说禹传位于子。随着"禅让"制度的终结，阶级社会产生。三代取得财政收入的途径和基本内容。土地占有和分配制度同赋税的关系。早期财政原则的确立及其历史意义。

我国史学家多把夏、商、西周和春秋四个时期定为中国的奴隶社会。夏代是奴隶社会的形成时期；商代和西周时，奴隶制发展到较高阶段；到春秋时间，奴隶制日渐衰落，新的生产关系逐渐产生和发展。

第一节 政权更替和经济发展

一 夏王朝的建立和经济发展

相传在尧、舜时期，中原遭遇特大洪水，"洪水滔天，浩浩怀山襄陵，下民昏垫"。① 禹奉命治水，他领导人民疏通江河、导流入海；划分区治，安定民生；又开凿沟渠，整治土地，发展农业生产；继舜为部落联盟首领后，他加强了对联盟的统治，对内适应生产和生活的需要，充实了管理机构；对外战胜"三苗"，以夏为中心的部落联盟日益强大了起来。禹死后，打破了传统的"禅让"制度，相传"至于禹而德衰，不传于贤，而传于子"。② 启得帝位，灭除反对者有扈氏，建立了中国历史上第一个国家政权，开始了父死子

---

① 《尚书·益稷》。
② 《孟子·万章上》。

继、兄终弟及的"家"天下的时代。相传夏朝从禹开始，到桀灭亡，共传十四世、十七王，历时 400 多年（公元前 2080—前 1600 年）。翦伯赞先生认为，夏王朝开始于公元前 2200 年左右。

关于夏部落活动地区，据传，夏兴起于崇山（禹父鲧封于崇），禹建都于阳城（今河南登封）。又传伊水、洛水是"有夏之居"。从这些记载来看，由夏后氏、有扈氏等 12 个姒姓氏族部落组成的联盟，最先活动地区在今河南嵩山到伊水、洛水流域这一范围。据古书记载，禹曾都安邑、平阳，西周初年，这一带还被称为夏墟；又说夏后相曾建都于帝丘，则夏王朝居民活动范围，扩大到山西南部和今河北、河南、山东交界处。黄河流域是我国古代文化重要发源地之一，早在公元前 2500 年前后，颛顼、帝喾、尧、舜等即活动于这一带，夏部落亦是其中之一。由于夏朝活动的中心地区在河南西部和山西南部，地处伊水、洛水、黄河、济水、汾水流域，气候湿润，土壤肥沃，适于农耕。所以，农业在夏代经济中已占主要地位。史传禹"尽力乎沟洫"（《论语·泰伯》）；禹长时期同洪水作斗争，消除了水患，兴修了原始的水利灌溉工程；由于长时期的农业实践，初步掌握了适于农业生产的天文历法知识，如孔子提倡"行夏之时"，流传战国的"夏小正"，都是农业气象知识的反映。大型盛放谷物的陶器和陶瓿、陶爵等酒器的发现，说明农业技术的提高和农产品产量的增加。

夏代手工业也颇具规模，而且技术提高，特别是出现了青铜冶铸等生产部门，传说禹铸九鼎；夏后启使蜚廉折金于山川，而陶铸之于昆吾。① 夏"以铜为兵"（《越绝书·记宝剑》）。考古学者也发现了夏时铜渣、小铜器遗存，说明夏代已由石器时代进入铜器时代。在农业和手工业发展的基础上，商业交通也有新的发展，传说奚仲造车，② "黄帝、尧、舜垂衣裳而天下治，……刳木为舟，剡木为楫，舟楫之利，以济不通，致远以利天下，……服牛乘马，引重致远，以利天下"。车的出现，为人类进步作出了重大贡献。

二　商王朝的建立和经济发展

商部落原是黄河中下游的一个古老部落，其始祖为契。传说有娀氏之女

---

① 《墨子·耕柱》。
② 《易·系辞下》。

简狄，吞玄鸟（燕子）卵因孕而生契。故商部落以玄鸟为图腾。契在舜时因佐禹治水成功，被封于商。商人早期过着畜牧生活，居无定址，《尚书·胤征》说"自契至于成汤八迁"。夏朝末年，商的势力已由黄河下游、易水流域扩展到黄河中游，渗入到夏朝统治区。在成汤以前，商人可能一直臣属于夏，只是到夏桀统治时，由于夏桀无道而失去民心，汤趁夏乱而翦灭夏的许多属国、部落，先后有葛（今河南宁陵北）、韦（今河南滑县东）、顾（今山东鄄城东北）和昆吾（今河南濮阳东），最后与夏战于鸣条（今河南封丘东）之野，桀战败逃往南巢（今安徽寿县东南）。商灭夏后，最初建都于亳（今河南商丘北），以后经过五次迁徙，盘庚时方最后定都于殷（今河南安阳）。盘庚迁殷后，政治、经济各方面都有较大发展，特别是武丁统治的 50 余年中，"修政行德，天下咸欢"（《史记·殷本纪》）。北伐鬼方，南征荆楚，疆域日益扩大，《诗经·玄鸟》称"邦畿千里，维民所止，肇域彼四海"。至帝辛残暴，被周所灭。按《史记》记载，自汤建国到商朝灭亡，共传 17 代、31 王。《竹书纪年》说历时 496 年，《左传》则称有 600 余年。①

　　如前所说，自汤至盘庚，五次迁都；迁都原因，后世多有臆测，但缺确凿根据。据《竹书纪年》说，殷"自盘庚徙殷，至纣之灭，二百七十三年（公元前 1320—前 1046 年），更不徙都"。在此期间，经济得到较大发展。首先是农业。农业是商代的主要生产部门。商王对农业寄予很高的希望，希望东、南、西、北各方土地都能获得好收成（"受年"）；还亲自巡察各地，派管理农业的官员督促农业劳动。② 商代的农业生产工具，据考古证明，仍为木、石铚制成，如木耒、石铲、骨铲、蚌铲、石镰、石铚等，由于农具的原始和技术的落后，所以农业劳动一般都采取大规模协作方式即集体耕作。从甲骨文中的"耤"字和"犁"字看，当时也有踏耒而耕的，并已开始用牛拉犁耕种。农作物的种类，据卜辞所记，有禾、黍、稷、麦、秜（li，稻）等。据传，商代贵族饮酒之风极盛，这是农业发展的有力证明。畜牧和狩猎，在商代仍有一定地位。驯养的家畜有马、牛、羊、鸡、犬、豕等，而祭祀所用的牛，有时一次就用几百头，而商代统治者祭祀活动又比较频繁；可见饲养

---

　　① 《左传·宣公三年》："鼎迁于商，载祀六百。"

　　② 卜辞有"王大令众人曰劦田"和"叀小臣令众黍"等记载。

家畜之多。

商代的手工业，首推青铜冶铸。从出土的青铜器具（祭祀用容器、酒器、工具、武器、乐器和车马饰物等）来看，不仅数量多，品类也很多，而且制作精美，其中不少是价值很高的艺术珍品。此外对陨铁的认识、锻制和利用，也在此时。制陶工业仍是商代重要的手工业生产部门，制作技术有了新的提高，其中白陶色泽洁白，形制美观，艺术价值也很高。商代的丝织也有新发展，出土的暗花绸（即绮），说明商代已有比较高的纺织技术。此外，商代的漆器、制骨和琢玉等，工艺技术也达到很高水平。

随着经济的发展，特别是手工业生产的大发展，促进了商王和贵族的贪欲，商品交换无论从品种或是交换范围来看，到后期都有大的发展。海螺、海贝的大量发现（山东益都苏埠屯 1 号墓中随葬的贝有 3790 枚），说明交换数量扩大。而交通工具（车、舟、马）的大量出土，说明交通工具在推进交换、活跃商品流通中起了重要的作用。

三　周王朝的建立和发展

自武王灭商至平王继立，是为西周；平王元年（公元前 770 年）东迁洛邑后，史称东周。

周族最早是活动在我国西部陕甘一带的古老部落。相传有邰氏女姜嫄，出野，践巨人迹，因孕而生弃，此即周的始祖后稷。据古文献所传，后稷善于种植，故尧举其为农师。公刘时迁豳（今陕西栒邑），到古公亶父时，因受戎狄（西北游牧部落）的侵扰，又迁至岐山之南的周原，和周人同时迁来的还有其他相邻部落。周人迁居岐山后，开始营建城郭，设立官司，并组织部落人民构筑住屋，按"邑"设官管理，奠定了国家的雏形。从季历开始，周人日渐强盛；文王先后打败西落鬼戎、余无之戎、始呼之戎，消除了来自西北部落的威胁；文王又讨伐了犬戎及小国密、邘等国，周灭崇后，迁都于丰，武王即位后又迁都于镐（今陕西长安县）。文王十一年，武王联合庸、蜀、羌、髳微、卢、彭、濮等方国部落，率戎车 300 辆、虎贲 3000 人、甲士 4.5 万人伐商，公元前 1046 年二月灭商，建立周王朝。之后，又镇压了商贵族的反叛，迁殷顽民营成周，并大封诸侯以藩屏周室；结合宗法制度建立等级森严的礼制，形成严密的统治网。经过长期苦心经营，西周疆域所至，北起今内蒙古，南至长江以南，西至甘肃东部，东临大海的广大地域。

西周的主体经济仍是农业，周的始祖契曾做过夏的农官。周灭商后，承继了商代的先进文明，迅速发展起来。农具虽多为石器、骨器和蚌器，青铜农具很少，但耕作技术有很大提高，已知中耕施肥、培苗、杀虫，并实行休耕制，休养地力；农作物种类增多，见于《诗经》一书中的有黍（黄米）、稷（小米）、粱、麦、稻、菽（大豆）和桑、麻等多类。在西周，畜牧和狩猎仍有一定的经济地位。

西周的手工业，是在商代高度发展的基础上发展起来的，因而比之前规模更大，分工更细，种类也有增多，其中以青铜冶铸业占最重要地位，出土青铜器包括礼器、用具、兵器和工具，其铜器铭文可视为西周历史的证词。与农业相适应，纺织工业发展很快，缫丝、织帛、染色、刺绣等手工技术已发展到一个新的水平。

由于农业和手工业的发展，产品品种、数量均超出贵族自身的需要。于是，市场交换扩大，商人势力及影响力也随之增大。据文献记载，西周末年，郑国商人曾和封君郑桓公立过盟誓，商人不背叛郑国，而郑桓公亦不干涉商人的经营活动。[①]

第二节　夏、商、西周时期的财政收入

如前所述，我国国家财政萌芽于氏族末期，因为这时的部落联盟发生许多公共事务，需要一部分人去完成，从而出现了对剩余产品的再分配。所以说，财政分配是伴随公共权力而产生的。

根据史料分析，从舜到禹，财政分配只是处于萌芽状态；夏王朝建立后，国家财政分配形态仍处于原始状况，同经济分配有相似、相混或相同的地方。从夏至西周，取得财政收入的途径主要为下面几方面：（1）公田收入；（2）诸侯国和周边部落的贡献；（3）平民交纳；（4）关市之赋、山泽之赋；（5）战争缴获（人和财物）。

---

① 《左传·昭公十六年》。

一　田赋

（一）土地占有制度

据古文献记载，夏、商、周三代实行井田制度。关于井田制的起源，相传始于氏族社会晚期。当时土地归氏族共有，氏族成员都能分得等量的土地，并在田间挖有沟渠，以利排灌。夏禹治水后，将此制进行调整、充实后，推行于所辖区域，商、周两代未作根本改变。从商代甲骨文"田"字形状如田、畕、畕、田等来看，证明商代是实行过井田制的。这种情况，也不仅存在于中国，马克思在给维·伊·查苏利奇的回信中说："如果你在一个地方看到有垄沟痕迹的小块土地组成的棋盘状耕地，那你就不必怀疑，这就是已经消失的农业公社的地产……为了使自己的劳动机会均等，他们根据土壤的自然差别和经济差别，把土地分成一定数量的地段，然后按农民的人数，把这些比较大的地段再分成小块，然后，每一个人在一块地中得到一份土地。"① 可见这种棋盘状耕地形态，属于通例。

我国记载三代井田制度的文献资料不多，分别记录如下：

《孟子·滕文公上》："方里而井，井九百亩，其中为公田。八家皆私百亩，同养公田；公事毕，然后敢治私事，所以别野人也。"

《周礼·地官·小司徒》："小司徒之职……乃经土地而井牧其田野。九夫为井，四井为邑，四邑为丘，四丘为甸，四甸为县，四县为都，以任地事而令贡赋。"说明井田制是同沟渠、排灌系统相结合的。

此外，《韩诗外传》、《诗经》、《汉书》等都有类似的记载或注释。

在土地国有制下，将土地按井划分，在分封或授民时，"井"是计数单位，同时又是考核依据，便于对劳动者进行管理。三代对土地的分配，按《孟子》所说：夏代每夫50亩，殷代每夫70亩，西周每夫100亩。家有余夫也同样分田。同时，根据土地可供使用情况，又有耕地和宅基地、常耕田和休耕田之分。

（二）田赋制度

三代的农民负担，表现在财政上主要是两部分，一是贡赋，二是徭役。

---

① 《马克思恩格斯全集》第19卷，第452页。

西周后期，又有关市之赋和山泽之赋。三代的田赋制度，文献记载十分简约，也是史学界长期争论的问题。按照《孟子》的记叙：夏代实行贡法，商代实行助法，周代实行彻法。

1. 夏代的贡（赋）。按《广雅》的解释，"贡"是指居民向上进奉土地所出产的物品。相传，禹奉舜命治理洪水之后，即划分居民区域，将人民按一定的方式组织起来，按夫分配土地令其耕种，并按土地肥瘠、高下确定上、中、下三个等级，向居民征税。

按照贡法规定，税率为十分税一。征收原则是：（1）必须是各地的土地出产物品；（2）以实物交纳；（3）必须照顾各地的运输条件和距离远近。据《尚书·禹贡》所记："五百里甸服，百里赋纳总，二百里纳铚，三百里纳秸服，四百里粟，五百里米。"就是说，以王城为中心，将距离王城500里范围内分为五个纳税区，每100里为一区，离王城最近的100里内纳全禾（连谷子带禾秆一起交），离王城200里（100里外200里内，下类推）地方交禾穗，300里地方交禾秆，400里地方交带壳的谷子，500里地方交去壳后的米。这种规定应被认为是符合税收均平原则的。

2. 商代的助法。据《孟子》所说："殷人七十而助。"什么叫"助"？《礼记·王制》解释为"古者公田藉而不税"。郑玄注，"藉之言借也，借民力治公田，美恶取于此，不税民之所自治也"。就是说，把定量土地（一"井"）分成九块，将周围的八块分给八家作"私田"（份地），由八家自己耕种，收入归各家，国家不收税；中间一块为"公田"，由八家共同耕种，公田收入全部上交国家。

3. 周代的彻法。什么叫"彻"法？史学界没有一个标准说法。归纳起来，大致有如下几种解释：（1）彻是通的意思。《论语》郑注：周法什一而税，谓之彻。彻为天下之通法。（2）彻是征收之意，耕田百亩，彻取十亩为赋。（3）通力合作之意。朱熹认为彻是指八家通力合作，计亩征收，大约民得其九，公取其一。（4）贡、助并行税。郑玄认为是畿内用夏朝贡法，税夫，无公田；邦国用殷之助法。通贡助之法叫彻。郑玄所说，比较接近西周的实际情况，周在灭商前属于西方小国，经济并不发达，其田赋制度是按土地肥瘠分等征收实物。[①] 武王

---

① 《诗经·大雅·公刘》："度其隰原，彻田为粮。"

灭商后，并未立即统一田赋制度。对原属商代统治区仍行助法，以后逐步加以改革，实行彻法，即对百亩之田所收之物，按什一税率征税。

关于"五十"、"七十"、"百亩"的规定，史学界说法不一。可能与三代生产力发展水平有关。西周时，生产工具改进，生产技术提高，人均耕种面积自然增加。也有说是古代惯用说法，实际并不一定就是这个数字。但上交数字应该有严格规定，公田收入应该优先于各家私田收入才对，《诗经》云："雨我公田，遂及我私"，这无疑是定额税制的反映。据传，当时的税率仍为1/10。

由于社会向前推进，西周王朝颁布法令，当灾荒发生后，政府须采取的若干救助措施，计有12项：（1）贷给人民种子和食粮；（2）减轻各种租税；（3）宽、缓刑罚；（4）减省力役负担；（5）解除山林及川泽的有关禁令，开放山林川泽，让人们采捕取食；（6）解除关市有关禁令，关口的任务只是安全检查、防盗贼但不收税；（7）简化吉礼规则，以节省开支；（8）减省丧礼制度要求；（9）收藏乐器而不用（减少娱乐活动）；（10）减省吉凶礼制，使男易得妻，女易出嫁；（11）恢复旧有祭祀，以防鬼神为灾；（12）严防盗贼为害①。通过这些政策措施使人民团聚而不致流离失所。

（三）徭役制度

古代徭役，并非单指力役，应该包括兵役在内，因不论力役和兵役，均由人民负担。

夏代徭役征派情况，史书无记载，但不是说夏代无徭役之征，从其征战及工事情况看，居民是有徭役负担的。如夏禹多年治理洪水，几乎调动了受灾区域的所有劳动力。

商代徭役征派情况，甲骨文多有记载。（1）力役。如"令多子族比犬侯凿周（雕）古王事"，是说征派子族同犬侯、仓侯等采玉并运送到指定地点；此外，还有参加田猎、筑城、押送俘虏以及巡逻等事。（2）兵役。商代的军事行动是很多的，规模也比夏代大得多。据甲骨文记载："丁酉卜㲋贞，今春王收人五千正（征）土方受屮（有）又，三月。"（《合集》6409）这是三月

---

① 《周礼·大司徒》："以荒政十有二聚万民：一曰散利，二曰薄征，三曰缓刑，四曰弛力，五曰舍禁，六曰去几，七曰眚礼，八曰杀哀，九曰蕃乐，十曰多昏，十一曰索鬼神，十二曰除盗贼。"

征土方，一次征发人力 5000。除征派本国内居民外，还联合侯、甸、方国出兵，如"令比仓侯虎伐髳方"，"令帝好比侯告伐夷"，等等。

到西周，徭役的征发已构成国家财政的一个重要内容。从《周礼》中"小司徒"和"遂人"的职责任务看，自夏至西周，都贯彻了"兵农合一"的原则。因他将人口、劳动力和占有田土的等级等因素都放在一起考虑。据《周礼·小司徒》记载："上地家七人，可任也者家三人；中地家六人，可任也者二家五人；下地家五人，可任也者家二人。凡起徒役，毋过家一人，以其余为羡。惟田与追胥竭作。"这里的"可任"，即指可从事力役的强壮劳力，因古代女子亦在服役之列，则上地家七人中，除年老或年幼者外，可承担力役的男女为 3 人。但服役者一家仅一人。只有田猎、追捕盗贼等事，才全体出动。

关于服役人的年龄，据"乡大夫"条称："国中自七尺以及六十，野自六尺以及六十有五皆征之。"古代的"七尺"是指年二十岁者。《疏》引《韩诗外传》说："二十行役"，"六十免役"。"六尺"，指年满十五岁。《论语》称：可以托六尺之孤。郑注云年十五以下。所征税者，谓筑作、挽引、道渠之役及口率出钱。若田猎五十则免。《王制》称：六十不与服戎。

服役的天数，《王制》称："用民之力，岁不过三日。"《周礼·均人》称："凡均力政，以岁上下，丰年则公旬用三日焉，中年则公旬用二日焉，无年则公旬用一日焉，凶札则无力政。"

关于免役的规定，据"乡大夫"条所载："国中贵者、贤者、能者、服公事者、老者、疾者皆舍。"《王制》称："凡三王养老皆引年。八十者一子不从政，九十者其家不从政；废疾非人不养者，一人不从政；父母之丧，三年不从政；齐衰大功之丧，三月不从政；将徒于诸侯，三月不从政；自诸侯来徒家，期不从政。"政，征役。挽引，力作，如筑城垣、治道诸事。

西周后期，徭役负担相当沉重，《诗经》称周幽王时"何草不黄，何日不行？""哀我征夫，朝夕不暇。"① 造成"大东小东，杼柚其空"。②

---

① 《诗经·何草不黄》。
② 《诗经·大东》。

二 贡税

在夏、商时期,在田赋和徭役之外,还有贡税的征派。从溯源上讲,它应属工商税的范围。夏代的贡,记载在《尚书·禹贡》上。相传禹"任土作贡",是说命各地贡其土特产品,以保证中央行使权力的需要。冀州系京畿地区,有赋无贡。兖州在济水和河水之间,富漆林、蚕桑,贡物为漆和丝织品(锦、绮)。从泰山到海边为青州,出产丰富,贡物有盐、绨(细葛布)、海产品,以及泰山山谷出产的丝、枲(麻)、铅、松和怪异之石;属放牧之地的莱夷,贡檿丝。徐州在青州之南,贡五色土、黑色细缟、羽山山谷的夏翟、峄阳(邳县)的孤桐(可作琴瑟)、泗水出产的磐石、淮夷生产的宾珠(蚌珠)和鱼。扬州(在今江苏南部、浙、闽、赣等地)贡金三品、瑶琨(似玉之石)、篠(可作矢)、簜(大竹可作乐器)、齿、革、羽毛、织锦,以及岛夷所产的草葛、木棉之属;此外,有王命时贡橘、柚。荆州(今湖南及湖北、四川、贵州部分地区)贡羽毛、齿革、金三品、杶、干、栝、柏、砺砥、砮、丹、菌、箘、楛,辰溪青茅,玄纁、玑组(不圆之珠)等,有王命时贡九江所产大龟。豫州(今黄河以南的河南及湖北北部地区)贡漆、丝、枲、纻、绨、纤纩(细绵)等物,奉命方贡石磬。梁州(今陕甘南部及四川地区)贡璆、铁、银、镂、砮、磬,以及熊、罴、狐、狸之皮及毛织品。雍州(今甘肃、青海、宁夏和内蒙古部分地区)贡璆、琳、琅玕以及昆仑、析支、渠搜等国所产的毛织品。以上俗称九州之贡,实际上是除王都所在的冀州以外的八州之贡,应属各联盟、方国之贡。《左传》记:"昔夏之方有德也,远方图物,贡金九牧,铸鼎象物,百物而为之备。"九牧即九州之牧。铸鼎铭文纪事,乃三代传统。九州所贡百物,以供夏王及百官府之用。

除了正常之贡(岁贡)外,还有非常之贡。如诸侯会盟或朝会时有贡,史传"禹合诸侯于涂山,执玉帛者万国"。还有周边的方国、部落(少数民族)之贡,《竹书纪年》记有后相七年,于夷来宾;少康即位,方夷来宾;后芬三年,九夷来御;后发元年,九夷宾于王门,等等。

由于贡在三代财政中具有特殊地位,所以商汤伐夏以后,即与伊尹讨论确定贡献的原则:以地势所有为贡。伊尹受命而为"四方令"。商代之贡,从甲骨文中可得证实,所贡之物,包括牲畜(无数量规定)、战俘(主要为羌人)、贵重财货、弓矢以及卜骨卜甲等。虽然数量不限，但不能不贡。《诗经》记载："昔有成汤，自彼氐羌，莫敢不来享，莫敢不来王，曰商是常。"夏、商两代对贡税如此之重视，关键不在它的财政意义，而在其主从关系，《诗经》云："邦畿千里，维民所止。肇彼四海，四海来假。来假祁祁，景员为河。殷受命为宜。"这是统治区域的反映。

周有九赋、九贡制度。史家称，先王授民以田，则责之赋；授诸侯以国，则责之贡。周贡同禹（夏）贡已有明显区别。史称夏之八州之贡，为诸侯岁之常贡，而西周的贡为九赋之外的九贡，即夏代的九州贡赋，有一部分已转化为税，即关市之赋、山泽之赋和币余之赋。西周规定，以九贡致邦国之用，即祀贡（祭祀用牺牲、包茅之类）、嫔贡（供嫔妇用丝、枲等物）、器贡（宗庙祭器）、币贡（玉、马、皮帛之类）、材贡（木材之类）、货贡（金、玉、龟贝之类）、服贡（缔纻之类）、斿贡（羽毛之类）和物贡（鱼、盐、橘、柚等）。这些物品，原则上是各地所出。属于职贡的内容，史称西周制天下为九服，甸服者提供祭祀用品，侯服者按月上供，宾服者按时（二年、三年、五年）上供，要服者（距王城千里外之各国首领）在位期间贡一次。更远的方国部落也有进贡要求。周王朝对失职（不贡）者也是不饶恕的，史称有"刑不祭，伐不享，让不贡，告不王"的制度规定。《孟子》说是"一不朝则贬其爵，再不朝则削其地，三不朝则六师移之"。周恭王时，密国康公不纳三女，周灭密国。

三　山泽之赋、关市之赋

西周以前，山林薮泽均为公有，未有赋税。设关是为讥察非常，不是征税。商人行走于部族之间也不是为牟暴利。当时，物产既少，制造技术亦不精，当必需之品偶尔缺乏时，不得不求于外；或者是本部族所不产，也需求之于外。由于当时奢侈之风未开，所以缺少者大都为关系民生的物品，有人能运输至此交换，居民庆幸还来不及，谁对此征税？但自古以来，山林川泽的出产物，是人类生活的重要来源，随着人口的增殖、采集的加剧，国家于是加强了管理措施。但开始设官分职的目的，主要是为了管理，保证国王的需要，不是为了收税。如山虞、林衡掌山林的政令和治禁，盐人掌盐的生产和供应，角人、羽人、兽人掌鸟兽之事，掌葛主缔纻之材，渔人、鳖人掌川泽水产等。他们按时禁发，与民共采。因利益所在，至周厉王（公元前877—
前841年在位）时，厉王好利，以荣夷公专利。大夫芮良夫劝阻说："夫利，
百物之所生也，天地之所载也，而有专之，其害多矣。天地百物，皆将取焉，
何可专也？……匹夫专利，犹谓之盗，王而行之，其归鲜矣。"① 厉王不听，
导致"国人暴动"，厉王出逃失国。直到西周后期，由于管理和财政的需要，
开始对山泽产品征税。此时课征的物品范围较广，包括山林出产的木材、薪
材、草、葛、野兽肉、兽皮、兽骨、野禽羽毛和野果、野蔬，河湖池泽出产
的盐、鱼、鳖、虾、龟、蚌等，场圃出产的果蔬等物，内容庞杂，多征实
物。② 纳税人主要是采樵者、猎户、放牧者、捕鱼者和园户等。这里既有专业
户，又有农业副业。所以说，山泽之赋，主要是对农民从事副业的产品的
征收。

山泽产品的税率，没有统一规定。载于史籍者：场圃收入为二十税一，
漆林之税为二十税五。③ 漆税之重，可能与漆的用途有关。

关市税是指对通过国家所设关卡的商货和在市场出售的货物所征的税。
始征于西周后期。

据《孟子》所述，在周文王治岐时，"关讥而不征，泽梁无禁"。在答公
孙丑问时又说"市廛而不征"，"关讥而不征"的主张，就是说，经过关津进
入市场交易的产品（包括山林出产或手工加工产品），只在经过关口或渡口时
受到官府检查，看是否夹带有违禁物品，除对违禁者实行处罚外，对正常交
易物品并不征税，其中原因，据孟子所说是：古之为市也，以其所有易其所
无者，有司者治之耳。那么，后来为什么又征税了呢？据孟子说是"有贱丈
夫焉，必求龙断而登之，以左右望，而罔市利。人皆以为贱，故从而征之。
征商自此贱丈夫始矣"。孟子在这里只说明了对商人征税的一种原因，即对商
人贪图厚利的一种制约或者说惩罚；但从孟子说话之中，还可看出其他两种
原因：一是这时商品（产品）交换活动规模比较大，在平地一眼看不清市场
情况，要站到山包上才能看清商品流动变化；这也说明这时农民出产很多，

---

① 《史记·周本纪》。
② 见《周礼·地官》各条。
③ 《周礼·地官·载师》。

可拿到市场进行交换。二是既然商人可以通过商品交换而牟取利益，那么，国家也可以进行征税，以调剂商人和农民之间的利益分配，防止商人独占。

在西周，对关税的征收有严格规定，“司关……司货贿之出入者，掌其治禁与其征廛。凡货不出于关者，举其货，罚其人……国凶札，则无关门之征，犹几”。[①] 郑玄注云：“征廛者，货贿之税与所止邸舍也。”即征收货物过境税与货栈租金。凶年饥荒疾疫死亡，出入关门“无征”。关于市税，“廛人掌敛市絘布、总布、质布、罚布、廛布而入于泉府”。[②] 即对商铺征收货物税（一说为屋税），对掌斗斛铨衡者之收入征牙税（一说为货物税），对交易契约收规费，对违反市令的行为进行罚款，对租用官房收租赁费。

三代的市场管理十分严格，据《礼记》所载，凡丝麻不符合规定精粗、幅面长宽的布帛，未成熟的五谷和果实，未成材的树木，未长成的禽兽、鱼、鳖以及衣服、食品等不准在市场出售。对犯禁者要进行严厉处罚，“轻无赦”。而市税收入及罚没收入，均应按规定期限交官库（泉府）。

此外，战利品收入、赎罪收入以及狩猎收入等虽不属经常收入项目，但亦是国家重要财源之一。

第三节 夏、商、西周时期的财政支出

夏商西周统治者为了巩固政权、稳定社会实现国家职能需要，对用强力征集来的财物，按照一定的用途进行分配，古籍称为“制国用”。

三代对国家财政支出十分重视，在“均节财用”原则指导下，分别制定支出范围。

一 支出原则——以九式均节财用

古代政论家、史学家对财税问题的关注较多，要求轻税、“薄赋敛”。但这只涉及财政问题的一个方面；还有一个重要的方面，即王室费用、国家行政所需经费等如得不到有效控制，那么，所谓“薄赋敛”也只是一句空话。

① 《周礼·地官·司关》。
② 《周礼·地官·廛人》。

所以，轻税的另一面是节支，两者相辅相成。

中国古代十分重视节约，因为自舜、禹以来，当时的社会生产力水平虽然得到了很快发展，但总体而论，农、工、商业的发展，仍赶不上社会发展的需要，这也就决定了三代统治者"均平"、"节俭"思想的形成。《老子》认为，国家支出的节约，首在统治者的"无欲"、"寡欲"，就是先要抑制统治者的贪欲，把心放在"柔远"、"裕民"上。在这方面，《易经》也说得十分明白，它指出了节俭的重大政治意义。"节，亨"，意即实行节俭，可以万事亨通。《易》进一步引申，指出统治者在安排王室生活及政府各项开支时，应"当位以节，中正以通"。这是"良由中，而能正，所以得通"。只有符合中正之道、通行之礼，既不因过奢而伤义，又不因过俭而伤礼。孔子说，"礼，与其奢也，宁俭"（《论语·八佾》），即，在不违背礼的前提下，提倡节俭。同时，要求节俭应形成制度，"节以制度，不伤财，不害民"（《易经·节》）。通过制度来使之制上下，《疏》称"王者以制度为节，使用之有道，役之有时，则不伤财，不害民"。这也即是"九五，甘节，吉"。为吉，只有"无伤害，则是不苦而甘，以此而行，所往皆有嘉尚。"所以，通过九种用财制度，来实现均和节的原则，以达到政权稳固、民不伤而财用足的目的。

二　财政支出

夏、商、西周的财政支出（包括国王及其亲属的耗用），史籍记载有九类。

（一）祭祀支出

祭祀起源很早，盖始初之民，由于生产力极其低下，知识也十分浅陋。对日常所遇所见，并不知其原委。因此，不特对动物、矿物，即使是植物，亦认为有神灵而产生敬畏之情。《墨子》说"有天鬼，亦有山水鬼神者，亦有人死而为鬼者"，认为古人视各物皆有神灵。神灵所在，固不可知，于是以常情猜测，以为在天上在地下，在十分遥远之处，只有巫师能知神之所在，因神可降附于人身。因此可知，古代祭祀系因神而生。而祭祀的目的，《郊特牲》说"祭有祈焉，有报焉，有由辟焉"。即有祈望，有报答谢恩，有远离罪疾、弭灾消灾等内容。祭祀用品，以为神和人一样，"神嗜饮食"、"鬼犹求食"，于是以最好的食物供奉。三代统治者也不知神为何物，误以为自己能掌天下，是冥冥之中，有神相助。因此借助"君权神授"的旗帜，利用鬼神来作为行使权力、巩固统治的一种手段。

三代统治者把祭祀作为国家的头等大事，"国之大事，在祀与戎"。墨子说："古圣王治天下也，故必先鬼神而后人。"祭祀的内容，据《曲礼》所载，"天子祭天地，祭四方，祭山川，祭五祀，岁遍。诸侯方祀，祭山川（诸侯只祭其境内的名山大川），祭五祀，岁遍。大夫祭五祀，岁遍。士祭其先"。因"日月星辰，民所瞻仰也。山林川谷丘陵，民所取材用也"（《礼记·祭法》）。凡战争前后，外出打猎、春种之前与秋收之后等重大活动，都要举行祭祀活动，凡不祭祀者，都被认为是对天地神灵的不敬，要受到严厉的惩罚。如商汤伐夏前，首先翦灭夏的属国葛，而伐葛的理由是葛伯不举行祭祀，是大逆不道，违反天意，应遭征讨的。

祭祀支出，古记为国用的十分之一。"祭用数之仂。"原则是"祭，丰年不奢，凶年不俭"。祭祀用品，多用牲畜。按《礼记》所说："天子社稷皆大牢，诸侯社稷皆少牢，士、大夫宗庙之祭，有田则祭，无田则荐。""诸侯无故不杀牛，大夫无故不杀羊，士无故不杀犬豕，庶人无故不食珍。"实际上，三代重大祭祀杀牲很多，有时多至几百头。也有用人作祭品的。从殷墟王陵东区 191 个祭祀坑中发现，埋有 1178 个奴隶。从出土甲骨中，也记载有人祭的事实。

（二）军事支出

三代的战争频繁，夏、商两代尤多。战争目的，大多是掠夺土地、财富和奴隶，或是抵御外族的侵犯。因是关系政权巩固、部族存亡的大事，为此，有时竟至动员全国的力量参与战斗。但由于当时战争目的单一，交战国之间距离也不远，因此战争规模也不大。据史书记载，周有六师，全国共有军队 1.5 万人；也有说周有六军，每军 12500 人，共有军队 7.5 万人。武王伐纣时，倾国而出，全部人马才 4.5 万人。这些人在当时并非专业军人，而是贵族和平民。

三代的军事费用，据载是以"井"为单位征调的。被征调的平民、贵族要自带粮食，自备战马、牛车和武器诸物。由于战争所需的人、物、财都由出征者负担，所以在国家财政支出中没有军事支出项目。

（三）王和王室支出

史家称，三代国王即国家，所以王及王室支出，同国家财政支出多有混同之处。除国王及其亲属日常的膳食、衣服、居住及其他费用开支外，其以国王名义招待宾客、举行宴会的开支，赠与宾客的礼物开支，赏赐诸侯、百官的钱物，添设祭祀用的器物，王宫各项物品用品，饲养公私家畜的谷草，宫殿及陵墓的建筑和维持，以及凶荒丧葬和赈济的支出等，从总的原则上讲是国王统治的需要，是为国王服务的；但从支出性质上看，又属国家机器职能范围。不过，三代之时，公私不分，以私为公，化公为私之事大量存在。从考古发掘出的宫室遗址、墓葬遗存看，王及王室生活是十分奢侈的。据史书记载，夏之桀、商之纣为历史上最荒淫的国王。以商纣王为例，造倾宫，作琼室瑶台（《帝王世纪》）、"铸金柱"（《淮南子·俶真训》）、"为玉床"（《世本·作篇》）、"以酒为池，悬肉为林"，"使师涓为新淫声，北里之舞，靡靡之乐"（《史记·殷本纪》），"凡武王俘商旧玉，亿有伯万"（《周书·世俘解》）；连商王的一名高级武官，其墓葬也殉人 15 名，狗 15 条，青铜器、玉器等随葬品 570 多件。①

（四）百官俸禄

三代的官职官数，说法不一，有一点是统一的，即越到后世官吏越多。官吏的俸禄，史称三代的一大特色是财政支出制度上没有俸禄的支出。但这不能说三代国家对所属诸侯邦国、各级官员没有俸禄支出。三代从中央到地方都安置有官员，并按职位高低授爵，按官职官爵分给官员一定的土地和臣民。孟子在回答北宫琦关于西周制定的官爵和俸禄制度时说，天子直接管理的土地纵横各 1000 里，公、侯各 100 里，伯 70 里，子、男各 50 里。百官以所授给的土地上的收入作为禄食。大体上一个下士的俸禄和在公家当差的"庶人"相同，即其收入可养活 5—9 人。这就是"分田制禄"制度。按这个制度来看，分地少的诸侯收入，相对分地多的诸侯收入自然要少。而从财政意义上看，土地分赐即为财政俸禄支出；作为诸侯和所属官吏，分得土地即是获得俸禄。这就是分田制禄。

（五）水利（灌溉）事业支出

相传尧有九年之水。洪水的灾害使夏民族十分重视水利排灌工程的修筑。孔子说禹时宫室建筑十分简朴，花钱很少，却十分重视农田水利建设。在各

---

① 《北京晚报》2001 年 3 月 16 日第 11 版。

个方块田之间，开挖了纵横交接的沟渠水网，以利排、灌。同样，商的始祖契教民耕作，播种百谷；而契的后代"冥"，因治水而身死。可见，三代之时，水利建设事业的投资是比较多的。

（六）居民生活保障和抚恤支出

1. 扶持农业生产

自国家政权出现后，统治者就把居民严格置于自己的统治之下，使其成为提供赋役，巩固自己政权的经济基石，从这一点出发，统治者又必须时刻关心居民的生产、生活情况。《诗》云："天生蒸民"，则其施政应"宜民宜人"。同《尚书》所说"德惟善政，政在养民，水、火、金、木、土、谷惟修"的六府三事原则是上下相承的。

养民，首在保证发展。其中重要的就是扶持农业生产。史称："禹尽力乎沟洫"。属于农田水利（引水排水）事业；周代则组织农民防治虫害："去其螟螣，及其蟊贼，无害我田稺"。并设立专官"田畯"来掌握农事，争取农业丰收。

2. 居民生活保障

史称，西周大司徒之职："以保息六养万民"。包括"慈幼"、"养老"、"振穷"、"恤贫"、"宽疾"、"安富"等六个方面。

慈幼。其法，释为民户产子三人，与母二人与之饩；十四岁以下不从征。有称此为越制。实际上，三代时期都有对幼童的保护措施。史称"汤七年旱，禹五年水，民之无卖子者，汤以庄山之金铸币，而赎民之无饘卖子者；禹以历山之金铸币而赎民之无饘卖子者"（《管子》）。

养老。养老问题，数千年以来，都是一个重大的社会问题。古代很多典籍中都有论说。

"五十养于乡，六十养于国，七十养于学，达于诸侯。"（《礼记·王制》）又分别四种情况。所包括的内容，相当于我国当前的社会保障和抚恤。

"为民父母，使民盼盼然，将终岁勤动，不得以养其父母，又称贷而益之，使老稚转乎沟壑，恶在其为民父母也。"（《孟子·滕文公》）

由于古代老人众多，"非贤者不可皆养"，所以古代是以家庭养老为主。

振穷。古代对"穷"的认识，包括鳏、寡、孤、独四个方面。因其"穷而无告"，应给予"常饩"，即长期救助。此制到春秋战国时仍在遵守。至于一次性振贫，如"武王为殷初定未集……命南宫括散鹿台之财，发钜桥之粟，以振贫弱萌隶"。

恤贫。此制属于廪贷。《周礼》载："颁粟，春颁秋敛"；"困时施之，饶时收之"。并非无偿救济。

宽疾。对丧失劳动能力的疾患病人，国家给予免赋役的照顾。

安富。即平均负担，对富者不多征，不苛征，使其能有安全感。

3. 灾荒救济

灾荒之事，无代无之。夏代史料缺乏。商代情况，据粗略统计，从成汤十八年至二十四年（约公元前1766—前1760年）的六年时间，曾发生七年大旱；自仲丁元年至盘庚十四年（约公元前1562—前1368年）曾发生五次河决之灾。西周以后，由于史籍记载渐多，邓云特先生汇集所得为：两周867年间，最显著的灾害有89次，其中旱灾为30次，占统计数的1/3。而灾情最严重的是周厉王二十一年至二十六年（公元前858—前853年）连续六年大旱。《诗经》记述了其空前的灾象："浩浩昊天，不骏其德，降丧饥馑，斩伐四国。"当时官府所能采取的救灾措施，一是安辑流亡，二是蠲缓赋役，三是弛禁散利，四是移民就食。

（1）当时的救灾原则，按《周礼》所载，"以荒政十有二聚万民：一曰散利，二曰薄征，三曰缓刑，四曰弛力，五曰舍禁，六曰去几，七曰眚礼。八曰杀哀，九曰蕃乐，十曰多婚，十一曰索鬼神，十二曰降盗贼"。这十二个方面都是通过各种救助手段，以避免居民逃荒或丧亡。

（2）灾荒标准。按《周礼》所载："凡万民之食，食者人四鬴（每鬴6斗4升），上也；人三鬴，中也；人二鬴，下也。若食不能人二鬴，则令邦移民就谷，诏王杀邦用。"一月之食人不足二鬴，即一日之食，只有今0.85升粮食，古称为大凶年，大侵，就只能移民就食了。

（3）应对措施。一是储粮备荒，以丰补歉。《礼记》："三年耕必有一年之食"，要达到积30年的储备，才能使居民在重大灾荒袭击下"民无菜色"。对储备粮的使用，也有严格规定，设仓人，"谷有余则藏之，以待凶而颁之"。二是上下节约，《礼记》说，"岁凶，年谷不登，君膳不祭肺，马不食谷，驰道不除，祭事不……"《墨子》云："岁馑（一谷不收），则仕者大夫以下皆损禄五分之一；旱（二谷不登），则损五分之二，……饥，大侵，则尽无禄，

廪食而已。"三是减免赋役。《礼记》：年不顺成，则"关梁不租（税），山泽
列而不赋"。如大荒大札，"则令邦国移民、通财、舍禁、弛力、薄征、缓刑"
（《周礼》）。

除上述几大支出外，还有下列支出内容。

都邑城建支出。史称古公亶父止于岐下，"筑城郭室屋"；作丰邑，徙都
于丰。周代城市营建标准，史称"匠人营国，方九里"。注称古《周礼》云：
"天子城高七雉（高一丈、长三丈），隅高九雉；公之城高五雉，隅高七雉；
侯伯之城高二雉，隅高五雉"。与《初学记》所说基本相同。

宫殿园囿建设。史称桀纣"侈宫室，广园囿，穷五采之变，极饰材之工，
困野兽之足，竭山泽之利"。周文王时，文王之囿亦有"方七十里，刍荛者往
焉，雉兔者往焉"。

道路交通建筑。史称"禹别九州，通九道"。而"桀尝以十日，发民凿山
穿陵以通河"。

教育支出。《礼记》：度地以居民，"然后为学"。古代教育，史称重在人
伦。"设为庠、序、学校以教之。庠者养也，校者教也，序者射也。为夏日
校，殷日序，周日庠，学则三代共之，皆所以明人伦也"。（《孟子·滕文
公》）庠序皆乡学，学为大学。

宾客聘问。周制，"敌国宾至，……侯人为导，卿出郊劳，……司里授
馆，……虞人人材，甸人积薪，……膳宰致餐，司马陈刍，工人展车，百官
以物至，宾人如归。……贵国之宾至，则以班加一等"（《国语·周语》）。

第四节　财政管理机构和制度

一　管理机构

为适应社会发展、巩固政权、安定社会需要，从氏族末期就开始选举管
理人员；国家形成后，则在更大范围内设官分职，分工管理。史称"有虞氏
官五十，夏后氏官百，殷二百，周三百"[①]。《荀子》说："古者天子千官，诸
侯百官。"都是说的一个大概意思。据《周礼》记载，西周主管财政财务的机

----

① 《礼记·明堂位》。

构，归属两个系统，一是天官冢宰系统，二是地官司徒系统。天官系统属宏观调控机关，主抓中央（王室）财政，如大宰、小宰主抓九职（社会分工）、九赋、九贡、九式，总司国家财政收支；大府、玉府、内府、外府等四府掌国家财货收、支、保藏；甸师掌王之藉田，供王祭祀；司会、司书、职内、职岁、职币五职主掌财政的收入、支出并进行稽核，以保国家收支的准确、有效。地官系统从宏观和微观上主掌全国生产和分配。大司徒、小司徒主掌全国土地、人民、诸侯国和采邑的分布，是土地分配和贡赋的总负责；其乡大夫、遂人、载师、闾师、县师、均人、旅师、土均、司稼等负责所在地区（或分管范围）赋税的征收、入库和减免；委人、廛人、司关、泉府等主掌进入流通领域的货物的税收。此外，夏官、秋官系统中，亦有分管财政、财务的职官。以上"周官"，虽有后人添加改作之疑，但对后世国家机构的设置影响很大。

二　财政体制

财政体制问题，实质是国家财权在中央同地方各级政权之间如何划分的问题。在夏、商、西周时期，虽然生产力低下，政权组织形式又是在天子之下，实行封邦建国制度，同样也存在财权的划分问题。因为西周在三代中形制比较典型，现以西周为例作说明。

西周的财权划分是通过对土地的分配（分封）来进行的。各级政权的财权，是按血缘关系规定等级，按等级分封土地，即不是按各级收支划分的。而当各地国君（诸侯）一旦得到周天子的封地，就得到了这块土地上的政治、经济、军事、民政等权力。这就是说，既有封地，就取得了独立的财政收入。就出现了亲者必贵者、贵者必富者的现象。这种财政体制，也意味着地方财政的最初表现。

如前所说，三代的财政是同土地占有紧密相关的。而土地是天子按血缘亲疏关系分配的，从而构成中央（天子）同地方诸侯和平民的贡纳关系。土地的多少不仅体现了诸侯的地位，同时也固定了中央同各个地方的财力分配比例。但这种财政体制有着很大的局限性，即各级财政具有完全独立的财政权力。在一般情况下，地方各级在完成其规定的贡纳义务之后，中央无权插手地方各级财政的再分配，这就使国家职能在新的形势下，不能有效地发挥其调控的职能作用。

三　预算、决算制度

中国的预算、决算制度，最早可能肇源于中央对各级官吏的政绩的考核。相传尧、舜时，"三岁一考功，三考绌陟"①。这种考绩，包括人口增殖、农业生产、财政收入等方面。到西周时，已有比较详细的规定。

（一）预算编制原则

1. 量入为出原则。量入为出原则是三代统治者根据这一历史时期的客观条件，总结了多年的理财经验而形成的。"冢宰制国用，必于岁之杪，五谷皆入，然后制国用。用地大小，视年之丰耗，以三十年之通，制国用，量入以为出"（《礼记·王制》）。这是因为，从夏至西周，历经1000余年，虽然生产在发展，社会在缓慢前进，但由于生产工具落后，生产力发展水平很低，农业丰歉难以预料；作为主要生产者来说，奴隶被迫劳动，平民为生存而作，贵族不劳而获，阶级矛盾的存在，既影响了生产积极性的提高，也影响了农业收入的增产增收。所以，无论从主观还是客观上分析，首先财政征收必须建立在经济发展水平的基础上；其次，财政的支出，必须建立在已经征收入库的基础上。这就是量入为出原则产生的历史原因和经济原因。而这一原则，又体现了从经济到财政的财政思想。

2. 专税专用原则。根据《周礼》所记，大府之职，"凡颁财，以式法授之，关市之赋，以待王之膳服（羞服）；邦中之赋，以待宾客；四郊之赋，以待稍秣（刍秣）；家削之赋，以待匪颁；邦甸之赋，以待工事；邦县之赋，以待币帛；邦都之赋，以待祭祀；山泽之赋，以待丧纪（丧荒）；币余之赋，以待赐予（好用）"。说明九种收入（赋）都有专门的使用范围，即九类经费开支都有制度规定的经费来源，人称具有目的税性质，在财政上属于专税专用性质。因大府所述，是以收定支的收支对应关系。虽然把《大宰》之职"九式"的先后秩序打乱了，但如果用直线将这种收支关系连接起来，则构成了一个左右相对应的国家预算收支总表。表式如下：

---

① 《史记·五帝本纪》。

收入	支出
邦中之赋 ———————	宾客之式
四郊之赋 ———————	刍秣之式
邦甸之赋 ———————	工事之式
家削之赋 ———————	匪颁之式
邦县之赋 ———————	币帛之式
邦都之赋 ———————	祭祀之式
关市之赋 ———————	羞服之式
山泽之赋 ———————	丧纪之式
币余之赋 ———————	好用之式

这里要说明的是，古代的收入，因受自然等各种因素的影响，并不是固定不变而是逐年增长的，所以在财政安排上，正如贾公彦所说，所谓"待"，是来则给，即收进来后才能给。这也说明，古代的财政支出，并非有确实的保障。但专款专用原则，对于以有限的收入来保证必须的支出，还是有其积极意义的。

（二）预算编制

三代的预算编制，就当时而论，是比较稳妥、可行的。首先，设置了主管财政、财务会计的机构，配备了主管官吏，如司会辅佐大宰按九贡、九赋、九功、九式之法，掌各项财货出入之数，并按日、按月、按年进行汇总，上报冢宰及王。司书职司对王畿内户籍、土地和国中各项财物收支情况，逐一登记入账，进行核算。在进行核算的基础上，由冢宰编制国家预算。按照《王制》所说，确定本年收入和来年支出是在本年年末，收入入库之后；支出的安排，要考虑连续几年的丰歉情况，并根据"耕三余一"的原则留有必要的储备，然后"制国用"。这种安排，是同地方各级官员的业绩结合在一起考虑的，所以必须照顾到各地的现状和发展，使国家的收支安排建立在一个可靠的基础之上。

复习思考题

1. 夏、商、西周活动的范围和统治中心。

2. 三代的土地分配制度和田赋。

3. 三代的贡和税。

4. 三代的九赋、九式和九贡的基本内容及其相互关系。

5. "量入为出"和"均节财用"原则的确立及其意义。

第三章　春秋、战国时期的财政

> 本章中心内容：在奴隶社会演变为封建社会的500余年大分化、大改组、大变革的历史时期中，各诸侯国为适应这种激烈的变化，在对政治、军事等方面进行改革的同时，对财政经济也作了重大的实质性改革。而"相地衰征"、"初税亩"则具有划时代意义。

第一节　政治、经济概况

自公元前770—前221年，共550年，是我国历史上的春秋（公元前770—前476年）战国（公元前475—前221年）时期，是我国从奴隶社会到封建社会的大变革时期。这期间战争频繁，诸侯争霸，民族在不断融合。社会经济、政治、文化都在激烈的、复杂的阶级斗争中发生了深刻的变化。各国地主阶级政权的陆续建立，标志着封建社会终于代替了奴隶社会。

一　春秋、战国时期中国社会概况

（一）周室衰微

公元前771年周幽王被杀，申侯、鲁侯及许文公在申（今河南南阳市北）地拥立原太子宜臼为王，就是周平王。平王虽立，但无力驱逐犬戎，在晋、郑等诸侯的支持下，他决定放弃易受犬戎侵扰的首都镐京，于公元前770年把周的都城东迁至洛邑（今河南洛阳西），史称"东周"。

东迁之后的周王室，地位日跌，所辖地区不断缩小。关中故地大片丧失，王畿面积也比过去大大缩小，它以洛邑为中心，东不过荥阳，西仅至潼关，南不越汝水，北仅抵沁水南岸，方圆不过 600 余里。王室辖区的缩小必然导致财政收入的减少，加之后来许多诸侯拒不向天子纳贡，王室财政日显困难。特别是进入战国后，天子不仅不能对各诸侯发号施令，反而在政治上、经济上都必须依附于强大的诸侯。周实际上已和一个小国差不多了。

（二）大国争霸

随着周王势力的衰弱，各诸侯强国逐渐萌发了要挟天子以令诸侯而争作霸主的野心①。齐桓公、晋文公、楚庄王、吴王阖闾、越王勾践一度称霸中原。

齐在东方，春秋时号称泱泱大国。公元前 685 年，齐襄公死，桓公继位，他任用管仲为辅佐，整顿内政，发展经济，齐的国力空前充实。齐桓公又以"尊王攘夷"为引导，联合黄河中游诸侯国，北御夷狄，南制楚蛮，成为强大霸主，先后三十余年。

晋国本是汾水下游的一个小国，至春秋前期晋献公主政时才逐渐强大。公元前 636 年，晋文公即位后，平定了周室内乱，迎周襄王复位，博得了"尊王"的名誉，提高了自身威望。公元前 632 年，晋楚之战，大败楚国，晋文公在践土（今河南荥泽）会盟诸侯，周襄王正式册封晋文公为侯伯。至此，晋文公"取威定霸"，成为中原霸主。

楚庄王（公元前 613—前 560 年）是一位雄才大略的君主，他先后平定国内贵族叛乱，征服周边各部；举贤荐能，整饬内政，兴修水利，加强国力。楚的国势为之一振。公元前 606 年，庄王伐陆浑之戎，观兵于周郊，此时晋国政令不行，将帅不和，晋军已失去同楚抗衡的力量，庄王成为中原的霸主。

吴国地处今江苏南部，越国地处今浙江北部。公元前 496 年，吴、越战于槜李（今浙江嘉兴南），越王勾践战败吴军，吴王阖闾受伤而死，其子夫差继位后于前 494 年打败勾践。夫差以为已无后顾之忧，便挥师北上，争霸中原。当夫差在黄池（今河南封丘）会诸侯，与晋争霸时，不料勾践卧薪尝胆，在大夫文种和范蠡辅佐下，壮大力量，乘机攻入吴都姑苏（今苏州），并于前 473 年灭吴。此后越王勾践亦北上会诸侯于徐州，一时号称霸主。

·春秋时一百多国，经过不断兼并，到战国初年，见于文献者约有十几国。当时的大国有秦、魏、赵、韩、齐、楚、燕，即"战国七雄"，以及越国。小

---

① 翦伯赞：《中国史纲要》第一册，人民出版社 1978 年版，第 51 页。

国有周、宋、卫、中山、鲁、滕、邹等。

（三）秦并六国

秦国地处西陲，秦献公时，开始转弱为强。秦孝公继位后，任用商鞅变法，国力大增，开始东进，不久秦便占领了今陕西黄河以西、以东及以南广大地区，国富兵强，声震山东各国。公元前316年秦向西南发展势力，攻灭蜀国和巴国；接着又向西北扩展势力，兼并了西戎的义渠部，一个强大的秦国崛起于西方。公元前325年，秦继魏、齐之后开始称王。之后，秦国继续对外兼并；公元前221年，秦灭齐，至此，秦灭六国，结束了春秋、战国500余年的分裂割据局面，建立了一个统一的多民族的中央集权国家。

二　农业的进步和工、商经济的发展

（一）农业、手工业经济的发展

春秋战国时期，社会经济发生了巨大的变化。突出表现在当时的农业和手工业方面。

1. 铁农具和牛耕的使用

约在春秋时期，铁农具已开始应用于农业和手工业生产。铁农具的使用对农业生产来说，无疑具有划时代的意义。它为农业生产力的发展开辟了广阔的前景，而铁农具的使用又和耕牛的使用相互关联，耕牛使铁农具的深耕效能得以更好发挥。两者运用于农业生产，是我国农业技术史上农用动力的一次革命。

2. 水利灌溉工程的兴建

水利灌溉和农业生产是有密切关系的。春秋时期，大国在兼并战争中，疆域扩大，为了便利交通，提高灌溉水平，大国纷纷开凿运河。战国时期有三大著名的水利工程，即魏国修筑的西门豹渠，秦国蜀守李冰修的都江堰和水工郑国在秦修筑的郑国渠。

3. 冶金、盐业、漆器业

春秋战国时期，在青铜业继续发展进步的同时，人们又发明了可锻铸铁。这种铸铁柔化处理技术，是世界冶铁史上的一大成就。这项发明比欧美早2000年以上。

盐业生产在春秋战国时期已很发达，按产制方式又分为海盐、池盐和井盐。这一时期还出现了专门贩运食盐的商贾，把盐从产地运销到不产盐的地方。

漆器生产历史悠久，亦是我国一大发明。战国时油漆工艺的一项重大改进，即采用桐油作稀释剂，此工艺一直流传至今。

除上述手工业情况之外，这一时期在玉石雕刻、金银骨器的加工制造，以及酿酒等方面，也都有着相当大的发展。

4. 私人手工业

春秋战国之间，手工业生产的一大改变在于私人手工业的出现。西周、春秋时代，我国的主要手工业生产都由官家经营。约在春秋战国之际，在官营手工业之外，产生了一些很有名的私营手工业主。如在赵国邯郸以冶铁成业的郭纵和以煮盐起家的猗顿等。至战国时，个体小手工业者和普通农户家庭手工业生产者大量涌现，当时一般人使用的生产、生活用具，不少都是那些小手工业者生产的。

（二）商业、交通和城市

1. 商业

在农业和手工业两大部门发展的基础上，商业也日趋繁荣和发展。当时，在中原市场上可以买到南方的象牙、北方的马、东方的鱼盐和西方的皮革。许多城市都变成了繁华的商业中心，如齐国的临淄、赵国的邯郸、魏国的大梁等。

春秋战国之际，金属货币大量增加，这与当时交换经济的发达是相一致的。当时流通的货币种类有刀、布、钱和爰金。刀币流通地区以齐国为主。随着齐国经济的繁荣，刀币的流通扩大到了赵、燕并远及辽东和朝鲜北部。布币的流通是在黄河中游地区，包括卫、郑、晋、宋等诸侯国。爰金是楚国的货币，流通于楚国的长江、淮河流域。

2. 交通

水陆交通是商业发展的重要条件。春秋以前，诸侯国家多是些城邦小国，以城邑为中心加上周围的郊野就构成了一个国家，国与国之间是荒野，而以道路连接。西周时期已注重对道路的修整和沿途馆舍的设置。进入春秋后，各国间争战、会盟频繁，道路交通发展更为迅速。

水路交通在古代比陆路更重要。除江、淮、河、济四大水系外，在今河南、山东、安徽、江苏北部又有汝水、颍水、菏水、泗水。为提高水运能力，春秋时开始兴修运河，在济水与泗水之间开凿了深沟。著名的鸿沟西起荥阳，东经大梁，转东南入淮水，贯通宋、郑、蔡、曹、卫诸国，而与济、汝、淮、泗汇合，形成一个大面积的水上交通网。春秋末吴国开凿了邗沟，通江淮，经鸿沟，北汇济、汝、泗水而达黄河，扩大了以鸿沟为主的水上交通网。

3. 城市

商品交换促进交通运输，便利的交通又推动了交换经济的发展和商业城市的兴起、繁荣。齐都临淄经春秋以来 200 多年经营，至战国时，工商活跃，人口众多，其繁荣景象人称"车毂击，人肩摩，连衽成帷，举袂成幕，挥汗成雨，家敦而富，志高而扬"①。

春秋战国时期逐渐有了市。市是农副产品和手工业品的交易场所。在每个较大的城市里，都设有市。市区四周有"市门"出入，设有"市吏"管理，并征收市税，市中经商者都有"市籍"。市的兴起和发展，使得城邑的性质，除政治功能之外开始有了经济意义。

总之，平王东迁，周室衰微，周郑交质，诸侯不贡，反映着周统治了近300 年的奴隶制国家日趋崩溃。而生产工具的变革，牛耕的推广，又促使耕地面积大大增加；在农业生产力得以大大提高的基础上，手工业也有了很大进步和提高；商品交换的发展也促进了货币制度的发展和都市的繁荣，所有这些，都为以后的财政改革奠定了基础。

第二节　各国财政改革和田赋制度

一　土地占有关系的变化

西周春秋土地所有制形式，基本上仍属于奴隶主国家所有制。但进入春秋中期后，由于先进农具的使用和农业生产效率的提高，旧有的土地分配制度遭遇强有力的挑战，井田制面临崩溃。

（一）土地制度改变的主要原因

1. 封建制度的没落

在土地奴隶主国家占有制度之下，将土地平均分配给农民，并以井田收

---

① 《战国策·齐策》。

入作为国家经济的基础。到了春秋战国，奴隶制度已开始没落，土地的井田制度也就逐渐遭到破坏。

2. 赋税负担增加

在封建制度之下的土地分配制度，同时也是赋税制度。这种制度的优点：其一是土地平均分配给农民，其二是农民平均负担赋税。同时，这种土地赋税制有一定税率，即什一税率；在这种固定税率之下的田赋，农民负担不公的问题，从表面上是看不出来的。但是到了春秋战国时期，各国战争迭起，不但农民且战且耕，而且政府战费支出日益增大，什一税率的收入已不足应付战费支出的需要。因此各国相继增加田赋赋税的负担，什一税制遭到破坏。

3. 土地争夺战争

在春秋战国时期，土地是主要的生产条件，也是财富最大的代表。因此，为了土地引发的争端乃至战争，也不断发生。土地争夺战的结果，使大国诸侯的土地有了显著扩大，有的大至数千里，最终又导致公田制度的破坏。

4. 人口增加的影响

《后汉书·郡国志》注称周初人口有 1370 万，春秋战国间因战争频频，人口伤亡甚多，但由于当时各国采行适当的人口政策，使该时期的人口，不仅没有减少还略有增加。如战国军队估计为 700 万，则当时人口数最少在 2000 万以上。而各国人口的增加，引发了一场新的土地分配和赋税的改革。

（二）土地私有制度的产生

春秋战国时期，由于经济的发展，人口的增加，土地兼并战争扩大，人们对土地私人占有欲望的日益滋长，使土地分配制度向土地私有制度的方向加速发展；同时，经济发展，人民财富增加，土地私有是财产制度建立必然的结果；而货币的发达，使人民可以以货币买卖土地，并使土地据为己有，这又使人民对于土地产生极大的诱惑①。这就是该时期土地私有倾向产生的三个因素。而秦国用商鞅变法，从法律上规定土地私有，这就在法律上完成了土地私有制度的确立。

---

① 邹敬芳：《中国经济史大纲》，（台北）兴台印发厂，1959 年版。

二 各国财政改革

(一) 春秋时期

春秋时期,各国的政治经济发展很不平衡,迫于自身的生存和发展需要,各国相继任用一批有远见的政治家、思想家进行政治、军事和经济等各方面的改革,其中大多是和财政有密切关系的。

1. 管仲在齐国的改革

春秋时代,齐国是最早进行改革的国家。齐国地处东方,富有鱼盐,其工商经济亦十分活跃;但到襄公时,国内公室腐败,贵族争权,收税多而不利民;襄公被杀后,国内大乱。公元前685年,齐桓公即位,任用管仲为相,对齐国进行政治、军事、财政等方面的改革,管仲的财政改革主要有以下几个方面:

第一,"均田分力"、"相地而衰征"。即对耕地推行井田畴均,按井田分配土地亩数,依土地贫瘠好坏征收差额不等的赋税。管仲把不同的土地按照不同的标准分给农民,再根据土地的肥瘠定赋税的轻重,以此来调动农业生产的积极性。

第二,国家掌管重要的经济事业(国家干预经济)。据《管子》一书记载,在国家管理经济事业方面:

(1) 国家经营各种需要的经济资源如谷物等。通过谷物控制市场,国家从中获得利益。

(2) 垄断食盐的主要产地和销售。齐国利用地理位置的优越,控制食盐的生产、流通和投放,获利于天下。

(3) 铁专卖。铁是生产、生活的必需品,对铁实行专卖,获利很大。

第三,实行轻税改革。管仲主张"取于民有度",因为他认为"取于民有度,用之有止,国虽小必安。取于民无度,用之不止,国虽大必危"。他还说强求的征取有三害:妨碍生产;会造成人们财物的巨大损失;易引起人们的不满。所以,他主张实行轻税。

管仲治齐的改革,极大地冲击了奴隶制度,他主张按土地好坏征收田赋,突破了籍田以力的力役地租和公田征赋、私田不税的旧的赋税原则;他的一套国家管理经济的办法,都为后世所继承和发展。

2. 晋国的改革

继齐国实行财政改革之后，晋国也根据本国情况，对田制、田赋进行了改革。

周襄王七年（公元前 645 年），秦晋之战，晋惠公被俘，下令"作爰田"，将大量公田分赏众人。爰田不同于井田，它可以转让和交换，虽不废除奴隶制，却使公田也可变成私田，这在春秋时代，实际是对井田制的冲击。其直接结果是激发居民服军役、立战功。

3. 鲁宣公的改革

进入春秋时期，由于劳动工具的渐次改革，劳动效率的提高，私田的大量垦辟，增强了农民对私田的浓厚兴趣，而劳役地租的剥削形式无法调动"野"人的劳动积极性，以及春秋时期战争的频繁造成鲁国公室收入难以满足支出的需要，这些都使得各诸侯国不得不进行赋税改革以求解决财政困难。

公元前 594 年，鲁国率先进行土地赋税制改革，实行"初税亩"，承认了私田的合法性，而对公、私田一律按亩收税，应税面积增加了。此外，还于四年后相继实行了"作丘甲"、"用田赋"等赋税制度改革，这都对其他诸侯国的改革产生了深远的影响。

鲁宣公实行初税亩，按亩征税，是适应当时社会发展要求的改革；首先标志着土地私有制第一次被正式承认，所以它是划时代的改革；是我国奴隶社会向封建社会过渡进程中一个质的变化；是生产力的发展引起的生产关系自觉地调整。

初税亩所体现的是一种务实而高效的地主土地私有制和平等的赋税制度，也体现了"按劳分配"的激励原则。无论按田亩面积还是按亩产量计征，只要多产出，大头总是属于自己的。这样一来，也有利于降低管理成本，提高管理效率。

4. 楚国的改革

在鲁国改革田赋制度 40 多年后，楚国也进行了改革。楚康王即位初（公元前 559 年），吴国常从背后侵扰楚国，在晋吴两国夹击下，楚国不得不加紧整顿军备。楚康王一十二年（公元前 548 年）楚国的令尹子木实行"量入修赋"的办法。即将全国的土田、山林、川泽、高原低凹、土地肥瘠等一一登记在册，划分为井田授给百姓，按照土田收入，征收军赋。

从上可见，经济改革是大国兼并的需要，是地主经济发展的需要，当然主要还是生产力发展的必然结果。

（二）战国时代

从春秋开始，我国由奴隶制社会向封建制社会迅速发展。各诸侯国经过百十年的兼并扩张，秦向西吞国 20 个，开地千里，遂霸西戎，成了西方大国；齐先后灭掉了 30 个小国及一些部落，成为东方大国；楚国先后消灭了 40 余国及一些部落，成为南方大国；晋国先后消灭了 20 余国，成为中原大国。在争夺战争过程中，卿大夫逐渐成了可以左右政治的力量。他们占有大量土地，具有经济势力，君权旁落，大夫相政。从公元前 481 年，齐国田常夺取政权到公元前 356 年秦国的商鞅变法，在这 150 年左右的时间里，各国地主阶级通过不同形式，先后把政权夺到自己手中，建立了地方性封建政权。顺应这种变化的需要，各大国从政治、经济等各方面进行了程度不同的改革。改革的要求主要集中在下列几方面：（1）要求在更大范围内，承认私田的合法性，允许土地自由转让和买卖；（2）农业上要求突破原有的耕作方式和管理方法；各国间商业交换的发展，也要求消除各国道路关卡的限制，要求度量衡的统一、货币的统一；（3）各国为了保存自己，必须壮大经济实力和军事实力。为达到这一目的，其重要的一个方面是要求改革和整顿财政制度，增加财政收入。分述如下：

1. 魏国变法

魏是周威王二十三年（公元前 403 年）正式建立的封建国家。为了本阶级的利益，魏文侯（公元前 445—前 396 年）在他统治的四十多年里，先后任用李悝、翟璜、吴起、乐羊、西门豹、卜子夏和段木干等一批封建政治家、思想家进行社会改革。其中，以李悝进行的改革比较突出，主要有以下三个方面：

第一，废除"世卿世禄"制度，按照"食有劳而禄有功"的原则，把禄位授给有功的人。

第二，"尽地力之教"。考虑到魏国地少人多，要发展农业生产，就要充分利用现有土地，如杂种五谷，抢收抢种，在住宅周围种桑，田边的地角种瓜果等，并充分利用空闲土地。他认为，通过勤劳种田，能使一亩地增产三斗粮食；那么，百里见方的地区就可增产粮食一百八十万石。农作物产量的提高，增加了封建政权的田租收入。

第三，行"平籴法"。由国家控制市场，防止粮价受价格波动的影响。即在丰收年景，由国家平价收购余粮储存起来，保证农民因粮价暴跌而受害过多；在灾荒年景，由国家平价出售粮食，使市民不会因粮价暴涨而死亡或生事。魏国变法的结果，使其成为战国初年头等富强的国家。

此外，李悝作《法经》六篇。这是一部保护封建制度的法典。这部《法经》不仅集以前各国法律之大成，而且是秦汉法律的张本，所以李悝被列为战国时代法家的始祖。

2. 秦国实行了商鞅变法

战国初年，秦国在各方面都很落后，旧贵族势力很大，国内矛盾尖锐，社会不稳定，对外还受到各国的轻视。迫于自存的需要，必须进行改革。

秦国的改革，最早为秦简公七年（公元前408年）实行的"初租禾"，即不分公田私田，一律征收实物土地税，承认私田存在的事实。公元前361年，秦孝公即位，商鞅建议孝公顺应社会情势，进行改革，富国强兵，成就霸王之业。孝公接受了商鞅的建议，任他为左庶长，推行变法。商鞅变法，前后共两次。第一次在孝公三年（公元前359年）；第二次在孝公十二年（公元前350年）。变法的内容中有关财政经济的改革主要有以下六点：

第一，废井田，开阡陌封疆。废除井田制，承认土地私有和买卖，这是一次划时代的改革，它既为地主经济的发展铺平了道路，又因承认土地私有而一律征税，使国家财政得到好处。

第二，废除"世卿世禄"制，奖励军功。不分贵贱，按军功赏给房屋和土地。

第三，实行"重农抑商"政策，奖励农业生产。凡因从事末业或不好好参加生产而贫困的人，罚做奴隶。

第四，鼓励分居立户，禁止父子兄弟同家共业。一户有两个成年男子以上不分家的，加倍课赋；耕织收入多的，免其徭役。

第五，把山林川泽收归国家所有，按土地多少征收赋税，按人口征人头税，按丁口征兵，建立封建地主武装。

第六，平斗秤权衡丈尺，统一度量衡。

各国的社会改革，特别是商鞅变法，社会意义是十分重大的。秦建立统一的货币制度、统一度量衡，田有租税，人丁负担徭役并缴人头税，等等，这些改革打击了贵族势力，使封建制得到发展和巩固；促进了社会生产的发展，为秦国的农业生产开辟了广阔的道路，它为富国强兵乃至统一全国，打下了坚实的政治经济基础。

经过春秋战国时期的急剧变革，在经济方面出现了以下一些新变化：

第一，土地制度变化了。废井田，开阡陌，土地国有制度废除后，土地私有，可以自由买卖。同时，井田制被打破后，分田制禄制度也废除了，代之以"官禄千钟"、万钟最低的不满百石的禄米制。

第二，由于土地制度的变化，原来的按夫征税也不适应，改为按亩征税。

第三，税收征收内容扩大了，田赋税率加重，由十一变为十二，此外对关市、盐铁之类也开始征税。

第四，奴隶社会的军赋被废除，实行征兵制，有了相当数量装备好的常备兵，加以战争规模扩大，军费开支增多。

第五，力役加重，由原来的一家一人，一年三天，改行更卒、戍卒制。

三 田赋制度

春秋战国时期，由于土地占有制度的渐变，导致田赋制度也在发生变化。

1. 相地衰征

对田赋征收制度进行改革，春秋时期首推齐国管仲。公元前 685 年齐桓公用管仲治齐，定四民，推行"井田畴均，相地而衰征"、的井田税制，按井田均分土地，按田地好坏肥瘠征收赋税，第一次改变了"籍田以力"的力役地租制度，对促进生产力的提高、土地私有化的发展，具有积极作用。

2. 初税亩

公元前 594 年，鲁国实行"初税亩"，对公、私田一律按亩收税。以法律的形式肯定和保护了已经出现的生产关系变革，顺应了社会历史发展潮流，可以说它是经济史上一个划时代的变革，对中国奴隶制经济的瓦解，封建制经济的萌芽，以及对我国的税制改革和发展都具有深远的影响和意义。

3. 用田赋

"用田赋"是春秋时期鲁国对税制的一次改革，发生在哀公十二年。军赋也按田（井）征收，其实即土地税加倍，农民负担加重。

此外，田赋的改革还有魏国李悝为魏文侯作尽地力之教；吴起在楚变法、秦商鞅在秦国变法定为田租、口赋制度。可见，从力役地租制到实物地租，不仅是税制上的大变革，也是社会性质的变革。

第三节 工商税收和贡

一 职贡

职贡是在奴隶社会里，诸侯对国王（周王子）以及弱国对强国的物品输纳。它受爵位高低的限定，也有输纳时间的限定，还有数量多少的限定。职贡的目的是求得天子或大国的谅解和保护。《国语·周语上》中说："夫先王之制，邦内甸服，邦外侯服，侯卫宾服，夷蛮要服，戎狄荒服。甸服者祭，侯服者祀，宾服者享，要服者贡，荒服者王。"这种把各国划成各种等级的说法，是按照在什么地方与宗主是什么关系，而规定贡物的品种、数量和时间。

贡纳与贿赂并无多大区别，都是被征服者向征服者、弱小者向强大者输纳各种财物，所不同的是贡纳有一定的制度，而贿赂没有定制，而且有强者予以原谅维护的意思，受贿的人不仅仅是大国强国，对强国的臣属都有贿赂。例如，虞公索玉，季文子向齐赂济西田，郑赂晋侯以乐师舞女及轴车、歌钟等。

职贡始终是弱小诸侯国的一个沉重负担。所以郑国的子产到晋国修订盟书时，力争修正贡纳制度。子产说周代制度规定：位高贡重，位低贡轻。郑国列位男爵，却要按照公侯爵位纳贡，提高了五等；而且，修盟结好，本来是为了小国能够生存下去，现在贡纳无限，恐怕无力贡纳时会带来大祸。可见贡纳之重，已经足以让一个大国感到害怕。

二 工商税收

进入春秋以后，随着山林川泽的逐渐开发，手工业和商业也日渐繁盛，从而形成了新的税源。

（一）山泽之税

史称"齐桓公用管仲之谋，通轻重之权，徼山海之业，以朝诸侯，用区区之齐显成霸名"。这里一是指山林河海，一是讲商货流通，齐国以此而富强。这是因为，古时山林、河湖面积相当大，商君说，"为国任地者，山林居什一，薮泽居什一，溪谷流水居什一，都邑蹊道居什四"。英明的君主应该充分认识到："山林薮泽溪谷足以供其利，薮泽堤梁足以富。"春秋以后，一些国君设官管理，"以时禁发"。如齐桓公实行"官山海"，楚康王使子木治赋税，对山林出产的金（铜）、木、竹箭、龟、珠、皮、角、羽毛之类加强管理，充为官用。如果说，在春秋时期各国国君对专山林之利还有所顾忌的话，到战国时期就全部打消了。史载商鞅在秦国变法，山林池泽收入成了国家一个重要利源。桑弘羊说："昔商君相秦也……外设百倍之利，收山泽之税，国富民强，器械完饰，蓄积有余。"秦国如此，齐晋楚诸国更在秦国之前就已发展工商，充实府库了。

（二）关市之税

按《史记》作者描述，在华夏各地（山西、山东、江南、龙门碣石北等）均各有所产，商人则根据其特有的规则来往城乡，交结王侯，活跃市场，官府因此而添财进物，充实府库。

1. 关税。古之关卡，多设在内地各水陆交通要道。春秋时期，各关除了维护国家安全的职责之外，有的还要征收出入境关税。如齐景公在靠近国都地方设关收税；鲁臧文仲"废六关"；楚国明令对贩运牛、马等大型畜类出入关者征税，史称关税收入"足以富国"。

除了设关收税之外，宋武公（公元前765—前748年）时还以门赏柝班，使食其征，是对出入者征税。

2. 市税。对进入市场的手工业产品征税，是在农业生产自食有余，手工业产品用于交换以后开始的。征税的原因，孟子称是对商人的逐利行为所采取的一项限制措施。实际上是官府与获利商分利。齐景公时，就有身边的宠妾在市场上"夺"取利益。到战国时期，市税收入成了各封君眼馋之处，争以为"私奉养"。至于市税的税率，春秋时期多为轻税，都是"百取二"、"五十而取一"，这是诸侯各国间的约定。战国时，秦迫于内外之患，任用商鞅变法，"贵酒肉之价，重其租，令十倍其朴"；这种"重关市之赋"的政令，使税收达到其成本的10倍，致商与民均受其困，是不能维持长久的。

工商税是齐国重要的税收，其他国家如吴、越、蜀、汉等国亦然，史记齐湣王遗楚王书云："王取武关、蜀、汉之地，私吴、越之富而擅江海之利。"这是说明山海生产物课税，对于财政收入的重要。

三　盐铁专卖

春秋战国时期的经济政策有两大改变：第一是土地私有制度的建立，第二是专卖政策的产生，这两种政策上的创制，对于后世的财政经济产生了极大的影响。

春秋战国时期，食盐产地主要分布在齐、燕、楚、晋、秦五国。齐国和燕国拥有丰富的海盐，"齐有渠展之盐，燕有辽东之煮"。楚国也拥有海盐，"（吴）东有海盐之饶"。晋国拥有河东盐池（解池），"郇瑕氏之地，沃饶而近盬"。秦国拥有井盐，秦昭王时蜀郡守李冰在蜀地开凿盐井，生产井盐。关于这个时期盐的食用分布区域情况，司马迁在《史记·货殖列传》中作了如下记述："山东食海盐，山西食盐卤，岭南、沙北固往往出盐，大体如此矣。"由此可知，这一时期食盐消费的地域分布情况大体上是以崤山或华山为界，山以东食海盐，山以西食岩盐和池盐，岭南地区和池水、汉水以北地区食土盐。

在这一时期的商业贸易中，食盐已成为一种重要商品。齐"多文采布帛鱼盐"，陈"通鱼盐之货，其民多贾"。鲁国大商人猗顿"用盬盐起"，在猗氏（地名，已考订，今山西临猗南）靠经营河东池盐致富。齐国大工商业主刁间（一作刀间），"逐渔盐商贾之利"，"富数千万"。秦国当时靠商人从其他国家贩运盐，秦穆公曾派遣商人到楚国去贩盐至秦。可见在很长一段时期内，各国在食盐的利益分配上是采取官民两利的原则，从而也造就了中国最早的一批盐商，代表人物如猗顿、刁间等。

由于食盐的特殊地位决定了其利益的最大化和稳定性，因此一些产盐大国势必将盐利收归己有。春秋中期，富渔盐之利的齐国，正是利用盐利之便而成为霸主。

管仲提出推行盐铁专卖的理由有四点：

第一，加重征税的弊害太多。他曾向齐桓公逐一分析了对房屋、树木、牲畜和人征籍的危害，指出"藉于台雉"，"此毁成也"；"藉于树木"，"此伐生也"；"藉于六畜"，"此杀生也"；"藉于人"，"此隐情也"。从而提出"官山海"的对策。认为实行食盐专卖可以达到"见予之形，不见夺之理"，"民爱可治于上"的理想境界，并能免除征籍之弊。

第二，实行盐专卖，国家可获巨利。管仲对此作了定量分析："十口之家十人食盐，百口之家百人食盐。终月，大男食盐五升少半，大女食盐三升少半，吾子食盐二升少半。此其大历也。盐百升而釜。令盐之重升加分强，釜五十也。升加一强，釜百也。升加二强，釜二百也。钟二千，十钟二万，百钟二十万，千钟二百万。万乘之国，人数开口千万也。禹策之，商日二百万，十日二千万，一月六千万。"管仲以月为计算单位，把齐国人对食盐的需求量和加价收入额加以计算：不论成年男女（大男大女），还是未成年幼儿（吾子），每月都需食用数量不等的食盐。只要每升盐加价半钱，一釜（一百升）就可多得五十钱。如果一升盐加价一钱，一釜就可多得一百钱。以此类推，一升盐加价二钱，一釜可多得二百钱，一钟（十釜）可多得二千钱，十钟可多得二万钱，一百钟可多得二十万钱，一千钟可多得二百万钱。一千万人口的国家，一日可多得二百万钱，十日可多得二千万钱，一月可多得六千万钱。管仲把通过食盐专卖所得收入与征收人头税的收入数作比较："万乘之国正九百万也。月人三十钱之籍，为钱三千万。今吾非籍之诸君吾子而有二国之籍者六千万。"六千万钱的巨额盐专卖收入，相当于两个万乘之国的征籍收入数，甚为可观，而且表面上国家并没有向人民直接征税，人民也不会抱怨国家。

第三，必须由国家垄断盐的生产权和运销权，以保证盐专卖收入的稳定性和可靠性，使之不至于流失。管仲提出的具体措施，一是国家集中管理盐的生产。"君伐菹薪，煮沸水为盐，正而积之三万钟。""三万钟"是管仲对齐国海盐年产量的估算数。二是从时间上控制海盐的生产和销售。"至阳春，请籍于时。"即选择阳春季节进行征籍。"阳春农事方作，令民毋得筑垣墙……丈夫……毋得立台榭。北海之众毋得聚庸而煮盐。然盐之贾必四什倍。"阳春季节，正是农家春耕大忙时节，国家用法令禁止北海盐民在这个季节里聚众煮盐。这就从生产环节上控制了盐产量，为实行盐专卖奠定了基础。三是把盐输往其他不产盐的国家销售，以牟取巨利。"君以四什（倍）之贾，修河济之流，南输梁、赵、宋、卫、濮阳。恶食无盐则肿。守圉之本，其用盐独重。君伐菹薪，煮沸水以籍于天下。然则天下不减矣。"以高价盐输往不产盐的国家销售，齐国可尽取天下之利。

第四，非产盐国也可用低价输入产盐国的盐，再以高价销售的办法来获取大利。管仲说:"因人之山海,假之名有海之国雠盐于吾国,釜十五,吾受而官出之以百。我未与其本事也,受人之事,以重相推。此人用之数也。"虽然本国不产盐,但可由政府专卖,只要根据输入盐的价格高低来决定售价的高低,同样可获巨额利润。

齐国盐专卖实施具体情况,史籍记载较简约。据《管子·轻重甲篇》记载:"十月始正,至于正月,成盐三万六千钟。"征籍的时间在当年十月至次年正月,获得纯盐数量是三万六千钟。乘盐价上涨,"坐长而十倍"之机,将盐"乃以令使宰之"梁、赵、宋、卫、濮阳,"得成金万一千余斤"。这是关于齐国对外进行食盐贸易的一项记载。另据《国语·齐语》也有"通齐国之鱼盐于东莱"的记载,可知齐国生产的海盐也输往东莱(莱子国)销售。足见当时已形成了以齐国为中心,向周边邻国辐射的海盐贸易网络。证明齐国专卖政策是成功的,利益也是可观的,达到了预期目的。

第四节　财政支出

春秋战国时期各国的财政支出主要有以下几项。

一　祭祀支出

祭祀支出,《周礼》列在九式均节财用的第一式。"国之大事,在祀与戎。"祭祀是国之大事,祭祀用品无论从品类到数量规定都十分严格,直到战国初期,日祭、月祀、时享、岁贡的制度仍未变。

关于祭祀支出是奢还是俭,存在两种不同看法:宋国国君主张奢侈隆重,而孔子则主张节俭,他说:"礼与其奢也宁俭,丧与其易也宁戚。"但从出土文物分析,各国对祭祀活动仍是不吝支出的,如从安徽寿县出土的蔡侯墓中,大型贵重的祭祀礼器有百余件,而此时的蔡国,经济势力很弱,可见此时的祭祀费用仍是铺张的。

二　军事支出

春秋战国时期,军事支出一般包括国防支出和战争支出两部分,而国防支出的多少又取决于军队的人数和武器装备的程度。

春秋时期，每军人数大多维持周代编列，但也有所变化。首先，表现在一军人数的变化，例如齐军比周制少二千五百人。其次，各国军队编制扩大了，比周朝规定的多达一倍以上。晋初立国，定为一军，到晋献公十六年就改扩为二军，到晋文公时更扩大为六军，等于天子的兵制。齐国管仲定的兵制为三军共三万人；鲁国定制为二军共两万五千人，到季武子扩为三军，计三万七千五百人；秦国因为抗戎救周有功始列为侯，到秦穆公霸西戎，始作三军；楚国本是子男之国，并非列侯，但楚国之君历来称王，其兵制亦与齐晋鲁不同。

到了战国时代，各国兵额以最少的韩国来说也有二十万人；秦国有带甲百余万；燕国数十万；楚国带甲百万；齐国仅都城临淄就可征二十一万，全国不下百万；赵国武力二十万，奋击二十万，厮徒十万，苍头二十万，合计七十万；魏国带甲三十六万。可以看出战国时兵额超过春秋时的十倍以上了。

由于各国军种的变化，军队装备也发生了变化。春秋时代主要是车战，车兵配以步卒，一辆战车，一将三甲士，徒卒七十二。战国时代，军队构成已经不是单一的车战徒卒，而拥有许多兵种，如车兵、骑兵、徒卒等。由于军队兵种增多，军队的装备也就多样而复杂，因而军费支出必然增大许多。

春秋战国的军费数额很难有准确计算，一是因为各国兵额、兵种、装备不同，二是各国兵员征法不同。例如春秋时代，井田制赋，按丘按甸征收军赋，武器装备均由服役者自备。战国实行兵役制，军需装备均由国家发给，而这方面开支史书上很少记载，所以很难有一个确切的数字。据推算，战国人口约计二千余万，共养兵四百万左右，李悝讲成年男子月食粮一石半，则四百万人月食粮六百万石，一年为七千二百万石。事实上，军士比一般男子吃的多，一年七千二百万石显然是一个保守数字，这还没有计算牲口马料的消耗。按人口说，二千万人，养兵四百万，即四个人领养一个兵，在当时的农业状况下，农民的负担是不轻的。虽然这种算法不甚精确，但也可看出当时的军事支出是非常庞大的。

三　国君（王室）支出

春秋战国时代的王室贵族费用，在整个财政支出中占有不小的比重，其中又主要用于修筑豪华的宫室和日常生活的奢侈浪费上，这些都是史不绝书的。

宫廷建设巍峨华丽，在春秋战国时代，不绝于书。史载晋灵公"厚敛以彤墙"，晋平公"铜堤之官数里"，鲁庄公"丹桓宫之楹，而刻其桷"。由于宫室侈丽，致使民力凋敝，怨谤并作。

除了宫殿建筑之外，各国诸侯和他们的子弟们大多奢侈腐化荒淫。如卫国君懿公好鹤，他养的鹤住的吃的强过一般人民，有的鹤还封以俸禄。周惠王十七年冬十二月，北方狄人攻打卫国，卫懿公派兵抵抗，他把武器发给国人，可国人不愿再为他卖命，说："鹤拿的俸禄和大夫一样多，就叫鹤去打仗吧！"卫懿公只好亲自带兵抵抗，结果和敌人一交锋，卫军大败，全军覆没，卫国这次差点亡了国。类似的情况还很多，如齐宣王爱马，爱狗；郑国君嗜酒；吴王夫差更是"玩好必从，珍异是聚，欢乐是务"。

四　城建及水利工程支出

春秋战国时代的财政支出中，生产性支出和建设性支出也占有一定的比重，根据现存古代文献资料的记载，春秋战国时期在城池建筑和水利灌溉上也耗费了巨大的人力和物力。

首先，修城筑路支出。城市建筑，是经济发展、阶级矛盾日趋激烈的产物。考察古代城池的功能，不外有三个方面：一是为了防御外来侵略；二是为了对本民族、本氏族所有奴隶的镇压，防止逃逸；三是为了便于进行商货交换流通。更主要的，它同时是一个民族，一个国家的政治中心。

据文献记载："秦使张仪作小咸阳于蜀"，"秦惠王二十七年使张仪筑城以像咸阳，沃野千里，号曰陆海，所谓小咸阳也"，"昔秦人筑城于武周塞内，以备胡"，以及齐桓公为卫城楚丘等都说明当时各国筑城盛行，并且各地在修筑城池时，都有一套周密的施工计划。楚国筑城时，"使封人虑事，以授司徒，量工命日，分财用，平板干，称畚筑，程土物，议远迩，略基址，具糇粮，度有司，事三旬而成，不愆于素"。这是一份详细规划城池的部署。封人是负责筑城的官，负责计划用徒多少，何时开工何时结束，需要多少人力、物力、财力，筑城用的木板，盛土的器具，筑土的木杵，议远近劳力均等，划好地基、线道，令徒役准备好钱粮，限期完成，不准拖延时间。

战国时代，各国为防胡而修筑长城，后经秦始皇加筑连接及以后历代的连接补修，成为今天世界最雄伟壮观的工程之一，东起山海关，西至嘉峪关，长达万里，在巩固边防，稳定社会发展方面，曾发挥过积极的作用。

其次，河渠灌溉事业支出。相传从夏禹开始，人们就积极投身于防水患和利用水利灌溉等事业。到战国时期，由于土地的开垦，生产工具的改进和农业生产的发展，水利事业又进入一个新的时期。如魏在邺引漳河水凿渠引水灌田；秦蜀郡太守李冰修筑都江堰筑水利工程，既利于运输又能灌溉，使蜀千里沃野成为天府之国；齐国和赵魏诸国为防黄河泛滥分别在黄河东西两岸构筑河堤。由于赵魏地势较高，河水填淤后土地肥美，农业获得丰收，等等。

再次，运河的开挖。在水利事业中有一件重要的事情，就是运河的开挖。鲁襄公九年（公元前486年），"秋，吴城邗沟通江淮"。即吴国在邗（今江苏扬州东南）筑城，在长江淮河间开凿运河，称为邗沟，从今扬州向东北穿凿到射阳湖（今江苏淮安县东南），再到末口（今淮安县北五里）人淮，此为运河最早开凿的一段。四年后，吴王夫差十四年（公元前482年），吴国又从淮河继续开一条运河到宋鲁两国间，北面通沂水，西面通济水。这是为了运输粮草和军船前行开凿的运河南段。由于运河的开挖，不仅便于运输，而且沟通南北，有利于相互交往和经济发展。

五　百官俸禄支出

春秋时期仍沿袭西周分田制禄的办法，封地上的租税收入都归封君，同样，卿、大夫、士，都是由农民供养的，如无特殊情况，不会改变。有的贵族因遭内乱逃到别国，也能享受与他原来等级相当的待遇。如晋平公时，秦后子逃到晋国做官、楚子干奔晋逃难，都享受了上大夫的俸禄。

进入战国，官职、俸禄都发生了很大的变化。先就官职来说，春秋时代，官职等级、世袭职位是按照嫡庶关系、公侯伯子男所谓天子以下五等，君侯以下凡六等，土地面积凡四等的制度确定的。到了战国时期，重要的官职仍多贵戚勋臣，但废止了凡是贵族都可世袭当官享受俸禄的制度，而一般士族、名学武士，在社会上有地位，有文韬武略治国安邦之策的却能取得信任，取得重职高官。战国时代俸禄制度也发生了重大变化。世袭的分土食禄制为按军功等爵所代替。按商君之法："斩一首者爵一级，欲为官者，为五十石之官；斩二首者爵二级，为百石之官。"将军功同爵禄挂起钩来。

春秋时期，封君食租税，百官食俸禄。在以农业为主要生产部门的社会，以谷粟为俸是历史发展的必然。由于各国以谷粟计俸禄，因此在俸禄制度上发生了这样一种变化：臣下无土地，在任上是官，去任则为民，官爵的世袭制开始向雇佣制发展。

六　赏赐支出

春秋战国时期，对臣下及有功之臣的赏赐很多，赏赐原则是"举不失德，赏不失劳"。赏赐内容，除封官晋爵外，一般为赏赐土地或财物。赏赐的对象，一是奖励有功者，如秦行按军功赏赐二十等爵制度；二是赏国君使臣，如诸侯朝天子，各诸侯国信使过往等，均需按照尊卑等级名位，给予相应的赠品。史载周平王曾"赐晋文侯秬、鬯、圭、瓒"。葵秋之会上周天子赏赐齐桓公大辂礼服、龙旂、赤旂等。"郑伯始朝于楚，楚子赐之金，既而悔之，与之盟日，无以铸兵，故以铸三钟"，这是郑伯朝楚，楚君赐郑伯金（铜）并定条件，不铸兵器铸了三口钟。

七　科学、教育、文化支出

在春秋战国时期，在科学技术上都取得了巨大成果，如冶铁、铸铁，渗碳制钢技术的发明，数学上已知勾股定理并运用于测量土地、计算租税比率，力学上用杠杆原理制车和车水用具，天文上创立二十四节令，为农业提供服务，等等。

文化艺术上，从出土文物中发现，此时的绘画、雕刻、音乐等方面均有惊人的成就，而对古文献的编辑整理、诗歌、散文等的流传，也显示一代辉煌。

教育事业，春秋时代还主要是学在官府，但私人办学开始出现。孔子是我国第一个办私学的教育家，他第一个创办了有学习内容，即礼乐、射、御、书、数的私学，先后有学生3000余人。到战国时代，则由国家召集有名望的学者贤士集中讲学，由国家管理学校，这是正式的公办学校。据载，齐宣王召集天下文人学士几百千人，给予优厚的待遇，让他们自由地讲学议论，这些人聚居在都城临淄的西门外，当时号称"稷下之学"，领导稷下讲学的叫祭

酒。这是我国国学第一次发展为自由议论的讲学，形成了有组织的学校教育
制度。

八 贡纳支出

贡纳，是指附属国、小国、弱国迫于大国武力威胁，向大国贡纳金银、
财物粮款以至男女奴隶的行为。这是小国、弱国的一种沉重负担。本来贡纳
的制度，是要求各国诸侯和周边小国向周王定期贡献，表示臣服和保持相互
联系。但到了春秋时代，这种制度转变为小国诸侯国君不是首先向周室贡纳，
而转向霸主缴纳贡物。如要违背，就会招致横祸讨伐。而作为共主的周天子，
则是贡不常至了。

第五节 财政管理机构和制度

一 管理机构

春秋时期，周王权势地位日趋衰落，其原有制度虽然名义上仍在维持，
但随着各诸侯大国的出现，也在发生变化。在政府管理机构上，由于西周确
立的宗法制度的破坏，各诸侯国为了自身的需要，对某些机构加以改制和强
化，按《荀子》所记，司徒掌城郭、器械之事，宰爵掌宾客、祭祀、飨食诸
事；司马掌军队、甲兵、车马之事；司空掌堤防、沟渠水利诸事；治田掌土
地分配，农具改革诸事；虞师掌山林薮泽；工师掌百工、城建；乡师掌本乡
民事、农事和礼教；治市掌商贸和市场治安等。从战国史籍中，还有田部吏、
内史、大府等财税机构，说明此时对财税征收和关市征管机构的重视和加强。

二 管理制度

（一）量入修赋的财政原则

据史籍记载，夏商周三代财政都是采用量入为出的原则，体现"政在节
财"的理财思想。

进入春秋战国时期，强凌弱，众暴寡，各国间战争不断，战费支出浩大。
为应对支出的需要，襄公二十五年，楚芴掩"量入修赋"，也就是根据支出变
化来调整收入。这一举措，一直延续到秦末。

（二）财政管理制度

春秋战国时期，各国财政财务管理具有相对独立性，且各具特点，但也有其共同性和发展的趋同性。关于土地分配和赋税征收管理制度，山林川泽和关市的征收管理制度已如前述，只有对生产分配和财务管理方面，史籍记载不多，仅《秦律》中相关内容展示了秦国严格管理的记录，如《田律》中规定了农田林苑管理、田税定额、牛马饲料供给定额；《仓律》中包括有田税实物进出和保管，种粮发放和刑徒口粮定量的内容；《金布律》包括钱币使用、官民债务、官府间财务来往等；《徭律》中有关于徭役的管理；《傅律》中有关于户籍的管理；《效律》中有关于官员考核和监督，等等。

（三）上计制度

古代对官员业绩的考核，包括人口、土地和财税等内容。因户籍关系到土地分配、田赋和徭役的征调等问题；而对田地的登记和统计，既知居民的贫富，也知人力之可用。

对官员业绩的考核，主要是通过上计来完成的，而财税任务的完成与否主要在上计中反映，所以，上计制度实是后世预、决算制度的开端。

上计制度，到春秋战国时期，加强了对财税内容的考核，按商鞅所说，包括库储数、丁男丁女数、老弱人口数、官士数、游士、利民及马牛刍稿等13类内容。每年由地方长官或上计吏向上级长官或天子汇报财政收入完成的情况，汇报时要携带收支报告表册。主持报告的长官或天子，要召集有关官署的官员，一同听取地方的报告。履职情况优秀的，受到奖励；任务完不成的，按程度轻重给予处分直至罢官。

当然，也有玩忽职守的。史载秦昭王时，河东守邸稽三年不上计。还有弄虚作假的，如苦陉县令"上计而人多"，因上计不实而免官。

（四）财政体制

周代财政，大致可分为周天子和国两级。"天子"之财政似为今天的国家财政；"国"一级财政，即诸侯国的财政，类似今天的地方财政，地方财政还可细分。无论是中央财政或地方财政，都比今天所辖范围要小。而且国家财政和地方财政，并无直接关系，不是统率关系，而是各自独立的。这就是说，春秋战国时代的国家财政体制体现的是分权体制。虽然下对上要贡纳，特殊情况有夺田赏田之类事情发生，但总的情况还是各自为政。

（五）均输与平籴

均输制度，创始于管子。史载："谷贱则以币予食，布帛贱则以币予衣，视物之轻重，而御之以准。故贵贱可调，而君其利"。管子的这些话，就是要以多余补不足，调节市场的供需矛盾，求得物价的稳定，在贱处买贵处卖，既能取得盈利，又可得到供求平衡，这就是均输。

战国时代，魏国李悝作尽地力之教，他的主张是：买粮食过贵过贱都不好，太贵了一般人吃不消，太贱了农民吃亏太大，都是伤民与伤农的。伤民，则民离散；伤农，则农民不愿意搞农业生产。所以治理国家，既要使民不伤而农也不伤。为了达到这一目的，他提出"平籴之法"，实行"平籴"必"谨观岁有上中下熟，上熟其收自四，余四百石；中熟自三，余三百石；下熟自倍，余百石。小饥则收百石，中饥七十石，大饥三十石。故大熟则上籴三而舍一，中熟则籴二，下熟则籴一，使民适足，贾平则止，小饥则发小熟之所敛，中饥则发中熟之所敛，大饥则发大熟之所敛而粜之。故虽遇饥馑水旱，籴不贵而民不散，取有余以补不足也"。这就是说，平岁百亩之收，可得百五十石；"上熟自四"，即四倍平时，可收六百石；"中熟自三"，即三倍于平岁，收四百五十石；"下熟自倍"，可收三百石。故大熟之时，国家籴三百石，余一百石，这就叫籴三余一，中熟收三百石，官籴二百石，此为籴二余一，以丰补歉；小饥用小熟之年的粮补，中饥则用中熟的粮补，大饥则用大熟所收粮补，也就是以丰收蓄积的粮补救灾荒时粮食的不足，这就是李悝所提出的平籴法，也就是储粮救灾的办法。此外，楚国的春申君，秦国的秦王政，都建立有调剂余缺的粮仓。这说明春秋战国时期各国都实行了平籴制度。

复习思考题

1. 铁制器具和牛耕的使用，对社会生产发展有何重要意义？

2. 农业、手工业、商业和财政在推动社会发展中的作用？

3. 土地分配关系对财政分配的影响作用。

4. 管仲在齐国改革的内容及其历史意义。

5. 商鞅在秦国变法的内容。商鞅变法对推动秦国推行兼并、统一有何重大作用？

6.（晋）"作爰田"、（鲁）"初税亩"、"用田赋"等政策措施产生的时代背景及其社会意义。

7. 同三代比较，春秋战国时期的财政支出有何特点？

8. 如何理解我国最早的预、决算制度——上计？

第四章　秦、汉时期的财政

本章中心内容：秦代统一财政的措施及其政治经济意义。秦王朝失败的财政原因。西汉初期的政治经济措施和政权巩固。汉武帝、桑弘羊的财政改革及其意义。西汉的赋税制度在中国财政史上的地位。秦汉财政管理体制及其特点。

第一节　秦的统一和财政

秦王政二十六（公元前221年），秦最后攻灭了六国中仅存的齐国，建立了中国历史上第一个封建主义中央集权的、统一的封建王朝——秦朝。结束了春秋、战国以来诸侯长期割据称雄的时代，中国历史从此进入了一个新的历史时期。秦、汉是中国进入封建社会之后的第一个重要历史阶段，从秦统一全国到东汉政权终结（公元前221—220年），计440多年间，中国社会在政治、军事、经济和财政等方面，都发生了巨大的变化，特别是在封建财税制度建设方面，有许多重要创举，为后世封建财税制度发展奠定了基础。

一　秦的政治、经济状况及其统一措施

秦吞并六国统一中国之后，为了维护统一，巩固封建主义的中央集权统治，采取了一系列巩固政权的重要措施。首先为了解除北方匈奴对秦王朝的侵扰，秦始皇三十二年（公元前215年），派蒙恬率三十万大军北攻匈奴，取得了河南之地（今河套地区）；三十三年，在榆中以东、黄河以北，直到阴山的广大地区内，设置了四十四县，把有罪的官吏和内地人民迁徙到这些地方

进行开垦；随后，又把前秦、赵、燕三国北边的长城连接起来，筑成一条长达五千里的国防工事（西从陇西郡的临洮——今甘肃岷县境起，东至辽东郡内）。秦在北逐匈奴的同时，还在五岭以南设置了桂林等四郡，加强了秦王朝对这些地区的统治。秦之疆域，东南至海，西至甘肃，西南到广西、云南，北到河套、阴山、辽东，建立了我国封建社会时期第一个统一的、幅员辽阔的、多民族的大帝国。

秦始皇统一全国，结束了诸侯各国长期割据、混战的局面，打破了各国之间的重重壁垒，消除了关卡林立的现象，为社会经济、文化的发展和交流提供了有利条件，使政权得到巩固和发展。

在政治方面，秦始皇统一全国后，为建立封建专制主义中央集权的需要，在全国范围内建立了一套体系完整的封建官僚机构。在皇帝之下设帮助皇帝处理全国事务的左右丞相，掌监察之责的御史大夫，掌军队的太尉，掌司法的廷尉，掌租税收入和国家财政开支的治粟内史，以及掌管宗庙礼仪的奉常，掌国内各族事务和对外关系的典客、典属国，负责皇帝侍从警卫的郎中令，掌专供皇室需要的山海池泽收入和官府手工业制造的少府，掌宫廷警卫的卫尉，掌宫廷车马的太仆，掌皇室宗族事务的宗正和宫廷修筑的将作少匠等。在地方，秦在兼并六国过程中陆续设置郡县，到全国统一为止，已设置了三十六郡，秦末增至四十余郡。郡下设县，县下设乡。郡设郡守，县设县令（长），乡官设有三老、啬夫、游徼。从中央的官员到地方的郡守和县令（长），均由皇帝任命和调动，概不世袭。同时，秦始皇统一文字，统一交通，统一度量衡，统一货币，统一财政机构和赋税制度。中央机构的完善，郡县制的建立，经济的统一和控制的加强，大大强化了地主阶级的国家机器和封建经济基础，标志着封建主义中央集权制形成。

在经济方面，耕牛和铁农具已成为农业生产的主要工具。铁农具的使用，不仅增强了垦荒能力，使大量土地得到开垦，扩大了土地耕种面积，而且有利于深耕。秦始皇的土地私有、重农抑末、允许兼并等政策的实施有力地扩大了田赋的征收范围，史称："皇帝之功，勤劳本事。上农除末，黔首是富。"[1] 总之，牛耕和铁农具的使用，大大提高了劳动生产率；封建地主经济

---

[1]　《史记》卷六《秦始皇本纪》。

关系的初步建立，也促进了当时农业生产的发展。

水利是农业的命脉。秦代水利灌溉事业的兴办为农业发展提供了重要条件。随着冶铁技术的进步，铁器使用的推广普及，为兴修水利提供了更为锋利耐用的水利工具。秦统一前，蜀守李冰凿离碓，修筑了著名的都江堰水利灌溉工程；秦时开郑国渠，四万余顷泽卤之地得到灌溉，关中成为沃野。公元前 214 年开凿的灵渠，不仅沟通了湘桂交通，而且也有利于灌溉。此外，还利用官兵兴农凿渠，公元前 215 年，秦将蒙恬领兵 10 万，驻守在现今的后河套地区，为解决军粮问题，组织军队在黄河沿岸开垦土地，修筑灌渠，此即秦渠。秦渠灌溉农田 18 万亩，至今仍在使用。水利灌溉事业的发展，使秦代农业生产得到进一步发展。

秦王朝为了巩固和加强新建的国家政权，消除由于长期分裂割据所造成的地区差异，在对政治、经济进行改革的同时，在财政上也相应地采取了一系列重大措施。

（一）统一全国赋税制度

战国时期，诸侯各自为政，各国赋税制度并不完全统一。秦自商鞅变法后，在秦国实行封建土地私有制；统一中国后，秦又把这种封建土地所有制推行到全国。秦始皇三十一年（公元前 216 年），颁布法令"使黔首自实田"，即令占有土地的人向当地官府自行呈报所占土地的数额，国家据以按亩征税。在确认封建土地所有权的基础上，统一了赋税缴纳制度。

（二）统一货币

秦统一前，各国币制不统一，不仅货币的形状、大小、轻重不相同，而且计算单位也不一致。秦统一后，国家规定黄金为上币，圆形方孔有郭的铜钱为下币。黄金以镒为单位，一镒二十两；铜钱为"半两"。而珠玉龟贝银锡之属为器饰宝藏，不作为货币。币制统一后，克服了过去换算上的困难，便利了全国商品的流通和经济交流，为商品生产的发展提供了条件，也便利了国家赋税的征收。

（三）统一度量衡

战国时期，由于诸侯长期割据，各国的度量衡制极不一致，秦统一后，颁布了统一度量衡的诏书，规定：六尺为步，二百四十步为亩。凡制作的度量衡器都要刻上诏书，民间不得私造。量制为：合、升、斗，十进制；衡制：

十六两为一斤，三十斤为一钧，四钧为一石（一百二十斤）；度制：寸、尺、丈、引，十进制。度量衡的统一，全国有了一致的计量器具，不仅有利于工商经济的发展，同时也便利了国家赋税的征收。

（四）统一官俸

秦以前，官吏多为世袭，大夫、公、卿各有封地，实行分田制禄，国家不需要从财政上安排俸禄支出。秦统一后，废分封，置郡县，改革管理机构。各级官吏一律由朝廷任免，废除了高官世袭制，也取消了"食邑"、"食封"制度。官吏的生活开支，由国家确定官秩等级，按规定的俸秩标准领取俸禄。

（五）统一财政管理机构

秦代将国家财政同皇室私财政分开，管理国家财政的专职机构为治粟内史，管理皇室私财的机关为少府，各设官分职，处理有关事务。在地方，郡县也有专门人员负责财政工作。秦始皇统一财政管理措施，对于改变诸侯长期割据所造成的财政分散混乱，稳定社会政治经济，起了积极作用，也为我国两千年来封建集权财政奠定了基础。

二　秦朝的财政收入

秦朝从统一全国到秦二世的灭亡，前后仅十五年时间，有关财政赋税方面的记载不多。但从已有的资料看，秦代的主要收入是田租（赋），人头税（口赋）和徭役也是农民的沉重负担。随着经济的发展，工商税和专卖收入在财政中的地位，则显得越来越重要。

（一）田租

秦始皇三十一年（公元前216年），"使黔首自实田"[1]，在全国确立了封建土地私有权，这就为封建土地私有制的发展提供了有利的条件。而"上农除末"，奖尊兼并之人的政策，又使地主经济得到进一步的发展。由于土地可以自由买卖，地主兼并土地受到国家法律保护，从而出现了"富者田连仟陌，贫者亡立锥之地"的现象[2]。无地和少地的农民，为了维持生活，不得不接受

---

① 《史记·秦始皇本纪》。

② 《汉书·食货志》。

"见税什五"的苛刻条件，把百分之五十以上的产品都交给了地主。此外，还要向国家缴纳沉重的赋税和人头税，服繁重的徭役。秦代田赋负担很重，史载征收量达三分之二。同先秦相比，秦之田租、口赋和盐铁之利，二十倍于古。农民生产的东西除了交纳租税以外，不能维持生活，他们常常"衣牛马之衣，食犬彘之食"，生活非常悲惨。到了秦二世时，"赋敛无度"，"百姓困穷而主弗收恤"。秦朝的暴政，使社会生产力受到严重破坏。

（二）口赋

口赋，即人头税。秦代的口赋制度，由于时代久远，未能留下详细的史料可供考证。据《史记》记载：秦"头会箕敛，以供军费"。"头会"就是按人头摊派税赋；"箕"就是收税时装钱的工具。在这里，看不出人民的负担程度，但据此可知，秦代是征收过人头税的，并且征收的是钱。

（三）工商税

秦代工商税，包括山泽之税，盐铁之利。秦自商鞅变法以后，由国家统一管理山海池泽，对山海池泽的产品征税。统一全国后，由于支出浩繁，财政困难，秦增加了对盐铁等山海池泽产品的征收额。

（四）关市税

关市之征，始于西周后期，春秋、战国时关市税加重，秦代有无关市税不详。汉初曾设关征税，其主要内容是检查商旅，防止奸人来往。由此推论，秦代也应征收关市税。

（五）徭役

秦代的徭役，十分繁重，《汉书·食货志》记载："至秦则不然，……又加月为更赋，已复为正，一岁屯戍，一岁力役，三十倍于古。"秦始皇统一中国后，对内大兴土木，对外专事于扩张。造宫殿、建皇陵、筑长城、挖运河、修驰道，以及转输粮草等，都征用了大量的民力。据史籍记载：营造阿房宫用七十万人；修造骊山始皇陵历时三十七年，动用七十万劳力；北筑长城用四十万人，屯戍岭南五十万人；北防匈奴三十万人；仅这几项累计征用劳力近三百万人。此外，为官府转输粮草也要调发人力，这是另一项繁重劳役，需用的人更多。以供应河北（潼关以东，黄河以北）戍守军队的粮草物资来说，使天下飞刍挽粟，"率三十钟而致一石"。据统计，秦代可统计的人口约有二千万，每年征发的徭役，根据上面粗略的估计在三百万人以上，服徭役的人数已占到全国总人口数的百分之十五以上。由于男劳动力都被调为官府服役，妇女也被征发去转输粮草，致使土地无人耕种，孤寡老幼得不到赡养，沿着通往咸阳的道路上，冻饿而死的人不计其数。可见秦代的徭役，给人民带来的是一场巨大的灾难。

三　秦朝的财政支出

秦代财政支出浩繁，项目也比秦代以前各代增多。主要内容有秦始皇"魂兴动作，外攘夷狄"的耗费，百官的俸禄，以及秦始皇到全国各地巡狩和举行宗教迷信活动等费用开支。

（一）军费支出

秦代的军费，包括战争的耗费和平日养兵费这两部分。秦统一全国之后，设置了常备军，这些人大都是从全国各地征集来的农民，服兵役的人数高达一二百万，约占全国男子的三分之一以上，农村中大量的男劳动力被征发，极大地影响了农业生产的发展，而这一二百万兵士的平日耗费，又是一笔巨大财政开支。秦始皇为了经营其万世不更的帝业，穷兵黩武，专力于对外扩张，派蒙恬率三十万军队北击匈奴，暴师于外十余年；秦始皇二十六年，发兵五十万人屯戍岭南达八九年之久；同时，北筑长城，以防匈奴，用四十多万人，再加上长途转输粮草军需，消耗了大量的人力物力。当然，北边防御匈奴，对边境地区人民的生产和生活有利，但巨大的军费开支，确是财政的沉重负担。

（二）皇室费用支出

秦代的皇室费用，包括皇帝和嫔妃的日常耗费和象征皇帝尊严的宫殿、陵寝等项建设费用开支。秦代皇帝和嫔妃的日常耗费，史无记载，见诸史料的主要有宫殿建筑和陵墓修造等方面的支出。

1. 宫殿建筑支出

公元前221年，秦始皇建都咸阳，为了满足其奢侈豪华的生活享受，在原有宫殿之外，又营造规模壮观的宫殿。在秦灭六国的过程中，每灭一国，就把这个国家的宫殿描绘成图，在咸阳渭河的北岸照原样仿建，共建成宫室一百四十五处，各殿之间都有复道相通，形成层次分明的宫殿群。为了供秦始皇玩乐享受，还把俘虏来的原六国的宫女、美人、器物等置于以上各殿之中，致使秦宫中藏美女上万。秦统一后，更是大兴土木，始皇二十七年，筑信宫于渭南；三十五年于渭南上林苑中造阿房宫以为朝宫的前殿，庭中可以坐万人，殿中建五丈高的大旗。宫殿前立十二个铜人，各重二十四万斤，又用磁石作大门，预防有人藏铁兵器入宫。这样大的建筑工程，动员的人力即达七十万，耗费的物资更是无法估计。秦朝的宫殿，累计关中共有宫室三百所，关外行宫四百多处。此外，行宫中还有上千名专为秦始皇唱歌跳舞的宫女，还养活了很多珍禽异兽，这些宫女的穿戴装饰和珍禽异兽的饲养，也要花费劳动人民的血汗。

2. 陵墓建筑支出

秦始皇即位之初，就在骊山北麓为自己修建陵墓。据记载：秦始皇的陵墓高五十多丈，周围约五里，掘地极深，灌入铜液，以为基础。墓内建有各式宫殿，塑造了百官，陈列有各色珍奇异宝。墓中有明珠做成日月星辰，以象征天体；用水银制成百川江河大海，以象征地形；用人鱼膏点灯，以长久不灭。为了防止后人挖掘陵墓，还命工匠在墓内装置了弓箭，以射杀敢于盗墓者。

（三）俸禄支出

秦废分封，治郡县，集权于中央。从中央到地方建立了一个庞大的政府机构，并设职置官，官吏实行俸禄制，百官的俸禄，从国家财政中列支。自秦以后，国家机构不断膨胀，官吏的数量不断增加，俸禄支出在国家财政支出中所占比重也不断增加，成为国家财政支出中的主要项目之一。秦代从最高官丞相到基层最低官吏佐史，爵秩自万石到斗食不等。秦代的俸禄，主要是支付实物（粮食）。官吏按期从国家仓库中领取自己应得的那一份俸粮。这种俸禄制度的实行，开创了封建社会俸禄制度的先例。

（四）工程费用支出

1. 修筑长城

秦始皇为了巩固国内的统一，下令将战国时期各国利用险要地形修筑的城郭险阻，以及建于腹地的长城一律拆毁；为了防御匈奴的侵扰，派蒙恬率三十万人北击匈奴，收取了河套以南的土地，修筑了四十四个县城，徙内地罪人几万人于河套，并把战国时秦燕赵三国北边的长城加以修筑和延长，筑成西起临洮、东至辽东的古代世界伟大工程之一的万里长城。修建此项工程，征用了四十万人，消耗了巨额资财。但也必须肯定，长城的建成，对于巩固边防，保障北方人民的生产和生活，一度起过重要作用。

2. 建筑驰道

秦始皇二十七年，为了加强统治，又下令修筑驰道。驰道以首都咸阳为中心，成扇形向东南两个方向展开，东到今山东，南达今江苏等地。据说，这种驰道的修筑要求十分严格，规定十分明确，驰道宽五十步，路基埋入铁椎，再厚覆以土，十分坚实；道旁每隔三丈置青松一株，驰道中央宽三丈，是皇帝的专用道路，其他任何人不得行走。为了加强北方的防务，秦始皇三十五年，又修筑了今包头市西南秦九原郡治所到首都咸阳的直道一千八百公里。此外，还在西南边境的云贵地区修筑"五尺道"。以上这些道路，以首都咸阳为中心，四通八达，把全国各地紧密地联系在一起，这对国民经济的发展起了重要作用，但因此也征用了大量的劳力，耗费了无数的物资，造成巨大的财政支出。

3. 兴修水利灌溉工程

秦代很注意水利建设工程的兴建和维修，以很大的一笔开支用于水陆交通和水利灌溉事业。秦在统一之前，为了灌溉和用兵的需要，修建了都江堰和郑国渠两项重大水利工程。秦王政十年（公元前237年），韩国水工郑国在关中开渠以沟通泾、洛二水，建成郑国渠，渠长三百余里，渠两岸的"泽卤之地四万余顷"变成"收皆亩一钟"的良田，关中于是成为沃野，秦国更为富庶。

秦朝为了有效地统一岭南地区，派五十万大军进攻百越、南越，为了解决秦军转运粮饷的困难，御史监史禄率领兵士在湘水、漓水间开凿灵渠，沟通了湘江和珠江水系的交通。

总之，秦代筑长城、修驰道以及用于水路交通和水利灌溉事业的财政开支虽称浩繁，但对于巩固国防和促进国民经济的发展，却具有积极的意义。

（五）巡狩和宗教迷信支出

秦始皇为了炫耀自己的权威，考察民情，消除不稳定因素，曾先后五次巡狩全国各地，每次出巡，随带将相、列侯、奴婢数千人，浩浩荡荡，一路耗费无数。

秦始皇为了长生不死，召集方士，寻仙求药，派徐市（fú，即徐福）带领五百童男童女入海求仙，寻求长生不死的奇药，仅此项支出为数亦巨。

此外，还有漕运、移民、屯田、优恤等项费用支出，但在秦王朝的整个财政支出中，不占重要地位。

第二节　两汉的政治、经济概况

一　汉代的政治经济措施和经济发展

秦朝末年的陈胜、吴广农民起义，加速了秦王朝的崩溃。楚、汉相争，刘邦获得胜利，于公元前202年建立了统一的西汉皇朝。

汉朝建立以后，经过汉初的经济恢复，到汉武帝时期，在"财阜有余，士马强盛"、中央集权统治日趋巩固的基础上，对匈奴多次发动大规模的军事攻击，迫使南匈奴降汉，入居长城以南；北匈奴远走中亚，北方的威胁基本消除。与此同时，还打通了河西走廊，加强了汉同西域的经济联系。武帝派唐蒙出使夜郎，司马相如出使邛、筰，使西南地区归附汉朝，并出兵南越，收为郡县。汉代疆域，东至辽东、乐浪，南达交趾、日南，西极巴蜀，北极大漠，"迄于孝平，凡郡国一百三，县邑千三百一十四，道三十二，侯国二百四十一。地东西九千三百二里，南北万三千三百六十八里"①。

由秦至汉，是我国历史上疆域大扩展时期。中华各兄弟民族共同活动的领域，在秦、汉时期已基本奠定。同时，随着各民族之间的相互通好，各民族在经济、文化等各方面的相互影响日益加深，进而促进了民族间的融合，形成了一个多民族的统一国家。

在政治层面上，汉承秦制，皇帝下面设置了一个遍布全国的庞大的官僚机构，在地方裁并四百多个县，减少许多职官吏员，加强了中央对地方的控制。这种封建专制的中央集权制度，为中国的封建制度奠定了基础。

为了克服秦末暴政和战争造成的经济衰退、财政困难的局面，促进封建生产关系的完善和经济基础的巩固，汉高祖崇尚黄老之术，约法省禁，与民休息；裁兵归农，按军功给田宅；减轻田赋，招还流民，恢复其原来的田、宅和爵秩；将因负债自卖为奴的人一律免为平民，以恢复农业生产；皇帝亲

---

①　《汉书·地理志》。

耕籍田；从上到下，厉行节俭。对外，主要是同匈奴和亲，避免战争。从汉初至武帝之初的七十年间，"国家亡事，非遇水旱，则民人给家足，都鄙廪庾尽满，而府库余财。京师之钱累百巨万，贯朽而不可校。太仓之粟陈陈相因，充溢露积于外，腐败不可食"①。武帝即位后，凭借西汉初期所发展起来的政治、军事力量和雄厚的经济势力，对匈奴进行了大规模的防御战争，制止了匈奴贵族对汉边境的侵扰。此外，还积极开发西南地区，加强同西域的联系，显示了西汉强盛的国力，但汉王朝也因此付出了大量的人力、物力和财力。加上汉武帝大兴土木，奢侈浪费，不仅耗费了历年积蓄，也加重了农民负担。为了解决财政困难，汉武帝一方面加重田赋以外的征收，同时又创行新税，行专卖，卖官爵，纳金减罪，以至算缗，告缗、算商车，保证了国家财政的需要。武帝以后，从昭帝到平帝，休民养力，厉行节约，人口渐增，田亩开辟，农业丰收，工商发达，财政殷实。平帝元始年初，西汉经济达到顶盛时期。

经过汉初农业的恢复和发展，特别是牛耕和铁制农具的广泛使用，使农业劳动生产力获得进一步提高，农业得到进一步发展。武帝末年又任命熟悉农业的赵过为搜粟都尉，改进农业耕作技术，推行代田法。耕作技术的改进，增强了抗御自然灾害的能力和提高了单位面积产量，也就是说，由秦至汉，牛耕和铁制农具使用的结果，大大提高了劳动生产率，带来了封建社会农业生产的进步。

由秦至汉，水利灌溉事业得到进一步发展。汉武帝时期，开始在全国范围内有计划、有目的地兴修水利灌溉工程，特别是关中地区，形成了庞大的水利灌溉系统。从西汉到东汉是中国古代兴修水利的另一高潮时期。水利灌溉事业的发展，使汉代农业生产达到了一个新的水平，为充裕两汉财政奠定了基础。

农业的恢复、发展和铁器的广泛运用，也为汉代手工业发展创造了有利条件。西汉铁官所属的冶铁作坊，不仅规模大，而且原料与产地结合，冶铸工序集中，具有相当高的技术水平。在秦汉，靠冶铁煮盐为业的富豪大家，积累家财数以万计。汉代的纺织业，是当时的重要手工业，在西汉的官营手

---

① 《汉书·食货志》。

工作坊里，有的织工多达数千人；丝织品不仅品种多，而且图案精美，有的每匹值万钱。西汉的丝织品，除供国内消费外，还运销到匈奴、西域乃至欧洲各地。此外，还发展了制陶和造船工业。西汉的漆器，也具有很高的艺术价值。

国家的统一，各地交通的发展，农业和手工业的发达，以及山泽禁令的松弛，给商业的交流创造了有利条件。武帝时，全国著名的商业城市，有长安、洛阳、临淄等二十多个，经营行业有三十几种，它们的经济活动，直接影响到政府的财政收入。在对外贸易方面，从张骞通西域后，许多外国商人，顺着中国通向中亚、欧洲的商路来中国做买卖，"丝绸之路"就在这时开辟，并因此而闻名于世，有效促进了中国同欧亚非各国的商贸、文化以及其他各方面的友好往来。

由于农业和手工业的发展，商业的繁荣，社会的稳定，到西汉平帝元始二年（公元 2 年），人户最高达到一千二百二十三万余户，五千九百五十九万四千九百七十八口，垦田达到八百二十七万公顷，西汉出现了国力空前富裕和强盛的局面。

二 西汉末期的政治腐败和经济衰落

公元前 49 年，汉宣帝死，元帝继立。元帝即位后，改变了汉家传统的"王霸道杂用"的大政方针，片面推崇儒家，削弱了封建中央集权统治，西汉政权开始走向衰落。元帝的政策先后为成帝、哀帝、平帝相继承袭，以至政权落于外家之手，最终导致王莽篡汉。

在西汉封建统治已长达近 200 年的西汉末年，政治腐败已愈发严重，在以儒家思想为治国指导思想的政治大背景下，国家宽弛的政策，使封建权贵、官吏、地主们毫无纲纪法律的约束，愈发贪残暴虐，社会阶级矛盾日趋激化，社会危机日趋加重。成、哀之时，数以百万计的流民衣食无着，辗转在死亡线上，有的甚至卖子以求生存。侥幸没有流亡的劳苦大众，在官府和地主的剥削压榨下，同样在水深火热之中苦苦挣扎。农民"有七亡而无一得"，"有七死而无一生"[①]，再加上元帝后自然灾害频繁发生，致使广大民众的生活困

[①] 《后汉书·鲍宣传》。

苦不堪，农民的反抗斗争不断发生。西汉政权面临崩溃。

三 东汉短暂的复兴和分裂

王莽篡汉后，试图附会《周礼》托古改制，借此达到天下大治。王莽首先试图用恢复井田制的办法来解决土地问题。始建国元年（公元9年），他发布了实行王田的诏书，宣布："今更名天下田日'王田'，奴婢日'私属'，皆不得卖买。"① 另外，还实行"五均"、"赊贷"、"六筦"等一套新的工商、财政管理办法。王莽的改制，由于脱离了当时社会实际，违背了现实社会经济发展的客观规律，同时，也触犯了商人、地主、官吏们的利益，遭到他们的联合反对，最终改革失败，王莽政权覆亡。

刘秀消灭了更始和赤眉后，于公元25年即皇帝位，重建汉政权，史称东汉。光武帝执政后，裁并机构，精简官吏；对外稳定边境，内则奖励农业，促进农业恢复；财政因而日渐好转。但自和帝以后，外戚专权、宦官干政，为一己之私，横征暴敛，剥削百姓，国家财政也随同国家政权而崩溃。

第三节 两汉的赋役

一 田制

西汉沿袭秦朝的土地制度，土地的性质分为两类：一类是由国家直接管理，属于国家所有的土地；另一类是属于私人所有，向国家缴纳赋税的土地。就是将土地分为公（官）田和私田两部分。后来由于官僚、地主不断巧立名目侵蚀公田，一些公田都变成了官僚、地主的私田，到西汉末年土地兼并情况已十分严重。虽经王莽改制，力行"王田制"，但终未能恢复。东汉后期虽曾实行"限田"，最终也未能奏效。

二 田租

汉代的田租就是后世的田赋，是国家向土地所有者征收的土地税，征收的对象为土地的收获物。所以，田租属于收益税性质。秦亡以后，汉高祖面

---

① 《汉书·王莽传》。

对战乱灾荒人亡过半的现实，接受亡秦的教训，在组织恢复农业生产的同时，实行减轻田租，节约开支，让老百姓休养生息的政策。汉初，田租征收的原则，是"量吏禄，度官用，以赋于民"。田租征收实物，税率为"十五税一"，严格遵守"与民休息"的指导原则。惠帝时循而未改。文帝推行重农政策，亲耕籍田，劝课农桑，国家逐渐富足起来。文帝十二年把田赋减为"三十税一"，并一度免除田租。景帝二年，令民半出田租，实行"三十税一"。东汉初，因战争尚未结束，军费开支很大，改行什一之税，到建武五年（公元 29 年）时，统一了北方的主要地区，征收面扩大，屯田也收到了成效，粮食有了积蓄，所以，建武六年十二月，诏行西汉旧制，"三十税一"。从此以后，直到汉献帝建安九年（公元 204 年）曹操下令改田租制为户调制为止，田赋税率一直未变。西汉对田赋实行的轻税政策，有力地保护了封建地主阶级的利益，促进了封建经济的恢复和发展。

田赋的课征方法，初期是根据民户申报的每亩田地的收获量，经过乡啬夫评定后，再根据评定后的产量、实有田亩数和国家规定的税率，求出应纳税额。这个方法，比较烦琐。后来，使用一种简易办法，即根据几年的生产和征纳情况，定出一个固定税额，据以征收。东汉章帝时改为分等定税之法。建初三年（公元 78 年），诏令把全国的田地，按照土地的肥瘠，分为上中下三等，确定三种不同的常年应产量，课以同一的税率，上中下田每亩的税额也就不同。这种分等定税的方法，对后世影响很大，后世的三等九则或四等十二则的田赋税制，就是始源于东汉。

在汉代，随同田赋征收的还有刍稿。刍稿就是农作物的秸秆，用以做饲养、燃料和建筑材料。刍稿的征收始自秦代，秦二世即位，令农民增交菽粟刍稿，供官吏、军队以至狗马禽兽的需要。汉承秦制，西汉时期，亦向农民征收刍稿。东汉时，在田租之外，还征收过附加税。桓帝延熹八年（公元 165年），因对羌族用兵，耗费很大，开征田赋附加，每亩加征铜钱十文，是在正赋之外的一种额外征收，是对农民的横征暴敛。

由于西汉推行的是一条重农抑商政策，对农业生产多有照顾，除了税率规定较轻之外，在不同时期不同情况下，还及时地采取了各种减免租赋的措施。汉代的减税和免税，史料中有关记载很多。根据其减免的原因，所要达到的目的，以及减免的性质，大致有如下几种：

1. 灾歉减免

汉代，人们认识自然、控制自然的能力还较差，一遇水、旱、风、雹等灾害，政府如不采取救济措施，就会出现严重的社会问题。如东汉兴平元年（公元194年），"三辅大旱，自四月至于是月（指秋七月）。……是时谷一斛五十万，豆麦一斛二十万，人相食啖，白骨委积"①。面对这种情况，东汉政府减免灾区租赋，减免的数额，视受灾情况而定。重灾全免，轻灾按受灾程度减免。

2. 贫困减免

对贫困户进行减税、免税照顾，从严格意义上来说，是种救济措施。如汉成帝鸿嘉四年（公元前17年），诏令"民赀不满三万，勿出租赋"。一般来说，对贫民的减免，都随同救灾一起进行。

3. 恩幸减免

这是指皇帝在举行庆祝大典或巡幸时，为了粉饰太平，奖赏勋臣或收买人心而采取的减免措施。如武帝元封五年（公元前106年）冬，行南巡狩，登泰山封禅，诏令"所幸县毋出今年租赋，赐鳏寡孤独帛，贫穷者粟"。②

此外，为了鼓励农耕或其他原因，也有减免田租的情况。

汉代的田赋轻税政策和不失时机的减免措施，有力地维护了封建地主阶级的利益，促进了封建经济的迅速恢复和发展；反过来，封建经济的繁荣，又保证了两汉轻税政策和减免措施的贯彻执行，促进了两汉政权的巩固。但是，汉代的轻税政策，为地主阶级在经济上扩大力量提供了条件，为地主阶级进行土地兼并打开了方便之门，而农民并未因轻税而获得多少好处。

三　算赋、口赋

算赋和口赋是对人课税，实际上是一种"人头税"。汉代的算赋和口赋是由秦代的口赋发展而来，分别对成年人和儿童征收。

（一）算赋

算赋是对成年人征的人头税。汉高祖四年（公元前203年），"初为算

---

① 《后汉书·孝献帝纪》。
② 《汉书·武帝纪》。

赋"①。规定凡年龄在十五岁以上到六十岁的成年男女，每人每年要向国家交纳一百二十钱，称为一算，并指定算赋收入作为战备基金，购置车马兵器之用，算赋之征从此开始，成为国家确定的一项正式赋税。

汉代算赋的税额，初期规定为一算一百二十钱，到文帝时，由于经济的恢复，人口的增加，算赋收入也有了很大增加，为了减轻人民负担，又作了调整，由一算一百二十钱改为一算四十钱，即减了三分之二。武帝时，军费支出浩繁，国家财用不足，算赋每算恢复到一百二十钱。宣帝甘露二年（公元前52年），诏"减民算三十"。以九十钱为一算。汉成帝建始二年（公元前31年）减"算四十"即每算八十钱。由此可见，汉代算赋的税额，并不固定，时有升降。

对西南边远地区的少数民族，人头税的征收标准不同。如武陵蛮夷地区，令人交賨布（即麻布），成年人一匹，未成年的二丈。在板楯蛮地区，规定除罗、朴、督、郑、度、夕、龚七姓不输租赋外，其余各户，每口每年纳賨钱四十。

算赋的课征，服从于汉王朝的政策需要。鼓励什么，限制什么，在算赋的加征与减免上均有明显的体现。首先，汉王朝为了限制商贾兼并农民，以及限制过多的蓄养奴婢，保障农业生产有足够的劳力，对商贾和奴婢课以重税，每人每年二算，即要交纳二百四十钱。其次，通过加重晚婚者算赋，鼓励人口增殖。汉初，由于人口很少，直接影响了国家兵员的扩充、劳役的调发和农村劳动力的充实。为此，汉初提倡早婚，鼓励生育。惠帝六年规定：女子十五岁还不结婚，则过十五岁后，到三十岁，分成五等，每升一等，加征一算，到三十岁加到五算，这种累进课税法，从税制上来说，也是一种进步。再次，从减免上来看，虽然减免范围较广，但还是围绕汉朝的主要政策而颁行的。如武帝建元元年（公元前140年）诏民"年八十复二算"，这是武帝新即皇位，为表示尊敬老年人而减免算赋。武帝元封元年（公元前110年）夏四月，令"行所巡至……四县无出今年算"②。这是皇帝显示恩德的措施。宣帝地节三年（公元前67年）冬十月，诏"流

---

① 《汉书·宣帝纪》。
② 《汉书·武帝纪》。

民归者，假公田，贷种食，且勿算事"①。这是以减免算赋来招还流民，从事农业劳动。章帝元和二年（公元85年）诏"令云'人有产子者复勿算三岁'今诸怀孕育者，赐胎养谷人三斛复其夫，勿算一岁，著以为令"②。这是鼓励人口增殖的措施。可见，汉代的财政措施一般都是服从于政治的需要。

（二）口赋

汉代的口赋，也叫口钱，是专对儿童征收的人头税。汉初规定，凡是七岁到十四岁的儿童，不论男女，每人每年交纳二十钱"以食天子"，属于皇室收入。武帝时期，由于长年对外用兵，军费开支浩繁，国家财用不足，把口赋从七岁开征改为从三岁起征，征收额由每人每年二十钱，改为二十三钱，并规定增加的三钱，以补车马兵器军费开支的不足。由于口赋加重，给人民造成了深重的灾难，致使有些平民生了孩子就立即杀死，造成悲惨的后果。到元帝时，采纳了贡禹的建议，口赋恢复七岁起征，但每人每年仍交纳二十三钱。在少数民族地区，也有征收口赋的记载。如对武陵蛮夷的儿童，每口收賨布二丈。

汉代的口赋，也如同算赋一样，在不同情况之下，官府给予多少不同的减、免。如昭帝元凤四年（公元前77年），诏令全免四年、五年的口赋。元平元年（公元前74年），诏减口赋十分之三。五凤三年，宣帝"幸河东，祠后土，减天下口钱"。东汉光武帝建武二十二年九月，诏："其口赋逋税而庐宅尤破坏者，勿收费。"

汉代算赋和口赋的征收，在每年的八月举行。先由地方官吏按户登记人口，核实年龄，编成户口簿，作为征收算赋和口赋的依据。算赋是收钱的，在谷贱钱贵时，口赋和算赋是一种很重的负担。

四　徭役、更赋

（一）徭役

汉代的徭役是国家强制人民所服的各种劳役和兵役的总称。汉代的徭役

---

① 《汉书·宣帝纪》。
② 《后汉书·章帝纪》。

制度规定：民年二十三岁，即有服役的义务，至五十六岁始免，到达服役年龄就要进行登记，叫做"傅"，傅是"著"的意思，即登记名册，开始为国家服徭役。汉景帝二年，"令天下男子年二十始傅"，把开始服役的年龄提前了三年。汉昭帝时又恢复了汉初旧制，规定民年二十三岁起服役，直到汉末都没有改变。

汉代繁重的徭役，既包括在地方、京城和边境所服的各种兵役，还包括为皇室和郡县所服的各种劳役。后者名目繁杂，有建筑官室、陵墓、城池、边境和要冲的障塞，修建驰道，治理江河，建设大规模的农田水利灌溉工程，堵塞黄河决口，往边境转运粮草物资，军队出征时从事后勤运输，以及在皇帝出巡时修路、供应运输工具、招待随从人员等。这些劳役项目，规模大小不等，服役者从数百人到几十万人；服役时间有长有短，少则几天，多则几年。服役的人，终日劳累，十分辛苦，重役还经常造成人员死亡。那些豪富之家往往规避，致使劳役负担，大多落在一般贫民身上。

汉代的兵役，包括正卒、更卒和戍卒三种。

1. 正卒。正卒是指正式的兵役。每个成年男子在规定的年龄里，必须服兵役一年，在本郡按照地方的特点充当步兵、骑兵或水军。服役完毕后可以回家，如遇有军事需要，还要临时被征调或延长服役时间。

2. 更卒。年满二十三岁至五十六岁的成年男子，每年要在郡县服一个月的劳役，也可纳钱二千交给官府，由官府雇人代为服役，这种出钱雇人服役的办法，叫做"过更"。

3. 戍卒。每个男子一生中要到边境上去屯戍一年，称为戍卒；或到京城去服役，叫做卫士。此外，每个成年男子，每年要有三日到边境戍边的义务。

（二）更赋

更赋是对应服役而未去的人所课征的代役钱。汉制规定，成年人都有服正卒、更卒和戍卒三役的义务。但在一般情况下，人到了服役年龄，并不等于马上就要被征调去服役，尤其是不发生战争的年代，官府所需服役的人一般说来不是很多，对那些当役而不要服役和当役未被征调服役的人，规定必须出钱代役，政府借此又可得到一笔财政收入。

汉代征收的更赋，既是雇人代役的资金来源，又是国家财政收入的一部分。所以，两汉政府对此作了明确的规定：正卒无常人，一月一更，如不服役，可交钱给官府，由官府雇人代役；应交钱数，一月二千。戍卒（徭戍），每人每年三日，不便往者，出钱三百纳官。当然，这里都是指出钱要求免服徭役之家交纳之数，至于国家付给受雇者的钱，不是更赋的全部，而是按平价付给，使国家从中获得利益。

汉代的更赋，也按不同情况分别规定减免办法。汉高祖十一年（公元前196年），规定从丰地徙关中的人及从入蜀、汉、关中的士卒，不服徭役，也不纳更赋。惠帝四年（公元前191年）规定，家庭和睦、致力于农桑的免役、免更赋；武帝时，每逢封禅、祭祀和巡幸，为了"示恩"，也给予沿途之民以定期的租、赋减免。当然，大量的常见的减免，是在发生水、旱、虫、雹等自然灾害时，为了社会安定，不仅免除旧有积欠，还要根据灾情，减征或免征农民当年的更赋。此外，还有一些个别情况和特殊情况之下的减免，如对服丧（祖父、祖母、父母死亡）、家庭赤贫、积极捐款赈贫以及徙边人户，都在更赋上有所照顾。至于对皇帝宗室、诸侯王、功臣以及占居重要职位的官员，不仅本人有免役权，有时连其家属也免役免赋。

第四节　两汉的工商税收

两汉时期，随着农业、手工业的发展和商品流通的活跃及规模的扩大，工商税收制度较秦和先秦有较大发展。汉武帝时期，为实现固土扩边政策，特别是反击匈奴的需要，改变长期以来实行的轻赋节流政策，转而实行开源节流，与商人分利的政策。其主要措施是实行盐、铁、酒官营，算缗、告缗、算商车，卖武功爵和出卖免役权等，收效很大。至于王莽新朝颁行的"五均"、"赊贷"和"六筦"，由于受各种因素的影响，其工商税收方面并无大的建树。

两汉的工商税收分述如下：

一　盐、铁、酒专卖和征税

专卖收入是指由国家对某种产品的生产和销售进行垄断，利用垄断的专卖价格，获取高额的财政收入。汉代专卖事业（包括公营事业），主要有如下几项：

（一）盐铁专卖和征税

盐铁专卖是指由国家垄断盐铁经营的权利。盐铁专卖收入，是两汉国家财政的一项重要收入来源。

盐和铁器都是人们生活的必需品，既是重要的生活资料，又是重要的生产资料，所以经营盐铁从来都是有大利可图的。汉初，为休养生息，对冶铁煮盐采取放任政策。武帝时采纳了桑弘羊的建议，才把盐铁经营的权利收归国家所有，实行盐铁专卖。

汉代实行盐铁专卖的原因，主要有如下两个方面：

第一，筹集国防和建设经费。汉代的北方边境，始终受匈奴的威胁。从高祖至景帝几十年间，一直在积蓄力量。武帝即位，对匈奴展开了大规模的战争。并在北部边境修障塞，建烽燧，屯兵戍边，一岁之费，动辄数十万万至百余万万。"大司农陈藏钱经用，赋税既竭，不足以奉战士"，于是兴盐铁，设酒榷，置均输，番货长财，以佐助边费。桑弘羊认为盐铁专卖可以"不赋百姓而师以赡，故利用不竭而民不知，地尽西河而民不苦。盐铁之利，所以佐百姓之急，足军旅之费，劳蓄积以备乏绝，所给甚众，有益于国，无害于人"①。

第二，抑制商人的兼并。从秦到汉，一直奉行"重农抑商"政策，对盐铁实行国家专卖，其目的并不单纯为了获得盐铁之利，而在于"建本抑末，离朋党，禁浮移，绝兼并之路"②。

汉武帝在大政方针确定后，于元狩三年（公元前 120 年），任用大盐商东郭咸阳、大铁商孔仅主持盐铁专卖之事，在产盐和产铁的地方，分设盐官和铁官进行管理。武帝以后，元帝一度废止专卖，几年后，因财政困难，又恢复专卖。在东汉，只在章帝元和（公元 84—86 年）中，因财政困难而实行过盐铁专卖。和帝即位（公元 88 年）后，即废专卖，改行征税。所以，在东汉，对盐铁主要是实行征税制。

汉代的专卖制度，据史料记载，盐的专卖是实行民制、官收、官运、官卖制度。用"官与牢盆"的办法，规定生产者必须"因官器作煮盐"，而不

---

① 《盐铁论·非鞅》。

② 《盐铁论·复古》。

准自置煮盐锅，以限制盐的生产量。盐民产盐自负盈亏，国家按官定价格收买。

铁的专卖制度，在矿山所在的郡县设铁官，统管铁的采掘和冶铸；在无矿山的地方，只设小铁官，掌握铁器的铸作和销售。

汉代盐铁专卖，有一套严格的管理制度。私铸铁器和私自煮盐者，都要受到很重的刑罚，用具也要没收。

汉代实行的盐铁专卖政策，可分商人之利，抑制商人的兼并活动。同时在财政上，也收到显著的效果，不仅保证了边防的经费需要，也保证了国家的经费开支。据说：武帝时，"四方征暴乱，车甲之费，克获之赏，以亿万计，皆赡大司农。此者扁鹊之力，而盐铁之福也"[1]。

当然，汉代的盐铁专卖制度，在实行过程中也产生了不少流弊，主要是官府生产的食盐和铁器质量不好，而且价格昂贵，一般人买不起。煮盐和冶铁，又多在偏僻的原料产地，官府常常征发民夫去煮冶或运输，也增加了人民的徭役负担。

（二）酒专卖和征税

酒专卖始于武帝天汉三年（公元前98年），目的是增加政府的财政收入，以保证对外战争经费的需要。但后来酒专卖遭到了贤良文学的反对，昭帝被迫于始元六年废止专卖，改行征税，每升酒税四钱。酒专卖在西汉只实行了十七年。东汉时，对于卖酒一般实行征税制，只是在发生较大的自然灾害时，才禁止卖酒。

二　工商各税

（一）算缗、告缗、算商车

算缗钱，是向商人和高利贷者征收的财产税。缗，指穿钱用的绳子，也叫钱贯或钱串子。算商车，是对车船主征收的财产税。

缗钱税的产生，主要有两方面的原因：一方面是国家府库空虚，财用不足，而富商大贾，高利贷者投机倒把，囤积居奇，乘机大发横财，而不佐公家之急；另一方面是连年遭受自然灾害，农民大量流亡破产，国家需要大量

_____

① 《盐铁论·轻重》。

款项进行安顿。为了解决财政困难，西汉政府采取的重要措施之一就是加重富商巨贾和高利贷者的赋税课征。继元光六年（公元前 129 年）征收商人车船税之后，元狩四年冬（公元前 119 年），武帝又颁布了算缗令，征收缗钱税。算缗钱的内容，主要有如下几项：

（1）凡从事物品买卖，放债取息及囤积货物牟取盈利的商人及高利贷者，都要向官府自报钱财及货物的价值。官府根据他的财产数字，每二千钱抽取一算，即一百二十钱。（2）凡制造手工业品出售的，按产品价值每四千钱抽取一算，税率为百分之三。（3）不是"三老"、"骑士"而有轺车的，一辆车抽取一算。商人加倍征收，每辆出两算。船身长五丈以上的，每只船出一算。（4）隐瞒不报或呈报不实的人，罚戍边一年，并没收其全部财产。对告发的人，则赏给没收财产的一半。（5）商人及其家属都不准购买田地，如有违反，将土地及货物一起充公。

算缗令颁布之后，大工商主、高利贷者及车船主都争相隐瞒财产，于是汉武帝又颁布了告缗令，派杨可主持告缗工作，号召对隐瞒财产不报或报而不实的工商主、车船主及一切富豪进行告发，这个办法施行了四年，到元封元年（公元前 110 年）才停止。告缗的结果，大商人及豪富差不多全部破产，没收的"财物以亿计，奴婢以千万数，田大县数百顷，小县百余顷，宅亦如之"①。算缗和告缗沉重地打击了大商业主以及豪富，同时也增加了国家的财政收入，解决了战时的财政困难。

（二）关税、市租收入

关市之赋和山泽之赋，是中国最早的工商税。秦汉时期，工商业日渐发达，货币经济日益发展，关市税遂成为皇室和封君收入的重要来源之一。

1. 关税。关税是流通领域的通过税，分为内地关税和国境关税两种。内地关税也叫过口税，是对于商人贩运货物经过关口时所课征的税。秦代曾征收关税。汉初"开关梁，弛山泽之禁"。设立关卡，是为了检查来往商旅行人，无收税之责。汉代内地关税，武帝时开始征收。史载：太初四年冬，"徙弘农都尉治武关，税出入者以给关吏卒食"。汉武帝设武关，目的是为了检查商旅，收税主要是用作守关将士的衣食费用开支。

---

① 《汉书·食货志》。

汉代工商业发达，货币经济和对外贸易发展很快，特别是汉武帝派张骞通西域以后，陆路贸易经河西走廊，沿天山南北两路，越葱岭，通往中亚和西亚。海路贸易的重要港口是番禺，在这些边境进出口要道，汉朝都有关市，以管理对外通商。至于对进出口商品是否课征，现有史籍中未见记载。

2. 市租

市租是在流通领域里征收的交易税，即按照买卖成交额所课征的税。市租的征收，分为两种情况：一种是居住在都市商业区，开有商店，取得在市上经营商业的权力，即具有市籍的商贾，官府对他们按照商品交易总额定期或不定期课税。另一种是凡到都市商业区域或其他集市做买卖的行商，包括各方来的商人、乡村的农民和城镇农民，他们出卖自己的手工艺品、农副产品或是贩运来的货物，官府按照买卖的成交额，即时课税。

汉代的市租，随着工、商的发展，收入不断增加，它是皇帝或封君私奉的一个重要来源。

（三）赊贷税

赊贷税是对出贷金钱或粮食收取利息所课的收益税，课征的对象是高利贷者，汉代的高利贷者，多是富商巨贾，或是豪强地主，他们拥有雄厚的资本，交通王侯，勾结官吏，以资取利。据《史记》记载："子贷金钱千贯，节驵会，贪贾三之，廉贾五之，此亦比千乘之家，其大率也。佗杂业不中什二，则非吾财也。"由于汉代对高利贷未加限制，商人乘机渔利，高利贷的年利率一般在百分之二十，放出一千贯钱，一年可收利息二百贯，如同一个千户侯的收入。到武帝时，开始对高利贷者收取的利息加以限制。元鼎六年规定，凡取息过律，必须向官方府交纳赊贷税，而且利率不得超过官府的规定。

汉代赊贷税的税率，武帝元狩时规定，每二千钱征收一算，即征收百分之六的税。

（四）牲畜税

牲畜税是指对饲养六畜所课征的税。

汉代对牲畜的课税，始于汉武帝时征收的马口钱。武帝开征牲畜税的原因，一方面是当时百姓饲养马匹的数量增多，另一方面更主要的原因是武帝征伐四方，军费开支浩繁，马匹伤亡很重，急需补充。所以武帝于元鼎五年（公元前112年），诏令边境人员养马，由官府借给母马，满三年后，十母马还官府一驹，即十分之一的税。昭帝元凤二年（公元前79年），下令"毋敛今年马口钱"①。这是对牲畜税的减免。武帝时，对马牛羊的征税，税率为所饲养牲畜价值的百分之二。

（五）山川园池收入

山川园池收入，属于皇室财政收入或是封君列侯的私收入。山川园池的收入，包括的范围很广，主要是对山海、江河、湖泊、草原、池塘、园囿等地的出产物征的税。

征自山泽出产的，称为山泽税。主要有金、银、铜、铁、锡等矿产税，珍禽异鸟等特产税和盐税，特别是盐税和铁税，是一笔巨大的收入。许多富商大贾，都是经营盐铁致富。

江河湖海出产的水产品，主要是鱼类和贝类，以及捕获的水禽，河湖中种植的菱藕，养殖的芦苇等，江、河、湖、海的产品极其丰富，汉代对江河湖海都设官管理，并对水产品征税。汉平帝元始二年（公元1年）。"置少府海丞，果丞各一人"。海丞主管海税，果丞主管果品税，都是少府的属官。

汉代皇帝的苑囿，豢养着各种动物，栽植了各种林木、果树、花草，还养活着各种水禽，除供皇帝的玩乐享用之外，还可以有一部分收益，成为皇室财政收入的来源之一。此外，皇帝还占有很多农田、牧场和肥沃的土地，常把这些土地和牧场租给农民耕种，向农民收取地租，作为皇帝财政收入的一项来源。这种地租，又叫做"假税"。

东汉刘秀建立政权以后，才把山川园地的收入，划入国家财政收入。

三　公营、公产收入

（一）均输、平准

汉代的均输和平准，实际上是官府对地方进献土特产品和京师物价的一种调控措施，属于官营商业性质。

1. 均输

均输是指调剂运输。汉初各地向汉王朝进献的土特产品，长途运输到京城，要耗费大量的人力、物力，有的贡品，或不为朝廷所需要、或价值低廉，

---

① 《汉书·昭帝纪》。

所值不足抵偿运费。为改变这种局面，汉王朝实行均输法。武帝元封元年（公元前110年），桑弘羊奏请由大司农统一在郡国设置均输官，把当地进献的土特产品进行分类整理，凡属朝廷不需要的贡品，由均输官负责运到行市高的地方去销售，把销售所得到的钱交给中央。而京师所需之物，则由均输官就近、就原产地购买。这样，既保证了皇室需要，又免去了远途运输的繁费，使民得其便；既增加了政府的财政收入，使官得其利；又可以调节物价，防止商人牟取暴利。

2. 平准

平准是指平抑物价。这项措施是在京城施行的。武帝元封元年，在长安设置平准官，专管收集各地的货物，就像一个总商店，而各地设置的均输官又像分商店，全国组成了一个四通八达的商业网。平准官在京城统一组织调配，物价贱时买进，贵时卖出，以调剂有无，平抑物价。这样，官府可以掌握大批物资，使商贾不能囤积居奇，国家也因此增加了财政收入。

汉代桑弘羊所创行的均输、平准法，它的成效，据《盐铁论》记载："往者财用不足，战士或不得禄，而山东被灾，齐赵大饥，赖均输之蓄，仓廪之积，战士以奉，饥民以赈。故均输之物，府库之财，非所以贾万民而专奉兵师之用，亦所以赈困乏而备水旱之灾也。"[1] 应该说这是个不小的成绩。

均输、平准法一直推行到西汉末年。东汉时期，均输，平准法没有继续推行，但桑弘羊的均输、平准措施，对后世财政具有很大的影响。

（二）公产收入

1. 公田收入

公田收入，即国有土地的收入。汉代公田的来源，主要有以下四个方面：第一，从前代沿袭下来的公田；第二，汉武帝征伐四方，开疆扩土，把所得的耕地作为公田，由军队屯垦；第三，没收的土地；第四，新开垦的土地。

汉代公田的使用，一部分官营，由官奴婢和罪犯耕种。西北边境地区的公田，由戍边的军队屯垦。皇帝有时还把一些公田赏赐给功臣，如汉哀帝一次就赏给宠臣董贤公田两千顷。其余的公田，则租给人民耕种，国家收取地租。汉代公田的收入，凡属大司农管理的，其收入属于国家财政收入；凡属

---

① 《盐铁论·力耕》。

于少府、水衡管理的，其收入属于皇室财政收入。

2. 屯田收入

汉代屯田，分为军屯和民屯两种。西汉主要是在西部和北部边境地区实行军屯；东汉主要是在内地实行民屯。

（1）西汉屯田：西汉屯田，民屯始于文帝。屯田的原因，据晁错说：派兵戍边，卒死于边，运粮供边，民死于道，劳民伤财，遭到人民反对。同时守边兵卒，一年一换，不知胡人的习性，不如选民常居，授予田地、房屋，供给农具、衣物使自给。这些人一边戍守，一边耕作，不仅减省国家大量财政开支，而且保卫了国防，有利于民，有利于国。军屯始于汉武帝元鼎六年（公元前111年），沿着西北边境，在上郡、朔方、西河、河西、张掖、酒泉六郡范围之内，以六十万戍边的兵士为劳动力，进行大规模的屯田。武帝打通河西走廊，经营西域以后，在西域推行屯田。以后昭帝、宣帝，均在西北多处实行屯田。可见西汉屯田，主要是军屯，且耕且守，所生产粮食，供边军食用。

（2）东汉屯田：东汉初期，由于长年战乱，土地荒芜，人口大量死亡。因为当时到处都有荒地，所以东汉初期屯田，主要是在内地郡县进行。史载：建武四年，"讨李宪。宪平，遣（刘）隆屯田武当"①。此外，马援屯田上林苑，王霸屯田新安和函谷关。为了有效地控制西域，还在西域其他边境地区驻军，实行屯田。

两汉时期的屯田，有利于边防的巩固，节省了国家的军费开支，而且也省去了调发徭役转输粮草之费，于国于民皆有利。

四　贡献收入

（一）土贡

土贡是指中国历代王朝的臣属向君主进献的土特产、珍宝和财物，它是赋税的原始形式，也是人民的一种额外负担。汉初，贡献没有固定的制度。汉高祖十一年（公元前196年），下令让诸侯王、列侯每年十月朝献，各地要按照当地的人口数，合每人每年六十三钱，作为向皇帝的献费。贡物的置办、采买、保管，珍禽异兽的饲养，路途上运送所需要的各种费用，都要从这些

---

① 《后汉书·刘隆传》。

钱中支出，献费是皇帝的一笔很大收入，最后都转嫁为人民负担。

汉代除经常性的贡献之外，还有临时性的贡献和外国的贡献。临时性的贡献，用以满足皇帝的某种特殊需要；外国的贡献，一般属于外交礼节性的往来，互送礼品，在财政上意义不大。

（二）酎金

汉朝制度规定，每年八月祠宗庙，大会诸侯，诸侯献金助祭。这种大祠叫做饮酎，这项助祭金，称为酎金，酎金献纳的金额，以诸侯王、列侯所管辖人口的多少为标准，每千口纳金四两，不满千口而在五百口以上的，亦为四两。封在边远地区的诸侯王，可以用符合规定标准的犀牛角、象牙、翡翠等代替。诸侯王如果不按规定交纳酎金，要受到惩罚。武帝时，列侯因献金祭宗庙不如法被夺爵者百六人，丞相赵周下狱死。这一制度一直施行到汉末。

五　借债收入

汉代借债收入，发生在东汉顺帝、桓帝时期，有三种方式：一是国家向诸侯王借国租；二是国家向有资产的人民借债；三是国家借公卿百官俸禄，即是以借为名停发百官俸禄。借债的原因，或是因为天灾，或是由于军需，总之是为了解决财政困难，是封建国家举债的一种形式。

六　其他收入

（一）卖官鬻爵、赎罪收入

卖官鬻爵和赎罪收入，是封建制度下的一种特殊的财政收入，也是汉代统治者为了解决国用军需的一种临时性的财政措施。卖官爵是国家向有钱人出售一定级别的官职和爵位（包括免役权），赎罪是国家出售免刑权利。

汉代卖爵，是从文帝开始的，当时匈奴经常侵犯北部边界，为了解决边境戍兵粮饷不足的矛盾，文帝听从晁错的建议，实行卖虚爵的办法，即以爵换粟。史载："文帝从错之言，令民入粟边，六百石爵上造，稍增至四千石为五大夫，万二千石为大庶长，各以多少级数为差。"[①] 文帝这次卖爵，解决了边境戍卒的粮饷问题，收到了预期的效果。景帝二年因天旱，复修卖爵令，

---

① 《汉书·食货志》。

降低爵位价格以招民。因为卖的还是虚爵,实际上没有多少人去买。到武帝时,由于连年对外用兵,国用军需均感困难,这时所卖官爵已不再是虚爵,而是可以补官的实职了。元朔元年(公元前128年)政府规定,富人捐一定数目的奴婢给政府,可以免除终身的徭役;超过规定数目的可以为郎,原来是郎官的,可以增加薪俸。汉代最大的一次卖爵,发生在武帝元朔六年,为解决战时的财政困难,卖武功爵。新置武功爵十七级,各级爵位都有一定的价钱,以黄金支付。这次出售爵位得到的价值总和是三十余万金。凡买到一定武功爵级位的人,就可以做官,可以除罪。

汉代除卖爵外,还有卖复。卖复,就是以一定的代价,买到不服徭役的权力。汉武帝时规定:"乃募民能入奴婢得以终身复"。这是变相的出售免役权。

为了解决财政上的困难,汉武帝还施行赎罪法,犯有各种罪过的人都可以出钱减刑。史载:天汉四年(公元前79年)"秋九月,令死罪人赎钱五十万减死一等"。

东汉卖官实是营私,特别是桓、灵二帝,竟公开在西园卖官鬻爵,聚钱以为私藏,凡是要买官爵的人,都要到西园来商妥价钱,上至关内侯、公卿,下到一般的官职,按照职位的高低和利禄的多少,规定不同的价钱,公千万,卿五百万,二千石的官卖二千万,四百石的官卖四百万,县令或县长,按照该县物产是否丰富和土地的肥瘠程度各有定价,有钱的人先入钱,后补官;没钱的人,可以到任后加倍付款。

两汉时期,由于实行卖官、卖爵和赎罪政策,国家虽然暂时获得了一笔可观的收入,解决了财政上的一些困难。但这项政策,在政治上,经济上都带来了严重的后果。一方面官职滥设,造成机构臃肿,人浮于事;另一方面,因官职是买来的,买到官的人到位后就拼命地对人民进行榨取,以加倍捞回买官的本钱,人民深受其害。

第五节　两汉的财政支出

汉代的财政支出,包括皇室经费和国家经费两大部分。皇室经费是指用于皇帝及其家属的生活费用和其他有关开支;国家经费是指用于实现国家职能所需要的各项费用,它包括军政费、工程建筑以及抚恤救济费等。其主要支出项目如下：

一　军费支出

汉代的军费支出，包括养兵费、军事装备费、国防费以及战争经费等。这四部分经费的总和，在国家财政支出中所占的比例，一般都比较大，特别是战争年代，是国家财政的一项沉重负担，对国民经济的发展和人民生活的稳定有着重大影响。

汉代同秦代一样，在全国设有众多的常备军，其中包括常驻京师的南军、北军、边疆戍军，以及各郡的地方部队等。因汉代有步兵、水军和骑兵等多种兵种，所以军队装备，除了士卒的服装，手中的轻便武器之外，还有战车和楼船之类的大型武器装备。

（一）养兵费

汉代实行义务兵役制。汉代规定，男丁每人一生中要服兵役两年，同时参加军训；此外，每年要服徭役一个月，戍边三日。这些人在服役期间，国家除了供给日常生活费和简单的服务之外，别无更多开支。

（二）装备费和国防费

在汉代，军队将卒的武器、军械、马匹乃至服装（包括盔甲等），是由专门的官营手工工场制作、维修的，生产、保管和发放都由专门机构负责。因为平时消耗不计入史籍，所以很难找到具体数字。汉代的国防费，主要是指北边和西北边境防御工事的修建费和维修费。汉代为了防御匈奴的侵扰，西起临洮（今甘肃岷县），东至上谷（今河北怀来东南），在这绵延数千里的国境线上，修筑了很多烽障、亭徼、要塞等防御工事，费用是很大的。这些工事建好后，每年的维修、保养，也是不小的开支。西汉王朝对国防建设工程十分重视，对玩忽职守的官员往往处以极刑。史载汉武帝巡幸新秦中，发现那里"千里无亭徼"，"于是诛北地太守以下"的许多官吏，北边边境，经过汉武帝等苦心经营，得到了十几年的安宁。东汉建武十二年，开始筑亭堠、修烽燧；建武二十一年，更遣中郎将马援主持，分筑烽堠，这时边境防御才又有加强。可见，两汉时期，统治者对国防建设很重视，特别是国力雄厚时所费更多。

（三）战争经费

汉代的战争经费，主要是用于对匈奴、羌等族战争的费用。

1. 同北边匈奴的战争。匈奴族原活动在长城以北，楚汉战争时，匈奴乘机控制了中国东北部和西部广大地区。从汉高祖建立西汉政权起，就面临匈奴的威胁，一直到东汉末，前后四百多年，这个问题都未能彻底解决。所以，匈奴问题，始终影响着汉王朝的政治和经济决策。

2. 同西方羌族的战争。西羌居住在中国西部高寒地区，汉初，羌贵族同匈奴一同侵扰汉边境。汉武帝时，派兵击平，设置护羌校尉处理汉羌之间的关系。在东汉，因迁都洛阳，放松了对西方的防护。同时，由于东汉政治腐败，举措失当，致使战争一直持续到东汉末，大小战争数百次，耗资无数。

3. 同南方的战争。汉代对中国南方和西南方的开发，始自汉武帝。元鼎六年，攻破南越（地在今广东、广西）、东越，同时，使西南大部分地区归入西汉的直接统治之下。东汉继续加强对南方的统治，也加强了西南各族人民同汉族人民之间的联系。

两汉时期对外战争的经费，包括军卒的军粮、服装、行军用具、武器装备，以及粮、物的运输，损耗的补充等，所费浩繁。以粮草为例，宣帝时，派赵充国征西羌，将吏士马牛食用谷计月十九万九千六百三十斛，盐一六百九十三斛，茭稿二十五万二百八十六石。[①] 又如武帝进兵只有三十万人的小国大宛时，动员兵力六万人，因道远，仅供运输就用牛十万、马三万匹。东汉自安帝永初以后，史载："将出不少，复军有五，动资巨亿。"[②] 除了上述经费，还有与此相关的一些费用开支，如军粮、军械的转运，将帅士卒的赏赐，死亡将士的抚恤，俘虏的安置，流民的遣返安顿，以及实行怀柔和亲政策时的馈赠等费用，也是不可忽视的一个巨大数额。如汉武帝通西南夷道，"作者数万人，千里负担馈饷，率十余钟致一石"。[③] 在怀柔政策之下，张骞通西域，带去"牛羊以万数，赍金币帛直数千巨万"。[④] 光武时，每年"供给南单于费直岁一亿九十余万，西域岁七千四百八十万"。[⑤]

---

① 《汉书·赵充国传》。
② 《后汉书·皇甫规传》。
③ 《汉书·食货志》。
④ 《汉书·张骞传》。
⑤ 《后汉书·袁安传》。

二　皇室支出

皇室支出，是指宫廷内部包括皇室和仆役等人的各种生活费用和宫室、陵墓等各项建筑的费用开支。汉代的皇室费用，一般是由皇室财政收入中开支的，即从山川园池市肆租税收入中解决，不列入国家财政支出。但是在皇室财政或国家财政收支不平衡时，它们之间可能互相挤用。例如汉武帝时期，因军需不足而把盐铁征税改为盐铁专卖，从而将一部分皇室财政收入转到国家财政收入中来，但更多的则是皇室支出挤占国家财政收入。

（一）皇室生活费用

皇室日常的生活费用，是一笔巨大的开支，它反映了皇室生活的奢侈靡费。

1. 膳食费

汉代皇室的膳食由少府下属的太官、汤官和导官管理。"太官主膳食，汤官主饼饵，导官主择米。"太官还主管太官园。太官园常年种植蔬菜，以供宫廷享用。皇帝的苑囿池籞中还饲养了许多家禽、鱼鳖水产直接供宫廷享用。此外，少府的吏员中还有专为宫廷猎取野味的，有专管宰猪宰羊的，有负责到全国各地采买珍贵食品的，分工十分细密。据记载，直接为皇室生活服务的太官、汤官奴婢各三千人，就是说，仅做饭菜的就有六千人之多；膳食费用，一年用二万万钱，足见其开支之大。

2. 衣物服装费

汉代由御府令主管宫廷中衣物服装。这些衣服主要由京师内外的官营手工工场织作和供应。据记载：京城设有东西织室，专门为宫廷"织作文绣郊庙之服"。在齐郡的临淄和陈留郡的襄邑设有三服官，专门负责宫廷被服的制作。所需费用，史载："齐三服官作工各数千人，一岁费数巨万。……三工官官费五千万。东西织室亦然。"①

3. 器物费

汉代少府、水衡和地方一些郡县设有专门机构，制作各种器物供宫廷享用。少府下设考工、东园匠、尚方三官。东园匠是专门制作陵墓内器物的，即葬具

----

① 《汉书·贡禹传》。

和葬物,包括梓棺、金缕玉衣和各种殉葬品。尚方主要制作皇室所用武器,御用的刀剑和一些珠宝玉制品。水衡都尉下设技巧、六厩等官,也是专门制作器物的。地方各郡的工官,制作金银器、漆器等供宫廷使用。

汉代宫廷所需器物的制作费,史载:"蜀广汉主金银器,岁各用五百万,三工官官费五千万。"

4. 车马费

车马费用主要是指宫廷中所需用车辆的制造费、保养费以及马匹的饲养费,皇帝出巡、打猎、祭祀等活动,都要带领文官武将、侍奉人员,前呼后拥结队而行。车辆的制造,划归考工,饲养马则由太仆寺未央厩负责。高祖、文帝、景帝时马百余匹,武帝时,天子六厩,马皆万匹。当然,这主要是指军马,御马也包括在内。

5. 医药费

医药费是指宫廷中所耗用的各种药物和医务人员的经费开支,汉代少府下设太医令,太医令下有"员医二百九十三人,员吏十九人"。奉侍皇帝的循医和给皇帝服用的御药,不同一般,所需医药费用必然是可观的。

6. 娱乐费

为了满足皇室奢侈靡费的生活,宫廷中养活了成百上千的乐人、歌女、舞女和唱戏、角抵演员等,他们是专门为皇室服务的,所需费用亦列入皇室经费。

7. 后宫费

汉代在不同时期,后宫费支出数也不相同,汉前期生活较俭,费用较少,后期的统治者生活奢靡,开支就大。宫中妃嫔均定称号,凡十九种,分为十四级,各依等级定爵禄。宫中还有很多没有称号的,统称为家人子,其待遇视同有秩斗食,即一岁所给不满百石,日食一斗二升。汉代后期,后宫人数不断增加,待遇又非常优厚,因而开支巨大,东汉灵帝时,"后宫采女数千余人,衣食之费,日数百金"。

上述仅是日常开支,如果遇到皇帝聘皇后,更需黄金百斤。后期因为把大量的财政资金用于后宫之费,所以陈蕃说:"宫女积于房掖,国用尽于罗纨。""后宫之女,岂不贫国乎!"

(二)宫殿陵墓建筑费

在汉代,宫殿苑囿及陵墓等土建工程,多有兴建。西汉时期,累计兴建宫殿七十三所，台榭楼阁三十一所，其他类似的建筑还有很多。

汉初，百废待兴，不可能拿出更多的钱来修建宫殿。汉代大搞宫殿建筑，是从武帝开始的，武帝自实行盐铁专卖、算缗、告缗之后，得到大量财物，充实了国库，于是"宫室之修，由此日丽"。东汉建都洛阳，又另造新的宫殿、苑囿。明帝、章帝时期，三十年间大修宫室不停，宫室、苑囿的建筑，延到汉末，共建宫殿六十多所。耗民财物，以巨亿计。

汉代宫室支出中的另一大项，是皇陵建筑费。史载，皇帝继位一年以后，就开始为自己建造陵墓，直到皇帝死，才停止营建。皇帝在位时间越长，陵墓建得越好。除陵寝之外，还要修建陵园，以供祭祀死者之用。汉代皇帝陵墓建筑规模及所需费用的多少，也视皇帝本人的奢俭而定。汉初，文帝修建霸陵，为了节省开支，所用都是瓦器，不用金银铜锡装饰。武帝以后，才日渐奢侈。关于汉代皇陵的建造费，史书有一段话："汉天子即位一年而为陵，天下贡赋三分之，一供宗庙，一供宾客，一充山陵。"① 陵墓的建筑费用，占到全国贡赋的三分之一，此说未免夸大，但可以肯定汉代皇陵费用是一笔巨额的支出。

三　俸禄支出

汉承秦制，设立百官，从中央到地方有一套完整的官僚机构。由于汉代实行郡县制，各级官吏不再依赖俸田，而是依靠官俸过活，所以官俸成为国家的一项重要财政支出。

汉初，国家机构并不庞大，官吏也未多设，在财政开支上，遵循"量吏禄，度官用，以赋于民"的原则，俸禄有固定数额。那时官俸发给实物，"漕转关东粟以给中都官，岁不过数十万石"。汉武帝以后，官员人数大增。哀帝（公元前6至公元前1年）时，从佐史以上至丞相，共十二万余人。及至东汉初期，由于战乱后人口锐减，刘秀为节约经费，精简机构，并官省职，计载并四百多县，吏职减省十分之九，但裁减的多系西汉以来所增之数，调整后的官员，仍有七千五百余人，包括内外诸色职掌人在内，则达十五万二千九百余人。② 桓帝、灵

① 《晋书·索靖子綝传》。
② 《东汉会要·职官》。

帝之际，由于大量卖官鬻爵，造成官职沉滥，加重了财政的困难。

汉代的官吏，特别是职位较高的官吏，除俸粮之外，还有俸钱和赏赐。而且官职越高，俸给和赏赐越多。

在东汉，也有减发俸禄的事例。桓帝曾两次减发官吏的俸禄，甚至向百官借俸，落到靠减俸、借俸度日的境地。

汉代俸禄支出在财政中占何地位，没有更确切的资料可循，只有桓谭在《新论》中有这样记载："汉宣以来，百姓赋敛，一岁为四十余万万，吏俸用其半，余二十万万藏于都内为禁钱。"俸禄支出总额每年为二十余万万钱，这是汉代俸禄支出的一个大概数字。

四　经济建设支出

汉代经济建设支出，主要包括农田水利、筑城、修路、移民垦荒等。经济事业的支出，在汉代财政支出中占有一定的地位。

（一）农田水利支出

为了保证农业生产的发展，汉代对水利灌溉事业十分重视。武帝元光六年（公元前 129 年）在关中开渠，渠长三百里，用了三年的时间；后又开凿龙首渠，调动了上万民工，用了十多年的时间才挖成。武帝元鼎六年（公元前 111 年），沿秦时郑国渠开六条小渠，以灌溉渠旁高地之田，称为六辅渠。太始二年（公元前 95 年），又开白渠，全长三百里，可灌溉田地四千五百顷。此外，还有渭渠、汾渠、成国渠、灵轵渠、韦渠，以及关中以外的齐郡、汝南、九江等地。也相继开凿了不少灌溉渠道。这些大小规模不同的水利工程。对我国北方的农业发展，起到了重要作用。西汉时期还注意在边疆新开辟地区兴修水利，如在朔方、西河、张掖、酒泉、敦煌、北地等处，兴办了不少水利灌溉工程，对促进边郡农业以至整个经济的发展，有积极意义。东汉时期，水利灌溉工程逐渐向东南发展，我国东南地区逐渐得到开发。

（二）治理黄河支出

黄河经常决口改道，如汉文帝十二年（公元 168 年），河决东郡；武帝元光三年（公元前 132 年），黄河改道，流向东南入渤海，这不但给人民带来了重大灾难，对两汉的经济发展，也有重大的影响。治理黄河，堵塞决口，修筑堤坝，是两汉时期的重要工程之一。元光三年五月，黄河大改道，有十六郡遭受水害，武帝派十万人去堵塞，没有成功。元封二年，又调集几万民工修治堵塞瓠子决口，武帝还亲自到工地巡视，并且命令自将军以下的随从官员参加背木柴堵塞决口的劳动，经过这次修治，在以后的八十年间，黄河没有发生过大的水灾。建始四年（公元前27年）秋，大水，黄河在东郡金堤决口，成帝派王延世率民堵塞。王莽当政，黄河在魏郡决口，因治理需费用数亿钱，没有进行治理，直到东汉明帝永平十二年（公元69年），才派水利专家王景和王吴主持治理黄河工程。参加治理的几十万民工，他们在从河南荥阳到山东千乘这一千多里长的区域内，修筑了很多防堤，终于战胜了几十年的河患。这次治理黄河，虽然花费上百亿钱，但经过这次彻底治理，此后八百多年里，黄河没有改道。除了上述堵塞工程外，为了防止河患，平时还要对河堤进行维修和加固。两汉时期，黄河的维护费，据记载："濒河十郡治堤，岁费且万万。"而沿河郡县，都要配备河堤卒吏数千，加上伐薪石之费，"岁数千万"。

（三）筑城修路支出

汉代筑城包括两个内容：一是城市建筑，二是修筑万里长城。汉惠帝三年和五年，曾两次修筑长安城，每次用劳力十四万五千人，选在冬闲时进行，费时一个月，这是对都城的建设。

汉代的另一重大工程，就是具有国防性质的万里长城。汉代长城，西起敦煌，东至辽东，全长7000多里。为了加强国防力量，还在长城的北面和西面，修筑了许多亭障，称为"塞外列城"。汉代用于筑长城和修路的资金，应列属国防开支之内。

（四）移民垦殖支出

汉代移民，一是为了巩固和加强中央集权，把原六国贵族的后代、关东的豪富之家，迁徙到关中和诸陵地区；二是为了加强国防，以御匈奴，大量移民到塞下或边疆，或是调大量的军队到边疆地区去屯垦；三是为了稳固国内秩序，安置因遭受灾荒而造成的大量流民。汉王朝对关中和诸陵的移民，给予优厚的待遇，事先为他们建造好房屋住宅，还要提供生产工具和生产资料，甚至还要解决生活问题。如武帝建元三年，对迁徙茂陵的人，每户赐钱二十万，田二顷。平帝元始二年（公元2年），郡国大旱，"罢安定呼池苑，以为安民县，起官寺市里，募徙贫民，县次给食。至徙所，赐田宅什器，假与犁、牛、种、食"。从这些方面看，移民费用也是很大的。

总之，汉代的经济事业费，对汉代的国计民生，是有一定积极意义的。

五　宗教迷信支出

（一）宗庙祭祀支出

汉代祭祀活动相当频繁。祭天、祭地、祭祖宗，歌颂他们的功德，宣扬"君权神授"，藉以愚弄人民。西汉时期，在京城长安的城郊或是在皇陵附近为各代皇帝立庙，仅太上皇、高祖、文帝和武帝四个人的宗庙，就分布在六十八个郡国，共计一百六十七所。①

宗庙祭祀，费用很大。据史籍记载："一岁祠，上食二万四千四百五十五，用卫士四万五千一百二十九人，祝宰乐人万二千一百四十七人，养牺牲卒不在数中。"② 这只是在京城长安的各宗庙、陵园的耗费，如果再加上各郡国宗庙祭祀的用度，其费用开支就更大了。由于宗庙祭祀开支巨大，到元帝和哀帝时，都发生过圈庙与否的争议，结果不得不减少一部分宗庙祭祀的开支。东汉时期，对关西的西汉诸陵墓，只是四时祭祀。总体来说，东汉宗庙祭祀开支，比西汉时期有所减少。

（二）郊祀与封禅支出

郊祀与杂祀是祭祀天地、山川、鬼神，以祈求风调雨顺的丰收年景。此外，汉代还依据秦以来旧习，创行了很多其他祭祀，这些祭祀，范围很广。东汉初，在洛阳城南七里建立郊祭的场所，把包括天、地、五帝等在内的共计一千五百一十四神，各设神位，合并在一起祭祀。

郊祭之外的另一重要活动，这就是封禅。封禅是指祭祀泰山，汉武帝为了夸耀功治，曾先后五次东封泰山，沿途民众不胜其扰。

（三）信神求仙耗费

汉代的皇帝，特别是汉武帝，迷信神仙，相信方士，建郊庙，修五帝坛，起柏梁台，作承露盘，妄想长生不死。武帝还派千人入海求仙、采药等，这些迷信活动，都给财政带来极为沉重的负担。

---

① 《汉书·韦贤传》。
② 同上。

六 赏赐支出

汉代皇帝每年的赏赐费用开支很大，主要是对王侯卿相大臣的赏赐，其中也有对鳏寡孤独及老年人的赏赐。赏赐的内容，包括土地、金钱、奴婢及其他实物。

汉代的赏赐，因其目的不同，对象不同，所以每次赏赐的多少也不一样。有四时定期按官级的大小对文武大臣所给予的赏赐；有因建立特殊功勋而给予的赏赐；有在皇帝即位、驾崩、立皇后、立太子等重大典礼时所给予的赏赐；有对皇帝所经过地方的赏赐；此外，诸侯王、大臣死后，还要赏赐丧葬费；大臣老了退休要给予赏赐；对有善言嘉行的大臣要进行赏赐等。此项支出，为数亦巨。

七 救济赈恤支出

两汉时期，灾害很多，特别是东汉时期，灾害次数更为频繁。汉代灾荒，以旱灾为主，其次就是水灾（包括黄河泛滥）；此外，还有风、雹、蝗、螟、地震、海啸等。受灾的地区，多在黄河中下游，受灾人数从数千到数十万；灾情严重时，受灾面积达到方圆二三千里，受灾人数到数十万户。一旦灾情严重或是疾疫流行，受灾地区，必然社会秩序紊乱，阶级矛盾十分尖锐。汉代统治者为了稳定社会秩序，缓和阶级矛盾，对那些因遭受水、旱、风、雹、蝗、螟、地震等严重自然灾害或是疾疫流行的地区，从国家财政中拿出一部分钱来施行救济。另外，还采取开仓赈济，安排灾民外流就食，贷予灾民种子、耕畜、口粮，开放山林川泽，允许灾民捕鱼以增加食物，把皇家的园囿或国有的公田租贷给灾民耕种，或减免一定的田租、算赋和口赋等措施。

八 文化教育支出

在汉代财政支出中，用于文化教育方面的支出是很少的。为了巩固王朝的统治，武帝时曾加强对人才的培养，除令郡国举贤良、方正、文学之外，京师设立大学，在地方设有郡国学。虽然培养的是地主官员子弟，但在继承和传播文化上，有一定意义。此外，汉代对图书的收藏、管理，以及纂修国史方面也很重视。据统计，汉代所集图书，约有六百七十七家，一万一千九百五十一卷，对保存我国文化，起了积极作用。

第六节　财政管理机构和制度

一　管理体制和管理机构

（一）国家财政和皇室财政分开管理

国家财政，是指为实现国家职能的需要，国家参与对一部分社会产品的分配。皇室财政，是指为了维护皇权，满足皇帝的生活及其特殊需要所形成的对社会产品的分配。在奴隶社会中，国家财政收支同皇室的财政收支，从严格意义上讲没有什么区别。自秦进入封建社会以后，土地的封建私人占有制，要求国家财政和皇室财政分别收支、分开管理。进到汉代，把这种管理办法进一步明确化、制度化。

1. 国家财政和皇室财政分开管理的条件

进入封建社会后，生产关系的基础，由奴隶制社会的土地国有制，转变为封建制社会的土地私人占有制，这时期，皇帝的权力逐渐受到限制，具体到财政上则需要地方各级和各诸侯国的支持。同时，因土地私有制的确立，百官的俸禄已不能再靠井田制禄来解决，而要靠国家发给；由于政权的强化，同周边各国和各民族的矛盾增加，必须建立常备军，国家财政中的军费开支增大；在收入方面，租税和军赋也不能像奴隶社会那样任意征调。总之，由于生产关系的变化，原来国家财政同皇室财政，必须分辟财源，分清用途，分别设官立制来进行管理。另外，随着生产力的发展，国家收入的增多，管理能力的加强，各种经济部门逐渐增多，所提供的赋税，也为国家财政和皇室财政分开进行管理提供了条件。

2. 国家财政同皇室财政的收入来源及用途

国家公财政同皇室私财政的划分，西汉高祖和惠帝时，确定了一个基本原则："量吏禄，度官用，以赋予民，而山川园池市肆租税之入，自天子以至封君汤沐邑，皆各为私奉养，不领于天（下）［子］之经费。"在这里，对国家财政和皇室财政的收入来源和支出用途，作了原则规定。在支出上毋将隆说得更详细些，他说："武库兵器，天下公用，国家武备，缮治造作，皆度大司农钱。大司农钱自乘舆不以给共养，共养劳赐，一出少府。盖不以本藏给末用，不以民力共浮费，别公私，示正路也。"① 这里说明，汉代国家财政同皇室财政，财源不同，用途相异。

根据这些原则规定，属于国家财政的收入，计有田租（赋）、算赋、更赋、盐铁专卖收入、公田、屯田收入、均输、平准、卖官爵、赎罪收入（西汉时用于军费开支，东汉桓帝、灵帝时归皇室财政）、算缗、告缗、算商车收入、牲畜税、贳贷税和铸币收入等。这些收入主要用于政府机构的经常性开支，包括军费、百官俸禄、水陆交通和农田水利、祭祀、抚恤救济、赏赐以及教育、移民等项费用开支。

属于皇室财政的收入，包括口赋、山泽园池的税收、酒税、关市税、贡献和酎金等。主要用于皇室的膳食、被服、器物、舆马、医药、赏赐、后宫及娱乐等项费用开支。由于皇室支出渠道多、内容杂、浪费大，所耗费的国家财物很多。史载："孝元皇帝奉承大业，温恭少欲，都内钱四十万万，水衡钱二十五万万，少府钱十八万万。""故少府水衡见钱多也。"在国家财政年收入为四十万万的情况下，皇室财政的收入就有四十三万万，皇室财政收入多于国家财政收入，可见汉代皇帝财政的丰厚。

（二）财政管理机构

秦汉时期，国家财政同皇室财政逐渐形成两大收支管理体系。管理国家财政的机构，秦和西汉初期称为"治粟内史"，主掌国家田租和各种钱物的收支。景帝后元年（公元前143年），改称为"大农令"，武帝太初元年，又称为"大司农"。大司农属官有太仓，管粮食、仓库；均输，管上解物资；平准，管理物价；都内，管理国家仓库；籍田，管理公田。此外，还有长丞、斡官，管盐税；铁市，管铁税。王莽统治时期，改"大司农"为"羲和"，后又更名为"纳言"。东汉时置大司农卿一人，属官有太官、平准、导官，盐铁官归属于郡县，均输等官并省。至于地方财政机构，郡县守令，总管该郡、县民政财政，具体则由若干负责征收事务的吏官办理。乡设啬夫，是基层的具体征收人员。

管理皇室财政的机构有少府和水衡都尉。少府负责征收山海池泽之税，为九卿之一，是皇帝的私库。下设有六丞，属官有太医、汤官、导官、乐府、

① 《汉书·毋将隆传》。

东西织室、东园匠等十六官令丞。水衡都尉为武帝元鼎二年（公元前 115 年）初设置，下设辨铜、山林、均输等官。东汉时裁撤水衡都尉，仅设少府卿，属官的设置，沿西汉制度。

二　预、决算制度和审计制度

自周到汉，中国的预、决算会计制度和审计制度，逐渐形成和发展。秦汉在地方与各郡县，设有专门管理郡国财政的官吏和负责预算、决算的上计吏。上计吏即承担审计工作。每年年终，郡属各县要把一年的预算执行结果，核实后上报到郡，各郡汇总全郡的财政决算，编集成册，由上计吏到京城向中央报告，接受审计。

上计的内容很广泛，主要有本郡（县）的人户口数，成年男女数，垦田数，赋税收支数，仓库储存钱、物数，以及畜养的马、牛和储备的数字等。中央收到各郡国及中央部门汇报的计簿之后，大司农要分别进行严格的审核，并把各郡各部门的数字加以汇总，得出全国的预算收支情况，然后向皇帝或相国汇报。

汉代对上计制度十分重视。汉初萧何为相国时，以张苍为计相，主持郡国的上计事务。汉文帝和汉景帝时，还亲自听取汇报和进行询问，汉武帝曾多次在隆重的仪式中接受上计吏的汇报。对上计事务搞得好的，给予奖励和表扬，对于搞不好或报告不实、造假账的要治罪。汉宣帝时，对不重视簿计的郡县，命令御史进行纠察。西汉后期，对上计工作有所放松，汉宣帝就指出："上计簿，具文而已。"① 进到东汉，光武帝刘秀重新整顿，明确规定地方各郡每年终了，要派遣官吏向京师报告预算收支情况，并永远成为一条制度。

汉代的预、决算制度（上计制度），对于汉王朝执掌全国的财经情况，加强中央集权，起了一定的作用。

三　漕运制度

汉代的京城（西汉定都长安，东汉定为洛阳），是封建国家政治、经济、

---

① 《汉书·宣帝纪》。

文化的中心。为了保障皇室的食用，百官的俸粮和京城兵、民的食粮，每年都要从各地调运进大量的粮食。因为这些粮食大部分是通过水道用船运载的，所以叫做漕运。通过漕路转运的粮食，叫做漕粮。以后，凡通过水陆转漕的，或供京师，或充边用，都叫漕运。汉代，每年要漕运大量的粮食，耗费大量的人力、物力、财力。所以，漕运的调运工作，是国家财政管理的一个重要内容。

汉代漕运的粮食，初期"岁不过数十万石"，后来，随着工商经济的发展，城市人口的增多，转运粮食也越来越多。汉武帝元光六年，漕转关东粮达一百多万石；元狩四年，增加到四百多万石；元封元年，最高时达六百万石。这么多粮食要运进关东，沿途要建造仓库，修造车船，雇佣船工，选派押运官吏等。总之，要有一大批常设人员和相当多的管理费用。据载：宣帝时耿寿昌主持筑仓治船，"费直二万万余"①。如果把车船和仓库的修造和维修费，技术人员的培训和雇直，官吏的俸禄等都加在一起，这笔费用，也是可观的。至于用兵的粮饷转运，其数则与战争规模的大小，征战的远近有关，有时还动用军卒服役，它同民运又有所区别。

四 常平仓制度

常平仓是汉代创设的一种"调剂粮价"、"备荒赈恤"的措施。汉宣帝时，大司农中丞耿寿昌建议，下令边郡都要修筑粮仓，建仓的目的是，粮食贱时，提高粮价购进，以有利于农民；粮食贵时，降低粮价卖给人民，以防止商人抬高物价。这种办法施行以后，人民都感到很方便，它对于边防的巩固和边郡人民生活的保障，都具有重大的意义。

五 货币制度

我国古代及至秦汉时期，各代统治者常常以铸造货币作为财政的补充手段，从货币铸造和货币发行中，得到一笔收入，并用货币铸造和货币发行来控制和调剂商品的价格。也就是说，利用货币铸造和货币发行来为财政服务，这就使货币制度成为财政管理制度中的一个组成部分。

---

① 《汉书·宣帝纪》。

秦汉时期，货币仍以黄金和铜钱为主，有时也以布帛为币。在钱贱物贵的情况下，有时也以布帛为币来调剂钱物之间的比值。西汉初期，对铸币采取放任政策，听任地方和百姓自由铸造，而豪强地主、王公宠臣、富商大贾乘机开矿铸钱，牟取大利。不仅影响了国家的财政收入，也为分裂势力提供了可乘之机。

在铸币问题上，朝廷和豪强之间的斗争十分激烈，从公元前193年到公元前113年，货币变化了九次。到武帝元鼎四年（公元前113年），西汉政权重新整顿币制，下令禁止郡国铸币，把铸币权收归中央；责令掌管上林苑的水衡都尉所属的钟官、辨铜、均输三官，负责铸造新的五铢钱通用全国。从此，西汉政府的财政情况大为好转。此后朝廷每年用十万人采铜铸钱，从汉武帝到西汉末年，一百多年中，西汉政府共铸五铢钱二百八十亿枚。由于五铢钱轻重适宜，自汉至隋七百多年，除个别朝代或某个时期有所变化外，基本上通用不变。

总之，秦汉时期的货币制度，从秦始皇统一货币到汉武帝最后完成。它的成功经验在于：（1）钱币的铸造权必须集中于中央，地方不得分权，私人更不能盗铸；（2）必须统一币制，轻重适宜，保证质量；（3）货币只能便于商品流通，便于公私计算，不能用作解决财政困难。汉武帝时，由于全力统一了币制，确立了中央的铸币权，从而促进了汉代经济的繁荣和中央集权的巩固。

复习思考题

1. 秦始皇统一财政的内容及其意义。

2. 秦朝的三大支出：军事工程支出、宫殿和皇陵修筑支出。

3. 西汉初年，颁行的财政经济措施及其作用。

4. 汉武帝、桑弘羊改革财政的内容及其意义。

5. 西汉田赋的轻税政策及其影响。

6. 西汉时期的赋税体系。

7. 西汉的财政支出。

8. 秦汉财政体制和预、决算制度。

第五章 三国、两晋、南北朝时期的财政

本章中心内容：三国、两晋、南北朝时期的财政与其政权的频繁更迭相适应，呈现出不稳定、不完整、随意性强的特点。财政收入以人头税、杂税占据重要地位。财政支出以军事支出为重要内容。本章分别介绍三国、两晋、南朝、北朝的政治经济和赋税，再总括介绍三国、两晋、南北朝时期的财政支出和管理。

三国、两晋、南北朝时期是中国历史上南北方分裂割据、朝代更迭频繁、战争连年不断的动荡年代。本时期开始于三国，结束于隋灭陈，其间经过了三百七十多年，除西晋时短暂的统一外，全是大分裂、大斗争的过程，最后到隋唐时期才出现了全国的大统一。在这一历史时期内，从政治、军事到经济诸方面，均呈现出繁纷复杂的局面。

第一节 魏、蜀、吴三国鼎立时期的政治、经济和赋税

一 魏、蜀、吴三国的政治、经济

由于东汉皇朝政治的腐败，导致黄巾军等先后起义，东汉统治者为了维护自己的统治地位，于是赦免在地主阶级内部斗争中失败的"党人"，设置州牧，加强武装力量。而各地豪强也纷纷起来响应，配合政府军以围攻黄巾军，其中有些人如曹操、刘备、孙权等，就是靠镇压黄巾军起家，后来发展成为割据一方的政治势力。

在这些政治势力中，发展最快的是曹操，他因镇压农民起义有功，不断迁升，又挟持着从长安逃出来的汉献帝，形成在政治上"奉天子以令不臣"①的独特地位。在官渡之战中，他又击败了袁氏集团，成为统一北方的强大力量。曹操凭借中原地区生产条件发展较好，土地和人口较多，劳动力和生产经验、技术都比较优越，生活比较富庶，再加上曹操在政治经济上采取了一些对建立和巩固自己的统治有利的政策和措施，比较充分地利用了中原地区的人力和物力，使曹魏政权比较迅速地稳定下来并日益强大。

刘备也在各方角逐中，特别是在诸葛亮的辅佐下，占据着荆益的地盘。蜀国的政治制度与东汉基本相同。刘备在夷陵之战失败后不久病死，他的儿子刘禅即位，由诸葛亮辅政。在此后的十几年中，蜀国的政治比较稳定，经济也有发展。由于蜀汉地区受战争破坏较轻，再加上刘备入蜀后实行拉拢当地地主的政策，发还地主们的田地和房屋，鼓励发展农业生产。这时的手工业和商业也逐渐恢复并获得发展。最著名的手工业是织锦业。据《蜀都赋》记载：成都"伎巧之家，百室离房，机杼相和"。成都也是商业中心，《蜀都赋》描写当时的成都"市廛所会，万商之渊；列隧百里，罗肆巨千；贿货山积，纤丽星繁"。蜀与吴的商业贸易也相当密切，蜀锦和漆器等多运往吴国销售。

在东南，孙氏父子也在扩充自己的势力，"招延俊秀，聘求名士"，把江南大地主作为自己主要依靠的力量而发展壮大。吴国的政治制度与魏、蜀基本相同。吴国属地在黄巾大起义时，比较稳定。建国后，北方人南迁，带来了北方先进的农业生产技术，提高了农业劳动生产力。吴还在许多郡县组织屯田，有民屯，也有军屯，促进了农业生产的发展。吴的手工业有青铜镜和青瓷器的制造等。吴的养蚕业也很有名。左思《吴都赋》曰："国税再熟之稻，乡贡八蚕之锦。"所谓"八蚕"，是说在一年之中，有八种蚕可做茧抽丝。②由于吴国的生产发展和迅速开发，再加上水路交通发达，吴的商业更加发达。吴国的造船业也十分发达，造船经验和造船技术都有很大进步，制造的海船甚至远航至大秦、倭国等地。孙权黄龙二年（公元230年），"遣将军

---

① 《三国志·毛玠传》。
② 《太平御览》卷八二五《资产部》引《永嘉郡记》。

卫温、诸葛直将甲士万人，浮海求夷洲（今台湾）"。

在赤壁之战后，形成了三国鼎立的局面。以后曹操的儿子曹丕，灭汉自立为魏主，历五世、三十四年（公元220—254年），后被篡于司马氏；蜀汉从刘备自立到刘禅，经四十二年（公元221—263年）而亡；东吴自孙权至孙皓，亦四世、五十八年（公元222—280年），最后灭于西晋。总计三国兴亡不过六十年。

二　三国的赋税

（一）租调收入

租调收入即田租、户调收入，是以土地为基础对小农经济进行的一种征课，包括对手工业的课税，但不包括徭役在内，此税形成于曹魏，至唐才有所改变，成为租调制的先声。

据史书记载，魏、蜀、吴三国都实行过租调制，但征调民物以充公用，却是开始于东汉质帝前后。质帝本初元年（公元146年）九月，朱穆奏云："河内一郡尝调缣、素、绮、縠才八万余匹，今乃十五万匹，官无见钱，皆出于民。"① 说明在本初元年以前，河内郡已有过丝织品八万余匹的调发。桓帝、灵帝时，均有"调"的记载。献帝建安五年（公元200年），"都尉李通急录户调"，"收其绵绢"。② 说明曹操部下已经实行户调了。同时，田租之制在东汉也有变化，如仲长统在《昌言·损益篇》中说："今亩收三斛，斛取一斗，未为过多。"所以曹操在略定河北以后，便正式颁布了租调令。由此可见曹魏的租调制，是在东汉后期形成的。

关于曹魏的租调制，史载建安九年（公元204年）令曰："有国有家者，不患寡而患不均，不患贫而患不安。袁氏之治也，使豪强擅恣，亲戚兼并；下民贫弱，代出租赋，炫鬻家财，不足应命，……欲望百姓亲附，甲兵强盛，岂可能耶！其收田租亩四升，户出绢二匹，绵二斤而已，他不得擅兴发。郡国守相明检察之，无令强民有所隐藏，而弱民兼赋也。"③ 曹操用租调制以反对豪强兼并和郡守加赋，即以消除豪民转嫁税负和弱民兼赋的弊病，达到百姓亲附和

---

① 《后汉纪》卷二十。
② 《三国志·赵俨传》（三）。
③ 《三国志·武帝纪》（一）。

甲兵强盛的目的，这既是恢复经济、安定社会的需要，也是曹操巩固自己的统治所必需的。因而曹魏自实行租调制以后，相继为各代因袭沿用。

至于蜀国和吴国，东汉建安十三年，蜀有"调其赋税，以充军实"① 的记载。吴国在黄武五年（公元 226 年）也有"宽赋息调"② 的陈请。说明东汉末年蜀、吴都实行租调制，只是记载过简，无法得知其具体内容。

（二）徭役

徭役包括兵役、力役及其他杂役等。在三国时代，人民除负担沉重的兵役外，其他力役也是很重的，从魏王肃上疏请求明帝规定徭役"息代有日"，可见当时役夫的力役是没有时间限定的。而且是"百役繁兴，作者万数，公卿以下至于学生，莫不展力"。③ 不仅是人力无定，在经济上，也是功役之费，以亿万计，深为人民所痛恨。所以晋武帝在泰始元年（公元 266 年）十二月下诏，有"复其徭役"的规定，但事实上，并没有这样做。当时农民的徭役负担十分沉重，成了封建国家的变相农奴。范宁说："古者使人，岁不过三日，今之劳扰，殆无三日休停，至有残刑剪发，要求复除，生儿不复举养，鳏寡不敢妻娶。岂不怨结人鬼，感伤和气。"④ 可见当时的徭役给人民带来了多么深重的灾难。

（三）工商杂税

1. 关市税

在三国时期，曹操本规定除租调以外，"其他不得擅兴"，可是事实上还实行盐专卖和征收关津税。蜀境僻处西南，地多峻瘠，未设主税，多课及细小实物，如姜维每次征发，发令羌、胡出马、牛、羊、毡、旄及谷以禆军粮。⑤ 蜀汉与吴、魏也有贸易往来，但未见有征收关市税的记载。孙吴则杂税较多，计有缗钱税、税再熟稻、渔税、关税和牛肉税等四类。但渔税、牛肉税等在个别地方或个别时期征收，不是国家经常收入。

2. 盐铁专卖和盐铁酒税

三国时期盐铁多实行专卖制度。建安初，留镇关中的卫觊认为："夫盐，

① 《三国志·诸葛亮传》。
② 《三国志·吴主传》。
③ 《三国志·高堂隆传》。
④ 《晋书·范宁传》。
⑤ 《三国会要》19"食货"。

国之大宝也，自乱来散放，宜如旧置使者监卖，以其值益市犁牛。若有归民，以供给之，勤耕积粟，以丰殖关中。"① 刘备在蜀"置盐府校尉，较盐铁之利"，② 蜀王连曾任司盐校卫，负责食盐专卖，"利入甚多，有裨国用"。孙吴则在江东煮海为盐，在海盐、沙中等地设有司盐校卫和司盐都卫，以管理食盐的生产和销售。这说明当时盐的生产和销售完全由官府控制，盐利收入成为国家财政收入的重要来源。

3. 其他工商杂税

三国时因战争频发，商旅受阻，工商税收项目不多。曹魏曾实行榷酤制度，官酿官卖。东吴孙权时，酿酒业也是由官府经营并实行专卖。魏有石炭的开采，蜀国令南中出金银、丹漆、耕牛之税。吴令妇女绩麻，人岁一束；又收珠税，上珠三分收二，次者输一，粗者蠲除。

三　三国时期的屯田

屯田是中国农业史上的一种特殊的经营政策。从劳力来源说有军屯和民屯两种；从收益分配来说，它不同于田租、户调，而是一种收获分成。屯田创始于汉代，到曹魏时则大力推行，并取得了很大的成效。

东汉末年，由于封建割据混战，农业荒废，人多乏粮，曹操接受枣祗、韩浩的建议，首先在许下屯田，以后各地仿行，史载曹魏屯田区，包括长安许下在内计有二十多处，分别设置典农管理，经营结果，（任峻）"募百姓屯田于许下，得谷百万斛，……数年中所在积粟，仓廪皆满"；③ 王昶屯宛，仓谷盈积；司马孚屯正邦，致关中军国有余。特别是邓艾在淮河流域的屯田，"且田且守。水丰常收三倍于西，计除众费，岁完五百万斛以为军资。六七年间，可积三千万斛于淮上，此则十万之众五年食也"。④ 曹魏屯田，不仅局部地恢复了生产，解决了民食，也为统一北方奠定了充实的物质基础。蜀汉地处"天府之国"，而于汉中及沓中屯田，主要是为军粮供应的便利。孙吴屯田于吴、会和濒江要地，以供对抗曹魏和山越之需。总之，推行屯田的结果，

---

① 《三国志·卫觊传》。
② 《三国志·王连传》。
③ 《三国志·任峻传》。
④ 《三国志·邓艾传》。

对于军需民粮提供了保证，也减轻了国家财政的负担。

四 互市和贡献收入

三国通过与当时边境各少数民族的互市和不同政权间的朝献，也可以收得一些物资收入。如魏文帝黄初三年（公元222年），鲜卑大人轲比能率三千余骑，驱牛马七万余口前来互市。鲜卑其他各部，亦与中原通市，[①] 这不仅使魏国取得所需之马，而且从互市贸易中增加了国家财政收入。又如吴国，永安五年（公元262年）"使察战到交趾调孔爵、大猪"[②]，又"会察战邓荀至，擅调孔雀三千头，遣送秣陵，既苦远役，咸思为乱"，[③] 今两广地区和中印半岛上的土著，"每岁遣使诣权，致杂香细葛以千数、明珠、大贝、琉璃翡翠、玳瑁犀象之珍，奇物异果、蕉、邪、龙眼之属，无岁不至"。这些物品，虽多为吴主等少数人享用，然而又是南北互市的交换品。

关于三国时期的贡献收入，又分国内和国外两种。国外一般为外交活动，是礼尚往来的；国内的贡献，多在多国并存期间出现，一般表现为弱者对强者的一种服从的表示。如三国时吴弱于魏，则吴向魏献纳；扶余单于等为被征服者，亦需向魏奉纳。至于国外的贡献，太和三年（公元229年）十二月，大月氏王波调遣使奉献。[④] 正始四年（公元243年）冬十二月，倭国女王俾弥呼遣使奉献。[⑤] 这些外国奉献，多为牲畜，主要是马；而国内所奉献者则为土产之物，且多系临时性的，但对国家财政收入来说，也有一定的意义。

第二节 两晋时期的政治、经济和赋税

一 两晋时期的政治经济

西晋统一，结束了自董卓之乱以后长达九十年的三国纷争、分裂割据和混战的动荡局面。至此，中国又归于统一。

---

① 《三国志·鲜卑传》。
② 《三国志·吴书·三嗣主传》。
③ 《晋书·陶璜传》。
④ 《三国志·魏书·明帝纪》（一）。
⑤ 《三国志·魏书·三少帝纪》。

　　西晋统治者为了尽快恢复被战争破坏了的经济，在平蜀之后，招募人民进入中原，免 20 年徭役，并供给两年口粮；平吴后又规定，北来的吴国将吏可免 10 年徭役，百工和百姓可免 20 年徭役。同时，责令郡县劝课农桑，并严禁私募佃客。中山王司马睦违禁私募王国内八县逃亡、私占及变易姓名、诈冒复除者七百余户为佃客，[①] 被贬为县侯。由于农业环境的好转，到晋武帝太康元年，国内人口有明显增加。西晋经济的一个重要的特点是世家大族经济势力的发展。东汉末年，由于地方军阀的长期争斗，世家大族为了维护他们的既得利益，一方面加强同依附农民之间的关系，另一方面又通过宗族血缘关系，加以武装，聚族自保。由于依附农民和贫穷的族人为了避免遭受地方军阀捕为民丁，或沦为其他地主的奴仆，宁肯放弃自家小块土地，以求得大族的庇护；这就形成了两晋的特殊情况，即世家豪族拥有众多部曲和佃客，而两晋统治者为求得豪族的支持，也不得不实行给客、荫客制度。

　　西晋的最高统治集团一开始就表现为对财富的异常贪婪，生活亦极其奢侈、腐败。由于他们习于骄奢淫逸，视国事为儿戏，如何曾（官太傅）、何勋（官司徒）父子，日食所费达一二万钱；王恺与石崇斗富，史称"恺以饴澳釜，崇以蜡代薪；恺作紫丝步障四十里，崇作锦步五十里以敌之；崇涂屋以椒，恺用赤石脂"。面对这种社会病态，傅咸说晋武帝"奢侈之费，甚于天灾"。腐朽引发残暴，晋武帝之后，为争帝位，爆发了一场延续 16 年之久的内战，史称"八王之乱"。这次内乱，黄河地区的农业生产受到严重破坏，同时引发了一场深刻的社会危机；阶级矛盾和匈奴、氐、羌等族的反晋斗争相呼应，愍帝建兴四年（公元 316 年），匈奴贵族刘曜夺得政权，西晋灭亡。琅玡王司马睿在建康称帝，是为东晋。由于中原人民的大量南移，约有 90 万人之多，在流离混乱之后，又不得不依附世家大族以维持生活。史称"时百姓遭难，流离此境，流民多庇大姓以为客"[②]。作为东晋王朝来说，一是北方威胁没有解除，需要众多的人力、物力、财力支持；二是世家大族的任意荫庇，民籍不立，造成财税的大量流失，同时也留下动乱的隐患，于是，东晋王朝从成帝咸和时（公元 326—334 年）开始，先后四次实行"土断"，通过整理

① 《晋书·高阳王睦传》。
② 《南齐书·州郡志》。

户籍，规范行政机构，达到稳定社会、充实国家的目的。应该说是一个适时的措施。迫于战乱，北方农民拥向江南，无论是从政治上或是经济上讲，均是动力。人口的增加，给东晋王朝增加了压力；更重要的是南流民庶带来了先进生产技术，在获得耕种土地后，使江南火耕水耨的耕作方法得到改变。东晋初年，由于人口激增而导致"阖门饿馁，烟火不举"的大饥荒，经过大江南北劳动人民的共同努力，江南地区的农业得到很大发展。虽然东晋后，又多次改朝换代，但宋齐梁陈四代统治者，为稳固自己的统治，一方面继续实行东晋义熙的土断法，清理和控制民户，平均赋役负担；另一方面，注意对农业的保护，江南的农业因而迅速发展起来，成为东晋、南朝的粮食基地；在手工业方面，江南的家庭纺织业、煮盐业、冶铸业、造船业等，无论官营、私制，均有发展，在商货流通方面，长江沿岸及三吴地区，形成了很多交易重镇，番禺更是联系海外的贸易中心，通商国家，远至大秦、伊朗、印度、锡兰以及南洋各国。输出以绫、绢、丝为主，输入为象牙、犀角、玳瑁、吉贝、香料，等等。

二　两晋时期的赋税

（一）田制和田赋

1. 西晋的占田制和租调制

西晋实行占田制，是在晋武帝司马炎当政的太康元年（公元280年）平吴以后实行的。是当时为了缓和国内阶级矛盾，鼓励农民垦殖，增加财政收入，对劳动力进行再编制，以巩固其统治的一项重要措施。

晋初规定，男子一人占田七十亩，女子三十亩。其外丁男课田五十亩，丁女二十亩，次丁男半之，女则不课。官吏分为九品，各以贵贱占田，依次递降。最高为第一品者占五十顷，最低第九品仅十顷。

西晋实行占田、课田制的主要原因，一方面是因为曹魏后期统治者贪得无厌，日益腐化，屯田客在种种残酷剥削和压迫下，被迫逃亡，使屯田的生产量大大降低，屯田制度遭到破坏；另一方面官僚大族往往占夺屯田土地，这就破坏了严格限制屯田户脱离屯田机构的制度。咸熙二年（公元264年）以后，用"以均政役"的美名，两次"罢屯田官为郡县"，使屯田客大都成为政府的编户齐民，也有不少做了世家大族的依附农户。灭吴后，全国统一，遂在全国范围内颁行了占田、课田法。

所谓占田有两方面的意义：一方面是人民要向政府办理土地和户口登记手续的意思；另一方面又有限制占田数量的意思。因为如果土地过分集中，农民相率逃离，则不仅税收减少，而且社会也不安定，故须对占田加以限制。因此，当西晋太康初年，在农民向政府办理占地手续时，便规定一个必要的限制。这种由政府命令农民向政府登记并限制农民占有土地数量的办法，便称为"占田法"。

所谓课田，也含有两层意思，它的意义是课征赋税，但由于赋税征收的是实物，而实物必须品种配合，才能适应税调的需要，于是西晋又进一步采用"寓劝于课"的办法，即实行劝勉与督促以满足其需要。

西晋统治者在对农民实行占田、课田和租调制的同时，又在以往赏赐公卿百官客户的基础上，制定了按官品占田、占客和庇荫亲属的制度，即可按官品高低庇荫不同数量的亲属。同时，想在承认这些特权的基础上，对诸侯郡守们加以适当的限制，而结果却适得其反。即由于那些原来占田不足、佃客缺少的官僚贵族，借此机会而补足了他们的占田和佃客，至于那些已经拥有过量土地和佃客的官僚士族，实际上并未受到限制。在这种情况下，以有限的土地，既不能满足农民占田的要求，又无法满足农民因年龄变动而须补受课田的需要，同时课田的税收也就更无法满足，所以占田、课田制，结果以失败而告终。

西晋占田、课田制下的租调，依《晋书·食货志》与《初学记》所引《晋故事》记载，有如下各点：

第一，"凡民丁课田，收租四斛，绢三匹，绵三斤"。

第二，西晋租调制是在占田、课田的基础上所规定的：即占田百亩，只在课田七十亩内征收（男丁五十亩，女丁二十亩）。

第三，对男女年龄减免的规定：即一夫一妻："丁男课田五十亩，丁女二十亩及次丁男为户者半输，女则不课。"其年龄的规定，"则为男女年十六以上至六十为正丁，十五以下至十三、六十一以上至六十五为次丁，十二以下、六十六以上为'老小'不事"。

第四，对于边鄙的减免：即"其诸边郡，或三分之二，远者三分之一"。

第五，对于少数民族的减免："夷人输布赏，户一匹，远者或一丈。"

第六，对于远夷地区的减免规定："远夷不课田者输义米，户三斛，远者五斗，极远者输算钱，人二十八文。"

第七，对于诸侯减增的规定："凡属诸侯皆减租谷亩一斗，计所减以增诸侯；绢户一匹，以其绢为诸侯秩；又分民租房二斛以为诸侯奉。"

第八，对于余租及理旧绢的处理："其余租及旧调绢，二（疑为绢之误）户三匹绵三两，书为公赋，九品相通，皆输于官，自余旧制。"

2. 东晋的占田制和租调制

东晋在南方建立政权后，因为晋室初建，对南北望族如顾荣、纪瞻、贺循与王、谢、庾、桓之流优礼有加，故兼并之势，较过去更为严重。初仅及于民田，以后则及于山泽，朝廷助纣为虐，依官品增加占田数量。这样做的结果，是对豪强地主兼并领域的再扩大，加重了人民的负担。

再就府库空虚来说，除了企望于恢复屯田和增课杂税外，则只有从租调制上来作考虑。下面对东晋税制的改变，分为三个时期来介绍。

第一，从元帝即位至咸和五年（公元 317—330 年），据《晋书·食货志》载："元帝渡江，军士草创，蛮陬赎布，不可恒准。"① 又说："其军国所需杂物，随土所出，临时课市取，乃勿恒法定令。"② 这说明在初创时期，税则无有定准。太宁三年（公元 325 年）温峤上书说："春废劝课之制，冬峻出租之令。"③ 说明占田虽废，而租调仍保存下来。可知在税则上是采用从户而兼从田的方法，这是东晋初期必然的结果。

第二，从咸和五年至太元二年（公元 330—367 年），据《晋书·食货志》载："咸和五年，成帝始度百姓田，取十分之一，率亩税米三升"，哀帝又减为二升。之所以实行度田收租制，是因中原人民南移后分散辟地而居，于户则为客户；于田又为田主，而欲求税，则不得不舍人而税地。同时，占田制既废，田少或无田者为一户，田多者亦为一户，于户又为侨户，显然不能税户，只能度地而税田。这是适应江南大土地所有制发展的必然结果。

第三，太元二年到东晋灭亡（公元 367—420 年）：成帝度田而后，受到

---

① 《文献通考·国用考》。
② 《文献通考·田赋考》。
③ 《晋书·温峤传》。

豪强地主的反抗，兼以"频年水旱，田税不至，咸康初算田，税米空悬五十余万石"①。况其所度者仅为百姓之田，所以孝武帝太元二年，"除度田收租之制，王公以下口税三斛，惟蠲在役之身。……八年，又增税米，口五石"。②至于东晋的租调，可能和西晋相同，但其征课范围，则与西晋有别。据《隋书·食货志》载："男女十六以上至六十为丁，男年十六亦半课，六十六免课；女以嫁者为丁，若在室者，年二十乃为丁。"西晋时，女及次丁男为户者，则要半输；而在东晋，则男年十八岁乃纳正课，年十六岁仅半课；女子如未结婚则直到二十岁乃为丁。这样，东晋征课的范围，较西晋为宽；从年龄上说，东晋课税较西晋为轻。

（二）徭役

同三国时期一样，两晋时期的徭役也包括兵役、劳役及其他杂役等。

西晋政权建立后，曾于咸宁元年（公元 275 年）罢屯田官，太康元年（公元 280 年）又罢州郡兵，兵役减轻。东晋时实行"有事则征民为兵，无事则散而为农"的制度，兵役相对也较轻。但曾发生过调发奴隶为兵，晋安帝隆安三年（公元 399 年），扬州刺史元显，曾将东土诸郡私奴转为客户，调入京师以充兵役，"人不堪命"③ 这也说明当时的兵役制度在某些时候也有一定的随意性。

由于东晋劳役沿袭西晋，服役年龄则更加提前。规定男子从十六岁起即服全役，十三至十五岁，六十一至六十五岁，也要服半役。对这种"以十三为半丁，所任非复童幼之事"的做法，范宁建议改正，主张"宜修礼文，以二十为全丁，十六至十九为半丁"。他的这种主张，在当时并未被采纳，直到刘宋世祖大明时（公元 457—464 年）才稍有所改变，以十五至十六为半丁，十七岁为全丁。但这种改变，不到二十年，终因战争频繁，致又役及幼稚，以致造成"四野百县，路无男人，耕田载租，皆驱女弱"④ 的现象。

（三）工商杂税

1. 盐、铁、酒的专卖和征税

西晋时，禁止私盐，置官专卖，对犯私盐者处以四岁刑，主吏二岁刑。

---

① 《通志·食货略》。
② 《晋书·食货志》。
③ 《晋书·简文三子道子传》。
④ 《宋书·沈攸之传》。

东晋时改为征税制，时江南吴郡海盐（今浙江海盐县）、江北盐城都是重要盐产区，盐税收入很多。对于铁矿和铜矿的开采和冶炼，一般规定由政府专营，禁止私人开采。但利之所在，常被世家大族所侵占，东晋成帝时曾下令禁止，但禁而未止。对于酒一般都实行征税。

2. 关、市（津）税

关、市（津）税是对关津和都市工商业所征的税收。西晋建立后，于泰始元年（公元265年）冬十二月，（复）免天下租赋及关市之税一年。[①] 当时全国已经统一，商贸交易日益增加，江南经济已很发达，从全国来看，如建康、京口、山阴、寿春、襄阳、江陵、成都、番禺等八市，都是南方商业比较繁华的城市。以东晋都城建康（今南京市）为例，"都西有石头津，东有方山津，各置津主一人，贼曹一人，直水五人，以检查禁物及亡叛者。其获炭鱼薪之类过津者，并十分税一入官。其东路无禁货，故方山津检查甚简"[②]。史载建康城大小集市也很多，"淮水（秦淮河）北有大市百余，小市十余所"。[③] 但自晋过江后，历宋齐梁陈，"大市备置官司，税敛既重，时甚苦之"。[④] 这是说东晋和后来南朝的市税，都是很繁重的。

3. 通过税

通过税包括牛埭税和四桁税。二者本为使用费性质。可是征收者却强逼租赁而把它变为税收。

所谓埭，即防水的堰，现在叫坝。由于风涛迅险，人力不捷，屡致船翻物弃，所以会稽郡在各坝上设备有许多牛力，牵船过坝，因名曰牛埭。开始设立之意，并"非苟逼僦（即租赁之意）以纳税"，可是"后之监领者，不达其本，各劳之功，互生理外。或禁遏别道，或空税江行，或扑船倍价，或力周而犹责"，使本来是"公私是乐"的便民事，反而变成大家怨恨的不便事。

所谓桁，是一种浮桥，在东晋成帝成康中（公元335—342年），秦淮河上设有二十四座浮桥，以利行为往来，只有四桁桥即朱雀桁、丹阳航、竹格

① 《晋书·武帝纪》。
② 《隋书·食货志》。
③ 同上。
④ 同上。

渚航和骠航等设官员征收一些通过的使用费，到孝武帝宁康元年（公元373年）三月，正式"诏除丹阳竹格等四桁税"。

以上这些通过税，虽一再明令废止，可是这种苛捐杂税，始终无法禁尽。

4. 估税（契税）

此税是对市场上买卖物品的交易行为的课税，其中有些是买卖数额较大，书有文契者所纳的税，名为估税；若其数额较小不立文契者所缴纳的税，则为散估。据《晋书·食货志》载："晋自过江，凡货卖奴婢、马牛、田宅，有文券，率钱一万，输估（税）四百入官，卖者三百，买者一百；无文券者，随物所堪，亦百分收四，名为散估。历宋、齐、梁、陈，如此以为常。"这种均输的卖三买一，甚为繁重，表面上是为了抑商励农，实则是在于增加财政收入。因此，常有弄虚作假的现象。不过，估税是南方所特有，北方根本没有，实际它对于商业发展起了很不好的作用。

第三节　南朝时期的政治、经济和赋税

一　南朝的政治经济

北府将刘裕在赶走桓玄（楚帝）、攻灭南燕、将农民起义镇压下去后，又南灭谯纵，北灭后秦，最后于东晋元熙二年（公元420年）废恭帝，自立为帝，国号宋。刘裕称帝后，鉴于士族地主的专横和农民起义的威力，先后杀了京口的刁逵和余姚大族虞亮，意图限制兼并，减缓阶级矛盾；同时，实行"土断"，清理"侨人"户籍；废除屯田，禁止豪强独占山泽，为农民生产、生活提供了一定的条件。史称刘裕父子统治时期，"兵车勿用，民不外劳，役宽务简，氓庶繁息，至余粮栖亩，户不夜扃"。[①] 说明刘宋王朝初期推行的政治经济措施，比东晋末年要好。但宋文帝以后，宗室和将帅连年内战，生产遭到破坏，人民流离失所；又农民起义，最后为禁卫军将领萧道成所取代，国号为齐。但齐的统治并未缓解农民痛苦，加之宗室内乱，为原雍州刺史萧衍所取代，改国号为梁。萧衍吸取宋、齐两朝失败的教训，全力协调统治阶级内部的利益：多设官职，提倡儒学，广建佛寺，在一定程度上协调了内部关系；但因

---

① 《宋书》卷五十四，史臣语。

暴虐百姓，致"民尽流离，邑皆荒毁"，"由是劫抄蜂起，盗窃群行，……眚灾
亟降，囹圄随满"。① 侯景之乱，梁武帝困饿而死；国势日弱。公元557年，陈
霸先废梁自立，国号为陈。但因得不到各地拥护，局势一度不稳，宣帝曾采取
安置流民、鼓励垦荒、减轻租税，使经济有所恢复。后为隋朝攻灭。

　　在经济方面，宋、齐、梁、陈四代统治者为稳固自己的统治，一方面继续
实行东晋义熙的土断法，清理和控制民户，平均赋役负担；另一方面，注意对
农业的保护，因而江南的农业，在战争的空隙中发展起来。经过自晋以来200
多年时间的经营，江浙的太湖流域，江西的鄱阳湖流域和湖南洞庭湖流域，都
成了南朝的粮食基地。在手工业方面，江南的家庭纺织业有了很大发展，养蚕
缲丝，用亚麻织布；由于产量激增，导致绢布价格低廉。宋初，官布一匹，值
钱一千；元嘉时，"官受则正准五百"；齐永明初，"入官好布，匹堪百余"。此
外，煮盐业、冶铸业、造纸业、漆器制造业、制瓷业、造船业等，无论官营、
私制，均有发展。在商货流通方面，长江沿岸及三吴地区，商业非常活跃，建
康、京口、山阴、襄阳、江陵、成都等都是当时国内交易重镇。

二　南朝的赋税

（一）田制

　　南朝土地占有情况与东晋相似。世家大族占有大量土地、山林；而且，经
济特权同政治地位相适应，史称宋陈郡谢混，"仍世宰辅，一门两封，田业十余
处，僮仆千人"；会稽孔灵符，"宋本丰，产业甚广，又于永兴（今浙江萧山）
立墅，周回三十二里，水陆地二百六十五顷，含带二山，又有果树九处"。由于
豪族以政治为依托，有时置令（法）而不顾，违令占田，甚至侵占公田；对此，
宋武帝刘裕曾对土地过分集中的现象作过部分调整，如杀刁氏后，把其土地
（"有田万顷"）财产分给京口贫民；禁豪强强夺山湖川泽、"屯田池塞"；宋文
帝则将数千顷废田垦为良田，尽管如此，仍未能改变土地集中于豪民的局面。

（二）田赋

　　南朝的田赋，宋承东晋之后，亦收田赋；齐有户租，租布；梁有租调。
"丁男调租米五石，禄米二石，丁女并半"，即各代均有变化。

_____

　　① 《文苑英华》卷七百五十四，何之元《梁典·总论》。

在户调征收上，南朝制度多有因袭。宋初沿袭晋制：大明五年（公元461年），制令民户岁输布四匹，按户定等征收。齐永明四年（公元486年），调整估价标准。梁天临元年（公元502年），"计丁为布"。"丁男调布、绢各二丈，丝三两，绵八两，禄绢八尺，禄绵三两二分"，丁女减半征收。陈沿而未改。[1] 据称，在实际征收时，不法官吏在钱、布帛和粮食及其他实物之间任意折换，计货分等，农民深受其害。

（三）徭役

南朝兵制，原则上同于东晋，实际上完全视统治者需要而定，即有事则征民为兵，无事则散而归农，无固定制度，特别是在军情紧急时有强迫农民率户从军之事发生。史载宋文帝元嘉二十七年（公元450年）大举伐魏，因兵力不足，对青、燕、豫诸地农民，五丁取三；齐自东昏侯（公元499—501年）起，每同北魏交战，则于扬、徐二州就丁男三丁取二，而对远郡的丁男则令交米。

在劳役方面，南朝（宋）王弘称旧制为十三岁半役，十六岁全役，是为弊政，建议改为十五至十六岁为半丁，十七岁全役。宋文帝于元嘉八年遣使简息徭役。梁武帝（公元502—548年）在位时，大兴劳役，男丁不足，役及女丁；至大同七年方停对女丁的征调。因梁朝劳役太重，民多规避，有的逃入私门为奴客，或托身寺院作白徒、养女，供僧寺役使。

（四）工商杂税

1. 盐铁酒税

南朝对盐实行征税，时江南吴郡海盐（今浙江海盐县）、江北盐城是重要产盐区，盐税收入较多。铁矿和铜矿的采冶，一般归政府专营。但因利之所在，常被世家大族所侵占。至于酒税，除陈文帝外，一般都实行征税。

2. 关市税

南朝各代，对关市的课征，多有繁复。刘宋随地设立关卡，重复课税。税及米谷。陈后主时，"税江税市，征取百端"。南朝市税（市调），也比东晋为重。宋刘裕即位初，曾以"市税繁苦，诏优量减降"；但宋文帝时，犹"所在市调，多有烦刻"，要求依令给予优惠。南齐豫章王嶷为荆州刺史时，"以市税重滥，更定木乌格，以税还民"。足见南朝市税苛重问题，始终未能

---

① 《隋书·食货志》。

获得解决。

3. 山泽之利

宋初，"江海田池，与民共利"。这一宽松措施，农民并未因此获利；名山大泽，往往为世家大族所占用，为此，宋孝武大明七年（公元 463 年），诏依旧格，令官员按品占山，九品官百姓，户一顷。多占严惩。

4. 塘丁税

南齐高帝（公元 479—482 年在位）时，开征塘丁税。到梁大同十一年（公元 545 年），因此税不利民生，下诏：凡此以前，"四方所立屯、传、邸、冶、市埭、桁渡、津税、田园，有不便民者，经州郡申报，可以除省。可见南朝杂税之泛滥"。

除上述各税外，南朝的杂税，或沿袭两晋制度，或临时定制，还有不少名目。如东晋时开征的牛埭税，至宋齐未止；西晋开征的估税，因江南开发，农田和手工业发展，活跃了商业流通，所以，对交易行为课征的估税，历宋、齐、梁、陈而未止。此外，还有晋朝以来的修城钱（至宋泰始年止）、宋文帝时的赀税等。宋明帝时还出卖官爵。

（五）贡献

两晋南朝时的贡献，实际属于杂征敛性质，史称宋吴喜在荆州乘兵威之盛，诛求推检。南齐东昏侯，"订出雉头，鹤氅、白鹭缝"之类；梁武帝大同时，"民间诛求万端，或供厨帐，或供厩库，或遣使命，或待宾客，皆无自费，取给于民"。陈代"湘川地多所出，所得并入朝廷。粮运竹木，委输甚众；至于油、蜜、脯、菜之属，莫不营办"。对南方的一些古老民族，对未能统治者，略有联系；对联系较多的，也是各随轻重，收其赇物，即任其所有（翡翠明珠之类），任其所有而贡于王朝。对周边民族、邻国，因南朝四代立国有长短，同宋梁有交往的达 20 余国（或民族）；高丽、林邑、天竺等国不时往来，贡献方物。

第四节　北朝时期的政治、经济和赋税

一　北朝的政治、经济

西晋八王之乱，不仅严重地破坏了刚刚恢复的社会生产环境，导致饥荒和流民；也加深了民族矛盾，北方的匈奴、羯、鲜卑、氐、羌（时称"五胡"）和賨等各民族，相继起来投入反对西晋统治的斗争中。建兴四年（公元316年），匈奴族刘曜攻占长安，灭西晋。在此前后的135年里（公元304—439年），北方先后出现了16个小王国，他们彼此征伐并吞，对生产造成很大破坏。公元939年，北魏拓跋焘（公元424—452年在位）灭北凉，统一北方。

拓跋族原居住在黑龙江嫩江流域大兴安岭一带，公元386年，拓跋珪重建国家，国号为魏。天兴元年（公元398年），定都平城（今山西大同）；以后相继攻灭夏国、北燕；太延五年（公元439年）灭北凉，完成了对北方的统一。北魏统治者在统一北方的过程中，就积极吸收汉族士人为其主持建立官制、礼仪及有关财经、法令等制度。首先，由于分土定居，由游牧经济转入农业经济后，将战俘及一部分被征服民族迁到平城"以充京师"，诏给耕牛，计口授田；大部分人被强制徙居于东起濡源（今河北沽源县东南）经代郡（河北蔚县）、阴馆（今山西山阴县西南），西至五原（今内蒙古包头市西北），阴山、（禾固）阳塞（今内蒙古包头市东）的塞上，设农官进行管理，使其成为北魏王朝的粮食和兵源供给地。其次，北魏政权还把被征服人民编为军户、营户、府户，世代当兵服役；隶户、杂户，为百官服役；伎作户，生产手工业品；绫罗户、细茧户、罗縠户等专缴纳丝织品；此外，还有乐户、屠户（属太常寺）并州盐户、汉中金户，州郡的屯田户，牧场的牧户等，都作为国家和奴隶主贵族的特定民户，为他们提供各种服务或产品。由于拓跋氏贵族对汉民及其他民族过度的役使和剥削，自耕民的经济极度不稳定，从文成帝开始。不时出现农民暴动、孝文帝即位初，几乎年年都有农民暴动，有时一年数起。为稳固自己的统治，冯太后采取了一系列改革措施：颁布俸禄制，推行三长制、均田制；为摆脱鲜卑贵族保守思想的影响，孝文帝于太和十八年（公元494年）迁都洛阳，并改革鲜卑旧俗。经过这番改革，北方被破坏的经济开始回升，黄河中游的荒地得到开垦，农业产量有了提高；民间手工业日趋活跃，绢布、造纸、酿酒、制瓷、冶铸等业也开始恢复并有所发展；经济的稳定，也带来了商业的活跃，洛阳是当时的交换中心，城内外有200多里（坊）；"南货"北销，连江南的水产品也运到洛阳销售，当时有"洛鲤伊鲂，贵如牛羊"之语。对外贸易也开通了，朝鲜、日本及中亚各国商人来洛阳贸易。从吐鲁番、库车、西宁、太原等地发现的拜占庭金币和波斯银币，可证明北魏同西方各国有着贸易关系。后因均田破坏、赋役繁重，激发农民起义，北魏分裂。公元 577 年，北周武帝攻破邺城，灭北齐，统一北方。北周武帝曾实行多方面改革：推行均田，调整赋役负担，释放奴婢，放免杂户，没收寺院财产、土地，扩充府兵，为隋朝最后统一全国奠定了基础。

二 北朝的赋税制度

（一）田赋

为说明田赋，首先要清楚此时的田制。

1. 北魏均田制

拓跋珪皇始三年（公元 398 年），破燕国都城中山（今河北定县），分徙吏民和徒何（复姓）同一种族之人及手工技巧之人共十万余家充京师，各给耕牛，计口授田。以后又多次移民，劝课农桑。至孝文帝时，由于民族问题和土地问题，对社会构成诸多不稳定因素：（1）土地所有权的争执。战乱中，不少人逃离本土，土地为他人占耕；农民返乡后，发生土地争执；（2）西晋以来的"九品混通"法，弊病很多，而户等划分不合理，豪族庇荫亲属、客户，于国于民均不利；（3）官吏任意苛剥农民；（4）豪族转嫁税负，中下户负担过重，影响社会稳定。为稳固统治，首先要限制豪强兼并，均平赋役负担。消除不稳定因素，促进农业的恢复和发展，为此于太和九年（公元 485 年）推行三长制，在此基础上颁行均田令。

太和九年，下诏均给天下民田：

诸男夫十五以上，受露田四十亩，妇人二十亩，奴婢依良。丁牛一头受田三十亩，限四牛。所受之田率倍之，三易之田再倍之，以供耕作及还受之盈缩。

诸民年及课则受田，老免及身没则还田。奴婢、牛随有无以还受。

诸桑田不在还受之限，但通入倍田分。于分虽盈，没则还田，不得以充露田之数。不足者以露田充倍。

诸初受田者，男夫一人给田二十亩，课莳余，种桑五十树，枣五株，榆三棵。非桑之土，夫给一亩，依法课莳榆、枣。奴各依良。限三年种毕，不毕，夺其不毕之地。于桑榆地分杂莳余果及多种桑榆者不禁。

诸应还之田，不得种桑榆枣果，种者以违令论，地入还分。

诸桑田皆为世业，身终不还，恒从现口。有盈者无受无还，不足者受种如法。盈者得卖其盈，不足者得买所不足。不得卖其分，亦不得买过所足。

诸麻布之土，男夫及课，别给麻田十亩，妇人五亩，奴婢依良，皆从还受之法。

诸有举户老小癃残无授田者，年十一以上及癃者各授以半夫田，年逾七十者不还所受，寡妇守志者虽免课亦授妇田。

诸还受民田，恒以正月。若始受田而身亡，及卖买奴婢牛者，皆至明年正月乃得还受。

诸土广民稀之处，随力所及，官借民种莳。役有土居者，依法封授。

诸地狭之处，有进丁授田而不乐迁者，则以其家桑田为正田分，又不足不给倍田，又不足家内人别减分。无桑之乡准此为法。乐迁者听逐空荒，不限异州他郡，唯不听避劳就逸。其地足之处，不得无故而移。

诸民有新居者，三口给地一亩，以为居室。奴婢五口给一亩。男女十五以上，因其地分，口课种菜五分亩之一。

诸一人之分，正从正，倍从倍，不得隔越他畔。进丁受田者恒从所近。若同时俱受，先贫后富。再倍之田，放此为法。

诸远流配谪、无子孙及户绝者，墟宅、桑榆尽为公田，以供授受，授受之次，给其所亲；未给之间，亦借其所亲。

诸宰民之官，各随近给公田，刺史十五顷，太守十顷，治中别驾各八顷，县令、郡丞六顷。更代相付，卖者坐如律。[①]

北魏均田制，是在特定的时期，封建土地所有制的一种特殊表现形式。因为，农民从政府手中取得法定份额的土地，而这种土地的所有权属于国家；耕田的农民只有使用权；除了"桑田皆为世业，身终不还"外，其露田部分，到法定年龄或因故身死后，要交还国家，以供重新分配。这就有效地把农民束缚在土地上，也有利于社会的稳定和赋役的征调。从当时的情况来说，均田制的推行，对农业经济的恢复、对社会的稳定和在保证国家对赋税的需要方面，都具有一定的积极意义，这是因为：（1）把农民和土地重新结合起来，使荒地变良田，农业因此而得到恢复和发展；而流民的归附，又能使社会得

---

① 《魏书·食货志》。

到稳定；（2）宽乡、狭乡的规定，鼓励农民向地广处迁徙，有利于边境及土广民稀的地方得到开发，也有利于减轻占地多少的矛盾；（3）均田以前，由于长期战乱的影响，"民多隐冒，五十、三十家方为一户"；而均田制的推行，既使人有自己的耕地，又使农民的赋税负担较附于世家大族门下有所减轻，使不少荫户脱离世家大族而成为国家编户，从而为国家争取了大量劳动力。到北魏孝明帝正光时（公元 520—524 年），国家拥有编户 500 余万户，这应是推行均田制的一大胜利。此外，在一定程度上也有利于限制权贵的无限扩张，有利于中央政权的巩固。但从另一方面来分析，均田制并非只对农民有利，它还最大限度地保护了拓跋氏贵族、势官和汉族地主的利益。首先，均田制规定奴隶和农民一样授田，只是不给桑田。虽然他们没有独立地位，其耕作收入或纺织收入也全归贵族地主所有，并不负担徭役，仅向国家缴纳平民（一夫一妇）赋役的 1/8；而广占奴婢的则为贵族、豪强，如孝文帝之弟占有奴婢上千人；可见，利归贵族、豪强。其次，北魏均田，其制度本身并未能改变"豪强者并兼山泽"的现象。所以说，国家均田是均而不均。

2. 北齐均田制

北魏自宣武帝（公元 500—515 年在位）后，朝政日渐腐败，均田开始破坏，在自然灾害、边患和饥荒的袭击下，各地农民起义；北魏统治集团内部分裂；公元 550 年，高洋废东魏建北齐政权。由于"丧乱之后，户口失实，徭赋不均"，影响国家收入和稳定；而三长制免赋太多，有"羊少狼多"、苦乐不均的现象。于是，于河清三年（公元 564 年）颁行均田令。

河清三年定令：

男十八以上，六十五以下为丁；十六以上十七以下为中；六十六以上为老；十五以下为小。率以十八受田，输租调；二十充兵，六十免力役，六十六退田，免租调。

京城四面，诸坊之外三十里内为公田。受公田者，三县代迁户执事官一品以下，逮于羽林武贲，各有差。其外畿郡，华人官第一品以下，羽林虎贲以上，各有差。

职事及百姓请垦田者，名为永业田。奴婢受田者，亲王止三百人，嗣王止二百人；第二品嗣王以下及庶姓王，止一百五十人；正三品以上及皇亲，止一百人；七品以上，限止八十人；八品以下至庶人，限止六十人。奴婢限外不给田者，皆不输。

其方百里外及州人，一夫受露田八十亩，妇四十亩；奴婢依良人，限数与在京百官同。丁牛一头，受田六十亩，限止四牛。又每丁给永业田二十亩，为桑田。其中种桑五十棵，榆三棵，枣五棵。不在还授之限。非此田者，悉入还受之分。土不宜桑者，给麻田，如桑田法。①

北齐均田同北魏均田比较，（1）北齐取消了正田、倍田的区分，实际上平民授田数量上并无变化；（2）对奴婢占有量上作了明确规定，即有了数量限制。但一般农民仍有可能出现土地不足分配的问题。所以，又颁"东迁"之令，强迫无田之民迁到宽乡去，既保证贫户有田可耕，又保护了豪族地主的利益。由于北齐均田制的诸多缺陷，主要是平民利益没有基本保障，所以随着土地兼并的继续加剧，阶级矛盾日益深刻，"贫户因王课不齐，率多货卖田业，至春困急，轻致藏走"。而随着朝政腐败，内部斗争激烈，最后为北周武帝所灭。

3. 西魏、北周均田制

西魏均田，据《邓延天富等户手籍计帐残卷》所载，在麻土狭乡，农民普遍受田不足。北周取代西魏后，亦实行均田制。据《隋书·食货志》记载：北周宇文泰在西魏为相，按西周官制建立六官："司均掌田里之政令。凡人口十已上，宅五亩；口九已上（下），宅四亩；口五已下，宅三亩。有室者，田百四十亩，丁者田百亩。"由于西魏和北周的统治地区是关陇地区，虽南扩到四川、湖北一带，但政治经济重心在陕西及周边地区，相对北齐来说，封建地主经济发展较缓慢，因此土地兼并也不如中原富庶地区那样激烈，从而使北周均田制度得以顺利推行。

北朝的田赋制度是同其均田制度紧密结合在一起的。据史籍所载，北朝各代实行的租调制度。

（1）田赋（租）：北魏自孝文帝实行均田制后，颁布新的租调制度，一夫一妇，一年纳粟二石；15岁以上未婚男子，四人纳粟2石；从事农耕的奴，八口所纳为一夫一妇之数；耕牛每20头纳一夫一妇的田赋。北齐，初沿北魏制度；河清三年（公元564年）改行新令，在受田的基础上，一床（夫妇）

————————
① 《隋书·食货志》。

纳垦租二石，义租五斗；丁男无妻者和奴婢输租为一床的一半；耕牛输垦租一斗，义租五升。垦租送中央，义租输本郡，以备水旱凶荒。北周规定：已婚男丁每年纳粟五斛，未婚男丁减半；丰年全交，中年交一半，下年交1/3，大灾之年全免。

（2）户调：北魏初，制度不定，征收无准则。太延元年（公元435年），按"九品混同"法，计赀纳课，"户调绢帛二匹，絮二斤，丝一斤，粟二十石；又入帛一匹二丈，委之州库，以为调外之费"；太和八年（公元484年），又每户增帛三匹，粟二石九斗，以作官司俸禄；后又增调外帛二丈。合计起来，每户调绢七匹，其中：户调五匹，调外帛为二匹。比西晋每户多四匹，为曹魏的三倍半。之所以出现这种情况，是因为魏初民多荫附，"五十家、三十家方为一户"，所以征收数增大。太和九年，实行均田，户调改为一夫一妇每年交帛一匹；男年十五而未娶者，四人出一夫一妇租调；从事耕织的奴婢，八人出一夫一妇之调；耕牛二十头，亦出帛一匹。产麻之乡则纳布，数额同纳帛一样。所纳绢、布，半为公调，2/10为调外之费，3/10充内外百官俸。此外，还有杂调，随时征调。

北齐，初沿北魏制度。河清三年改行新制：一床纳绢一匹，绵八两。十斤绵中，折一斤作丝。奴婢减半。耕牛调绢二尺。

北周规定，凡年满十八岁至六十四岁（包括轻度残疾者）均需负担租调。有妻室者，每年纳绢一匹，绵八两；单丁减半。在非桑土区，有妻室者，布一匹，麻十斤；单丁减半。

总之，北朝租调制，总体精神相同，只是根据各个时期的政治经济情况，略作增减。

（二）徭役

1. 兵役

在西晋以后，北方和巴蜀相继建立政权，割据者相互攻战，兵役负担沉重。如后赵石季龙行"三五"发卒法，五丁取三，四丁取二；汉刘渊曾"扫地为兵"。军需用品，也由人民负担，如石季龙为"南征"，命军士五人出车一乘，牛二头，米十五斛，绢十匹，置办不足者斩首。北魏初无定制。拓跋焘太平真君六年（公元445年）八月，"诏发天下兵，三分取一"。孝文帝延兴四年（公元474年），准备南伐，州郡人民十丁取一。北魏兵役还表现在其对士兵的役使和剥夺上，史载：孝明帝时（公元516—528年在位），对兵丁"穷其力，薄其衣，用其功，节其食"，近乎奴仆，无有归期，死于沟壑者十八九。① 北齐兵制，18岁受田，二十岁充兵，六十岁免役；北周实行八丁兵制：将强壮男丁分成数批，每批八丁取一，轮流充兵。北周武帝改为十二丁取一轮值，即每年服役一个月。服役者蠲其租调。

2. 力役

十六国多调发无时。北魏太和前调发亦无节制，造成农不垦殖，田亩多荒。太和元年，始令"简以徭役"；二十年，规定"十二大调一吏，为四年更卒，岁开番假，以供公私之役"。② 北齐令男子十八岁始服役，六十免役。西魏规定：凡民自十八至五十九岁皆任力役。服役时间，丰年不过30天，中年20天，下年10天，凶年免役。服役人数，每家一人；如家中有年逾八十者，可一子不从役；如有百岁老人，则全家不从役。如凶札之年免役；有废疾不养者，一人不从役。北齐文宣帝始立九等户，富者税其田，贫者役其力。③ 后征调繁重，至北齐废帝时才又有减轻。

（三）工商杂税

十六国至北朝各代，因系战争多发时期，故工商税收多受影响。据史书所记，有如下数起，但税收制度不详。

1. 盐铁酒税

北朝各国对于盐利，时而专卖，时而征税，没有定制。太和二十年（公元496年），"开盐池之禁，与民共之"；宣武帝景明四年（公元503年），又"诏还收盐池利以入公"；正始三年（公元506年），又"诏罢盐池之禁"；变化无常。东魏孝静帝（公元534—549年在位）于天平元年迁邺后，"于沧、瀛、幽、青四州之境，傍海煮盐。沧州置灶一千四百八十四，瀛州置灶四百五十二，幽州置灶一百八十，青州置灶五百四十六，又于邯郸置灶四。计经岁合收盐二十万九千七百二斛四升。军国所资，得以周赡矣"。④

魏之矿冶，史载北魏宣武帝延昌三年春，有司奏长安骊山、恒州白登山

① 《通考·兵考三》。
② 《魏书·高祖纪下》。
③ 《隋书·食货志》。
④ 《魏书·食货志》。

都有银出产，诏并置银官，常令采铸；系官营性质。孝明帝神龟元年（公元518年）弛银山之禁，官收税。北魏弘农郡、河内郡、南青州、齐州都有铜出产，孝明帝熙平二年（公元517年）冬，采纳尚书崔亮的建议，官收铸钱。

关于酒税，北朝多禁酒。东魏孝静帝元象元年（公元538年）四月诏开酒禁。北周保定二年（公元562年），以久不雨，在京城三十里内禁酒。可见，禁酒与粮食有关。

2. 关市税

北魏太和七年，"弛关津之禁，任其去来"，放松了关津的监督与收税。孝明帝孝昌二年（公元586年）冬，"税市，人出入者各一钱"。普泰元年（公元531年），节闵帝即位，诏除税市及税盐之官。北齐末年，"以军国资用不足，税关市、舟车、山泽、盐铁、店肆，轻重各有差"。北周"闵帝元年，初除市门税。及宣帝即位，复兴入市之税"，人一钱，直至宣帝未变。

3. 山泽税

北魏献文帝皇兴四年（公元474年），诏弛山泽之禁。孝文帝延兴三年（公元473年）十二月，"诏关外苑囿听民樵采"。太和七年（公元483年）十二月，"开林虑山禁，与民共之"。可能是山林川泽之利，多为豪强所占，或因灾荒，故累申弛禁。

4. 牛马税

北魏拓跋嗣永兴五年（公元413年）正月，诏诸州六十户出戎马一匹；泰常六年（公元421年）二月，"调民二十户输戎马一匹，大牛一头"。三月，"制六部民，羊满百口输戎马一匹"。对牛马征调，当是军事所需。

此外，还有战利品收入，如拓跋珪天兴二年（公元399年），破高车三十余部，获七万余口，马三十余万匹，牛羊百四十余万。骠骑大将军卫王仪破其遗迸七部，获二万余口，马五万余匹，牛羊二十余万头，高车二十余万乘，并服玩诸物。在整个北魏时期，每有大的征战。多有掳掠，包括人、马、牛及其他贵重物品，而且数量很大。只是多未入国库，大多用于赏赐或被将士瓜分。

（四）卖官爵

北魏庄帝时（公元528—530年在位），因统治阶级内乱，仓廪虚罄，宣布入粟卖官：输粟八千石，赏散侯；六千石，散伯；下至职人输七百石，赏一大阶，授以实官。无第者输五百石，听正九品出身。

（五）贡献收入

北朝时期，东北有夫余、勿吉、室韦、契丹、库莫奚，北有柔然、高车、突厥，西北有鄯善、伊吾、高昌、焉耆、龟兹、于阗、槃陀、疏勒、乌孙，西部有吐谷浑、宕昌和党项等民族。他们同北朝互通往来，进贡聘问。如吐谷浑送犛牛、蜀马及西南的珍贵土产；宕昌贡朱砂、雌黄、白石胆；高昌赠白、黑貂裘、名马、盐枕等物，总之多为名贵土产方物，北朝各国亦赠以锦彩、车骑等物品以交厚。

北朝同周边各国如高句丽、百济、新罗、日本、大宛、大月氏、波斯、大秦、五天竺等国保有商业往来或通商关系，并互有赠赐，特别是高句丽，先后九十余次派遣使节到北魏、东魏、北齐、北周王朝的京师进行聘问，并馈赠珍贵土特产品，有时一年派出使团数次。而在北魏王朝举行的大朝会中，高句丽使团被放在很高的地位。

第五节　三国、两晋、南北朝时期的财政支出

一　皇室费用支出

封建皇室费用支出是历代封建皇室的一项大宗支出，其支出范围，一般没有定限，主要包括饮食、被服、车马、器物、医药、娱乐、赏赐，祭祀以及宫室、陵墓建筑等费用。其物资和劳务都凝聚着劳动人民的血汗。尤其在本期内，虽说各国立国时间均不太长，且均是一些小国寡君，但其皇室用度的奢侈与浪费，有些更甚于前代，难以尽书。

三国时的曹魏，在其初创时期，颇能俭约，不尚华丽，无文绣珠玉之饰，可是到了明帝曹睿，便"大治洛阳宫，起昭阳，太极殿，筑总章观"。"又简选其有姿色者，内之掖庭"，"赏赐横兴，内外交引，其费半军"。[①] 东南的孙吴，初期也较节约，以后日趋奢侈，特别是孙皓，更加荒淫无度，"后宫之中坐食者万有余人"。"中宫内竖，分布州群，横兴事役，兢造奸利。"[②] 至于

---

① 《三国志·魏书·明帝纪》。

② 《三国志·吴书·贺邵传》。

"更营新宫，制度弘广，饰以珠玉，所费甚多。是时盛夏兴工，农守并废"。①

晋武帝挟其三世之威，篡曹位而一举平吴，初"弘俭约"之风，及天下既定，便大反过去之所为，"博选良家，以充后宫"。"复纳孙皓宫人数千，目此掖庭，殆将万人。"至若太庙建筑，亦极华丽，"致荆山之木，采华山之石，铸铜柱十二，涂以黄金，镂以百物，缀以明珠"，真不知耗费了天下多少人力物力。在赏赐方面，永熙（惠帝年号，公元290—291年）初，杨骏辅政，普晋封爵，而贾后窃位，在职者皆封侯，厮役亦加以爵位，所滥及者盖不可胜道。十六国时，材料不多，仅举前后赵为例，前赵刘聪，骄奢淫暴，滥行赏赐，"后官之家赐赉及于童仆，动至数千万"。②后赵石虎被称为十六国时期出名的残暴统治者。据史载，在建筑方面，他兴宫室于邺，起台观四十余所，营长安、洛阳二官，作者四十余万人。"又发诸州二十六万人修洛阳宫。"且"猎车千乘，养兽万里，夺人妻女，十万盈官"，③给人民生活带来了深重的灾难。

南朝各代的宫室生活，都非常腐败，南齐淫奢，梁朝迷信，陈朝先俭后奢。南朝宋初俭约，武帝清简寡欲，严整有法度，"财帛皆在外府，内无私藏"。但明帝"奢费过度，务为彫侈。每所造制，必为正御三十副，御次、副又各三十，须一物辄造九十枚，天下骚然，民不堪命"。④

齐至隆昌时，郁林王肖昭业"极意赏赐左右，动至百数十万。……武帝聚钱上库五亿万，斋库亦出三亿万，金银布帛不可称计。即位未期岁，所用已过半，皆赐与诸不逞群小。取诸宝器以相击剖破碎之，以为笑乐。及其废黜，府库悉空"。⑤梁武帝肖衍晚年崇信佛教，多次舍身同泰寺，开设四部无遮大会，铸金银各十万方，群臣先后用钱四万万奉赎皇帝。在陈朝，从武帝到文帝因国土狭小，收入不多，故较俭约。常膳不过数品。私餐曲宴，皆瓦器蚌盘，不为虚费。"非兵器及国容所须，金银珠玉衣服杂玩，悉皆禁断"。可是五传至陈后主，则大反前代之所为，在"至德二年，乃于光照殿前起临

---

① 《三国志·吴书·华覈传》。
② 《晋书·刘聪传》。
③ 《晋书·石季龙上》。
④ 《宋书·明帝纪》。
⑤ 《南史·齐本纪下》。

春、结绮、望仙三阁。阁高数丈，并数十间，其窗牖、壁带、悬楣、栏槛之类，并以沉檀香木为之。又饰以金玉，间以珠翠，外施珠帘，内有宝床、宝帐，其服玩之属，瑰奇珍丽，近古所未有"① 且由于他荒于酒色，不恤政事，君臣酣饮，常常从夕达旦，以致即位数年而亡国。

北朝的宫廷耗费，同样巨大。自天兴元年（公元 398 年）迁都平城起，即开始"营宫室，建宗庙"，如天兴四年（公元 401 年），"起紫极殿、玄武楼、凉风观、石池、鹿苑台"等，其经费之巨，实无法统计。仅就其劳役规模来说，计在天赐三年（公元 406 年）"发八部五百里内男丁筑垒南宫"，②"计斫材运土及诸杂役须二万人，丁夫充作，老小供饷，合四万人"。③ 只此一项，已可见其劳役耗费实足惊人。

北齐幼主，人称为无愁天子，"宫掖婢皆封郡君，宫女宝衣玉食者五百余人，一裙直万匹，镜台直千金，竞为变巧，朝衣夕弊。……更增益宫苑，造偃武修文台，其嫔嫱诸宫中起镜殿、宝殿、玳瑁殿，丹青雕刻，妙极当时。又于晋阳起十二院，壮丽逾于邺下。所爱不恒，数毁而又复。夜则以火照作，寒则以汤为泥，百工困穷，无时休息。凿晋阳西山为大象佛，一夜（然）油万盆，光照宫内。又为胡昭仪起大慈寺，未成，改为穆皇后大宝林寺，穷极工巧，运石填泉，劳费亿计，人牛死者不可胜纪。御马则籍以毡罽，食物有十余种，……狗则饲以粱肉。马及鹰犬乃有仪同、郡君之号……斗鸡亦号开府，犬马鸡鹰多食县干。……又好不急之务，曾一应索蝎，及旦得三升。特爱非时之物，取求火急，皆须朝征夕办，当势者因之，贷一而责十焉"。④ 这种腐朽生活，实与南朝的陈后主大有异曲同工之妙。

总之，到了六朝的末世，则不论南朝的陈后主或北齐的幼主高恒、北周的宣帝宇文赟都是一丘之貉，把国家资财皆耗于酒色娱乐之中。

二　军费支出

魏晋南北朝时期，战争多发，干戈扰攘，长期不休，军费负担很重。现

---

① 《陈书·后主沈皇后》。
② 《魏书·太祖纪》。
③ 《魏书·高允传》。
④ 《北齐书·后主纪》。

仅就此时期的兵制和兵数来考察其军费支出情况。

魏制略如汉制，曹操初起时，有兵五千，南征北战，败者十二三，后破黄巾受降卒三十余万，破濮阳吕布精兵数万，灭袁绍，败袁术，降刘琮，所得带甲之士不下五十余万。其他如张绣、韩遂等之降，各携带战士，大者万余，小者数千，则荆州大战时曹操所拥之军队约近百万。

刘备初置五军，其将校略如汉制，从历史发展来看，刘备初有兵千余，及幽州乌丸杂胡骑，又略得饥民数千人，领徐州得陶谦兵十万，其后屡战屡败，所余无几，荆州大战时，刘备实有众三万余。以后收荆州降卒约数万以及庐江雷绪之数万口，这时已有众二十余万，占益州得刘璋精卒三万，收马超、破夏侯渊前后得降卒数万，是刘备称帝时已有众不下五十余万。至刘禅降时，尚有带甲战士十万二千。

吴自孙坚阵亡，仅余千人。孙权至赤壁之战时已有众十余万，以后破关羽得荆州军及于禁等步骑五万余，破刘备得降卒数万余人，至孙权称帝时，东吴带甲之士已有五十余万，而舟船水军尚不在其内，孙皓降晋时，还有兵二十三万，舟船五千余艘，因而东吴有常备军五十多万。

总计魏、蜀、吴三国各拥有兵卒数十万。则其每日每月的衣食用费又将如何筹措，实为各国已聚有的资财，但大都为当时的大小战争所吞食，而客观的情况又是十分艰苦。"自遭荒乱，率乏粮谷。诸军并起，无终岁之计，饥则寇略，饱则弃余，瓦解流离，无敌自破者不可胜数。"[1] 在这种困难情势下，曹操、刘备、孙权相继实行屯田自给，以补不足。正始元年（公元204年）曹芳还曾诏出宫中黄金银物百五十种，千八百余斤，销冶以供军用。而将士的抚恤，"将士绝无后者，求其亲戚以后之，授土田，官给耕牛，置学师以教之。为存者立庙，使祀其先人"。[2] 至于临时赏赐，亦为数甚巨。如刘璋遣法正迎先主，前后略遗以巨亿计，刘备得成都以后，取蜀中金银分赐将士；曹丕破寿春，犒六军并封赏诸将。这成为战争费用所不可少的一项支出。

晋"于泰始元年封建子弟为王二十余人，以郡为国，邑二万户为大国，置上中下三军，兵五千人；邑万户为次国，置上军下军，兵三千人；五千户

---

① 《三国志·魏书·武帝纪》。

② 同上。

为小国，置一军，兵一千五百人，王不之国，宫于京师……咸宁三年，更制定户邑皆中尉领兵……大国中军二千人，上下军各千五百人，次国上军二千人，下军千人，其末之国，大国守士百人，次国八十人，小国六十人，郡侯县公、亦如小国，制度既行，所增徒各如本奏"。① 太康元年（公元 280 年）"吴平之后，帝诏天下罢军役，示海内大安，州郡悉去兵，大郡置武吏百人，小郡五十人"。② 几十年之后，军士增罢变化如此之大，是因服兵役的多，事农者就少，而且消耗过大，财政无法负担，西晋末年，愍帝被俘前，太仓仅有曲数十饼。

晋室南渡，司马睿即位以后，兵制废弛，在名义上虽"有大将军都督四镇四征四平之号。然调兵，不出三吴，大发毋过三万，每议出讨，多取奴兵"，实行就地征发。桓温的几次北伐，就是因军粮不足而不得不退兵。

南北朝亦为一长期战争时期，但以财力关系，军队多属临时招募。在南朝，刘裕虽事节省，但奉师之费仍日耗万金。元嘉初，已出现了"资储不给"的状况，而自元嘉以后，连年兵连祸结，从泰始以后，国家所有，几乎全部用于军费，不得不减奉裁官，以至不得不卖官鬻爵以筹措战费。齐梁陈三朝，战争不歇，陈霸先预储五十万石粮食，故取得平侯景首功。至陈代梁以后，战事亦趋激烈。史载"兴师以来，千金日费，府藏虚竭，杼轴岁空"。③

北魏拓跋氏初无正式军队，走到哪里打到哪里，即以所获战利品赏赐群众，也无军事费用的开支，直至皇始二年十月，攻下中山以后，才正式建立军队，史载："凡有八军，军各配兵五千，食禄主帅军各四十六人。自中原稍定，八军之兵，渐割南戍，一军兵才千余，然主帅如故，费禄不少。椿表罢四军，减其帅百八十四人。"④ 然魏自永安之后，"政道凌夷，寇乱实繁，农商失业，官有征发，皆权调于人，犹不足以相资奉，乃令所在迭相纠发，百姓愁怨，无复聊生"。这是南北朝时期长期混战所造成的恶果。

---

① 《文献通考·兵考》。
② 《晋书·山清传》。
③ 《陈书·世祖纪》。
④ 《魏书·杨播传》。

三 俸禄支出

魏晋南北朝时期官吏的俸禄，因各代国家财力和官吏的多少而有所不同。

三国官吏多依汉制，都设置很多官职，魏有"郎官及司徒领吏二万余人，见在京司者尚万人"，"蜀有官吏四万人，吴有官吏三万二千人"。可见当时官吏之多，只就这点而言，当时不能不采取薄薪制度。正如史书所载："将吏俸禄，稍见折减，方之于昔，五分居一。"① 同时，俸禄的支付，一改汉代半钱半物的做法，因为钱币缺乏，只好完全以布帛等实物来支付，这种实物支付俸给的办法，给中古各代的俸给制度以重大影响。

晋共有"内外文武官六千八百三十六人（内八百九十四人，外五千九百四十二人），内外诸色职掌一十一万一千八百三十六人，都计内外官及职掌人一十一万八千六百七十二人，又每四乡置一啬夫及乡据大小户口数多少等级置治书史及佐正等数并命命未详"。② 晋初采行薄俸制，至武帝泰始三年始增吏俸。官吏俸禄，除了布帛和农产品外，还能从政府领得土地和种地的佃农。当时官员众多，俸给又较优厚，不仅虚縻廪粟，亦且"广开乱源"。所以当时刘毅、卫瑾、段灼等请废九品，而傅玄与苟勖更"议省州郡县半吏以赴农功"，③ 这真是千古的名论。

东晋元帝初渡江，即晋王位，便成立了一个"百六掾"，即含参军奉车都尉掾属者百余人的精干组织。这时官吏的俸给，"其非宿卫要任，皆宜赴农，使军各自佃作，即以为廪"。④ 接着又行五等封，受到桓温的阻谏，他说"户口凋寡，不当汉之一郡，宜并官省职"。⑤ 可能在东晋一代，官俸是不高的。

在宋代刘裕即位后，便诏令百官增加俸给。第二年（公元 421 年）二月，又"制中二千石加公田一顷"；对于山林与职田，亦依官品等级分别作了不同的规定。这是想以增俸定制来振兴国势。但自元嘉二十七年后，

---

① 《三国志·魏书·高堂隆传》。
② 《通典》三十七，"职官"19"秩品"。
③ 《晋书·苟勖传》。
④ 《晋书·食货志》。
⑤ 《晋书·桓温传》。

军旅不息，府库空虚，百官俸禄，时断时续，无有定准。计宋朝官品，内外文武官六千一百七十二人，内职掌人门亭长，孝经师，月令律令师及书佐等一千四百六十一人。总计内外官及职掌人七千六百三十二人。

南齐在永明元年（公元483年）即首先恢复百官田秩，至永明十年，诏增百官禄俸。到明帝继位，又革永明之制，依魏、晋旧典。并以见钱为百官俸给，对三品清资官以上应食禄者，有二亲或祖父母登七十，并给见钱。可见，这时期的官俸有一部分是发给货币的。

梁代亦因袭汉魏官制，既定九品，又置十八班，并有专为武职而分的二十四班，这样，既使升转有回旋之余地，又及百官俸禄有定数、有标准。

北魏自太祖建国（公元386年）到太和八年（公元484年）以前，九十多年间，百官一直是无俸给的。初期是靠战争俘获来的财物，分赏官兵，以后中原平定，不可能再由战争来俘获很多财物，于是官吏便一面接受人民的馈赠，一面派人贩运货物以牟商利。由于地方官吏贪污腐化，竞相牟利、苛剥人民的劳动成果，激成民变，迫使孝文帝不得不进行改革。太和八年（公元484年）六月，诏户增调三匹，谷二斛九斗（《魏书·食货志》谷作粟，斛作石），以为官司之禄，"每季一请"，于是内外百官受禄有差，又于太和九年、太和十年进一步制定一些措施：（1）制皇子、皇孙及皇女受封者"岁禄各有差"。（2）"议定州郡县官依户给奉。"① （3）"诸宰民之官，各随地（地，《元龟》作近）给公田，刺史十五顷，太守十顷，治中、别驾（同指州官'太守'之佐理管员）各八顷，县令、郡丞六顷。更代相付，卖者坐如律。"② 这种给田就是后世所谓职分田或公廨田的开始。至正光（公元520年）以后，又以四方多事，加以水旱，国用不足，官禄又有减省，对减轻人民负担是有利的。

北齐沿用北魏官秩而分为九品及三十阶制，又封爵为六等。官秩以绢定禄。正一品八百匹，禄率一分以粟，一分以帛，一分以钱。

北周定官吏等级为命，每命分为二，以正为上。凡十八命，又创制六官，禄秩以谷定，凡颁禄视年之上下，无年为凶荒，不颁禄。

---

① 《魏书·食货志·高祖纪》。
② 《魏书·食货志》。

四　外交支出

中国历史上就是一个多民族的国家，长期以来中国大地上的各兄弟民族保持着亲密的关系，互通往来，据《魏书》记载：北魏始祖神元皇帝即与魏和亲，"聘问交市，往来不绝，魏人奉遗金帛缯絮，岁以万计"。"四十八年，帝至自晋。五十六年（公元 277 年）帝复如晋；其年冬，还国。晋遗帝锦、罽、缯、彩、绵、绢诸物，咸出丰厚，车牛百乘。"① 这种丰厚的礼物，已可说明他们往来的亲密，时间也持续了十几年以上。

不仅魏晋与北魏的关系是这样，吴蜀亦有和亲与结盟的联系，即使是吴魏对峙时，也有使节和交易的往来，不过愈到后来，愈感到战争的痛苦与和平的可贵。因而使节的往来更为频繁，到南北朝后期，更是如此。从使节的派遣来说，南北朝后期的使节往来很频繁，据粗略估计，当时南方派到北方的共有九十四次之多，而北方遣使的数量也不少于七十三次。为求得边界的安定，双方的遣使和接客，都很注重人选，派遣使者，不仅重视门第、才识，而且口辩、风度和仪表也都是入选的条件。使者往来，除负有特殊使命，如求婚纳聘、吊丧、结与国以攻击第三国等外，一般的任务，多是两国通和修好。为此，使者出境必携带着"国书"和送给对方的礼品。这些礼品，根据历史的习惯，必定是本国的特产。据史书记录，南方送给北方的一般有驯象、孔雀、甘蔗、黄柑、柑橘、锦、名酒等，而北方送给南方的有骆驼、名马、驴骡、貂裘、毛毡等，其中最主要的是南方所缺乏的马匹，如西魏的宇文黑泰，为了与梁和好，一次即送马二千匹②。可见这些礼品从财政角度看其花费也是很多的。

但是，应该肯定，通过使者的友好往来，不仅有助于双方经济的发展和文化的交流，更为以后的统一，奠定了良好的基础。

五　赏赐与救恤支出

在战争频繁、灾荒流行的魏晋南北朝时期，统治阶级为了维持其不安定

---

① 《魏书·序纪》。

② 《梁书·陈庆之传》。

的统治局面，多次对王公贵族以及文武官吏颁发奖赏，对因自然灾害或人民贫病疾苦而无法自存者施行蠲免和临时救恤。

三国时期，曹魏除皇室"赏赐横兴"外，朝廷则赏赐较少。刘蜀对几位元老重臣赏赐较厚。如《蜀书·张飞传》载："益州既平，赐诸葛亮、法正、飞及关羽金各五百斤，银千斤，钱五千万，锦千匹，其余颁赐各有差。"只有孙吴赏赐较滥，其他则封爵赐邑的较多。在救济方面，有救恤与免租两项。建安二十二年冬，"天降疫疠，民有凋伤，军兴于外，垦田损少。……其令吏民男女：女年七十已上无夫子，若年十二已下无父母兄弟，及目无所见，手不能作，足不能行，而无妻子父兄产业者，廪食终身。幼者至十二止，贫穷不能自赡者，随口给贷。老耄须待养者，年九十以上，复不事，家一人"。[1]这是对救济的较全面的规定。此后，对受灾之民的赈贷，对鳏寡孤独的抚恤，对灾贫者的救济，魏、蜀、吴三国，多有举行。

西晋自实行分封制后，对一般赏赐则较简。西晋的五十一年中，有史可查者共十七次。在赈蠲方面，依《晋书·武帝纪》载，在武帝统治的二十五年中，共有大小自然灾害及兵灾二十七次，只有十次进行了赈济。惠帝十六年中有自然及兵灾二十五次，只有两次有赈。怀帝计七年，共自然及兵灾九次，其时无赈。在这种灾多赈少和粮缺的情况下，"米斛万钱。诏骨肉相卖者不禁"。[2] 有时甚至"人相食，致死者大半"。

东晋建都建业后，内部矛盾很多，只对元老重臣有大封大赏，其他则较少。此外，如太子即皇帝位、立皇后等，也用增位赐米帛的形式，不过数量稍有差别。至于赈恤方面则多为自然灾害的"遣使赈给"，也有不进行赈给的，其比较特别的则为地方大吏的"开仓赈给"。

南北朝时期，在赏赐方面，或由于崇俭，或因国力不足，赏赐一般不多，只有齐郁林王"极意赏赐，动百数十万"，致"期年之间，世祖斋库储钱数亿垂尽"；[3] 北齐"赐与无节"，致为赏赐而减省一切。在赈恤方面，南朝时宋代在有国的六十年中，进行四十七次；而梁武帝却在各郡县推行养老育幼制，

---

① 《三国志·魏书，武帝纪》（一），第51页建安二十三年四月注。

② 《晋书·惠帝纪》。

③ 《南齐书·郁林王纪》。

"凡民有单老孤稚不能自存，主者郡县咸加收养，赡给衣食，每令周足，以终其身。又于京师置孤独园，孤幼有归，华发不匮，若终年命，厚加料理"。①北魏孝文帝时，既有临时性的救济，又设永久性的粮仓，以度凶荒，更有以医药救护的措施。这为历代封建王朝所少有。

六　经济事业支出

魏晋南北朝时代，战争频仍，社会动乱，经济破产，人民生活困苦，国家财政拮据，挽救的办法就是恢复社会生产，从财政上说，就是支持经济的发展。

东汉末年，由于朝政腐败，社会经济败坏，人民生活困苦，逼得黄巾军等起义反抗，曹操接受枣祗、韩浩等的建议，大兴屯田；又接受卫觊之议，控制盐利，此外还兴修水利，改良耕作，课民畜猪狗买牛，从多方面组织人民恢复生产，促进经济的发展。

两晋对农业经济也很重视。西晋杜预建议防治水害以发展农业，分发种牛以助耕永田，并建议整顿水塘，以利宣泄，有益当时。"光禄勋夏侯和上修新渠、富寿、游陂三渠，凡溉田千五百顷。"② 这些对国民经济起了很好的作用。东晋时，在南方兴修水利，以利灌溉，如在曲阿（今江苏丹阳）立新丰塘，在吴兴乌程（今浙江吴兴）筑获塘，在会稽句章（今浙江慈溪西南）修复汉时四渠，仅此数处，即灌溉田地二千余顷。

北方十六国时期，后赵石勒，招纳流民，安抚降附，移民充实郡县，破段匹磾时，"散诸流民三万余户，复其本业，置守宰以抚之"，③ 晋元帝大兴四年。并提倡节约粮食，以利于生产的恢复。其侄石虎实行屯田。由于农业的发展，商业和手工业也随之而兴盛。前秦苻坚时，"坚以关中水旱不时，……开泾水上源，凿山起堤，通渠引渎，以溉冈卤之田。及春而成，百姓赖其利"④。当时，在农业发展的基础上，工商业也相应有所发展，特别是造船、金银制作等业都较后赵为胜。前燕慕容皝"躬行郡县，劝课农桑"，罢

① 《梁书·武帝下》。
② 《晋书·食货志》。
③ 《资治通鉴》九十一。
④ 《晋书·苻坚上》。

苑置，"以给百姓无田业者，贫者全无资产，不能自存，各赐牧牛一头。若私有余力，乐取官牛垦官田者，其依魏晋旧法"，并且兴修水利筑造沟洫灌溉"务尽水陆之势"①，这不仅进一步发展了辽东、辽西地区的经济，也为前燕进据中原创造了条件。

在南朝时期，由于北方人民不断南下，不仅带来了先进的生产工具和技术，淘汰了原来的火耕水耨的旧法，推广粪肥，采用深耕细作的区种法，又兴修了很多水利设施，南齐武帝也曾多次下令"严课农桑，相土揆时，必穷地利"，固修堤防，考核殿最，②又遣使沈瑀筑赤山塘（江苏句容西南），以促进农业生产的发展。梁武帝曾多次"亲耕籍田"；豫州刺史夏侯夔"乃帅军人于苍陵立堰，溉田千余顷，岁收谷百万石，以充储备，兼赡贫人，境内赖之"。

在北朝，特别是北魏孝文帝推行改革后，适应农业生产发展的需要，在十六国时期被破坏殆尽的水碾、水碓，又先后在各地恢复起来。洛阳城西的千金堰，有水碾几十具，"计其水利，日益千金"③。而农业的精耕细作，农田管理经验的积累，又有力地推动了生产的进一步发展。

由于官府手工业发展，商品交换的活跃，太府充实了管理机构，在洛阳城南设置了"四夷馆"，以管理外国商人；市场设置了"罢市鼓"，以进行管理。这些，都是在国家财政支持下进行的。

七　教育支出

在魏晋南北朝时期，在政治上由于长期处于混乱战争的局面，各朝统治者在文化积累上未有什么重大的建树，一切著述多由私人来进行，这里仅就教育方面进行一些叙述。因为各朝统治者，为了培养自己的人才，教育自己的子女，故在战争之余，对教育还有所注意。

在三国初期，曹操在建安八年（公元204年）时，已对初等教育有所注意，该年秋七月"令郡国各修文学，县满五百户置校官，选其乡之俊造而教

---

① 《晋书·载记·慕容皝》。
② 《南齐书·武帝纪》。
③ 《洛阳伽蓝记》卷四。

学之，庶几先生之道不废，而有以益于天下"。① 继曹操之后，曹丕又于黄初五年（公元 224 年）下令在洛阳设立太学，制定五经课试的方法，其时擢用的方法相当严格。所以曹魏的太学生，最初只有几百人，到曹奂景元时（公元 260—264 年）才发展到几千人。不过当时认真研究学问的人很少，而且有成就的更少。

除洛阳设有太学外，其他地方，也有重视教育的。如招牵"为雁门太守，简选有才识者诣太学受业，还相授教，数年庠序大兴"。② 徐邈为凉州刺史，"立学明训"，致"风在大行"。③

蜀汉在刘备即位后，兴办太学，并"置来敏典学校尉"尹默、谯周皆先后担任过"劝学从事"。但以立国不过四十年，又经常出师，南征北伐，经费与人力均不敷用于大事兴办教育，所以其教育在历史上的影响不大。

吴于黄龙二年（公元 230 年）"（下）诏立都讲祭酒，以教学诸子"。④ 永安元年（公元 258 年）吴王孙休正式建立学制，据载有些儒者还取得许多学术成果。

两晋的统治者，对于教育的重视，较胜于三国。在西晋武帝初，即有太学生三千人。泰始八年（公元 272 年）有司奏太学生七千余人。咸宁二年（公元 276 年）设立国子学，定置男子祭酒、博士各一人，助教十五人，以教生徒。这是中国封建时代设立国子学的开始；另外有一种普通的太学，是晋武帝建国后继承曹魏制度而设立的。据地下挖掘的晋武帝"三临辟雍碑"载：在司马昭时已"廊开大学，广延群学，天下鳞萃，远方慕训，东越于海，西及流沙（今甘肃、新疆一带），并时集至万余人"，这些学生来自十五州、七十多个县，并有四名西域学生（即朱乔尚建、王迈四光、隗景大卿、隗元君凯）。这种太学与国子学的分立，促进了教育的发展，更重要的是士庶的分立（一则专收六品以下官员子弟入学，一则专收五品以上官员子弟入学），它改变了汉代单轨单制的太学，创造了国子学与太学的双轨制的体制。

东晋于建武二年（公元 318 年）"立太学"，兴办教育，可是因战争原因

① 《三国志·魏书·武帝纪》。
② 《三国会要》二十"庶政上"。
③ 同上。
④ 《三国志·吴书·吴主传》。

事实上终无法实行。至孝武帝太元九年（公元 384 年）又接受尚书谢石的建议，设立了三种学校，即太学、国学（即国子学）和乡校。但政府办的太学和国学没有很好地坚持教学，而地方官吏，却办了很多学校，尤其是当时的名儒学者所开办的私学教育很多。所授生徒，常有几百或几千人，确实对当时地主阶级培养人才起了重要作用。

十六国的教育因资料不全，无法作较详的叙述。

南朝的教育，值得提出的是宋文帝元嘉十五年（公元 438 年）在京师开设的"四学馆"（指玄素学、史学、文学和儒学），为中国高等专科学校开创了先例。宋明帝泰始六年（公元 470 年）设立的"总明观"，梁武帝大同七年设立的士林馆，具有学术研究机构的性质。但总起来说，南朝的教育，虽有发展，但却是时兴时废的。值得重视的则为当时的私人教育。如宋时的臧荣绪、关康之，南齐的顾欢、伏曼容，以及齐、梁间的任壬献、刘孝标等，他们都学有专长，有的辞官不就，有的为官从教，大收生徒，有的多至数百人，以后并成为有名的学者，且不仅儒家学者坚持继续讲学，有的王族官僚也开门授徒，甚至家族的学术传授也很普遍，因而使南朝虽在乱时，私人教育能长期坚持不废和兴盛，学术能得以发展。

北朝在向封建制国家过渡时提高了对文化教育工作的认识，开办学校，从登国元年（公元 386 年）起定都平城（今山西大同）和太和十九年（公元 495 年）迁都洛阳以后，都先后相继建立了太学、国子学以及乡学，发展了教育事业，特别是孝文帝时，天下承平，学业大盛，只有以后由于北魏复分为东魏、西魏，互相杀伐，海内混乱，以致"四方学校，所存无几"了。北齐高洋亦下诏复兴学校，但北齐的教育质量很差。北周宇毓即帝位后，设"麟趾学"，一时文教大振，学者向风。惜北周只存在二十多年，因而教育的成绩也不显著。

以上凡以政府出面兴办的教育事业，皆赖财政之力。

第六节　三国、两晋、南北朝时期的
财政管理机构和制度

魏晋南北朝时期，由于战乱频发，处于分裂割据状态，因此其国家机构

和人员的设置以及制度的制定，或依旧制，或随时因事设官，有时机构名称虽异，而所职掌之事相同。总体看来，这一时期的财政管理机构和制度多沿袭汉代，但自"建安十三年，罢三公官，置丞相御史大夫，曹操自为丞相"，并实行尚书、中书、门下三省，制度为之一变。

魏国掌国家财政的为度支尚书，据《宋书·百官》载：魏世有吏部、左民、客曹、五兵、度支五尚书；《晋书》也记载："至魏，尚书郎有殿中、吏部、驾部、金部、虞曹、比部、南主客、祠部、度支、库部、农部、水部、仪曹、三公、仓部、民曹、二千石、中兵、外兵、都兵、别兵、考功、定课，凡二十三郎；青龙二年尚书陈矫奏置都官、骑兵，合凡二十五郎"。又据《册府元龟·四八三、邦计部》载："魏大司农，因汉之制，又置典农中郎将，主屯田，典农都尉，典农校尉所主如中郎"。这就是说，这时大司农只管屯田事宜，而由度支尚书管理全国财务行政。

吴称度支尚书为户曹尚书，主计算。而大司农，蜀吴多如旧制，蜀先主定益州，置盐府校尉，校盐铁之利，属官有典曹都尉。

至于库藏，仍如汉制，钱入少府，谷入司农，魏后因汉制，在少府中设有中藏府令丞，可能是兼备御用，平准令仍属少府。而受粟官，魏初称为大农，后改为司农，据《通典》载："建安中为大农，魏黄初元年又改为司农"，有总督仓场的职责，其属官有太仓、籍田、导官三令。

晋朝掌理财政的官员也称为度支尚书，至其内部组织，史称武帝罢农部、定课，置吏部、金部、仓部、客曹、驾部、屯田、度支、运部等三十五曹，其后少有变动；及渡江，改为吏部，祠部、五兵、左民、度支五尚书，及金部、仓部、度支等十五曹。其库藏分为钱、谷二部，少府统中黄左右藏等令，为受银之官；大司农统太仓等令，为受粟之官，由太仓令总管仓储。而太仓令，在"晋江左以来，又有东仓、石头仓丞各一人"。[①] 早在咸宁二年（公元276年）丁未，起太仓于城东；郦道元《水经注》引洛阳地纪说：大城东有太仓，仓下造船常有千计；王应麟《玉海》也说：江东有龙头仓即石头仓、台城内仓、南塘仓、东西太仓、东宫仓等。据此可见大司农在当时所管仓廪也是很多的。

---

① 《三国会要》二十"庶政上"。

在南朝方面，宋、齐、梁、陈四朝掌财用的均为度支尚书。库藏的组织，也同晋朝一样为钱谷分开。

在北朝方面，北魏亦设有度支尚书，掌度支。《册府元龟》载："后魏度支尚书之属，统度计，掌计会。凡军国损益及军役粮廪事，仓部掌诸仓帐出入事，左户掌天下计帐户籍等事，右户掌天下公私用宅租调等事，金部掌权衡量度内外诸库藏文帐等事"。北齐的财制亦如北魏。可见北魏和北齐的度支尚书，不仅总摄国家的财政大权，并兼管农田水利与人口户籍，实属民财兼管，这样可以对社会经济情况更为了解。

北周则学习周官的古制，与北魏、北齐均不相同，据《通考》载，"置大司徒卿一人，如周礼之制，其属有民部中大夫二人。掌承司徒，教以籍帐之法，替计人民之众寡"。《册府元龟》载："又有计部大夫，其户部、度支、金部、仓部、成准六官，各以共差次属焉"。

关于库藏，北魏、北齐、北周皆为太府所掌管，魏设太府卿一人，官三品，太府少卿一人，官四品，掌财物库藏。而其所统率的库藏，如《隋书·百官志》载：太库寺掌金帛府库，统左藏、费藏、右藏等置令丞。至后周则稍有不同，后周太府有中大夫，掌贡赋货贿，以供国用，属大冢宰。又有外府上士、中士二人，掌绢、帛、丝、麻、钱、物、皮、角、筋、骨之属。

至受粟官，北齐司农寺，掌仓市，薪菜、园池、果实，统太仓、梁水次仓、石济水次仓等署令丞。至其官员组织，后周有司农上士一人，掌三农九谷稼穑之政令，属大司徒，其属"有司仓下大夫"。

从上述魏晋南北朝时期的财政官制中可见，其与汉代稍有不同。第一为掌管财计者已让位于度支尚书，大司农的官名虽存，不仅名义稍有变动，而其职权则已退缩为收粟之官。第二为库藏制度的变动。汉制是钱入少府、谷入司农，少府的职掌是为天子计财，司农则掌管国用。这时，前者虽直接受宰相之命而行使职权，而后者则隶属于财政官，受其指挥与命令以供军国之用，而晋后少府或太府虽仍受宰相或冢宰的管辖，但其职权已不如汉时划分得明显。

以上为中央的财政官制本身的机构与职掌，至其所属的税务机构，由于资料缺乏，现在所能查到的仅有盐关二税。

此期盐关二税，甚为官府所重视，其盐政关司，据《通典》所载，"魏制九品，第六品为司盐，第八品为司盐监丞"；"晋官制，第六品司盐都尉，第八品司盐监丞"，对盐政官吏，魏晋都很重视。尤其在东汉末，魏武的谒者仆射为监盐者，而魏晋官秩，谒者仆射，品在第五，可能晋代也循行而未改。

在北朝，北魏各代多设官专管盐利，但由于豪强的争利，官营之制时停时废，官盐机构也是废兴不常。

至于关市税管理，东晋时，由丹阳尹管。又据《晋书·职官志》载："侍御史有十三曹，江左置库曹，掌厩牧马牛市租"，这种以朝廷侍御史掌征杂税的办法，实为后世设巡关御史的起源。至宋齐则仍如东晋由丹阳尹掌管，梁、陈则改由太府征收。至于市税，则仍如东晋，由库曹掌管，如《宋书·百官志》所称"库曹掌厩牧牛马市税"。这是说市税由库曹掌管，但关税则由市署令派官征收。如前所引《隋书·食货志》载：自东晋至陈，"西有石头津，东有方山津，各置津主一人，贼曹一人，直水一人，以检察禁物及亡叛者，其炭鱼薪之类过津者，并十分税一以入官"。北魏的关市税虽由市署令掌管，但他们的政治地位已有提高，至"北齐，由司州牧率领东西市署令丞"，这就是规定了司州牧兼领导东西市署令丞以征收市税的权利与义务。

复习思考题

1. 简述本时期均田制对财政收支的影响。
2. 本时期财政收入的特点是什么？
3. 简述本时期财政收入的主要内容。
4. 总结本时期财政支出的特点，找出其主要原因。
5. 总结本时期政治经济制度的特点，谈谈其对财政制度的影响。

第六章 隋唐、五代时期的财政

> 本章中心内容：隋和唐初实行了一系列积极的政治经济调整措施。隋初至唐中期百余年工商无税对经济发展的影响。唐代的财政改革——从租庸调到两税法。国家专卖专营政策和刘晏的财政改革。唐代的财政体制和预决算制度。国家分裂后各割据势力的财税收支。

隋、唐两代，是中国历史上封建社会的鼎盛时期。国家统一局面维持了300多年。在这一历史时期内，由于劳动人民的努力，创造了巨大的物质财富和精神财富，使封建社会经济和文化得到空前发展；同时，国内民族日趋融合，同周边国家和民族关系更加密切；中央专制集权体制较前完善和加强；大唐帝国成为当时世界上文明富强、科技进步的强国。只是进入中期以后，盛极而衰，而藩镇割据，又导致分裂，出现五代十国的局面；经济也因此而衰退。

第一节 隋朝的政治、经济和财政

一 隋朝的政治经济

隋朝（公元581—618年）是在北周政权基础上建立起来的政权。鉴于北周末年，政治腐败，统治集团生活腐化，阶级矛盾日益激化，杨坚为了巩固自己的统治，从多方面进行了改革：在政治上确立三省（尚书省、门下省、内史省）六部（吏、礼、户、兵、刑、工六部）的官僚体制，以"三省"作为中央权力机关；地方则减省机构，设州（郡）、县两级，裁汰冗官，以提高行政效率。同时，将官吏任用权收归中央。在兵制上，实行"兵农合一"，使府兵制同均田制结合。在经济上，沿用北齐制度，继续推行均田；在全国进行人口普查（大索貌阅），严格户籍制度；大力兴修水利，增加灌溉田亩；整顿赋役制度，减轻赋役负担；广建仓窖，保障军政供给，储米备荒。由于政策的放宽，"男子相助耕耘，妇人相从纺绩"，到大业（公元 605—618 年）中，天下垦田 5585 万余顷，按当时全国户数（890 万余户）计算，则每户平均占有耕地 5 顷有余。而农业的发展，又为工商业的发展奠定了基础。特别是大运河的开通，工商税收的相继停罢，为工商业的发展提供了十分有利的条件。只是由于继任者杨广对内大兴土木，滥兴徭役；对外专事征伐，致人无宁日，社会生产力也因此受到严重摧残。最终导致各地农民起义，隋王朝短命而亡。

二　隋朝的财政收入

隋开皇三年，"罢酒坊，通盐池盐井与百姓共之"。[①] 国家财政收入主要来源于农业和农民，简述如下：

（一）田赋收入

1. 田制。杨坚建立隋王朝后，即于开皇元年（公元 581 年），颁布新令，继续推行前代均田制度，内容如下：

"及颁新令，制：人五家为保，保有长。保五为闾，闾四为族，皆有正。畿外置里正，比闾正；党长比族正，以相检察焉。男女三岁已下为黄，十岁已下为小，十七已下为中，十八已上为丁。丁从课役，六十为老，乃免。自诸王已下，至于都督，皆给永业田，各有差。多者至一百顷，少者至四十亩。其丁男、中男永业、露田，皆遵后齐之制。

并课树以桑榆及枣。其园宅，率三口给一亩，奴婢则五口给一亩……

京官又给职分田。一品者给田五顷。每品以五十亩为差，至五品，则为田三顷；六品二顷五十亩。其下每品以五十亩为差，至九品为一顷。外官亦有职分田。

又给公廨田，以供公用。"[②]

---

① 《隋书·食货志》。

② 同上。

农民授田，依北齐办法：一夫授田 80 亩，妇人 40 亩。另有桑田或麻田 20 亩，合计 140 亩。奴婢依正常农户授田，耕牛限 4 头。除桑田（麻田）外，露田应按规定还授。

隋代均田，它的主要之点有二：（1）最大限度地保证了大官僚、地主的经济利益。所授田数最高为普通农户（夫妻）的 720 倍。如按庶族地主算，户授田 140 亩，牛 4 头合 240 亩，奴 60 人，授田 3600 亩，合计 3980 亩，亦为普通农户的 28 倍。（2）仍维持桑田（麻土）买卖的政策规定，即部分地允许土地私有制的发展。但随着农业经济的恢复，农民受田达不到规定定额。特别是政治中心和经济发达的狭乡地区，"每丁才二十亩。老小又少焉"。① 丁男受田仅为定额的 1/4。

2. 田赋。隋代的田赋制度，也是建立在均田制的基础之上。开皇元年，"颁新令……丁男一床，租粟三石。桑土调以绢绝；麻土以布。绢、绝以匹，加绵三两；布以端，加麻三斤；单丁及仆隶各半之。未受地者皆不课。有品爵及孝子顺孙义夫节妇，并免课役"。② 至于给内、外官的职分田，并不是永业田，其田租收入，是作各级官员俸禄之用的；收入的多少，视其品级高低而定，官品高则职田多，收入也多，反之则少。其公廨田也有明确规定，是"供公用"，即其田租收入，充作各级官府办公经费之用。

开皇三年，又定军人以 21 岁为丁。服役时间（定额），由原来的每丁每年服役一个月改为 20 天。减调绢一匹为 2 丈。炀帝即位后（公元 605 年），因户口增多，府库盈溢，又宣布减除妇人及奴婢部曲的赋役。至于男子服役的年龄更放宽到 22 岁，只是实际执行时多有不遵。大业时，偶有临时课征：大业元年游江都，命州县交纳骨、角、皮革、毛羽等物；大业六年，将征高丽，课天下富人，量其资产，出钱市武马。

（二）贡献

根据史书记载，隋朝周边各国或民族，如高丽、百济、倭、赤土、迦罗舍国、契丹、突厥、吐谷浑、高昌、党项羌、靺鞨、奚、室韦等均不定期地向隋王朝贡献方物。在国内，除了按规定定期贡献地方特产外，还有在重大

---

① 《隋书·食货志》。

② 同上。

活动时的临时索贡，如炀帝在皂涧（今河南宜阳西南）营建显仁宫，周围数百里，命诸州各贡草木花果，奇禽异兽，以充实宫廷苑囿。还有另外一种情况，即各官为求升迁而找机会向皇帝献礼。

（三）屯田

隋王朝曾在边境地区置屯田、营田。开皇初，突厥（西北民族）侵犯边境，吐谷浑寇边，军事冲突多次发生，军粮军物转运频繁，于是于长城北大兴屯田；又于河西立堡，营田积谷，以供军需。大业时，先后于西海、鄯善、且末和辽西柳城开屯田。

三　隋朝财政支出

（一）皇室支出

隋初，杨坚为巩固自己的统治，提倡节俭，反对奢华，后宫生活费用也比较注重俭约，但到炀帝统治时，则是好大喜功，大肆铺张，挥霍无数。

1. 游幸。炀帝游江都，大事排场，靡费财力十分惊人，史载大业元年八月，第一次游江都，帝、后及后宫诸王、公主、百官、僧尼道士、蕃客所乘之船数千艘，共用挽船士 8 万余人；"舳舻相接，二百余里"。"所过州县，五百里内皆令献食，一州至百舆，极水陆珍奇"之物①。从江都回来，由陆路到洛阳，"役二十余万人，用金银钱物巨亿计"②。

2. 宫殿建筑费。开皇十三年（公元 593 年），在今陕西凤翔北筑仁寿宫，"营构观宇，崇台累榭，宛转相属"，丁夫死者数万人。大业元年，造显仁宫，发大江以南、五岭以北奇材异石运洛阳；是年，又筑离宫 40 余所。直至大业十二年，时值各地农民起义，而炀帝仍在大兴土木，在毗陵（今江苏常州）造宫苑，比东都西苑更壮丽，支出浩大。

（二）百官俸禄

隋初，简并州郡，定三省六部九寺五监官制。百官俸禄标准，禄米：正一品 900 石，至从八品 50 石。"食封及官不判事者，并九品，皆不给禄"。百官禄米，分夏秋二季发给。刺史、太守、县令，则计户而给禄，各以户数多

---

① 《资治通鉴》"隋纪"，大业元年。
② 《隋书·何稠传》。

少分为九等。

（三）军事支出

隋朝实行府兵制，财政所承担的仅为国防建设和战争经费。

1. 国防费。隋代国防建设，主要为修筑长城所耗用的人财物力。开皇五年，隋于朔方、灵武筑长城，长 700 里；开皇六年，发丁 50 万，在朔方东、沿边险要处筑城数十；大业三年，发丁男百余万修筑长城，西起榆林，东至紫河（今浑河），绵亘千余里，死者大半；大业四年，发丁男 20 余万筑榆林谷以东长城。

2. 战争经费。在隋朝统治时期，东南西北都发生过战争，史载开皇二年，突厥王可汗率 40 万众入长城，武威、天水、金城、上郡、延安等 6 郡损失最重，牲畜被抢一空，隋军数次回击，双方互有胜负。隋同高句丽的战争，先后多次。大业八年正月，动用水陆两军，总 113 万余人（水军不计在内），号称 200 万，"舳舻百里，并载军粮"，出征高丽，但以失败告结束；九年、十年，又连续起兵，终因国内农民多次起义而无力再战，双方议和。在数次战争中，人员财物损失惨重，仅萨水一战，"资储器械巨万计，失亡荡尽"。

3. 巡幸。炀帝在位十四年（公元 605—618 年），三游江都，四巡边地，美其名为"观省风俗"（炀帝纪），安抚人民，实际上是物资的夸耀和武力的示威。四次出巡则为大业三年到榆林（今内蒙古托克托西南），历时半年，从行甲士 50 余万；大业四年到五原，出长城，巡行塞外；大业五年西巡至浩亹川（大通河，今青海东北）出兵败吐谷浑；炀帝到燕支山（今甘肃武威境），高昌王及西域地方使节来见。大业十一年北巡长城，被突厥始毕可汗围于雁门。

（四）城市和苑囿建设

隋朝的城建工程，从文帝开皇二年开始，在长安东南龙首原建大兴城（新长安城），可能因规制太小，于大业九年，又发丁男十万人加筑。耗费巨大的则是营建东都（洛阳）。东都的营建，虽出于政治和经济的多种考虑，但劳民伤财，死人无数。与此同时，又建显仁宫和西苑。在营建东都和西苑时，主要殿柱所需的大木，均从江南采办，途经州县，皆由各地民夫往返递送。据称，每根大柱，需 2000 人共拽。运者络绎于路，千里不绝。更为残酷的是，这么大的工程，要在一年内建成，所以，每月役使达 200 万人。其中，筑宫城者 70 万人，建宫殿墙院者 10 余万人，建东都的土工 80 余万人，木工、瓦工、金工、石工又 10 余万人。① 由于"役使促迫，僵仆而毙者十四五焉。每月载死丁，东至城皋，北至河阳，车相望于道"。②

（五）水利交通

隋代陆路交通，主要是大业三年，发河北丁男凿太行山，以通驰道。隋代水利建设，最大工程为运河。开皇四年，命宇文恺率水工开广通渠。自都城（大兴城）东至潼关，接黄河，长 300 里，以便漕运。开皇七年夏四月，于扬州开山阳渎，以通漕运。开皇十五年，凿砥柱，以使通航；仁寿四年（公元 604 年）十一月，（炀帝）发丁男数十万掘堑，自龙门东接长平、汲郡，抵临清关，度（渡）河，至浚仪、襄城，达于上洛，"以置关防"。这里明确指出两地开挖的目的是通漕运。以适应经济发展，商货交流，京师粮物供应、边军粮饷供给的需要。大业元年，营建东都，为便于督责东南，也为了便于粮物转运供应的需要，在疏通原在漕渠的同时，又以洛阳为中心，开凿（修浚）四条河渠，即：

1. 通济渠。大业元年三月，"发河南诸郡男女百余万，开通济渠"。"自洛阳西苑引谷、洛水，达于河，自板渚引河（黄河）入汴口；又从大梁（开封）之东引汴水入于泗，达于淮，自江都宫入于海"。

2. 邗沟。大业元年，发淮南民十余万开凿，自山阳（今江苏淮安）至扬子（今江苏仪征）入江。

3. 江南运河。大业六年冬，十二月，下令挖江南河，"自京口（镇江）至余杭（杭州），800 余里，广十余丈，使可通龙舟"。

4. 永济渠。大业四年春正月，"诏发河北诸郡男女百余万开永济渠，引沁水，南达于河，北通涿郡"。③ 隋炀帝时期所开凿的四段运河，连贯沟通了海、黄、淮、江和钱塘江五大水系，经由河北、河南、江苏、浙江等数省，全长5000 余华里，是世界上开凿最早、航程最长的人工运河。运河的开成，不仅有利于巩固隋朝的统一局面，而且对南北的经济和文化交流，也起了重大的作用。

---

① 《大业杂记》。

② 《隋书·食货志》。

③ 《隋书·炀帝纪》。

（六）文化（娱乐）教育

隋朝的教育情况，资料不多。据称文帝于仁寿元年（公元601年）五月，下诏废除太学、四门学及州县学，只有国子学留学生70人。七月，改国子为太学。

在科学文化方面，隋文帝开皇年间，发明雕版印刷；隋星历学家耿询，发明了用水转动的浑天仪。在文化艺术方面，包括诗歌、音乐、舞蹈、书法、艺术等方面，都有惊人成就。但由于炀帝崇尚奢侈，"崇侈器玩"，为置办服装诸物，"其营费巨亿万"。

（七）赈给

隋朝每逢凶荒年，一般均下令减免田租，或开仓赈给。如开皇五年，关中连年大旱，而青、兖、汴、许、曹、亳、陈等15州大水，百姓饥馑。高祖乃命苏威等分道开仓赈给；又命司农丞王亶，发广通之粟300余万石，以拯关中。又发故城中周代旧粟，贱粜与人；买牛驴6000余头，分给尤贫者；令往关中就食。对遭受水旱的州县，均免当年租赋。

（八）赏赐支出

隋文帝时，出于巩固统治的需要，对有功之臣赏赐丰厚。史载，开皇九年，最后攻灭南朝的陈，全国归于统一。于是，杨坚亲到朱雀门慰劳凯旋而归的将士，并举行庆赏。"自门外，夹道列布帛之积，达于南郭，以次颁给。所费三百余万段"。隋文帝在开皇十二年以前，赏赐较多，据有关部门说："略计每年赐用，至数百万段。"

第二节　唐朝前期的政治、经济和赋税

隋末由于"驱天下以从欲，罄万物而自奉"，"徭役无时，干戈不戢"，使人困于水火，导致各地农民起义，不少贵族、势官，如杨玄感、李渊父子等，也相继从隋朝统治集团中分裂出来。李渊于大业十三年六月从太原起兵，同年十一月攻占长安；十四年三月炀帝被杀，同年五月，李渊称帝，改国号为唐，定都长安。

一　唐朝前期的政治经济

唐初，一切制度，多承隋制。到唐太宗（公元627—649年在位）时，进一步强化国家机器，改革并确立其治国方针和各项制度。在职官制度上，沿袭隋朝的三省六部制。三省分掌议政、决政和执政之权；同时，又设置御史台，掌纠察、弹劾事宜。此外，亦设九卿、三监和专掌文化典籍的秘书省。在地方，改郡县制为州县制，贞观（公元627—649年）时，又分天下为10道，以观风俗；贞观二十一年（公元733年），定全国为15道，道遂成为行政单位，强化了中央集权，有利于国家统一。在官吏用人方面，唐初君臣注意到隋朝皇帝独断，三省之间缺乏交流和驳正，太宗认为是招致祸乱的根源，于是在提倡发挥政府各部门职能作用的同时，执行"用人唯贤"的路线，注意精选官吏。

在经济方面，首先，继续推行均田，发展农业生产。贞观二年，太宗对侍臣说："凡事皆须务本。国以农为本，人以衣食为本，凡营衣食，以不失时为本"。十六年，又对侍臣说："国以民为本，人以食为命……若禾黍不登，则兆庶非国家所有"，① 为达到发展农业、富民（首先是地主阶级）富国的目的，又采取了如下措施：

1. 改革生产工具，发展农业生产力。首先，改革耕犁，采用曲辕犁和碎土除草的耙以及平地碾穗的碌碡。其次，在灌溉工具方面，在沿用前朝的戽斗、桔槔、翻车等之外，又发明了筒车，利用水力"以溉稻田，日夜不息，绝胜人力"。② 此外，还有"日破麦三百斛"的水碾及各种织机等，都在很大程度上提高了农业生产力。

2. 大力兴修水利。唐在工部下设水部，主掌全国川渎陂池之政令；又有都水监的都水使者，掌京畿之内河渠修理和灌溉诸事宜。为便利有效灌溉，唐朝修筑了众多河渠陂塘。如武德年间，于同州（陕西大荔）"开渠自龙门引黄河，溉田六千余顷"。贞观时，在扬州、福建莆田、蓟州（天津蓟县）开渠塘溉田；开元时，在太原、和州、眉州、明州、越州、同州、升州等地开渠堰或引黄河溉田，各地所灌溉田亩，少者数百顷，多者近万顷。

其次，发展手工业和商业。为有效地控制和发展手工业，在中央设置了工部掌天下百工、屯田和山泽之政令，设少府监掌为皇室服务的百工技巧之政令，设将作监掌供邦国修建土木工匠之政令。各官府都掌握了众多的工匠

---

① 《贞观政要·论务农》。

② （元）王祯：《农书》。

（少府监匠近 2 万人，且为世袭）。由于主要的手工业部门如丝织业、造船业、矿冶业、造纸业等大都控制在官府手中，而且官府集资源、技术为最优，所以不仅产品数量多，而且花色品种多，质量亦精美。

农业和手工业的发展有力地促进了商业的发展。唐朝官府为发展商业，也采取了许多重要措施，如开凿水陆交通道路，统一钱币，统一度量衡，此时不少都会，如长安、洛阳、扬州、成都、广州等，都是十分繁荣的商业都市，特别是京城长安，东市有 220 行，西市店肆有如东市，"四方珍奇，皆所积聚"，商业极盛。对外贸易方面，西北陆路通往西亚、欧洲各国，即"丝绸之路"；东南路由广州通东南亚各国，如林邑（地在今越南中部）、真腊（柬埔寨）、诃陵（今印尼爪哇）、室利佛逝（今苏门答腊）以及师子国（今斯里兰卡）、波斯（今伊朗）、阿拉伯等东南亚各国，都到广州来做生意。而在登州（山东蓬莱）、楚州、扬州、明州（浙江宁波），则多同东方的新罗（在今朝鲜半岛中部和东南部）、日本等国往来贸易。为规范市场、保证贸易各方利益，在都市中设有市令、市丞，在管理民政的同时，还要管理商贸；为加强对外贸易的管理，陆路沿袭前代设互市监；在东南沿海，先则由地方长官或副贰兼管，到开元初，则设专使——市舶使进行管理。

总之，唐自武德至开元、天宝的 100 多年间，虽时有内部流血斗争，同边境各民族也时有战争发生；但从总的情况看，农业发展迅速；手工业有显著进步，商业日益繁荣，整个社会经济得到有效发展。

二　唐朝前期的赋税

唐初统治者，执行一条重农、护农和取（依靠）农的国策，在赋税制度上，依隋旧制，工商无税。财政收入，主要来自农业和农民。

（一）田制

在土地授受方面，唐王朝直到开元二十五年，还在重申并修正均田制度。由于隋末的暴政，农业破坏严重，数十年时间都难以恢复。到高宗显庆年间（公元 656—661 年），唐立国已 40 年，在河南一带，还是"田地极宽，百姓太少"。为求得有效的统治，首先必须使处国家主业地位的农业生产得到恢复并有发展。而要恢复和发展农村经济，首先必须使农民有一份土地可耕。于是，沿袭前朝制度，加以修正颁行。

唐代均田令，是在统一战争结束后，即在武德七年（公元 624 年）颁布的，其内容如下：

"唐制：度田以步，其阔一步，其长二百四十步为亩，百亩为顷。凡民始生为黄，四岁为小，十六为中，二十一为丁，六十为老。授田之制。丁及男年十八以上者，人一顷，其八十亩为口分，二十亩为永业；老及笃疾、废疾者，人四十亩，寡妻妾三十亩，当户者增二十亩，皆以二十亩为永业，其余为口分。永业之田，树以榆、枣、桑及所宜之木，皆有数。田多可以足其人者为宽乡，少者为狭乡。狭乡授田，减宽乡之半。其地有薄厚，岁一易者，倍受之。宽乡三易者，不倍授。工商者，宽乡减半，狭乡不给。凡庶人徙乡及贫无以葬者，得卖世业田。自狭乡而徙宽乡者，得并卖口分田。已卖者，不复授。死者收之，以授无田者。凡收授皆以岁十月。授田先贫及有课役者。凡田，乡有余以给比乡，县有余以给比县，州有余以给近州……

自王公以下，皆有永业田。"①

凡官人受永业田。亲王一百顷，职事官正一品六十顷……上柱国三十顷，柱国二十五顷……云骑尉、武骑尉各六十亩。其散官五口以上同职事给。②

此外内外官又各给职分田。武德元年十二月制："京官一品十二顷"至"九品二顷五十亩"。③

此外，京师内外各官署，又多设公廨田充用。多者二十六顷，少者只有二顷。在外诸公廨田，大都督府 40 顷，中成、下成、岳渎各一顷。④

唐初均田制度，同以前各代所颁行的均田制度相比，随着社会经济形势的变化，已作了相应的改变。（1）受田对象的变化。据《食货志》和《唐六典》记载，凡寡妻妾以外的一般妇女、官户以外的一般奴婢，以及耕牛等都不授田。僧尼、道士、女冠和工商业者授田，但比农户授田定额要少。（2）官府官员受田的变化。凡各级官员，均按官爵、职事官和散官的品级和职田的形式以为补充，并按官品高低和职责广狭分别定额。（4）对府兵官兵受田，从制度上给予优待。（5）土地买卖限制进一步放松。既可

---

① 《新唐书·食货一》。

② 《唐六典·尚书户部》。

③ 《唐会要》"内外官职田"。

④ 见《唐六典·尚书户部》。

因其家贫卖其永业田以供丧葬，又允许由狭乡迁宽乡时并卖其土地。此外，还有三条新的规定：（1）允许将口分田卖充宅地及碾硙邸店之用；（2）其赐田欲卖者不禁；（3）五品以上勋官永业田听卖。这些规定，为土地兼并扫除了法律障碍。

前已述及，唐初田多人少，有田可均。但据史料记载，同时又存在受田不足的现象，这就是宽乡、狭乡有别，受战祸影响大小不同。当然，唐王朝同前代一样，也不是把所有的官田、荒地全部用以授民，因它还需保证屯田、营田和牧地的用地，以保证国防和王室的需要；为了笼络王亲贵戚和勋官，使他们效忠于朝廷，也要有适量的官田以供赏赐；此外，还要留下部分土田以供不时之需。关于授田不足问题，也有权贵占田过限，以及小户无钱买足定额土地的原因。从上可见，唐代均田仍有诸多问题未能解决。由于唐代均田制存在很多缺陷和不足，所以一方面给权贵和大户提供可乘之机，兼并田地；另一方面，贫下户经不起天灾人祸的打击，无力保持其对定额土地的占有。而国家欲保持其政权的稳定，又必须把广大农户附着于土地上，以给国家提供必要的财富。为此，唐王朝及时作出若干调整，并于开元二十五年，重申均田令。同武德七年相比，开元令有如下变化：（1）黄、小、中、丁男女及老男、笃疾、废疾、寡妻妾当户者，各给永业田二十亩，口分田二十亩（给田数较前为少）。（2）狭乡新受者，减宽乡口分之半。（3）其给口分田者，易田则倍给。（4）对品官永业田详加规定。（5）诸狭乡田不足者，听于宽乡遥受。（6）诸驿封田，皆随近给。（7）其城居之人，本县无田者，听隔县受。（8）亲王出藩者，给地一顷作园，若城内无可开拓者，于近城便给；如无官田，取百姓地充，其他给好地替。①

从上可见，开元均田令，内容规定比前更细、更具体化，便于操作；其对因公致伤残或死亡者，也多有照顾；对官员授田，条件更宽，且买卖田地的条件也更宽松。

随着土地的垦辟，人口增加很快，开元十四年管户 706.9 万，管口4141.9 万；天宝元年（公元 742 年）管户 834.8 万（一说为 852.5 万），管口4531.1 万（一说 4890.9 万），已接近于隋极盛时户口了。人口的迅速增加，

---

① 以上见《册府元龟》"邦计部·田制"。

土地额数普遍不足，于是开垦愈烈。史称：开元、天宝之中（公元731—756年），耕者益力。四海之内，高山绝壑，耒耜多满。人家粮储，皆及数岁；太仓委积陈腐，不可较量。①

（二）田赋——租庸调制

李渊父子夺得政权之初，沿袭隋代均田、租调制度。在镇压各地农民起义后，于武德七年（公元624年），"定均田、租庸调法。凡授田者，丁岁输粟二斛，稻三斛，谓之租。丁随乡所出。岁输绢二匹，绫、绝二丈，布加五之一，绵三两，麻三斤，非蚕乡则输银十四两，谓之调。用人之力，岁二十日，闰加二日，不役者日为绢三尺，谓之庸。有事而加役二十五日者免调，三十日者租、调皆免"。通正役不过五十日。又有特殊的减免规定："太皇太后、皇太后、皇后缌麻以上亲，内命妇一品以上亲，郡王及五口以上祖父兄弟，职事、勋官三品以上有封者若县男父子，国子、太学、四门学生、俊士、孝子、顺孙、义夫、节妇同籍者，皆免课役。凡主户内有课口者为课户。若老及男疾、笃疾、寡妻妾、部曲、客女、奴婢及视九品以上官，不课。"②对岭南、少数民族及新附之民，也作了特殊规定："若岭南诸州则税米；上户一石二斗，次户八斗，下户六斗。若夷獠之户，皆从半输。蕃胡内附者，上户丁税钱十文，次户五文，下户免之。附经二年者，上户丁输羊二口，次户一口，下三户共一口。凡水旱虫霜为灾，十分损四已上免租，损六已上免调，损七已上课役俱免。"③按陆贽所说："有田则有租，有家则有调，有身则有庸。"

（三）户税

户税始征于武德六年三月，"令天下户量其资产，定为三等"。九年三月，又以三等办法不能反映户等升降，改为九等。按《唐会要》所载，代宗大历四年（公元769年）正月敕：天下及王公以下，自今已后，每年税钱，上上户四千文，上中户三千五百文，上下户三千文，中上户二千五百文，中中户二千文，中下户一千五百文，下上户一千文，下中户七百文，下下户五百文。其现任官一品，准上上户税，九品，准下下户税，余品并准依照此标准分等

纳税。如一户在数地任官，则每处要依品纳税。凡民有邸店行铺及炉冶者，应按令式规定，查实征纳。寄庄户，准依旧例从八等户征税；寄住户，从九等户纳税。其各类浮客及临时寄住户等，不问有官无官，应在所在地为两等收税；稍殷富者，准八等户税，余准九等户税。如数处有庄田，也在每处纳税。对诸道将士庄田，考虑其防御勤劳，不能按照百姓的标准征收，一切按九等输税。到建中元年，天下税户 308.5 万，籍兵 76.8 万人，税钱 1089.8 万余缗，税谷 215.7 万余斛。户税收入是个不小的数字。

（四）地税

唐初，地税实为义仓收入，在"田租"外按田亩或户等缴纳。凡王公以下以其垦田所产粟、麦、稻之类，每亩缴纳二升，存贮州县义仓，以备凶荒年使。从开元十三年后，义仓变成了定额田税性质，不仅"令州县长吏专勾当，依限征纳"，如征纳违限，要依法惩处；还有放免逋欠、蠲免其半的诏令。开元二十五年定式：王公以下，每年户别据所种田亩别税粟二升，以为义仓。其商贾户若无田及不足额者，上上户税五石，上中以下递减各有差。

（五）屯田收入

屯田，是为巩固边防，减省徭役以农养军的一项重要财政措施。在唐朝，有工部郎中所管的屯田，司农寺所管的屯田，还有州县屯田。[①] 据史料记载，当时全国各军州管屯田，总共有 992 处。每处多者 50 顷，少者 20 顷。开元二十五年，又发布每屯屯田限额：凡隶属司农寺者，每 30 顷以下，20 顷以上为一屯；凡隶州镇诸军者，每 50 顷为一屯。凡在旧有屯田处重新建立屯田的，以原屯田界为限；凡原非屯田之所，则取荒闲无籍之地为屯田。屯田收入，一般是按土地的肥瘠和年岁的丰歉分为三等，再根据民田的收获情况，取其"中熟为率"。据开元二十五年统计，天下屯田收谷百九十余万斛。又据天宝八年全国屯田收入数共计 1913960 石，其中：关内 56.38 万石，河北 40.3 万石，河东 24.58 万石，河西 26.08 万石，陇左 44.09 万石。[②]

（六）贡献

史称"汉、唐以来，任土作贡，无代无之"。按唐制规定，土贡所纳，

---

① 《旧唐书·职官志》："凡边防镇守，转运不给，则设屯田，以益军储。"

② 《通典·食货·屯田》。

"一是当土所出,其物易供,二是贡物价值不许超过 50 匹绢价。但在贞观初,一些地方,都督刺史,邀射声名,厌土所赋,或嫌其不善,逾意外求,更相仿效,遂以成俗,极力劳扰"。《贞观政要·贡赋》。唐中宗神龙(公元 705—707 年)时制:"诸贡物皆须任土,当处无者,不得别求,仍于常数每事量减;缘百姓间所有不稳便者,并委州府县状奏闻"。玄宗即位初,也下诏申明"任土作贡"本意。据此可知,朝廷要坚持土贡制度,保证皇室需要;不要坚持"任土作贡"原则,不许额外苛求。

唐王朝立国将近 300 年,前后贡物,随着经济的发展变化而有所变换。各州道贡物,详载于《新唐书·地理志》、《唐六典》等典籍中。其中名目繁多,在此不一一抄列。

第三节 唐朝中后期的政治、经济和赋税

一 唐朝中后期的政治经济情况

到玄宗开元、天宝年间,唐立国已百余年,封建经济空前发展。据《新唐书·食货志》记载:"是时,海内富实,米斗之价钱十三,青、齐间斗才三钱,绢一匹钱二百。道路列肆,具酒食以待行人,店有驿驴,行千里不持尺兵。"《通典》也记开元时,"家给户足,人无苦窳,四夷来同,海内晏然"。但也正是从这时开始,唐朝政治经济,由盛极而衰,开始走下坡路。从经济上讲,当时的庄园经济(大土地所有制)有了较大的发展。寺院庄园(或由皇朝赐予,或由地主或平民捐献,或为强夺)发展迅速,凡名寺一般占田十顷以上到四五十顷。庄园经济的发展,逐渐蚕食官田、民田,导致均田制的溃坏。再加上王朝租赋的加重,私人地主剥削的残酷,阶级矛盾日渐尖锐。从政治上说,由于以玄宗为首的封建统治集团的骄奢淫侈,政治腐败、军事虚弱、国力减耗,为安禄山等发动叛乱提供了可乘机遇;进而为以后的方镇割据创造了条件。发展到僖宗(公元 874—888 年在位)时,当时的社会情况,正如翰林学士刘允章所说:"国有九破","民有八苦","天下百姓,哀号于道路,逃窜于山泽;夫妻不相活,父子不相救"。[①] 农民无以为生,于是被迫起义。而统治

---

① 《全唐文》卷 804,"直谏文"。

阶级内部朝官与宦官、宦官与方镇矛盾日深，最后，宣武节度使朱全忠（朱温）杀唐哀帝（公元905—907年在位），建立后梁王朝，唐朝灭亡。

二　唐朝中后期的赋税

（一）田赋

1. 田制

天宝以后，朝廷乏力，均田难行，具体说来有如下几点原因：

第一，隋、唐均田制，是在农村内部土地私有化过程中和大土地所有者的进攻中瓦解，这是大土地私有制发展的结果。

（1）从隋末至唐，国家逐步放宽了土地买卖的禁令，使份地私有化日益固化，也为土地兼并提供了条件；

（2）对均田的等级分配和赏赐使权贵和达官扩大了土地占有量。

第二，因阶级矛盾、民族矛盾激化而导致起义或战争，因政权更替、统治者指导思想变化，或因无法避免的天灾人祸的袭击，加速农民向两极分化，富户乘机隐占土地；

第三，国有土地日渐减少，特别是在政治中心和经济发达地区，国家已无田可供调剂；

第四，唐代的均田制度，基本是沿袭北魏以来各代均田模式，制度本身尚有诸多缺陷，如：立法不公，优待权贵，保护权贵特权；均田不均，不仅量有多少之差，质有好坏（肥田、瘠地）之别，地有南（方）、北（方）之分，高、低、水、旱之差；既不能适应经济形势的变化而随时修正，又不能抑制土地兼并而确保农民利益，统治者的主要力量多放在租赋的保证上。可以说，均田制，特别是唐代的均田制，从一开始就埋下了隐患——"开元之季，天宝以来，法令弛坏，兼并之弊有逾于汉成、哀之间"。朝政腐败和方镇跋扈，使均田制度画上了一个句号。

2. 田赋——两税法

（1）推行两税法的原因。进入开元年间，因久不编造户籍，人口、土地和贫富变化很大，出现了严重的赋役不均现象。具体分三个方面：

第一，土地被兼并，农民被迫流亡。由于农民失去了土地，建基于均田基础上的租庸调制也无由存在。

第二，赋役负担加重，超出了农民的承受能力。史称"至德之后，天下兵起，始以兵役，因之饥疠，征求运输，百役并作，人户凋耗，版图空虚"。

第三，安史之乱后，方镇专权，赋敛之司数四，而莫相统摄，纲目大坏。即是说，唐王朝一失去征税土地；二失去提供赋役的人民；三失去法定税粮，财政空竭。为扭转这种局面，需对赋役制度进行改革。为此，杨炎请作两税法。

（2）两税法的内容及利弊。按《旧唐书·杨炎传》所记："凡百役之费，一钱之敛，先度其数而赋于人，量出以制入。户无主客，以现居为簿；人无丁中，以贫富为差。不居处而行商者，在所郡县税三十之一，度所（取）与居者均，使无侥利；居人之税，秋夏两征之，俗有不便者正之。其租庸杂徭悉省，而丁额不废，申报出入如旧式。其田亩之税，率以大历十四年垦田之数为准，而均征之。夏税无过六月，秋税无过十一月。逾岁之后，有户增而税减轻，及人散而失均者，进退长吏，而以尚书度支总统焉。"以上所述新、旧唐书《食货志》基本相同。但有"遣黜陟使按比诸道丁产等级，免鳏寡茕独不济者。敢有加敛，以枉法论"的规定内容。两税法的具体内容，可归纳为以下几点：一是国家财政原则是"量出制入"。即在确定第二年的财政征收总额时，先要对国家各项经费开支进行估算，以此确定征收总额，再按一定比例下达全国，组织征收。二是课税主体，以各地现居人口（不分主、客户）为纳税人。行商无固定地点，则在所在州县征收。三是税率：户税，按九等分摊；地税，以大历十四年的垦土数为基准，按比例分摊；不分丁男中男，一律按资产多少摊征，商人按其收入税三十分之一。四是完纳期限：分夏秋两次缴纳，夏税不得晚于六月底；秋税不得迟过十一月底。五是纳税物品：原则上户税交钱，地税交实物，但在实际缴纳时再按国家规定或折钱、或折物。六是鳏寡孤独及赤贫者免征。七是原来的租庸调和一切杂徭、杂税的征收制度作废。八是如在两税外擅自加征者，以违法论处。

唐人对两税法的评价，褒贬不一。

新、旧唐书《杨炎传》中说，两税法的实行，"人不土断而地著，赋不加敛而增入，版籍不造而得其虚实，贪吏不诚而奸无所取。自是轻重之权，始归于朝廷"。曾累迁中书侍郎同平章事的陆贽对"两税"颇有异议。他认为：田赋之弊需要改革，但执事者（主要是杨炎）既不知弊病根源所在，且在措施方法上也没有抓住要害，致"救跛成痿，展转增剧"。

应该说，两税制是我国赋税史上的重大改革，它具有划时代的意义。因它是针对土地兼并失控、赋役负担失均、官吏舞弊、豪强转嫁负担等诸多社会问题而制定的制度，针对性很强，改革力度也比较大。第一，"量出制入"的财政原则，把国家支出控制在一定范围内，有利于限制赋外加赋之事的发生。第二，户不分主户、客户，人不分丁男、中男，一律按其占有的土地、资财分类征收，照顾了人民的负担能力，更主要的是体现了合理负担原则。第三，户不分主客，人不分丁、中，一律在所在州县纳税，体现了税收的普及原则，也可杜绝偷漏税行为的发生。第四，两税法对课税基础、纳税时间、纳税物品和数额等都作了明确规定，既使豪富猾民无规避之隙，也使贪官赃吏无侵蚀之由；既保证了国家财政收入的可靠入库，又使商民免受苛剥之苦；而且简便易行，便于缴纳。第五，户税纳钱，地税交实物，适应了商品经济发展的要求。总之，两税法既有总的原则，又有具体规定；既依据土地、资产征税，又不放松对民户（农、商）的控制；既抓官、又抓民，对巩固中央财政有积极的意义。但也应该看到，建中二年，杨炎的财政改革还在进行中，他即因事被贬，不久即罪死。所以，两税法改革并未真正完成，继事者虽知两税，但不能深知杨炎的意图。当然，也可能杨炎改革仅到此为止，给后人留下更多的悬念。

唐代后期，由于朝政败坏的问题未能解决，继之又宦官专权，虽有永贞革新及其以后的牛李之争，但均遭失败；因而两税制度遭到破坏，先是税上有加征，税外又出台许多苛杂。

（二）专卖收入

如前所说，从隋文帝开皇三年至唐玄宗开元年初，工商无税。开元元年（公元713年）十一月，河中尹姜师度提出：安邑盐池因长年失修，无人经管，盐池接近干涸；左拾遗刘彤亦上表称：国有不足，应收盐利。经宰臣讨论，都称"盐铁之利，甚益国用"，于是始令将作大匠姜师度、户部侍郎强循俱摄御史中丞，与诸道按察使检责海内盐铁之课；开元十年八月十日，敕令依令式收税。这样，自隋以来，停止了140年的盐税又恢复征收了。

1. 盐税和盐专卖。唐初不税盐，但皇室、百官府、军人均需食盐，因此政府必须控制一部分盐业资源以供官用。据《新唐书》所载，司农寺下设诸盐池监的机构，则京都百司之盐，当由司农寺供应。此外，唐朝军屯中，也有盐屯，如幽州盐屯，大同横野军盐屯等，这些盐屯所产之盐，除供军外，按理也供中央王朝食用。

唐朝食盐有税，当在开元十年八月十日，玄宗敕依令式收税。唐玄宗虽下令食盐征税，但由于各地意见不一，"事竟不行"。安史之乱后，社会经济遭到严重破坏，负担赋役的户口急剧下降；而藩镇割据，也加剧了财政困难。为此中央财政必须另辟税源，以应急需。肃宗乾元元年（公元758年），以第五琦为盐铁运使，实行盐专卖。其法是"就山海井灶收榷其盐，官置吏出粜"，即实行"民制、官收、官运、官销"制。由于官盐机构多，官吏多，开支大；而官商不善经营，"州县扰"而民不便；特别是盐利厚，易生奸伪，在一定程度上影响了国家盐利收入。

乾元三年，以刘晏为户部侍郎充度支、铸钱、盐铁等使；对盐制、盐法多有改革。实行"民制、官收、商运、商销"制。国家榷盐，粜与商人；商人纳榷，粜与百姓。为防止商人擅自涨价，以及对僻远利薄之处，商人不运盐销售，刘晏又置常平盐，"每商人不至，则减价以粜民"，既平抑商价，又能解决边远地区食盐困难问题。刘晏创行的商专卖制，由于商人经营手段灵活，既扩大了食盐销售，也有效地抑制了私盐，同时也减少了官盐机构和经办吏员；既保证了居民供应，也增加了国家财政收入。史称刘晏主政初，盐利岁入不过四十万缗，而至大历末竟达六百余万缗，"天下之赋，盐利居半。宫闱服御、军饷、百官俸禄皆仰给焉"。由于盐利的地位剧升，从而改变了国家财税结构，也缓和了国家财政困难。自建中元年刘晏被害后，盐政即失去常轨；唐朝末年，宦官专盐政，内则条制日弛，外则私盐泛滥，而藩镇擅兵，分割把持盐利，榷法弊坏。

2. 茶税和茶专卖。我国发现茶的历史比较早，但一直未开发其使用价值。自从唐人陆羽所著《茶经》问世后，茶饮才迅速推广和普及。

茶之有税，据史籍记载，开始于唐德宗建中三年（公元782年）。户部侍郎赵赞奏准于各水陆交通要道和都会，设置官吏，检查商人的资财，每千钱征二十；对全国各地出产的竹、木、茶、漆，按十分之一的税率征收。原本以茶、漆、竹、木的税收收入，供充常平本钱。四年，因泾原兵变，于兴元元年（公元788年）春正月宣布停征。贞元九年，诸道盐铁使张滂奏请对出茶州县茶山及商人要路，官府设场收税，分作三等估价，税率为十分之一。茶税收入约 40 万缗，成了额定征收数。穆宗即位（公元 821 年），"两镇用兵，帑藏空虚；禁中起百尺楼，费不可胜计"，这时，盐铁使为固宠邀功，乃增天下茶税，每百钱增五十，即增税 50%，茶户负担加重。

唐代实行茶专卖，实开始于文宗（公元 827—840 年）时期。大和九年郑注向中央建议实行榷茶，即"以江湖百姓茶园，官自造作，量给直分，命使者主之"。① 当时，盐铁转运使王涯亦奏请对江淮、岭南之茶加税，文宗即命王涯为诸道盐铁转运榷茶使，主持茶专卖。冬十月，他奏请"徙民茶树于官场，焚其旧积者"，导致天下大怨，王涯被杀。至此，茶专卖被停止，又恢复征税制，但税负并未减轻。武宗即位，盐铁转运使又增江淮茶税："是时茶商所过州县有重税，或掠夺舟车，露积雨中，诸道置邸以收税，谓之'拓地钱'。"由于经过州县要交税，停放官置邸店要收税，处处纳税，税负太重，因而出现了私茶。宣宗大中六年（公元 852 年）正月，盐铁转运使裴休制定反私茶法（"条约"），规定："私鬻三犯皆三百斤，乃论死；长行群旅，茶虽少皆死；雇载三犯至五百斤，居舍侩保四犯至千斤者，皆死；园户私鬻百斤以上，杖背，三犯，加重徭；伐园失业者，刺史、县令以纵私盐论。"可见，对私茶的惩罚十分严苛。禁私之后，庐、寿、淮南皆加半税。"天下税茶增倍贞元"，贞元茶税钱为 40 万缗，则宣宗时达到 80 万缗了。

3. 酒税和酒专卖。唐初无酒禁。肃宗至代宗时，多次禁酒。德宗建中三年，为筹集军费，禁民酤，官府设酒店卖酒，斛收值 3000，不久即罢榷。贞元二年（公元 786 年），禁京城、畿县酿酒。国内各地置肆酤酿者，斗酒收钱 150，并免徭役；而淮南、忠武、宣武、河东等地则榷曲。元和六年（公元 811 年）罢京师酤肆，将榷酒钱随两税、青苗征收。大和八年（公元 834 年），罢京师榷酤。此时全国酒专卖收入达 156 万余缗，其中酿造费占 1/3，贫户逃漏税不在其内。

（三）工商各税

1. 矿税。唐初，弛山泽之禁，任民开采。开元十五年，开始对伊阳（今河南伊川县南）五重山的银、锡征税。德宗（公元 780—805 年在位）时，户

———————

① 《旧唐书·郑注传》。

部侍郎韩洄建议，"山泽之利宜归王者"。自是之后，皆隶盐铁使。开成元年（公元836），复以山泽之利归州县，由刺史选吏主持。其后，诸州县牟利归己，上交中央者很少，总全国收入不过七万余缗，还抵不上一县的茶税收入。

2. 商税（关市税）。唐朝税商，史载始于肃宗至德（公元756—758年）年间，因"安史之乱"，两京失陷，为筹集军费，始税商贾，对价值1000钱以上者征税。上元（公元760—762年）中又规定，商船通过江淮堰塘时，按斛斗纳钱，叫埭程。德宗建中元年二月，杨炎作两税法，对商人税三十税一；同年九月，为筹集常平本钱，于诸道津要都会之所置税吏，检校商人财货，按值每贯税20文；对山林园地出产的竹、木、茶、漆，皆十分税一。建中二年五月，又以军费需要，将商税三十税一的税率改为十分税一；文宗大和七年（公元833年）规定，除两税外，一切杂税均免，如有妄征者，将重加惩责。但禁约不严。

3. 互市、市舶税。唐朝经过百余年的治理后，生产发展，经济繁荣，对外贸易，无论水路陆路，都有相当发展。其陆路贸易，在西北并置互市，设互市监负责管理同境外民族及外国贸易诸事；在东南沿海，则对于广州设市舶司，负责管理海外各国来中国贸易的商人使者，并对其货物进行征税。这里当包括三种收费（税），即陌脚（下碇之税）、进奉和率税。进奉，是指上贡朝廷的珍异之物；至于率税，可能是国内商税，对外商不征收。

4. 除陌钱。除陌法产生于何时？没有史料。德宗四年六月，赵赞请行的除陌钱法（税），是在原2%的税率的基础上，加重为5%的税率。凡公私支付和买卖，官收2%；物物交换者，按物品价值计算征税。官府将印纸交牙商，由其登记收税；凡未经牙商的贸易，则自行登记纳税。其有隐匿不纳税者，偷漏税100文的没收钱物，达2000文者杖60；举报者赏钱10千，由偷税者负担。由于牙商勒索中饱，公家所得不多（"百不得半"），商民却受害深重，该年十月，泾原兵变，此税被迫取消。

5. 间架税。对房屋征税，始于德宗建中四年六月。时军费不足，采纳判度支赵赞建议税间架："凡屋两架为一间，分为三等：上等每间二千，中等一千，下等五百。"由吏手执丈量工具及登记簿，至每家丈量登记，凡隐瞒不报者，隐没一间杖60，举报者赏钱50贯文。由隐匿者负担。一些没落家族，房屋不少，却很少有其他资财，出钱动辄数百万缗，负担沉重。此税亦因泾原兵变而取消。以后未见有征收房屋税的记载。

6. 青苗钱。唐自肃宗以来，连年用兵，国家财政困难，为给百官俸禄，代宗广德二年（公元 764 年）七月，初税青苗。天下田一亩，税钱十五，市轻货以给百官，因系在青苗时征收，故叫青苗钱。青苗钱实是田赋的加征。大历元年（公元 766 年），在青苗之外，又有地头钱，每亩二十，通名为青苗钱。五年，始定法制，分夏、秋两次征收。荒田如故。青苗钱亩加一倍，而地头钱不在其内。八年正月，以京师繁剧所加之青苗钱（每亩 30 文），仍恢复为亩税 15 文。德宗建中元年行两税法，青苗钱并入两税。

（四）其他非税收入

1. 和籴、和买。和籴原本为国家出钱，向农民购买粮食，"两相商量，然后交易"。但到开元十六年，情况已发生变化：由于和籴不止，造成私藏竭尽。德宗贞元时，和籴变成了强取，还要运送数百里至京西行营。宪宗元和（公元 806—820 年）时，和籴由府县散配民户，立定期限，严加催征，"迫蹙鞭挞，甚于税赋。号为和籴，其实害人"。①

唐朝的和市，一开始就十分劳人。按魏征所说："和市之物，不绝于乡间，递送之夫，相继于道路。"② 和市之物，十分广泛，除布、帛、粮物之外，土木工程所需也"审其多少而市之"。而所谓市买，又多缘户散配。虽时遭臣下反对，但这种科配情况，直到终唐，仍无多少改变。

2. 借商。德宗初，河北、河南连兵不息。诸道用军月费 100 余万贯，京师帑藏仅能维持数月。如能有 500 万贯，支持半年，则军费可接济。太常博士韦都宾等计议，"以为泉货所聚，在于富商，钱出万贯者，留万贯为业；有余官借以给军"。约借一二千商，则数年之用可足。经德宗许允，"约以罢兵后以公钱还"。敕下后，京兆少尹韦祯督责很严，长安尉薛萃则带校尉乘车，搜人财货，认为不实，即行榜棰，有人不胜冤痛而自缢而死，京师嚣然如被盗贼，总计富户田宅奴婢等值，才及 88 万贯。又借僦柜纳质等钱，长安为之罢市。计僦质与借商，才 200 万贯。德宗知下民流怨，诏皆罢之。③ 这是一次不成功的举债。失败的原因是官府把借债当成征课来办，强制搜刮，结果可

---

① 《白居易集》卷 58 "论和籴状"。

② 《新唐书·魏征传》。

③ 《旧唐书·卢杞传》。

想而知。

3. 进奉。唐中期后，由于藩镇割据，瓜分财利，各地常贡和国外贡献，已不经常。但在常贡（土贡）之外，又有不定期、不定量的进奉。因进奉弊害下民，所以唐初统治者屡下诏禁止。但自"安史之乱"后，政治日益腐朽，所以进奉之事，时有发生。如代宗时（公元762—779年），每逢元日、冬至、端午、皇帝生日时，各地州府，"于常赋之外，竞为贡献"，时称"四节进奉"。所进献之物，多为金、银器具，绢、绁、珍玩之物。①

第四节　唐朝财政支出

唐朝财政支出，主要包括皇室支出，军事支出，俸禄支出，建筑、科学、文教等支出。

一　皇室支出

皇室支出包括宫殿园陵的建筑费、日常生活费以及其他各项开支。

（一）宫殿苑囿陵寝等营建费用

唐朝初期，崇尚节俭，凡事务以隋亡为鉴。其宫室多沿隋旧。贞观初，太宗对侍臣曰："隋炀帝广造宫室，以肆行幸，自西京至东都，离宫别馆，相望道次……逮至末年，尺土一人，非复己有，以此观之，广宫室，好行幸，竟有何益？"因此"不敢轻用人力，惟令百姓安静，无有怨叛而已"。② 太宗依据"不作无益害有益"的思想原则，下令"自王公已下，第宅、车服、婚嫁、丧葬，准品秩不合服行者，宜一切禁断"。"由是二十年间，风俗简朴，衣无锦绣"。③ 但以后各代，则多有营建。武则天垂拱四年（公元688年），造明堂，役人数万；天册万岁元年（公元695年）作大佛像、明堂、天堂等，"倾四海之财，殚万民之力"，耗费巨万；据《玉海》所载，唐朝所建宫殿很多，有些宫殿，皇帝一年不过去一二次。

---

① 《资治通鉴》，宪宗元和十四年。
② 《贞观政要·论行幸》。
③ 《旧唐书·若水传》。

在园陵方面，唐太宗的陵墓，即是"唐代第一陵"，也是中国历代帝王陵墓中面积最大、陪葬墓最多的皇陵之一。昭陵位于礼泉县北的九嵏山下，开创了"因山为陵"制度。该园陵周长 60 公里，总面积达 2 万多公顷。皇族和三品以上官的陪葬墓有 167 座。又唐朝第三个皇帝高宗李治和女皇武则天的合葬墓——乾陵，它是仿京城长安的格局设计营造的，营建时间长达 21 年。

此外，唐王朝还广建寺庙，中宗时营立寺观，累年不绝，大抵费用常千万以上，"转徙木石，废功害农"。① 唐皇还多次封禅。开元十三年，封禅泰山，百官、贵戚四夷酋长从行，运输车辆数百里。

（二）帝后公主生活消耗

按照唐朝制度，帝、后、诸王及公主，其服御居室，均有制度规定，如天子之服有 12 等（武德四年制），天子之车有豹尾车、黄钺车等通为 12 乘。但到玄宗天宝时，不仅杨贵妃宠遇愈隆，其姐妹"韩、虢、秦三夫人，岁给千贯为脂粉之资"。而"宫中供贵妃院织锦刺绣之工，凡七百人，其雕刻造，又数百人"。② 中宗时安乐公主"有织成裙，直线一亿，花卉鸟兽，皆如粟粒，正视旁视，日中影中，各为一色"。③ 帝女出嫁，唐朝中后期也失去前期风气，极尽奢华。懿宗咸通十年（公元 869 年）正月同昌公主出嫁，帝赐第宅，其井栏、药臼等，均以金银制造，赐钱为 500 万缗。

（三）饮宴赏赐

唐初，"去奢省费"，"贵顺物情"；中期以后，饮宴娱乐之事，不绝于书。天宝三年十一月，命"每载依旧取正月十四日、十五日、十六日开坊市门燃灯，永以为常式"。④ 元宵灯节，当自此时开始。由于开元、天宝时期的经济繁荣，也导致帝王生活的腐朽，"上以国用丰衍，故视金帛如粪壤，赏赐贵宠之家，无有限极"。如开元十九年巡幸洛阳，赐赉从官物多者 80 匹，少者如诸色白身人等亦有 3 段；天宝十三年三月御跃龙殿宴群臣，赐右相绢 1500 匹，彩罗 300 匹，彩绫 500 匹，至六品、七品官亦有 40 匹，"极欢而罢"。至终唐之世，赏赐之事时有发生。

---

① 《新唐书》。
② 《旧唐书·后妃上》。
③ 《资治通鉴》，中宗景龙。
④ 《旧唐书·玄宗纪下》。

二　军事支出

唐朝的常备兵 60 万—100 万。开元、天宝年间，约 16 户养 1 兵。元和、长庆为"三户资奉一兵"。兵饷开支年 720 万—1200 万石，约占国家田赋收入的一半。唐初，承隋旧制，实行府兵制，兵农合一，服兵役者需负担一部分武器和个人食用之具，包括粮食，因此，国家财政负担不重。但天宝以后，均田制逐渐被破坏，兵士无以为生，相继逃亡；府兵制难以维系，被迫改制；而实行募兵制的结果，养兵费因此增加。不过，一般的国防经费，系指常备养兵的经费，有开支制度可依，支出也有定额标准，并有一定的供给渠道。如保卫京师的宿卫兵由太仓供饷；戌守边境的边兵，由军屯和当地的仓库供给；而征用兵是带有专门征收、并由经过地方的军仓、正仓供给。此外，就是偶发性、短期的战争经费。如贞观时对突厥、吐谷浑、高昌和高丽等的战争。特别是天宝十四年，安禄山反唐，前后八年（公元 755—763 年），中原地区经济被严重破坏，人民生命财产蒙受巨大损失。由于唐自天宝以后，战火累发，国库不足，宪宗元和时，下令以内库缯绢和内库钱"付度支供军"。代宗、德宗曾减百官职田收入以供军用。

三　百官俸禄

按唐选官法，以身、言、书、判四者取人，计资量劳授官。太宗定制时，"置文武总六百四十员"。高宗显庆二年（公元 657 年），内外文武官一品以下，九品以上，13465 员；中宗神龙中，宦官 3000 余人。玄宗在位既久，授官始滥，"大率宫女四万人，品官黄衣以上三千人，衣朱紫者千余人"。据《资治通鉴》开元二十一年所记："是时，官自三师以下一万七千六百八十六员，吏自佐史以上五万七千四百一十六员，而入仕之途甚多，不可胜纪"。官员俸禄，武德时，官分九品，品分正、从，一品 700 石，至从九品 30 石。皆按年发给。外官不给禄米，给职分田：一品 12 顷，至九品 1 顷 50 亩。亲王以下又有永业田；京司及州县皆有公廨田，收入供公私之费。其后，因用度不足，京官有俸赐，诸司置公廨本钱，或以公款经商，或贷给商人取利，收入用充官府经费和官吏俸禄津贴，月息为 8%，叫"月料钱"，贞观二十二年时，岁入总共 152730 缗。开元二十四年六月敕：百官料钱，宜合为一色，都以月俸为名。各据本官，随月给付。一品31千，月俸8000，食料1800，防阁20千，杂用1200文。至九品1917文，月俸1050文，食料250，庶仆417文，杂用200文①。唐世百官俸钱，会昌（公元841—846年）后不复增减。其中：三师钱200万，中书令、左右仆射等140万，尚书、御史大夫100万，畿县、上县令4万，执戟、长上2850。总之，隋、唐时期，百官俸禄比较优厚，是国家财政主要开支之一。

四　水利交通支出

唐朝因政治、经济需要，重视水陆交通的发展。在陆路交通方面，以长安为中心，东至宋、汴，进至山东半岛；西至岐州（今陕西凤翔），入于西川；西北至凉州，以通西域；北至太原，范阳；南至荆襄，达于广州。在水路方面，主要是利用运河。唐朝因距隋朝不久，不需像隋朝那样大规模开凿运河。主要是利用隋朝开凿的运河，不时加以修浚，或略作改道以通航。由于运河的维护和开凿，漕运通畅，岁运漕粮：高祖、太宗时，"岁不过二十万石"。到开元中，"凡三岁，漕七百万石"，"省陆运佣钱三十万缗"。此外，由于不论水路、陆路，沿路都有店肆，接待商旅，而中央又在兵部下设驾部，掌全国驿站，当时全国驿站合有1639所，其中水驿260所，陆驿1297年，水陆相兼者86所。

根据国家需要，元和中曾疏浚嘉陵江故水道。宝历时（公元825—827年）曾治理灵渠。

在水利灌溉方面，唐王朝十分重视。加强了对水利事业的兴修和管理。首先，在工部之下专设水部郎中和员外郎，掌管全国河流、湖泊的治理、舟船的航行和水田的灌溉等事务。据粗略统计，唐前期修筑河渠陂塘共有269处；武德年间开河渠自龙门引黄河水灌溉农田6000余顷。唐后期，在江南兴修的大中型水利工程约50多处，其中永泰时（公元765—766年）修浚练湖，能灌溉丹阳、金坛、延陵三县农田上万顷。此外，江南人民还修了很多堤堰和斗门，开辟成大量的湖田和渚田，扩大了耕地面积，使江南的粮食生产迅速超过北方。

---

① 《唐会要》下。

五　城建支出

隋、唐的建筑工业，取得了许多巨大的成就。就城市建筑来说，唐朝的京城长安，始建于隋，名大兴城，唐朝在此基础上扩建，城分三重，在宫城、皇城南面，即为长安街市，其中列东、西二市和 110 坊，宏大壮丽。唐朝的寺院建筑，也宏伟美观，如长安的大慈恩寺、山西五台县的南禅寺、佛光寺、石窟寺，洛阳的伊阙石窟（龙门石窟）、敦煌的千佛洞（莫高窟，唐在此凿210 窟）等，虽不完全是由官府所建，但工艺所在，耗费不少。特别是西安大恩寺浮图，名大雁塔，有 10 层（后为七层），高 180 尺，唐朝士子考中进士后，多于此题名，称"雁塔题名"。不论是城市建筑，或是寺庙建筑，以及石佛、寺院的雕刻，虽集艺术之精，都是劳动人民血汗的结晶。

六　文化教育科技支出

（一）教育支出

唐朝在教育事业方面，也取得很大成绩，政府办学已粗具规模。在中央，设国子监统管国子学、太学、四门学、律学、书学和算学。太宗时，国子监有学舍 1200 间，生徒 2260 人。州有州学、县有县学；生徒入学分等级，学成毕业后，保送参加科举考试（一年一次），分秀才、明经、进士、明法、明书、明算等科，后三科为专门科目，一般以明经、进士为主。由于进士科考较难，录取也比较严格，史称"其进士大抵千人得第者百一二，明经者倍之，得第者十一二"。据称，唐朝进士录取人数最少的只有几人，多的时候也仅30—40 人。考中进士后，须再经尚书省吏部的考试，考试及格后，再正式任命为官。自此，进士科考成了封建士大夫的主要入仕途径，过去的寒门、庶族地主等各阶层人，都能通过科举考试达到升官目的。

唐朝最高统治者也十分关心考试之事。如高祖置弘文馆，聚书 20 余万卷；太宗尤重进士，贞观十四年，太宗到国子监，命祭酒孔颖达讲经。武则天天授元年（公元 690 年），"策问贡人于洛城殿，数日方了，殿前试人自此始"。又开武举，考试形式如同进士、明经。

（二）科技支出

唐朝的科学技术，也取得光辉成就。

1. 天文、历法方面。唐在中央设太史局，主管天文，制定历法。玄宗时，张遂（一行和尚）在奉命改编历法过程中，发现了恒星移动现象；开元十二年（公元 724 年），通过大地测量法，实际计算出了子午线一度之长，其计算数据虽不算精确但却是世界上第一个测量子午线的人。

2. 医药方面。中央设太医署、尚药局，是政府的医药机构。唐朝名医孙思邈，注意对病源的研究，按脉识病，因病下药，首创复方；并著有《千金方》30 卷，《千金翼方》30 卷。高宗显庆四年（公元 659 年），颁布了由苏敬等人奉命编成的《新修本草》，共记录药物 844 种，比前代新增 114 种，它是世界上第一部由国家编撰的药典。

3. 雕版印刷。"雕版肇自隋时，行于唐世，扩于五代，精于宋人。"① 印刷术的发明，对于文化的传播和发展，起了很大的促进作用。在文学艺术方面，名家辈出，传世之作甚多。

总之，唐朝的音乐、舞蹈、建筑、雕刻、书法、绘画等艺术，融合了中外艺术成果，创造了辉煌的艺术成就。

七　宗教活动支出

唐朝中后期，佛教发展迅速，这一方面是唐代统治者的提倡、支持；另一方面也是由于阶级矛盾日益尖锐，农民负担加重，于是多遁入佛门。到武宗会昌五年（公元 845 年），鉴于土地兼并、劳动人手的脱漏和无益耗用增多，下令禁佛教，毁天下寺 4600 多所；僧尼 26 万余人，及大秦穆护、祆僧 2000 余人还俗。毁招提兰若（官赐额者为寺，私造者为招提兰若）万余所；收大量田地及奴婢 15 万人。② 可见，当时佛寺影响之大。但事隔两年，宣宗大中元年（公元 847 年），令会昌所废寺院，有僧尼能修理者，听其居住。咸通十四年迎法门寺佛骨，大造浮图宝帐，从京城至寺 300 余里，车马日夜不绝。佛骨至京，禁军兵仗相护数十里。在国内阶级矛盾日益尖锐、农民生活困苦之际，统治阶级恣意铺张浪费，妄图以神佛作麻醉剂，但这种支出最后被证明是无效的。

---

① 转引自韩国磐《隋唐五代史纲》（增订本），人民出版社 1977 年版，第 464 页。
② 引自沈起炜《中国历史大事年表》，上海辞书出版社 1983 年版，第 283 页。

八 赈给（贷）支出

赈济（贷）原因及对象，多系因遭遇水、旱、疾疫、蝗螟、风霜等灾害，农民需政府给以救助。救济方式，有赈给、赈贷或出粜，视情况而定。赈济所需，或出太仓之粟，或用义仓、常平仓之粟。

据不完全统计，在唐朝统治的近290年里（公元618—907年），遭受各种自然灾害达493次，① 政府出面救济（赈贷），自高祖武德元年至文宗开成五年（公元618—840年）的200多年里，共约136次，其中用义仓赈济（贷）者为106次。②

第五节　隋、唐财政管理机构和制度

一　财政管理机构及职责

隋、唐两代在中央实行三省六部制，户部（隋为度支）隶属尚书省。在隋朝，度支部为国家管理财政的最高机构，所属机构有度支（掌会计、事役、粮库）、仓部（掌仓库出入等）、左户（掌天下户账、户籍）、右户（掌天下公私田、租调）、金部（掌度量衡和库藏文账）、库部（掌戎仗器用供给）。唐户部设尚书一、侍郎二，"掌天下田户、均输、钱谷之政令，其属有四：一曰户部，二曰度支，三曰金部，四曰仓部"。

开元以后，时事多故，为加强对财政的管理，又有命他官来兼职的，或以尚书、侍郎专判，则称"度支使"或叫"判度支使"、"知度支事"、"勾当度支使"。虽名称不同，但职事相同。有时，又根据形势的需要而临时派遣专使，如租庸使、盐铁使、色役使等，以加强对租庸、盐铁和户口的管理。

户部之外，中央掌财物之官有：司农寺，掌邦国仓储委积之事，总上林、太仓、钩盾、导官四署。上林掌苑囿园池，钩盾掌供邦国薪刍，导官掌导择米麦，太仓掌九谷廪藏。"凡凿窖置屋，皆铭砖为庾斛之数，与其年月日，受领粟吏姓名。又立碑如其铭。"

① 邓云特：《中国救荒史》，第18页。
② 《册府元龟·惠氏》。

为加强对财政的监督、审计，在刑部下设比部，其郎中、员外郎"掌勾诸司百僚俸料、公廨、赃赎、调敛、徒役、课程、逋悬数物，周知内外之经费，而总勾之"。[①]

二 财政管理体制

隋、唐之制，天下财赋皆纳于左藏库。太府寺按时向上报告收支数额，刑部比部则对入出数额进入复核。上下相统，没有失漏。肃宗至德元年（公元756年），京师豪将，求取无节，度支、盐铁使第五琦无法禁抑，于是请求将租赋收入纳入皇帝私库——大盈内库，以中人主掌。"是以天下公赋，为人君私藏，有司不得窥其多少，国用不能计其赢缩"达二十多年。德宗时杨炎为相，奏请归位，国库与皇帝私库再次分开。

德宗初，对财赋制度进行改革，实行两税法，在财政体制上也有调整。将所收税收，分为支留、合送两部分。宪宗时，"又罢除官受代进奉及诸道两税外榷率；分天下之赋以为三：一曰上供，二曰送使，三曰留州"。[②] 这时，虽然财政体制已经确立，但从元和二年所制，仍存在许多不规范、不合理之处；如"诸州送使钱物，回充上供，合送使司，又应程限"。"每至岁首，给用无资，不免量抽夏税，新陈未接，营办尤难"。特别是唐朝后期，朝政腐败，财政体制亦因此难遵。

三 预、决算制度

隋文帝时，有司称："用处常出，纳处常入"，证明在此时已编制预算。唐高祖武德六年下令，三年造一次户籍，一年编一次预算。预算编制起于正月上旬。编制方法，据《唐六典》所记，预算是从县一级开始编制，县报到州，州报省，最后由户部汇总，编成全国预算。唐朝前期预算的编制，手续十分繁琐，凡户籍，县司须于正月上旬根据手实计账，赴州依式编造，按乡为卷，抄写三份，在骑缝处注明某州某县某年籍。州名用州印，县名用县印，三月三十日纳讫。两份留州县，一份送尚书省。在预算方面，据户部尚书同

---

① 《旧唐书·职官二》。
② 《新唐书·食货二》。

中书门下三品李林甫奏："租庸、丁防、和籴、杂支、春彩、税草、诸色旨符，承前每年一造。"根据州府及诸司统计，每次编制预算，耗纸 50 余万张，"仍差百司抄写，事甚劳烦，条目既多，计检难遍，缘无定额，支税不常，亦因此涉情，兼长奸伪"。因此，李林甫请求进行改造，对"不稳便于人，非当土所出者，随事沿革，务使允便"；对收支有额数，"人知定准"，变化不大者，编成五卷，作为"常行旨符"，省司每年只要根据应支物数，上书颁行，"每州不过一两纸"，仍通过驿递送达。此奏允准实行。开元二十九年下令，州县长官及录事参军对上报籍账进行审核，仍要求写两本，送户部。天宝三年又下令，"天下籍造四本，京师、东京、尚书省、户部各贮一本"。

关于收支决算的审计，由比部负责。唐朝审核制度，每日各类审计，令所由长官录事参军，本判官据案状子细核。其一年收入数及审计品名，申比部，一千里以下，正月到；二千里以下，二月到；其余三月底报完。省司检勘，续下州知，都至六月内结束。将其收入数通报度支，便入其年使用。年度终了，根据各州及军府按规定期限报来的账目，按赋税收入、经费开支、百官俸禄等及军用器物、和籴等项进行分类，逐一审核（勾覆）并结案，贞元八年（公元 792 年）又定全国统一为州勾覆县决算（上计），比部勾覆诸州决算。

四 国库管理制度

隋、唐两代，户部所管仓库有正仓（州郡各仓）、常平仓和义仓，转运仓和太仓属"朝廷委积"，归司农寺管。

1. 正仓（州郡各仓）。按制度规定收纳租税（田租，地税，职官田、公廨田田租），奉命支付百官俸禄、驿递口粮，办理和籴，供给军饷、公厨粮和佛食；遇有灾荒，则奉命分别情况，办理赈济、出贷和出粜等救灾诸事。唐天宝时，"关辅及朔方、河陇四十余郡，河北三十余郡，每郡官仓，粟多者百万石，少不减五十万石，给充行官禄"。[①]

2. 转运仓。指东南各地的上供粮谷。经水、陆运输次第转运到两京。沿途于主要道口置仓。杜佑指出："隋氏西京太仓，东京含嘉仓、洛口仓，华州

---

① 《通典·兵典》"序"注。

永丰仓，陕州太原仓，储米粟多者千万石，少者不减数百万石"。唐贞观时，河渭漕路逐渐开通，长安附近沿渭河置仓。

3. 太仓。设于京师，首供皇室，次及供京官俸禄和职田租、诸寺官厨和诸司服役的诸色人食用，供充军饷以及出粜赈贷。

由于太仓和左藏库是唐朝中央的两大金库，一般由大臣如监察御史（后改殿中侍御史）负监督之责。监察御史到州县巡按时，亦有审核州郡账目的职责。可见，唐朝的国库出入制度，保证收入的及时入库、财政支出的顺利执行以及国家财产的安全方面，发挥了积极的作用。

五 常平仓、义仓

1. 常平仓。高宗永徽六年，于京东、西二市置常平仓，以备凶荒。开元七年六月，令关内、陇右、河南、河北五道，及荆、扬、益、蜀等 11 州并置常平仓。其本：上州 3000 贯，中州 2000 贯，下州 1000 贯。安史之乱，常平仓制停废。建中三年九月，户部侍郎赵赞上书才获准恢复。

2. 义仓。隋开皇五年（公元 585 年），工部尚书长孙平上书设立。出粟人为各州的百姓和军人；筹集方式，属于半强制性质；所出品种，一般为农民食用的粟或麦子；设仓原则：谷出于当社（村），仓亦建于当社；管理者系当社的有关人司；管理办法，需建立账簿，登记出入账，严防粮物的损失朽坏；用途：主要用于凶荒灾年，救济无粮充饥者。开皇十六年正月，又诏秦、叠等二十六州社仓并于不过七斗，下户不过四斗，[①] 征集方式完全属于硬性规定了。

唐初沿隋制，贞观二年令"王公已下垦田，亩纳二升。……贮之州县，以备凶年"。自是全国各州县，始置义仓，"每有饥馑，则开仓赈给"。从统计数来看，天宝八年，诸仓 12656620 石；正仓总 42126184 石；义仓 13177660 石；常平仓 4602220 石；和籴 1139530 石。全国总计 96062220 石。储积丰足。[②] 但自唐朝中期后，因公私窘迫，义仓之粟多被挪用，有时几至用尽。

---

① 《隋书·食货志》。
② 《古今图书集成·食货典》。

第六节 五代十国的政治、经济和财政

一 五代十国的政治、经济

唐代自黄巢起义后，各方镇割据之势已成，唐王朝已成四分五裂状态。公元907年，朱全忠废掉唐哀帝李（柷）而自己称帝，开创了五代十国时期。

五代是指占据中原的后梁、后唐、后晋、后汉、后周等五个王朝；十国是指吴越、吴、南唐、闽、南汉、楚、荆南、前蜀、后蜀、北汉等国。此外，还有占据凤翔的李茂贞（称岐王），占据幽州的刘仁恭、刘守光父子（称大燕皇帝）等人，前者臣服后唐，后者被后唐攻灭。

由于五代政权多由节度使起兵夺位而成，十国割据政权除一部分是由五代的节度使割据称王外，其他大部分则是由唐末夺取农民起义果实的节度使、部将发展而来；地方行政长官亦多用武将，这些人"不明治道"、"恃功纵下"、"割夺蒸民"。就是说，在大小军阀统治下，人民受尽了灾难和痛苦。特别是北方，自唐末至五代，兵连祸结，加上统治者的残暴和契丹贵族的贪婪，无限的进扰和掠夺，造成中原经济的破败。还在唐末方镇火并时，"西至关内，东极青、齐，南出江、淮，北至卫滑，鱼烂鸟散，人烟断绝，荆榛蔽野"。① 在南方，"富甲天下"的扬州，也因军阀混战，曾出现"庐舍焚荡，民户丧亡"的景况。

从理论上讲，一个政权要想得到稳固和保存长远，必须注意发展经济，改善农民生活。五代各国也曾为恢复农业经济作过努力，如后梁朱全忠在开封开辟荒地、鼓励农桑、减轻赋税；后唐明宗杀掉苛剥能手孔谦，取消税外苛征。后周太祖郭威和柴荣，为巩固封建政权进行了一系列的改革：在政治上注意选拔人才、整顿科举、澄清吏治、严惩贪官、修订刑法、严肃军纪、抗击契丹、扩大统治区域。在经济上：（1）招还逃户回乡，开垦荒地；（2）规范出家制度，限制寺院经济。（3）给州县颁发《均田图》，均定田租；（4）兴修水利，整顿漕渠。柴荣的改革，对安定社会、恢复中原经济起积极作用。由于南方受战祸影响较少，自然气候条件较好，适于农业生产发展；而且自东晋南朝以后，北方人口南迁，带来了先进的生产技术，补充了众多

---

① 《旧唐书·秦宗权传》。

劳动人手，江南得到积极开发；又有渔盐之利，制茶、织染、瓷器制造，颇具特色；在商业上不仅同中原各地贸易频繁，而且同南洋各国，同大食、日本都有贸易往来，所有这些都为以后宋朝的统一和发展奠定了基础。

二 五代十国的财政

（一）财政收入

在五代十国，主要收入仍是田赋，但多缺章法。

1. 田赋。五代十国时期，为维护自身统治，一些统治者大都采取了减轻赋税、招还流民的措施，如后梁、后晋曾下令不许擅自加征赋税。后周太祖郭威改革田制，将原系官庄田悉数分配给原佃户充永业田，仅广顺三年（公元953年）一年，即出户3万多，国家因此增加了3万多的税户和应税土地。世宗显德二年（公元955年）又下令：凡逃户庄田，许人请射承佃，缴纳租税。如三周年内本户回乡归业者，其原桑土（不论荒熟）并庄田交还一半；离乡在五周年内归乡操业者，三分交还一分；五周年外归乡者，除坟茔外，并无交还；如有荒废桑土，又无承佃人租种，则可交归业人户佃种。对于北面诸州乡村人户，因契丹扰乱并被掳去"番界"，逃（放）归本乡者，五周年内，其桑土、庄园交还2/3；十周年内者交还1/2，十五周年内者交还1/3。[①] 这些政策，既有利于荒田的垦复，促进经济的恢复，也有利于国家增加赋税。

南方各小国政权，也实施了招还流民、鼓励垦荒的政策：吴越钱镠（公元907—931年在位）曾募民垦荒；钱俶当政时，还对垦荒地免收田赋。其他如吴之杨行密（公元902—905年在位）、前蜀王建（公元907—918年在位）、荆南高季兴（公元924—929年在位）、楚马殷（公元927—930年在位）、后蜀孟知祥（公元933—934年在位）等都曾颁行过鼓励农耕的政策和措施，并获得较好的效果；特别是后蜀，由于社会比较安定，农业生产发达，物价亦平稳，广政十三年（公元950年），斗米售价仅3文。由此可见，农业的恢复和发展，是各国政权存在的主要经济基础。

此时期田赋征收制度：原则上沿袭唐朝两税法制，分为夏秋两季缴纳。后唐明宗考虑所属州府土地、气候关系，征收期限因地而异。后周显德三年，

---

① 见《五代会要·逃户》。

规定"自今夏税以六月，秋税以十月起征"，民间称便。

五代十国加重田赋负担，如田赋之上有附加，正税之外有预借的情况，也屡见于史册。史称后唐同光四年，以军食不足，敕河南尹预借夏秋税，百姓不胜其苦。至于田赋附加，主要有如下几项：

（1）省耗。据称唐明宗天成元年（公元926年）前，在缴纳夏秋税时要同时交省耗，每斗一升，为正税的1/10，从元年开始只纳正税，不加省耗。长兴二年（公元931年）闰五月三日，令诸道州府，于两税上，每斗加耗二合，以备仓司折耗（"二合"当是"二升"之误），至是又恢复"省耗"之制。在后汉，按旧制规定，田赋一石，加收二升，称为"雀鼠耗"，乾祐三年（公元950年），三司使王章聚敛刻急，改为二斗，叫"省耗"。

（2）牛皮筋角税。五代时，对牛皮禁约很严，先是对民户的牛皮"悉令输官受值"。唐明宗时，民输牛皮于官，有司偿以盐。后晋天福（公元936—944年）中，不给盐，纯粹成为一种税收。后汉严格牛皮法，犯私牛皮一寸抵死。然牛皮为民间日用之物，不可禁用，后周广顺二年（公元952年）十一月，郭威改革办法：令每岁民间所输牛皮，"三分减二，计田十顷，税取一皮。余听民自用及卖买"，但是禁止卖给敌对之国。另据《五代会要》记载，所纳牛皮，须连牛角一起，同时，还要缴纳牛筋，"黄牛纳干筋四两，水牛半斤。犊、牸牛皮不在纳限"。

（3）农器农具税。后唐明宗长兴二年十二月，许百姓自铸农器和杂铁器，但要收税，"每田二亩，夏秋输农具三钱"。

（4）牛租。牛租始于后梁朱全忠时，"因梁太祖渡淮，军士掠民牛以千万计，梁太祖尽给与诸州民，输租课"。至后周郭威时，80余年，"时移代改，牛租犹在，百姓苦之"，于是郭威将其废除。[①]

（5）分摊曲钱。后唐天成三年（公元928年）七月诏：对三京、邺都及各道州府的乡村民户，于该年秋苗上，每亩纳曲钱五文足陌。之后，听百姓私造曲，酿酒供家。其钱随夏秋征纳。长兴元年（公元930年）二月诏减二文，只征三文。

2. 工商各税。

（1）盐税和盐专卖。五代时期，食盐多由官府控制。后梁（公元907—

---

① 《旧五代史·周书·太祖纪》。

923 年）时实行民制、官收、商运、商销制度。后唐庄宗时，"城坊官自卖
盐。乡村则按户配食，依田税输钱。其私贩之禁，十斤以上即处死。刮碱煎
盐者，不论斤两皆死。凡告者，十斤以上赏钱二十千，五十斤以上三十千，
百斤以上五十千"。天成元年，令诸州府百姓合散蚕盐，二月按户配盐，夏税
时纳钱。长兴四年允盐铁使奏，在州府省司设榷粜折博场院，由官府售盐；
在乡村僻远地方仍行通商法。后晋高祖天福元年（公元 936 年），停官专卖，
任人户自由贩卖。对后唐庄宗所定盐铛户税米数，改为每斗依时价计定钱数，
按率缴纳。后汉盐税加重，青盐一石，纳税 1000 文、盐一斗（原为 800 足
陌）；后周广顺三年三月改制，"每青盐一石，依旧抽税钱八百文，以八十五
为陌，盐一斗；白盐一石，抽税钱五百，盐一升。此外更不得别有邀求"。①
世宗显德二年（公元 955 年），改立盐法，实行专卖与俵配蚕盐相结合。以
后，田亩多有变化，而盐税不减。

南方十国的南唐淮南地方，产盐极多；吴越和蜀的统治区，产盐亦多。
据称，南唐曾于淮南地方设盐监管理盐场。淮南被后周攻占后，后周每年以
食盐 30 万石给南唐赡军，说明产盐区收盐税。

（2）酒税和酒专卖。后梁开平（公元 907—911 年）时，酒无禁，听民自
造。后晋，后汉，实行酒专卖。后唐天成二年，按户计算买曲钱；长兴二年
改革，停废按苗亩收曲钱办法，由官府造曲，委诸州于原价减半在城扑卖；
乡村人户或自酿自食者，听任私造。后周世宗显德四年七月，诏官中禁法卖
曲，依时踏造；乡村农户，许自造米醋，及买糟造醋供食。

（3）茶税和茶专卖。五代后唐对茶征税。史载庄宗同光三年，下诏免湖
南塌地茶税和沿路茶税。明宗天成元年，省司及诸府置税茶场院，由于纳税
处所增多，导致商旅不通。南方各国，楚国马殷鼓励制茶，国家征税；同时，
官府在京师及襄、唐、鄂、复等州还置邸务卖茶，官收厚利；吴国杨行密曾
派人赴汴、宋贸易，以收茶利；南唐制茶销往契丹，以换取羊和马匹。

3. 其他税捐。五代十国，杂税繁多，而又因时因地而异，征收情况十分
零乱。

（1）商税。后梁"连年战伐，积岁输"，"而又水潦为灾，虫蝗作沴"，商

_____

① 《旧五代史·食货志》。

旅不畅。后唐庄宗，用孔谦为租庸使，搜括民财，不惜障塞天下山谷小路，禁断行人，以便于要道关口征收商税；明宗天成时，简并商税名目，商困稍苏。后晋天福元年，将应课税目出榜公布于场院，规定凡榜上未列举的物品，不得收税。后周广顺元年，免黄泽关商税；二年，又免除对丝麻等商税。后汉乾祐三年（公元 950 元），刘悦奏免私税耕牛；世宗显德五年，对商人贩运牛畜不抽过税，只在住卖地按牛价每千钱税 30 文。南方各小国，商业都相当活跃，商税收入丰厚；楚北的荆南政权，史称专门依靠征收商税和掠夺商货来维持。

（2）税草。后唐征收。长兴元年三月，下令各州府受纳秸草，"每束纳钱一文，足一百束，纳枸子四茎，充积年供使；枣针一茎，充穄场院。其草并柴蒿，一束纳钱一文"。长兴九年，又令税草。对草收税，似不是常税。

（3）杂税、横税。后梁对店宅园囿、蚕丝等有税；后唐有布袋使用税、税契钱，对丝、绵、绸、鞋及钱银有加耗；又预借房课；后汉有"省陌"钱；后周对粮、钱、物等均有加耗。地方官苛剥民钱之事，亦时有发生，如后晋赵在礼在宋州任内有"拔丁钱"；后汉西京留守王守恩税及淘厕、行乞之人。十国吴越下至鸡鱼卵毂，必家至而日取；闽王延政，鱼盐蔬果，无不倍征。南汉刘晟，竟派兵入海，掠夺商人金帛。吴国庐江刺史张崇，向居民收"渠伊钱"和"挦须钱"。

（4）和市、和买。五代和市，承唐末之旧，后晋时，殿中监王钦祚和市军食，将邺都留守杜重威在镇州聚敛的私藏粟十余万斛收购。又有和市马匹。后唐庄宗时，为对前蜀战争，下令河南、河北诸州府和市战马，所在搜括。后汉时，派使臣赴河南道等地方"和买战马"，凡民间所有私马，一律刮取。

（5）贡献、进奉。自唐至五代，各地均按规定向中央进本地土特产品和手工业产品，而专使乘机牟利，害国害民。五代土贡，以后周为例。据后周太祖记载，广顺元年，下令除减"天下州府旧贡滋味食馔之物"，包括两浙所进的细酒、海味、姜瓜，湖南进的枕子茶、乳糖、白砂糖、橄榄子，以及镇、定、易、华、同、襄、安、青、许、郑、怀、申、亳诸州，河东、永兴、河阳等地所贡土产、药品诸物。而未曾停废的，当不在少数。另外，各地贡献除有定期、定量的规定，还有不定期的贡献，史称进奉，自唐至五代，亦未停息。据《册府元龟·纳贡献门》所记，后梁朱温时，河南尹张全义进羡余钱十万贯，绸六千匹，绵三十万两。后晋天福二年、三年，各地所贡、包括绫、绢、丝、银、钱等物，其中绫、绢等 13 万余匹，钱 35 万余贯，此外还有马、兵器和其他珍贵之物。土贡和进奉，虽都是两税正税之外的上供，但无不来自民间，取于百姓。所以唐朝不少有识之士即提出"绝进献"，以苏民困。

（二）财政支出

1. 军费支出。五代十国，各割据政权相互吞并，军费支出浩大。后梁朱全忠称帝后，与河东节度使李克用、李存勖父子连年鏖战，后又有毋乙、董乙领导的农民起义，"连年战伐，积岁转输……师无宿饱之馈，家无担石之储"。《资治通鉴》在论孔谦时说：魏州新乱之后，府库空竭，民间疲弊，而聚三镇（并、魏、镇）之兵，战于河上，殆将十年。军需供应，靠孔谦急征重敛，导致六州悉苦。后晋景延广为同契丹作战，向河南人民征收 20 万缗以助军用。后周为抗击契丹，统一诸国，开支巨大，而军士怨所给赏赐太少。显德元年，周世宗说："即位以来，恶衣菲食，专以赡军为念。府库蓄积，四方贡献，赡军之外，鲜有赢余。"① 显德二年攻南唐，五年春结束，得江北淮南地 14 州 60 县，河南府犒军银 10 万两，绢 10 万匹，钱 10 万贯，茶 50 万斤，米麦 20 万石。由此可知，数十万军人供应当是一个巨大数字。

2. 王室费用。五代十国的统治者，大多十分奢侈腐朽，耗费人民资财无数。主要支出有：

（1）宫殿建筑：后唐庄宗灭后梁后，都洛阳，因多年战伐，获得胜利，于是大修宫殿。同光三年，苦溽暑，出内府钱，命宫苑使于禁中择高凉处营宫殿。天福四年，加马希范大将军，马乃立铜柱为表，并作会春园、嘉宴堂、九龙殿等，其费巨万。天福七年，"楚王希范作天策府，极栋宇之盛。户牖栏槛皆饰以金玉，涂壁用丹砂数十万斤；地衣，春夏用角簟秋冬用木棉"。② 楚王如此，殷王更盛，所以吏部尚书潘承祐陈事时指其"宫室台榭，崇饰无度"。③ 南方各国奢侈淫逸不减五代，多所营建，如南汉高祖刘龑，"暴政之外，惟治土木，皆极瑰丽，作昭阳、秀华诸宫殿，以金为仰

---

① 《资治通鉴》"后梁贞明元年"。

② 《资治通鉴》。

③ 同上。

阳、银为地面，榱角皆饰以银；下设水渠，浸以真珠；琢水晶、琥珀为日月，分列东西楼上。造玉堂珠殿，饰以金碧翠羽"。① 南汉后主刘**铱**立万政殿，一柱之饰，费白金三千锭；以银为殿衣，间以云母。无名之费日千万。兴中府中凿湖五百余丈，四药州，聚方士炼药。纵罪人使移太湖灵璧及三江所产巨石凡九，浮海归置以白赎。城西浚玉液池，以岁之五月五日，出宫人竞渡其中。② 闽永和三年（公元 937 年），闽王铸作紫微官，饰以水晶，土木盛倍于原建的宝皇宫。

（2）王室生活，以后唐明宗为例，长兴三年十二月，三司使冯赟奏：奉旨"赐内外臣节料羊计支三千口"，明宗以为过多，范延光答称："供御厨及内史食羊，每日二百口（庄宗同光时亦 200 口），岁计七百余万口；酿酒糯米二万余石。"③ 南方各国统治者则又过之，如后蜀孟昶，"君臣务为奢侈以自娱，至于溺器，皆以七宝装之"。④ 当然，也有崇尚节俭的，如后周太祖郭威和世宗柴荣，都能注意节约。史称郭威曾下令乘舆服饰，不得过于华丽，宫中所用器物，力求节俭，严禁各地贡献珍宝和奇禽异兽。而南唐李昇，左右服侍者只有几个丑老之人。当然，在五代十国诸君中，节俭者不多。

3. 城建支出。后梁建都开封，后唐建都洛阳，后汉、后周建都开封。由于这些城市，原已有城，且军阀混战，也不可能专事城市建筑，只是后晋石重贵引契丹南下，在开封大事抢劫，破坏很大，故后周立国后，先发城内丁夫 50 万修开封内城。又发内及滑、曹、郑等地丁夫十余万修外城。此外，还重建扬州新城和下蔡城等。其他如吴越钱镠，因海潮逼城而扩建州城，他征发丁夫 20 万，凿石填江，板筑斤斧之声，昼夜不息。"又平江中罗刹石，悉起台榭，广郡郭周三十里。"杭州经过扩建后城市更加雄丽，交通也很发达。

4. 水利漕运费用。唐末五代以后，因连年战祸，水利失修，黄河连年为灾，据《五代会要·水溢》所载："幅员千里，水潦为沴"，"漂荡户口，妨

---

①《南汉书》，广东人民出版社 1981 年版，第 13 页。

②《册府元龟》（六），第 5793 页。

③ 同上。

④《新五代史·后蜀世家》。

废农桑"，为保证社会稳定计，后晋时，因河决数郡，发丁修塞。后周显德元年，命李谷到澶、郓、齐等州，按视堤防，发丁夫 6 万人，历时 30 天，以减轻黄河的伤害；后河决于原武，世宗柴荣又派吴延祚调夫修筑河堤。在漕渠方面，亦重视疏浚。自江淮割据以来，江、淮水路湮塞，漕运不通，柴荣既得南唐江北之 14 州，疏通漕路，便江淮漕粮，直达开封，便为官府要事。显德五年，调徐、宿、宋、单等州丁夫数万人，浚汴口，导河流达于淮；又调滑、亳二州丁夫疏五大河，以通漕。此外，周世宗还命何幼冲为关西渠堰使，疏通泾水，以灌溉农田。南方各国对水利灌溉事业也比较重视，尤以吴越所修为多。其著名的工程首先为杭州捍海石塘，"运巨石，盛以竹笼，桓巨材捍之"，此工程既有利于杭州地方农业的发展，也有利于杭州经济的繁荣；其次，吴越还在浙江武义县筑长安堰，溉田万余顷；此外，对鄞县的东钱湖、越州大鉴湖进行了维修，以保证周围数十里农业用水。其他南唐楚州筑白水塘，寿州有安丰塘；闽在长乐修海堤；楚在潭州东筑龟塘蓄储山泉水；后蜀山南节度使武璋在襄中凿大漩导泉源溉田。灌溉田地多者万余顷，少亦数百顷。[①]

5. 佛寺耗费。自唐至五代，崇信佛教之风始终很盛。后汉乾祐（公元948—950 年）中，司勋员外郎李钦明指出，时佛寺精舍每县不下 20 余处；因寺家耕种不征税，故境内僧尼不下 10 万；他估计僧人 10 万，日食米千石，年需绢 50 万匹，绵 500 万两。他认为"聚僧不如聚兵，僧富不如民富"。从后周情况看，郭威在开封一地，曾废寺院 58 所；世宗即位后，于显德二年废寺院 30336 所，所存仅 2694 所，系籍僧尼 61200 人，其他勒令还俗。同时，还严格限定度僧尼地点和剃度诸多规定，以扩大国家纳税人口。

（三）财政管理

五代十国的财政管理机构，大多沿袭唐朝旧制，或略作改制。如以户部、度支、盐铁为三司，管理国家财赋；后唐天成元年并三司为一司，仍称"三司使"。有的朝代，也有租庸使之设，其职责亦如唐朝。在财政体制上，后唐庄宗时，有"三司上供"（桑田正税）、"州县上供者入外府，充经费"，可见后唐仍实行"上供、送使、留州"制度。

---

① 　参见韩国磐《隋唐五代史纲》，第 448 页。

复习思考题

1. 隋初和唐初期的政治经济措施。

2. 隋代运河的开凿对社会经济的作用。

3. 为什么说隋代财政充裕为各代财政之最？

4. 唐代的租庸调制同前代相比有何不同？

5. 唐代中期杨炎改革财政的原因、内容及其意义。

6. 刘晏理财的特点及其对唐代财政的贡献。

7. 隋至唐代中期工商无税的原因及其意义。

8. 唐代的文化教育、科技支出和唐代科技、文艺的辉煌成就。

9. 唐代的财政管理体制。

10. 唐代的预、决算制度。

11. 唐代的赋役减免和抚恤救济。

12. 隋唐时期的义仓和常平仓制度。

第七章　两宋时期的财政

本章中心内容：宋王朝在军事上实行"守内虚外"的政策，军队数量多，军事力量弱；在政治上加强皇权，使官吏互相牵制，官员多而效率低；国家不仅负担大量的军事开支、官俸开支，还要负担大量的"岁币"支出。因此，虽然宋代工商业的长足发展为财政提供了大量收入，使其成为首个田赋收入与来自工商业收入成"并驾齐驱"之势的朝代，财政状况仍然是捉襟见肘。宋朝还首开职役制度之先河。

第一节　宋朝的政治、经济状况

公元 960 年，宋太祖赵匡胤结束五代十国的割据分裂局面，统一全国，建立宋王朝。宋朝既维系了我国以农业为主的经济发展格局，又在工商业方面创造出空前的繁荣；不仅进一步巩固了封建地主土地占有制，而且也拓宽了国家赋税征纳范围，成为当时世界上具有先进生产力发展水平的封建大国。宋王朝从赵匡胤建立宋朝开始，到钦宗被俘失位为止（公元 960—1127 年），前后共 168 年，史称北宋；从徽宗第九子赵构在南京应天府（今河南商丘）登基开始，到陆秀夫背负幼帝赵昺投海而死，宋朝灭亡，史称南宋（公元 1127—1279 年）。两宋政权历时 320 年。

一　宋朝的内外国策造成财政巨额负担

宋太祖赵匡胤通过发动兵变夺取后周政权，从而达到了黄袍加身的目的。

为了防止历史重演，最高统治者采取各种措施，削弱藩镇节度使的权力，强化封建中央集权专制体制。首先，为了保证皇帝对国家具有绝对的控制权，将历代居于一人之下万人之上的宰相之权一分为三（中书、枢密、三司），使他们互相牵制，难以与皇权相抗衡。其次，对重权在握的功臣，通过恩威并用的手段，赐予良田、豪宅、美女，达到以钱释权的目的；对官吏体制的设置，分官、职、差遣三种。在各级政权和各部门中，有职有权者有之，有职无权者有之，无职有权者亦有之（如：差遣），造成国家管理机构臃肿，官吏人数膨胀，行政效率低下。再次，宋统治者将遭受自然灾害的流民，招募为兵，以防止他们聚众起义，威胁其统治。宋朝冗员、冗兵的存在，致使财政负担日益沉重。

宋朝不仅将有实力的军事将领解职，还实施"军无常帅，帅无常师"的军队管理体制，使军队将与兵的关系难以协调；导致国家虽然拥有庞大军队数量，但毫无战斗力。即使有岳家军等少数军队奋力征战，但因昏君主政，奸臣误国，内外交困，国家难逃灭亡的命运。

二 宋朝经济的平稳发展为财政提供充裕的收入

宋王朝建立后，虽然局部的战争仍然不断，但人户从初期（公元960年）的96万余户增加到兴盛时期（公元1109年）的2000余万户；南宋虽然仅占半壁江山，淳熙末（公元1190年）也曾达到1300万户。人户的增加为农业、手工业、商业的发展奠定了基础，同时又是经济发展、人民生活安定的反映。由于大力改进和推广先进的农具及耕作方法，扩大水稻的种植面积，粮食产量大幅度提高。熙宁十年（公元1078年）仅两税征收的粮食收入即达到近1789万石。按张方平的"大率中田亩收一石，输官一斗"推算，[①] 当时全国粮食产量不少于17890万石。按熙宁十年人口数量计算，达到平均每人近600斤。手工业生产中，不仅传统的丝、棉、麻、毛等纺织品的织造技术超过了前代，瓷器、矿冶、造船、酿酒、造纸及印刷等行业均有空前的发展，如：采煤业的兴盛使得当时的"汴都数百万家，尽仰石炭，无一家燃薪者"。而活字印刷和火药的发明是手工业发达的最好证明。工农业的发展为商业的繁荣

---

① 庄绰：《鸡肋编》卷中。

创造了条件，特别是宋代市场无开闭时间和无固定处所限制，其自由及开放程度远远超过唐代，使大城市中出现"城中酒楼高入天，烹龙煮凤味肥鲜"①的景象。商品流转额的扩大使纸币——交子出现成为必要。国家来源于工商业的收入也首次可与田赋收入并列，成为财政的重要支柱。

第二节　宋朝的田赋和徭役

宋朝田赋和徭役都是针对农民的无偿征调。

一　田赋

田赋收入仍然是财政收入中占据主导地位的收入，约为 50%—60%。史料记载较完整的是《文献通考》。熙宁十年两税收入为：银 60137 两；钱 5585819贯；粮 17887257 石；布帛 2672323 匹；丝绵 5850356 两；草 16754844 束；杂色2200292 两。

（一）田制及税籍

宋朝因循前朝之制，将耕地分为公田和民田。公田包括屯田、营田、职田、学田、仓田等。公田由军队或官府招募的百姓耕种，国家收取地租。其余耕地为民田，国家对其所有者征收田赋。宋初，最高统治者出于巩固政权的需要，大量赏赐土地，造成宋朝大量土地为权贵势豪地主所占据，而官宦人家享有一定的减免税特权，使得"赋税所不加者，十居其七"。

为满足国家财政的需要，宋王朝曾多次对全国土地进行清丈。北宋神宗时（公元 1068—1085 年）行方田均税法；南宋高宗时（公元 1127—1162 年）行经界法，在一定范围内达到了整理田籍、均衡赋税的目的。

1. 方田均税法。宋仁宗时（公元 1023—1063 年），郭谘奉转运使之命到洛州肥乡县均平赋税，首创千步方田法。通过清丈土地，匡正地籍，达到均税的目的，并在蔡州上蔡县及陕西河北试行。由于触及地主、豪强利益，遭到强烈反对而终止。宋神宗时，赋税不均现象更加普遍，在财政日益窘迫的压力下，从熙宁五年开始，由王安石主持在全国推行方田均税法。"以东西南北各千步，

---

① 宋话本《赵伯升茶肆遇仁宗》。

当四十一顷六十六亩一百六十步为一方，岁以九月，县委令、佐分地计量，随陂原平泽而定其地，因赤淤黑垆而辨其色。方量毕，以地及色，参定肥瘠，而分五等，以定税则，至明年三月毕，揭以示民。一季无讼，即书户帖，连庄帐付之，以为地符……凡田方之角，立土为埄，植其野之所宜木以封表之。有方帐，有庄帐，有甲帖。其分烟析产，典卖割移，官给契，县置簿，皆以今所方之田为正。"① 在一定程度上避免了税负的畸轻畸重。到元丰八年（公元1085年），共丈量土地2484349顷，占当时全国耕地面积的54%。但因豪强地主的极力抵制，宣和二年（公元1120年）方田均税法停止实施。

2. 经界法。绍兴十三年（公元1144年），两浙转运副使李椿年奏称经界不正有"十害"，认为"经界正"则十害可变为十利。朝廷准其推行经界法。李椿年成立转运司措置经界所，发布经界办法：其一，"措置经界，要在均平，为民除害，更不增添税额。恐民不知，妄有扇摇，至民情不安"，因此"出榜晓谕民间"。其二，隐匿耕地者，许民告发，其田赏告发人。其三，令百姓将所属耕地各制"砧基簿"，簿上载有按照土地形状、四至画出的图形，登记耕地土质及所宜作物。"逐都着邻保在关，集田主及佃客，逐计亩角押字，保正长于图四止押字，责结罪状，申措置所，以俟差官按图核实，稍有欺隐，不实不尽，重行堪断外，追赏钱三百贯，因而乞取者，量轻重编配，仍将所隐田没入官。"② 凡是没有登记入簿的土地，即使有地契凭据，"亦拘没官"。各县"砧基簿"一式三份："留县、送州、送漕。"经界查斟工作从平江府开始，数年内完成了40个县的土地清丈工作。绍熙元年（公元1190年）朱熹又奏行经界查勘工作，"打量步亩，算计精确；攒造图帐，费从官给"。"除二税簿外，每三年乡造一簿，县造都簿，通载田亩产钱实数，送州印押，付县收管。民有交易、对行、批凿，则版图一定，而民业有经矣。"③经界法的实施，有利于国家赋税收入的稳定增加，有利于广大百姓安居乐业。但触及"贵家豪右"的根本利益，即触动了社会当权者的利益，他们必然"异论以摇之"，"进状言不便"，最终导致经界法停罢。

---

① 《宋史·食货志》。
② 《宋会要辑稿》（六）。
③ 《文献通考·历代田赋之制》。

（二）田赋制度

宋朝田赋收入包括对公田征收的田租和对民田征收的二税。

1. 田租。宋朝的职田、学田、仓田，是规定有专门用途的公田。国家一旦拨付耕地，将由官吏、学校和地方官府出租，没有规定统一征收率，地租率应该与民田相同。其收入作为官俸补贴、学校经费、救灾储备，并不增加财政收入，只是减少了国家财政支出数量。屯田和营田是国家将荒地交给军队屯种或募民耕种，国家适时提供一定资金或贷给耕牛和粮种，收取地租。军屯的目的是满足军队需要，减少国家军费开支和转运粮草的支出；民屯的目的在于安抚流民和增加财政收入。建炎年间（公元 1127—1130 年）民屯租分三等：上田米 1 斗 5 升，中田 1 斗，下田 7 升。绍兴二年，一些地区规定："凡军士：相险隘，立堡砦，且守且耕，耕必给费，敛复给粮，依锄田法，余并入官。凡民：水田亩赋粳米一斗，陆田豆麦夏秋各五升，满二年无欠，给为永业。"①

2. 两税制度。宋对民田的征收仿唐两税之名，分夏秋两次征收，"夏输毋过六月，秋输毋过十一月"。唐朝两税法实施之初，即是"遣使分道按率"。各地税率并未统一。宋朝建立后，虽对田赋征收制度有所调整，但对田赋税率既没有新的规定，也没有将各地参差不等的税率进行统一。"二十而税一者有之，三十而税一者有之。"②郭谘行千步方田均税法后，这种状况在局部地区有所缓解。到王安石行方田均税法以后，均税才在较大范围得以实现。先是按照土质将耕地分成五等，以定税则。后改为十等，但仍因"所在地色极多，不下百数，及至均税，不过十等。第一等虽出十分之税，地土肥沃，尚以为轻；第十等只均一分，多是瘠卤，出税虽少，犹以为重"。又将"十等中再分上、中、下三等，折亩均数。谓如第十等地每十亩合折第一等一亩，即十等之上，受税十一，不改元则；十等之中，数及十五亩，十等之下，数及二十亩，方比上等受一亩之税，庶几上下轻重皆均"。这个"均"是以县原有田赋数额为限，减轻农民田赋负担也仅限于在原有田赋征收总量不变的前提下，由于清丈土地，使现有土地在册数量增加，平均每亩土地应该上缴的税

---

① 《宋史·食货志》。

② 同上。

额减少。宋朝田赋征收率，史籍中记载的均为区域性的数字，如：江东路徽州歙县、绩溪、休宁等地，夏税每亩：上等田 200 文；中等田 150 文；下等田 100 文。秋税每亩：上等纳米 2 斗 2 升；中等纳米 1 斗 7 升 7 合；下等纳米 1 斗 3 升 3 合。而同样位于徽州的婺源县，夏税每亩：上等田仅交 42 文；中等田 40 文；下等田 38 文。秋税每亩：上等纳米 4 升 2 合；中等纳米 4 升 7 合；下等纳米 3 升 8 合。负担更轻一些的有两浙路衢州开化县，夏税每亩：4 文 8 分至 7 文；秋税每亩：3 升至 4 升 4 合。夏税负担轻重悬殊超过 40 倍；秋税负担轻重悬殊超过 7 倍，有些地方甚至超过 10 倍（江东路池州青阳县上等田纳米 3 斗）。① 南宋初由于战乱，田赋征收困难，收入远不如北宋。淮南一些地区不再征收两税，"权纳课子二年"，"每亩不得过五升"。② 福州等地两税征收率也降低到"多者钱五文，米一斗五升，最少者钱一文，米仅合勺"。③

3. 田赋附加。田赋附加是两税正额之外随田赋一起征收的收入，包括为弥补田赋正额的损耗而加征、不法官吏违法征收及征收品目改变后虚增的部分。

（1）折纳。折纳又称折变。我国是一个幅员辽阔的国家，各地物产千差万别，如果统一田赋缴纳实物的种类，有些地区农民势必先将本地所产售出，以钱购入所需物品纳税。在此折换过程中，一方面农民可能受到商人的盘剥，加重他们的负担；另一方面，国家所需物品也非一两种。为方便农民缴纳赋税和满足国家的各种需要，官府往往令一些地区将夏秋两税折成指定物品，价格由官府确定。折纳本是国家征收田赋的一种手段，但在执行过程中，由于折征价格确定之初即有利于官府，且价格又不能随经济发展状况有所改变，特别是有的地区折征物品数次改变，"就官不就民"，使百姓负担陡增。包拯曾就折纳的诸般弊病奏呈宋王朝中央，他在《请免陈州添折见钱奏书》中，陈述当地官府将大小麦每斗折现钱一百文，脚钱二十文，诸般头子、仓耗又纳二十文，即每斗一百四十文，而当地"每斗小麦实价五十文"。包拯指出：

---

① 《新安志》卷 2。
② 《宋会要·食货》。
③ 《三山志》卷 10。

这"乃是于灾伤年份二倍诛剥贫民也"。① 如果"二折，三折"，就出现"绢一匹折纳钱若干，钱又折麦若干，以绢较钱，钱倍于绢，以钱较麦，麦又倍于钱"② 的局面。真的是无异于白日抢劫。

（2）支移与脚钱。田赋主要征收实物，农民居住分散，税收需要集中于国家府库。因此，缴纳田赋必须将所纳之物运送到官府指定地点。初，"所谓支移，视地远近，递迁有无，以便边饷，内地罕用焉"。在战争期间这种支移负担虽然沉重，"以税赋户籍在第一等、第二等者支移300里，第三等、第四等200里，第五等一百里"。③ 但这是国家战时采取的临时措施，是合法的支移。就制度规定而言，支移是田赋的义务运送，是合理规定。特别是宋朝的支移，主要由民户中比较富足的前五等户担当，既保证了支移任务的圆满完成，也不影响较贫困民户的生活。但是，在相当长的时期内，官府既没有坚持前五等户负担支移的制度，也没有只在战争期间和边境地区采取支移的措施。史载：崇宁时，京西地区的百姓缴纳田赋也要支移，即使是九等户也不能免。为了增加收入，官府不再让百姓直接支移，而由官府定价，将支移折成脚钱随田赋一并缴纳，田赋正额之外每斗加缴脚钱56文。④ 超过实际所费数倍。另外，还有加耗、农具税、助军米、斛面与畸零、牛革筋角税等也随田赋征收，无疑是对农民的额外剥夺。

4.田赋减免。宋朝田赋减免主要有：灾歉减免、贫困减免和示恩减免。

（1）灾歉减免——主要是对遭受水、旱、风、雹等自然灾害和虫害及瘟疫灾害的地区给予减免田赋的待遇。《宋史》载："宋克平诸国，每以恤民为先务，累朝相承，凡无名苛细之敛，常加刬革，尺缣斗粟，未闻有所增益。一遇水旱，徭役则蠲除倚格，殆无虚岁，倚格者后或凶歉，亦辄蠲之。"虽是统治者的自我溢美之词，但对百姓来说，遇到灾年，能够免除赋役，对生产和生活都大有裨益。

（2）贫困减免——是对生活困难的百姓给予的一种田赋减免。乾德二年，

---

① 《包拯集》卷七。
② 《宋会要·食货》。
③ 《宋史·食货志》。
④ 同上。

曾"免诸道今年夏税之无苗者"。① 这种记载虽然不多，但也反映了统治者对贫苦百姓的体恤。

（3）示恩减免——是统治者为显示皇恩给予百姓的田赋减免。这种减免主要给予新征服的地区。乾道三年正月，"乙酉，蜀主孟昶降。丙申，赦蜀，归俘虏，除管内逋赋，免夏税及沿征物色之半"。②

二　徭役

徭役分一般力役和兵役两种。一般力役在唐朝早已改为征钱并入两税了。宋朝田赋虽然名义上也称"两税"，但力役仍然在两税之外单独存在。宋太祖时即规定：男子20岁成丁，60岁为老。此期间有义务为国家服徭役。力役包括夫役和职役。兵役改为征募。

（一）夫役和免夫钱

夫役主要承担修建道路城池、整治堤坝河渠、修葺衙门府第、运送官府公私财物等工作。因其繁杂，没有统一征调时间，亦无固定征调地点，又被称为杂徭。史籍中记载最多的是修河、治水。《宋史·谢德权传》中，记述了他的前任，曾征调30万民夫，浚河修堤，因措施不当而失败。他上任后，派出三路人马，分段监督民夫，采用清沙固基、植树固岸的方法，保证了汴河的正常航运。官府征调民夫服役，被调之人不愿意前往，或不便前往，可以缴纳免夫钱。熙宁十年十一月诏："河北、京东西、淮南等路出夫赴河役者，去役所七百里以外愿纳免夫钱者，听从便。"《长编》卷285。至于每夫需要缴纳钱数，没有定制。此次仅京东路征调民夫16000多人，得免夫钱256000余贯，平均每夫16贯。③

（二）职役和免役法

1. 职役的内容及弊端。职役是从官府中较低微的职务转化来的无偿征调。产生于五代十国时期。主要包括：

衙前——负责管押运输官物与供给官物。无论官物因何种原因受损，都

---

① 《宋史·孝宗纪》。

② 同上。

③ 《续资治通鉴长编》卷四一四。

需衙前赔偿。虽然小心谨慎，也难防天灾人祸。责任重大，百姓畏之如虎。

里正、户长、乡书手——负责督课赋税。在后唐明宗时即规定：凡赋税征收期限已过，其收入仍有 30% 未征收入库者，除对相关官吏罚款外，"摄闲官、州县押司、录事本典及乡里正、孔目、书手，各徒二年，仍配重役"。[①]到宋代，里正等为了免于受刑罚之苦，常常代为完税，倾家荡产者屡见不鲜。

耆长、弓手、壮丁——负责追捕盗贼，维护治安。

承符、人力、手力、散从——负责为官府跑腿，做杂务。

职役又被称为差役，北宋差役法规定：按资产多少将民户分为九等，前四等户负责充任以上职役。但是，作为宋朝最富足的官宦之家具有免役特权，真正充任差役的一般为中小地主或城镇小业主，甚至是稍有家产的自耕农等。"应是在家之物，以至鸡犬、箕帚、匕筋已来，一钱之直，苟可以充二百贯，即定差作衙前。"且"是一家作衙前，须用三丁，方能充役，本家务农则全无人主管，兼家人在场务生疏，动是失陷官物，及界满则勒正身陪填"。小农之家一旦充役，不仅农业生产完全停顿，生活也将处于动荡之中。朝为富足之家，夕已流落街头。亦有为避差役而自杀；或为降低户等而卖田；甚至外嫁寡居的祖母和母亲。百姓怨声载道，有识之士也痛陈利害，终于促成差役法的改革。

2. 免役法。免役法又称雇役法，募役法。其核心内容是将原来由一些民户充任的职役，改由所有的民户出钱雇募人充役。《宋史·役法》载："畿内乡户，计产业若家资之贫富上下分五等，岁以夏秋随等输钱。乡户自四等、坊郭自六等以下勿输。两县有产业者，上等各随县，中等并一县输。析居者随所析而定，降其等。若官户、女户、寺观、未成丁，减半输。皆用其钱募三等以上税户代役，随役重轻制禄。"此法在开封府试行后于熙宁四年十月在全国推行。以州县为单位，根据职役需要雇役的数量，按户等征收。当役户出钱称免役钱；其他民户出钱称助役钱；在满足雇募所需的情况下，还要多征收 20% 作为准备金，称为免役宽剩钱。

此法理论上符合风险分担的原则，把对百姓的无偿征调货币化，有利于百姓安心农业生产，是社会的进步。但在当时的情况下，此法实际操作性较

---

① 《五代会要》卷十九。

差。首先，没有核实民户资产。在不准确的户等条件下征收免役钱，造成百姓不合理负担。其次，官府没有严格按照免役法规定的比例征收免役宽剩钱。有的地区比例高达50%，增加了百姓额外负担。再次，对部分原来可以免役、避役的豪门之家征收免役、助役钱，必然遭到他们的强烈反对。这也是免役法难以真正推行的主要原因。

第三节　宋朝的工商杂税

一　一般商税

（一）国内商税

宋朝是我国封建社会商品经济非常发达的时期之一，商品流通范围广、数量大、专业化程度高，为商税收入的增加奠定了基础。商税征收由全国1830多个商税务、商税场负责。太祖建隆初制定商税法——《商税则例》，要求将其公布于商税务及商税场处，晓谕商民。税则规定：商民凡贩运和买卖税则规定的征税物品，必须走官路，在所经商税务及场缴纳物品价格2%的"过税"；在买卖交易地缴纳3%的"住税"；如果是官府所需物品，将被"抽税"10%。商民逃避纳税，官府捕获后，不仅要受到刑罚，还将被没收货物的1/3，以没收品的一半奖捕获者。但"行旅、赍装，非有货币当算者无得发箧搜索"。"常税名物，令有司件析颁行天下，揭于版，置官署屋壁，俾其遵守。"① 宋朝的商税税率渐次提高。先是在正税之外增加附加性的"市易钱"和"力胜税"；又在漕臣刘既济的奏请下，在正税之上有"一分增收税钱"的征收，后一直增加到"七分增收税钱"。课税范围也日益扩大。对已缴纳"过税"的商民，官府付给证明（称文引，公引，关引），避免重复纳税。但是，对长途贩运或物品繁杂者，采取始发地官府付给长引，到终点一并纳税的办法进行管理。商税收入，从太宗淳化三年（公元992年）开始制定预算定额：各州以端拱元年——淳化元年（公元988—990年）间实际征收税额的最高年份数额为"比额"（或称祖额）。为完成预算或超额完成预算，官吏不断增加税栏和提高

---

① 《宋史·食货志》。

税率，据史载：北宋商税年收入较高的年份在庆历时，曾达到1975万贯。① 致使商民负担沉重，商旅不行。"其取愈多，下利之不见其赢。"南宋所辖范围缩小，战事频仍，商旅难行，收入大减。为了满足财政需要，商税出现重复征收和物物皆征的现象。"广中无名税场，在在有之，若循之厘头，梅之梅溪，皆深村山路，略通民旅，私立关津，缗钱、斛米、菜茹、束薪，并令输免。"②

（二）关贸收入

1. 市舶收入。市舶收入主要指宋朝在沿海地区对外贸易中征收的商税收入。太祖开宝四年（公元971年）以后，在广州、杭州、明州（今浙江宁波）、秀州之华亭（今上海淞江）、密州之板桥（今山东胶县）设市舶司，向来往商民征收商税，管理中外贸易。市舶司负责检查所有出入港口的船只，并对货物分别实行禁榷、抽解和抽买。禁榷——对舶来品全部或部分实行专卖，即：外商只能与官府交易，民间买卖被视为违法。太平兴国七年（公元982年）禁榷物品为珠贝、玳瑁、犀象、镔铁、鼊皮、珊瑚、玛瑙、乳香，后紫矿亦例为禁榷物品。抽解——按照货物的种类征收10%以上的实物税。抽买——国家对舶来品进行部分征购，比例在太宗时曾高达50%，其余允许民间买卖。征购部分主要为朝廷自用，余下部分由官府出售获利。南宋高宗也曾说："市舶之利最厚，若措置合宜，所得动以百万计。"③ 在北部江山丧于敌手的情况下，东南沿海的市舶之利更是财政的重要来源。

2. 国（边）境贸易收入和税收。宋朝与邻国之间的贸易，包括宋朝与辽国、西夏、金国及西南边境地区各民族的互市。

太平兴国二年在镇州（今河北正定）、易州（今易县）、雄州（今雄县）、霸州（今霸县）、仓州设置榷务与辽国互市。后又增置安肃军（今河北徐水县）、广信军（今河北徐水县西之遂城）榷务。榷务负责管理民间贸易和国家间官府的贸易。虽然因战争互市时常中断，但国家间商品的互相需要，使贸易不断重新开始。宋主要以香药、犀象、茶、苏木、缯帛、漆器、粳糯、珠宝等换取银钱、布、羊马、橐驼。景德年间，岁获40余万。

① （宋）张方平：《乐全集》卷24。
② 《古今图书集成》，中华书局影印本第六九三册，第44页。
③ 郑獬：《郧溪集》卷十二。

宋与西夏互市主要以缯帛、罗绮换取驼马、牛羊、玉、毡毯、甘草;以香药、瓷漆器、姜桂等物换取蜜蜡、麝脐、毛褐、羱羚角、硇砂、柴胡、苁蓉、红花、翎毛。淳化时,禁止买卖粮食、青盐,违者不论多少,一律处死。

宋与金的互市也由榷场官监管,主要集中在淮西、京西、陕西、泗州等地。另外,宋还在西南及西部设立市易司和市易场,以茶、米换取马匹、朱砂等,交易量颇大。《宋史》中有年易朱砂2万两及岁买马700匹的记载。

二 契税

宋朝又称钞旁定帖钱,是对典卖土地、房产等大宗生活和生产资料的行为,依据典卖价格课征的税收。凡百姓典卖土地和房产等,先自立契约,称"白契"。在规定时间内到官府购买印契纸,将白契贴在钞纸上,官府盖印,视为合法契约,称"红契",官府依契约载明价格征收契税。嘉祐末(公元1062—1063年)税率为4%。绍兴始增为10%,而且税目也增加了耕牛、舟车、嫁资等内容。

三 专卖收入

(一)盐茶专卖收入

盐专卖古已有之;茶的饮用到宋朝极为盛行,一些地区民间有"一日可以无盐,不可以无茶"之说。茶成为商人日常大宗交易的物品,官府始对其盐茶专卖并行,成为宋朝工商税收入的支柱。所实行的管理制度也时同、时异。

宋代盐茶专卖前后实行过多种制度:其一,生产环节收入。官府对盐茶生产者(称灶户和茶户)提供盐茶本钱,全部产品由官府收购。如果有进行民间私下交易者,按其数量大小,将被处以重刑。其二,入中和折中法。太宗雍熙时,辽国数次侵犯河北,戍边军队急需粮草。国家以盐和茶的贩卖凭证作酬值,诱导商人运送粮草到边境,"酌地之远近而为其直,取市价而厚增之,授以要券,谓之交引,至京师给以缗钱,又移文江、淮、荆湖给以茶及颗、末盐"。[①]酬值的优惠幅度很大,天圣六年度支使梁鼎上言:"陕西沿边

---

① 《宋史·食货志》。

所折中粮草，率皆高抬价例，倍给公钱，止如镇戎军粟米一斗，计虚实钱七百十四。而茶一斤止易粟米一斗五升五合五勺；颗盐十八斤十一两止易粟米一斗。""草一束，计虚实钱四百八十五，而茶一斤止易草一束五分，颗盐十二斤十一两止易草一束。""定州入粟直四万五千，给茶直十万。"后京师缺粮，在"端拱二年，置折中仓，听商人输粟京师，优其直，给茶盐于江、淮"。① 景德时，京师粮已充足，又让商人直接交钱或帛，官府付给盐茶券。此法的核心是：盐茶已经成为官府诱导商人为国家服务的工具。其三，引法。崇宁年间（公元 1102—1106 年），蔡京主持盐茶专卖制度改革，实行引法。引是贩卖盐茶的凭证。按照准许贩卖盐茶的路程远近和期限长短分为长引、短引。商人交钱买引，持引领盐茶贩卖。盐茶由税务查验、封装盖章，到指定地开封出售。贩卖盐茶都有引界，商贩不得超越引界，亦不得夹带超过引证上规定数额的盐茶，否则以私贩盐茶罪论处。

　　此外，宋代盐专卖还实行：（1）配售法。官府将掌握的盐强行配售给百姓，收取盐钱。按照人丁配售给百姓，叫"丁蚕盐"；按照两税配售给百姓，叫"两税盐钱"或"苗盐"；按照田产配售给百姓，叫"计产敷盐"。这种配售具有强制性，盐价畸高，但百姓必须购买。（2）禁榷。宋初，曾实行从生产到销售的完全专卖制度。即官府给灶户本钱，由灶户制盐；官府役使兵丁或民夫运到指定地点设院务销售。官府为增加收入，不仅将硝碱杂质掺入盐中，还不断提高食盐价格，造成众多贫苦百姓淡食。（3）钞盐法。由太常博士范祥于庆历八年（公元 1048 年）年创立。其法：以解池产盐量为准，印制钞券。准商人在边境输钱每 4 贯 800 文给一钞，可运销解池盐 200 斤。官府就近购买粮草充实边境军事储备。克服了入中法虚增盐茶价格和后期粮价低于其他地区的弊端。（4）川盐在南宋时曾由赵开主持实施引法。官府不向灶户支付本钱，而由商人和灶户直接交易。官府每斤向茶农征收引钱二十五，土产及增添约九钱四分；向商人征过税一钱七分、住税一钱，每引征提勘钱六十，后又有贴输等。

　　宋代茶专卖制度还有：（1）禁榷。宋初官府设立"榷货务" 6 个和淮南十三场共同负责买卖茶货。官府先付给茶农一定本钱，新茶采摘后，全部售

_____

① 《宋史·食货志》。

给官府，但"官与园户名为平市，而实夺之。园户有逃而免者，有投死以免者，而其害犹及邻伍"。① 商人欲贩卖茶，必须到榷货务购买，不得与茶农直接交易。（2）茶马法。国家利用掌握的茶，在边境地区与少数民族换取马匹，既满足了国家战备用马的需要，又节约了财政资金。

宋代的各项茶盐专卖制度，并未统一在全国实施，往往某项制度只在一部分地区、一段时间内实行。而有些制度曾交叉并行，甚至时行时停。但无论何种专卖制度，都规定严格的惩处条款，违者必罚。贩卖食盐一两以上即"决杖十五"；"持杖盗贩私盐，三人已上，持杖及头首并处死"。② 贩卖私茶一斤即杖100，贩私茶至20斤以上弃市。

北宋前期，盐收入每年不足1000万贯；元丰时，到2000万贯左右；蔡京当政时，收入达到4000万贯。绍兴二年，仅川盐年收入即达400万缗。茶收入一般每年在几百万贯，大中祥符年间（公元1008—1016年）一般每年500万贯左右；最多时，政和年间（公元1111—1117年）仅东南茶行年息钱达到400万，川陕息钱370多万贯③。

（二）课酒收入

课酒是宋朝取得财政收入的重要方法。初期每年在三四百万贯上下；天禧末年（公元1017—1021年）以后达到1000多万贯，庆历年间曾达1710万贯④。超过了茶专卖年收入额。

宋朝对酒的生产与销售采取的管理方法主要有四种：

1. 官酿卖法。即酒禁榷，主要在大城镇实施。官府役兵丁、罪徒或者雇佣百姓酿造，其中一部分供国家使用，其余自卖，也批发给旅店、饭店和酒馆。官府造酒不仅常常因管理不善，支出浩大，且卖给百姓的酒质次价高，百姓怨声载道。

2. 曲禁榷。实施于东京开封府，西京河南府，南京应天府，北京大名府。由官府造曲，每斤以150—155文售给百姓，任百姓制酒销售。官府既可以控制酒的产量，取得丰厚收入，又不需雇人酿卖酒，进而节约管理费用。

---

① 《宋史·食货志》。
② 《宋会要辑稿》（六）。
③ 《宋史·食货志》。
④ 《乐全集》卷24。

3. 买扑。在小城镇及乡村，对有能力酿酒、卖酒的场和店，根据其规模，国家规定每年交纳酒课收入数量，且许百姓竞标，中标者酿酒自卖。这种方法虽然在一定程度上保证了国家收入的数量，并节约了开支。但买扑户一般为地方权势之家，他们和官府勾结，一方面减少向国家交纳的收入；另一方面随意抬高酒价。结果造成百姓负担加重，而酒利却归于买扑户和贪官。

4. 通商征税。太平兴国二年前，京西为通商区；太平兴国七年后，广南东、西两路及四川、福建、河东、荆湖等地区的夔、黔、达、开、施、涪、泸、黎、威、云安、梁山、福、汀、泉、漳、兴化、麟、府、辰等州郡为通商区；天圣年（公元 1023 年）后，又增加永兴军、大通监、茂州、富川监等地。这些地区百姓自酿自卖酒，但需要输纳酒税。无论买卖曲及酒，都有疆界。"端拱三年（公元 990 年）令：民买曲酿酒沽者，县镇十里如州城二十里之禁。天圣以后，北京售曲如三京法，官售酒、曲亦画疆界，戒相侵越，犯者有法。"至五斗处死。而私造酒罪罚亦很重，"私造曲者，州府县城郭内，一两以上不满五斤徒二年；五斤以上不满十斤仍配役一年，告者赏钱十千；十斤以上已满十五斤，徒三年，配役二年，告者赏钱十五千；十五斤以上不满二十斤，加配役一年，告者赏钱二十千；二十斤以上，处死，告者赏钱三十千"。[①]

另外，宋对醋亦实行专卖，主要是对陕府诸地禁榷。国家对醋的管理与酒专卖相同，包括：官造酵，出售给百姓造醋；自由买卖，纳税；民间买扑等。年收入不详。

（三）矿冶收入

宋初，旧有坑冶，官府置场监管，或民承买，按比例卖给官府。坑冶事务的管理隶诸路转运司，本钱亦由其供给，所收矿物，归内帑贮藏。崇宁以后，"广搜利穴，榷赋益备。凡属之提举司者，谓之新坑冶，用常平息钱与剩利钱为本，金银等物往往皆积之大观库"。政和年间数罢数复，由于开矿之地多毁坏民田；对买扑者立额较重；或旧有矿藏已枯竭，而承包额不予减少，积弊较多。"钦宗即位，诏悉罢之"。宋矿产主要是金、银、铜、铁、铅、锡、水银、朱砂、矾等。治平年间（公元 1064—1066 年）共有矿场 271 座。后时有兴废。"元丰元年（公元 1078 年）诸坑冶金总收万七百一十两，银二十一

① 《宋会要辑稿》（六）。

万五千三百八十两,铜千四百六十万五千九百六十九斤,铁五百五十万一千九十七斤,铅九百十九万七千三百三十五斤,锡二百三十二万一千八百九十八斤,水银三千三百五十六斤,朱砂三千六百四十六斤十四两有奇。"元丰六年,矾年入三十三万七千九百贯。[①]

凡官府禁榷之物,必有厚利。百姓逐利犯禁,官府即屡定酷法。太平兴国二年,私贩晋州矾者一两以上不满一斤即杖脊15,配役一年,达三斤即处死;如果是再犯,无论斤两多少即处死;如买及接受寄放或者藏匿矾达六斤者,则被处死;刑罚之重不亚于贩私盐茶之罪。

四 杂税及其他收入

宋财政征收过重,正税之外,又有各种杂项收入。杂税有房屋税、舟车税、黄河竹索税、缣税、河渡钱、鬻祠庙、嫁妆税等;无名杂课有:头子钱、经总制钱、月桩钱、版帐钱;其他收入有卖官告和度牒。收入多且危害大的有如下几种:

(一)头子钱

凡是百姓与官府发生交纳钱物的事务时,均要在正项钱之外交纳头子钱,类似手续费。史载:熙宁七年,每交纳役钱千文,另纳头子钱五文。"建炎三年,民以米入官自酿,每斛输钱三十,头子钱二十二。"后"依诸钱例,增作二十三文足"。即从最初的5‰增加到23‰,南宋末,又增加到56‰。

(二)经总制钱

经总制钱是经制钱与总制钱的合称。经制和总制,本是宋官吏名称中的经制使和总制使。此税由这两个官吏倡举征收,由于是在原有税种征收品目上各增收几文,很难命名,即以官吏称谓命名。经制钱由经制使陈亨伯于宣和初推行,在卖糟钱、印契钱等税之上加收此税。建炎三年,权添酒钱、量添卖糟钱、人户典卖田宅增添牙税、官员等诸俸头子钱、楼店务添三分房钱总称为经制钱,专设账簿管理。后总制使翁彦国创总制钱。绍兴五年,总制钱名目包括:转运司移用钱,勘合朱墨钱,出卖系官田钱,人户典卖田宅、牛畜等于赦限内陈首投税印契税钱,进献贴纳钱,耆户长雇钱、抵当四分息

---

① 《宋史·食货志》。

钱，人户典卖田业收纳得产人勘合钱，常平七分钱，见在金银、茶盐司袋息等钱，桩还旧欠装运司代发斛斗钱，收纳头子钱支用，外有钱一十六文九分，官户不减半、民户增三分役钱见桩数，二税畸零剩数折纳价钱，免役一分宽剩钱。① 绍兴三十年收入达到 1725 万余缗。正如叶适所说："凡今截取以界总领所之外，户部经常之用，十八出于经总制。"②

（三）卖度牒收入

宋朝皇帝崇尚佛道教，给予僧道等宗教人士一定的免税免役特权，并赐田宅，许为官，人们苦于税赋，争相出家为僧道。国家则趁机大量出售度牒，取得财政收入。北宋时最高达 300 贯一牒，仅大观年间即售出 3 万多份；南宋时价格曾高达 700 贯 1 份，甚至允许商人加价到 800 贯作为商品售出。另外，朝廷也曾将此作为酬值诱使商人入中粟米，解决边境军费及作为救灾的支出等。

第四节　宋朝的财政支出

宋朝财政支出包括：军费开支及赔款支出，官吏俸禄及行政费用，皇室支出及赏赐支出，经济建设支出及其他支出。宋朝前两项的支出比其他朝代更加浩繁。

一　军费支出及赔款支出

（一）军费

军费支出是宋朝财政支出的最大项目，无战争时期几乎占财政支出的一半，有战争时常达 70% 以上。军费主要包括：

1. 日常军事支出。日常军费支出包括：养兵费和装备费。

（1）养兵费。"宋之兵制，大概有三：天子之卫兵，以守京师，备征戌，曰禁军；诸州之镇兵，以分给役使，曰厢军；选于户籍或应募，使之团结训练，以为在所防守，则曰乡兵。又有蕃兵，其法始于国初，具籍塞下，团结

---

① 《宋会要辑稿》（七）。

② 《叶适集》（三）。

以为藩篱之兵；其后分队伍，给旗帜，缮营堡，备器械，一律以乡兵之制。"①
宋朝兵多，历朝罕见，不仅因为宋朝战事多，更因为它的兵制和治国政策与
前朝不同，"盖五代以前，兵寓于农，素日战斗，一呼即集。本朝兵费最多，
兵力最弱，皆缘官自养兵"。②官自养兵主要是指朝廷养兵。宋朝为了防止在
外军队发动兵变，而将精锐部队集中于京师，由中央统一指挥调动，加之国
家为防止天灾后百姓暴乱而养的厢军、乡兵，所有费用都由国家支付。北宋
在庆历年间仅禁军和厢军人数就达到 1239 万人。南宋乾道年间直属朝廷的军
队也在 40 万以上，加上戍边军队共有 80 万左右。③养兵支出包括：军俸、补
贴和赏赐。军俸在北宋按军阶不同而有差异。禁军长官最高一级月俸 100 贯，
粟 50 斛；最低一级月俸 300 文，另加食盐或酱菜。春冬赐衣有绢帛，或加绢
布、缗钱。南宋在财政困难的情况下，曾一度减少官俸，不带兵打仗的武将
同例。

补贴是军俸之外的朝廷支出："凡三岁大祀，有赐赍，有优赐。每岁寒
食、端午、冬至，有特支。特支有大小差，亦有非时给者。边戍季加给银鞋，
邠、宁、环、庆缘边难于爨汲者，两月一给薪水钱，若寒或赐絮襦。役兵劳
苦，季给钱。戍岭南者，增月俸。自川、广戍边者，别与装钱。川、广递铺
卒，或给时服、钱、履。屯兵州军，官赐钱宴犒劳将校，谓之旬设，旧址待
屯，泊禁军，其后及于本城。"④即：在重大节日里，对军将依差事大小给予
补贴；对戍边者，不仅发给钱物，还赐予御寒的棉衣、棉鞋。南宋除正式军
俸外，将领也有补贴。如各御前军的都统制每月可领补贴达 200 贯；一般普
通的兵卒最下等月支钱 6000 文，米八斗。⑤

赏赐是特别展示皇恩的支出。北宋曾有皇帝亲自签发的赏功格，斩敌军
大首领一名，即可以加官四级，赐绢 50 匹。仅淳祐十一年（公元 1252 年），
收复襄樊后，朝廷"诏立功将士三万二千七百有二人各官一转，以缗钱三百
五十万犒师"。此外，招募新兵"给衣履，缗钱"；若是阵亡军士子弟入伍，

---

① 《宋史·兵志》。
② （宋）罗大经：《鹤林玉露》甲编卷 1。
③ （宋）吕祖谦：《历代制度详说》卷 11。
④ 《宋史·兵志》。
⑤ （宋）李心传：《建炎以来系年要录》卷 182。

还要加倍赐给。对有功的将士则赐给官爵和金银绢钱等。宋朝战事之多，赏赐规模之大，养兵费浩繁是情理之中的事。

（2）装备费。宋朝军队分骑兵、步兵、水军等三种。骑兵需战马、弓箭、刀刃兵器和盔甲的装备。宋朝在北部边境的战争频繁，军马耗费极大。因此买马、养马是一项重要支出。北宋时每年买马1万—2万匹，南宋时最高曾达4万匹。马价也随物价及战马状况而时有变动，至少需每匹20—30贯。因此，宋朝也曾用邻国所需之物换马，即进行以茶易马的茶马贸易等。北宋每年至少买马2万匹，以最低价格计算，需要支出40万贯。到南宋马价狂涨，所费是北宋数倍。加之买马路途遥远，转运之费有时超过马价本身，支出又加倍。而买马后的养殖费用，亦是军备费的一大开支。大中祥符元年，"凡内外坊监及诸军马凡二十余万匹，司马兵校一万六千三十八人。每岁京城草六十六万六千围，麸料六万二千二百石，盐、油、药、糖九万五千余斤石，诸军不与焉"。[1] 可见，养马同样要耗费大量财政资金。

步兵必持兵刃、甲盾、弓箭。宋朝还造火炮；到南宋制造精良的回回炮。虽无每门炮的造价记载。但一月能制造一两千只火炮的工场花费应该不小。至于"弩一枝，钱一贯五百文足；弓一张，钱七八百文足"。[2] "凡军中造提刀一，费三千三百；手弓一，费钱二千七百，手箭一，费钱七十四；弩箭一，费钱六十五；应鼓一，费钱六千五百；披膊一副，费钱三十八千二百；兵幕一座，费钱六十九千八百；朱马甲一副，费钱四十千一百，朱马甲当胸一副，费钱十七千三百，皆有奇"的记述足以证明，即使最普通的兵士的存在，也需装备相应的兵器。每个兵士都需数十个农夫勤劳耕作才能供备。

水军的装备除一般武器支出外，还需要兵船的建造费。南宋尤其重视水军的装备，仅战舰即有铁头船、海鹘船、车船之分。自淳祐九年至景定年中（公元1260—1264年），仅建康府即造新船850只，修旧船2693只。陆游曾记述："平江造战船，略计其费，四百料八橹长八丈，为钱一千一百五十九贯，四橹海鹘船长四丈五尺，为钱三百二十九贯"。[3] 这也是财政一项大的开支。

---

① 《宋史·兵志》。

② 《续资治通鉴长编》卷二二一。

③ （宋）陆游：《老学庵笔记》卷一。

2. 战争支出。宋朝始终处在对外战争状态,只是战争规模大小不同而已。仅大的战争即有公元 979 年和 986 年的两次伐辽;公元 1004 年辽攻北宋;公元 1038 年和 1040 年的宋夏之战;公元 1094 年以后对夏的战争;公元 1107 年后对辽的战争;公元 1125 年开始的金宋之战;公元 1140 年、1161 年、1026 年金和南宋的战争。每次战争都使国家财政陷入危机,而宋朝也屡战屡败,逐渐走向毁灭的深渊。

(二) 战争赔款

宋朝与邻国的战争胜少败多,但由于统治者的昏庸,即使宋朝完全处于优势一方,胜利在望,统治者也往往求和赔款。数额较大的赔款有:公元 1004 年的"澶渊之盟",每年向辽国贡岁币银 10 万两,绢 24 万匹;公元 1042 年增加至岁币 20 万两,绢 30 万匹。公元 1044 年的"庆历和约",岁"赐"西夏银 7 万两,绢 15 万匹,茶 3 万斤。公元 1126 年金国兵临汴京城下,北宋统治者不仅同意割地,且送出黄金 500 万两,白银 5000 万两,绢帛 100 万匹,牛马万头的"犒师之费";汴京城破,钦宗投降,不仅内藏库全部金银珠宝绫罗锦绮被掠,还献出金 100 万锭,银 500 万锭,帛 1000 万匹"犒师费";公元 1141 年,南宋"绍兴和议"每年向金国进贡银 25 万两,绢 25 万匹;到 1207 年再次和议,岁币即增至每年 30 万两,另贡犒军费 300 万两。(《中国古代史稿》,武汉大学历史系,1978 年 10 月。)两宋的对外战争,不仅显示了两宋政治的腐朽,官吏的寡廉鲜耻,而且也是财政濒于破产的重要原因。

二 官俸支出和行政支出

(一) 官俸支出

宋朝官吏冗滥、支出浩繁皆史无前例。首先是官员人数众多。南宋宝祐四年(公元 1257 年),监察御史朱熠曾上言:"境土蹙而赋敛日繁,官吏增而调度日广,景德(公元 1007 年)、庆历时以三百二十余郡之财赋,供一万余员之俸禄,今日以一百余郡之事力,赡二万四千余员之冗官。"[①] 数字虽不一定准确,但可以看出财政收入与官俸支出的比重变化。而据《容斋随笔》载:庆元时,官吏已达四万三千多人。其次是兼俸多;宋官员中"有一身而兼十

---

① 《宋史·理宗纪》。

余奉"者。这又使官俸数倍于官员数。再次，宋官品级繁杂，包括：散阶、本官、差遣、勋爵、封邑，另外还可贴职、兼职。官俸主要和本官、差遣、贴职有关。虽然当官，但不一定做事；而挂职也不一定当官。但都要发给俸禄。宋仅京朝官即有 42 阶。

宋朝官俸，包括料钱、衣赐、禄粟、职田（职钱）、添支和津贴。料钱是官俸的货币部分，元丰时，太师、太傅、太保、少师、少傅、少保，料钱 400 贯。衣赐：春服罗 3 匹、小绫 30 匹、绢 40 匹；冬服小绫 30 匹、绢 40 匹、绵 200 两。禄粟 150 石。[①] 这是京官所享有的最高待遇。职钱是对有职事者的货币待遇。如行御史大夫职钱 60 贯，兼一职即可多一份职钱。所以有"如大夫为郎官，既请大夫奉，又给郎官职钱"之说。职田是京外官的一种待遇，按职务大小给一定数量土地，官吏食租作为生活之用。虽然不是财政直接支出，但减少国家的两税收入。全国 19 路州郡，共有职田 2348695 顷，[②] 按田赋正额计算，宋初秋米 8 升，也要减少税粮收入 187896 万石。添支和津贴，主要是国家对差遣和贴职者在俸禄照顾不周时的一种补贴。宋朝按官阶支给俸禄多，而按职务支给俸禄少，产生差异后，给予津贴作为补救措施。除此之外，国家给官吏的待遇还有：对官吏随从的支出。出差公干及赴外上任，按照职务高低付给驿券，由驿站供给沿途食宿。总之，宋代的官吏享有的待遇很丰厚，尤其是高级官吏，衣食住行都由财政负担。因此，北宋中期国家用于入品官吏方面的支出，每年不少于 500 万贯、石、匹、两。加之减少财政收入的损失和不入品胥吏的支出，每年不少于 1000 万贯、石、匹、两。

（二）行政支出

宋代行政支出有公用钱、公使钱、公使库等称谓。主要用于送往迎来、日常办公开支、修葺办公房屋、犒赏军队和置办必备器具等。公用钱有朝廷发给的正赐钱及自筹的非正赐钱之分。史载，严禁用此钱馈送来往官员。朝廷发给的公用钱数量，按照官署级别高低、所处区位（中心区还是偏远地区）及经办事例急缓而有区别。期限有月给和岁给之分。月给者，如京师玉清昭

---

① 《宋史·礼志》。
② 《宋会要辑稿》（六）。

应宫使，每月 100 贯。岁给者，如节度使，万贯至三千贯，四等。另外，如尚书都省，银台司，审刑院，提举诸司库务司，每给 30 贯，用完再续，不限年月。大中祥符六年，"诏广州知州给添支钱，自今以七十万为添支，五十万为公用"。① 即州以上公使钱由朝廷发给，州以下官署由州支付公使钱。南宋时知县每月公使钱仅 15 贯。

公用钱名为公用，但当官吏俸禄不足时，也有"得私入"的记载。每年公用钱的支出，仅在京职事官，元初即为 75 万贯，《长编》卷419。如果加上外埠的颁给当在 100 万贯以上。

三　皇室支出

皇室支出从严格意义上说不应包括在财政支出中，因在封建社会，皇室虽有固定收入来源以供其支用。但当皇室收入不足时，亦挤占财政资金。宋朝时有"出内藏以补有司之不给，借用或至百万，偿还不足，往往赏之……"的记载，盖因为宋皇室收入与国家财政收入的划分与其他朝代有所不同。"宋初，诸州贡赋皆输左藏库给，及取荆湖，定巴蜀，平岭南、江南，诸国珍宝、金帛尽入内府。初，太祖以帑藏盈溢，又于讲武殿后别为内库……太宗嗣位，漳、泉、吴越相次献地，又下太原，储积益厚，分左藏库为内藏库……改讲武殿后库为景福殿库，俾隶内藏……"可见，宋之内藏库中大部分亦即国家财政收入，只不过名义上仍称为"内"库。特别是到了南宋，内藏库早已不能为国家救急，且皇室把封桩款亦用来挥霍。史籍记载：高宗时，曾一日两次支用封桩库钱：先是"银八万两，会子二十万"，后是"金二万两，银五万两"，都未说明支款用途。

皇室支出的项目主要有：宫室、园林、陵墓建设，后妃宫女费用，内官开支及皇室饮食、服饰、娱乐、仪卫、庆典、朝觐等。

宫室修建虽未有数量及花费记载。但"元符初后苑修造所言：内中殿宇修造，用金箔 16 万余片"。② 徽宗时，为建造园林，大肆搜刮奇石异草。"尝得太湖石，高四丈，载以巨舰，役夫数千人，所经州县，有拆水门、桥梁、

---

① 《续资治通鉴长编》卷八十。
② 《清波别志》卷上。

凿城垣以过者。"一石如此，宋朝众多皇家园林岂有自然而成的。据《宋史》和《燕翼贻谋录》载：玉清昭应宫历经七年建成，共 2610 楹，仅长生崇寿殿内的三尊像，共耗金 1.5 万多两。陵寝修建亦是大宗开销。宋除皇后嫔妃之陵外，仅皇帝即有 18 位，加上僖祖的钦陵、顺祖的康陵、翼祖的定陵、宣祖的安陵共有 22 座。《宋史》载："嘉祐八年三月晦日，仁宗崩，英宗立。丧服制度及修奉永昭陵，并用定陵故事，发诸路卒 46700 人治之。"在"毋过华饰"的前提下，"三司请内藏钱 115 万贯、绸绢 255 万匹、银 55 万两，助山陵及赏赉"。虽然每个皇帝的陵寝不一定都如此耗费，但这也绝不会是最奢侈的。而且建造陵寝还不包括平时的维护费。元祐六年，曾诏京西提刑司每年拨钱物 20 万贯，"以奉陵寝"。①

皇室日常开销，无非衣食住行，无论后妃宫女，还是皇帝本人开支，都应由内藏支付，其耗费常常"动以万计"。皇室御厨即要"食手兵校共千六十九人"；每年禁中所用椽烛，竟有 13 万条；仅后宫嫔妃宫女就上万人，内官也是动以千计，内藏难以承受。况且宋代的内藏本身就是财政收入的一部分。如此奢侈，必使国库日蹙。

另外，皇帝的仪卫开支亦是一笔不少的费用，"徽宗政和三年，议礼局上大庆殿大朝会议卫，黄麾大仗五千二十五人"。② 元丰元年时大驾卤簿，仗下官一百四十六员，执仗、押引从军员，职掌诸军诸司二万二千二百二十一人。"而天子岁时游豫，则上元幸集禧观、相国寺，御宣德门观灯；首夏幸金明池观水嬉，琼林苑宴射；大祀礼成，则幸太一宫、集禧观、相国寺恭谢，或诣诸寺观焚香，或至近郊阅武，观稼，其事盖不一焉。"③ 皇帝出游必仪仗随从成群，所费必是千百万百姓一年的收成。

四　宗教祭祀支出

宗教祭祀支出包括由于信奉宗教而进行各项活动的支出和对祖宗、神灵的敬畏而进行祭祀的支出。

---

① 《宋史·哲宗纪》。
② 《宋史·仪卫志》。
③ 《宋史·礼志》。

"国之大事，在祀与戎"。祭祀是历朝历代君主的重大支出项目之一。每年对天地、山川、祖宗、神灵的祭祀都将耗费大量资财。宋朝祭祀分不定期进行的封禅祭山和每岁进行的日常祭祀。日常祭祀有大有小，每岁百余次。其中，郊祀支出每次费用包括两部分。其一，郊祀本身费用，一般为几百万贯、匹、两。史载，高宗南逃中仍举行郊祀。向诸路征调财赋："江浙淮南福建路都计钱二十万四千六百九十八贯，金三百七十一两八钱，银一十九万二千四百一两，绸一十四万二千六百六十二匹，绢四十万八千四百一十匹，绫一千五百四十匹，罗五万五千二百四十匹，丝六万二千三十一匹，绵七十二万五千七十九两，布二千匹。"① 其二，赏赉支出。据史载，赏赉支出又在祭祀支出中占绝大部分，并有按品阶赏赉官吏和军队的惯例。宋朝不定期的封禅和祭山支出也很浩繁，真宗东封泰山，耗费银达830余万两。祀汾阴上宝册耗费银达850余万两。

宋徽宗尊崇道教，多次塑造圣像、请道士诵经，大修道观，赐田、赏钱、免租、封号支出难以计数。

五　经济建设支出

财政支出中对百姓最有益的支出莫过于经济建设和救灾恤民两项。

经济建设包括兴修农田水利设施、治理河道、修筑城池、桥梁、道路等内容。神宗时任用王安石改革，曾制定农田水利法。"兴农事不费国财，但因民利而利之，财亦因民财力而用也。"② 因而可知，农田水利设施是不用国家从财政拨款的。有钱出钱，有力出力，无钱无力可以从国家贷款。总之，谁受益，谁就要出钱出力。国家虽然也受益，但直接支付资财较少。熙宁五年，"诏司农寺出常平粟十万石，赐南京、宿、亳、泗州募饥人浚沟河"。第二年又"赐淮南西路转运司常平米三万石募饥民兴修水利"。③ 这种募民兴修水利之法，实是以工代赈措施。

治河一般任务紧急，需要众多人力财力，国家支出较多。治河主要役使

---

① 《宋会要·礼志》。
② 《续资治通鉴长编》卷三一三。
③ 《续资治通鉴长编》卷二三八、二四八。

丁夫或兵卒，国家出一部分口粮和物料钱。《长编》载：仁宗天圣五年黄河在滑州决口，"发丁夫三万八千，卒二万一千，缗钱五十万，塞决河"。元丰时治理洪泽河，"计工百五十九万七千，役民夫九万二千一月，兵夫二千九百两月，麦米十一万斛，钱十万缗"。①

修筑城池、桥梁和道路，对社会的经济发展有重要的推动作用。但在封建社会，统治者该项支出的初衷是加强对全国的政治统治。修筑城池的政治、军事目的十分明显。即使是修桥梁、道路的建设也与驿路、驿站修建的目的相同，是为了朝廷政令的传递，官吏转迁、管理方便。政和元年至三年动用"兵士八万一千余工，钱二十二万八千余贯"维修滑州浮桥。政和四年曾"于新税钱内支拨粮米"用于修建河南府天津桥。② 这种支出既利于官府，也利于百姓。

六 救灾恤民支出

救灾恤民，主要包括自然灾害后的救济和对贫病及鳏寡孤独者的救济。赈灾是朝廷非常重要的示恩手段，包括赈贷、赈粜和赈济。赈贷是将粮款借给灾民，以后要归还；赈粜是将官粮平价卖给灾民；赈济则是无偿提供粮物。宋朝建有常平仓、义仓、广惠仓和社仓，用于赈济救灾。另外皇帝也在灾年诏告赈灾。大中祥符五年，"令江、淮南发运司留上供米 200 万斛以备赈粜"。绍圣二年"诏内藏库支钱十万贯，绢十万匹，分赐河北东、西两路提举司准备赈济"。③

宋朝曾在开封建福田院供"老疾孤穷丐者"，每年从内藏拨钱 500 万，后增为 800 万。崇宁初，又置居养院、安济坊，三年置漏泽园。后"诸城、砦、镇、市户及千人以上有知监者，依各县增置居养院、安济坊、漏泽园"。宣和二年，诏："居养、安济、漏泽可参考元丰法，裁立中制。应居养人日给粳米或粟米一升，钱十文省，十一月至正月加柴炭，五文省，小儿减半。安济坊钱米依居养法，医药如旧制。漏泽园除葬埋依见行条法外，应资给若垒醮等

---

① 《宋会要·方域》。
② 同上。
③ 《宋会要·食货》。

事悉罢。"①

七 教育支出

宋朝教育主要以私塾为主，但国家亦有教育方面的支出。崇宁元年，"天下州县并置学，州置教授二员，县亦置小学。县学生选考升诸州学，学生每三年贡太学……州给常平或系省田宅充养士费，县用地利所出及非系省钱"。②国家又在开封郊区建辟雍，作为贡士学习、生活之地。由国家负担费用的主要是国子学和太学。元丰二年曾颁《学令》规定每年赐钱 2.5 万贯，给国学。郡县学则以学田租、屋课、息钱作为办学经费。宋朝也有民办公助学校，《徂徕石先生文集》载："故仆射相国沂公，初作青州学成，奏天子，天子赐学名，且颁公田三十顷。"除一般学校外，政府还办有宗教、法律、武学、算学、画学、医学专业学校，亦有相应开支。

第五节　财政管理机构和制度

一　财政管理体制

宋朝与唐及五代十国财力分散的状况形成强烈对比，实行高度集中的财政管理体制。"利归于上"，地方虽有一定财力使用权，但中央拥有全国财力的调动权、支配权。

中央财政负责制定全国各项制度，下达政令，协调全国财力，贮藏国家财赋，供备朝廷所需。举荐、任免财政官员，并监督考核各级行政、税政官吏勤勉政务，向国家及时足额上缴赋税。

地方财政按照国家各项制度和政令具体负责课征各项田赋及商、杂税，取得专卖收入；调发徭役；并按中央规定的制度向朝廷缴纳财赋，向上一级行政官府输送一部分财赋和留存一部分以充官俸、政府经费及军队粮饷。

---

① 《宋史·选举》。
② 《宋史·食货志》。

二 财政管理机构及职能

（一）中央财政管理机构及职能

宋初始建三司，负责全国财政事务。《宋史》载："三司属官有盐铁、户部、度支。盐铁，掌天下山泽之货，关市、河渠、军器之事，以资邦国之用。度支，掌天下财赋之数，每岁均其有无，制其出入，以计邦国之用。户部，掌天下户口，税赋之籍，榷酒、工作、衣储之事，以供邦国之用。"三司下设 24 案。兵、刑、胄、铁、商税、茶、颗盐末盐、设、赏给、钱帛、发运、百官、斛斗、粮料、骑、夏税、秋税、东上供、西上供、修造、竹本、曲、衣粮、仓。后多次增删，但主要部门变化不大。除此之外，三司下还设有负责监督、审核、防漏、补阙事务的子司十余个。如：三部勾院和磨堪司，职能是审计核准全国财赋。还有都主辖支收司、拘收司、理欠司、开拆司、发放司、勾凿司、催驱司、受事司、衙司，等等。元丰四年，掌管财政的机构改为户部，所属有户部左右曹、度支、金部、仓部五司。左曹掌管日常赋役；右曹掌管王安石变法的各项新政；度支掌管计度支出；金部掌管金帛入存；仓部负责粮食贮藏。后各司职能多有变化，尤其各司下设诸案几经变更。南宋时，左曹设户口、农田、检法三案，右曹设常平、免役、坊场、平准、检法、知杂六案。度支部设度支、发运、支供、赏赐、掌法、知杂等案。金部设左藏、右藏、钱帛、榷易、请给、掌法、知杂。仓部设仓场、上供、粜籴、给纳、知杂、开拆等案。除此之外，根据不同事由中央还特设一些专门机构，如提举坑冶司，都大提举茶马司，提举市舶司；特派一些财政官员，如转运使、发运使等到各地掌管一路财赋的储积和转送等事务，最终形成中央与地方财政之间的承转机构——各路转运司。

（二）地方财政管理机构及职能

地方财政管理机构按行政级别划分为州郡和县二级。朝廷将要求地方征收的财赋数额分派给州郡，再由州郡分派给县具体负责征收；所征财赋再由州郡转输朝廷。地方的各项支度也由州郡一级负责。州郡的行政长官是知州或知府，因此也即成为这一级财政的长官，主管州郡财政事务。州郡每年将田赋及附加杂税，茶、盐、酒专卖收入、商税、头子和牙契的大部分，按照中央规定，一部分上供朝廷；一部分作为地方支用：包括由本州郡负担的本路经费和本州及下属各县的经费。如：军队供应、官员俸禄、公使钱和杂项支出——贡献支出、赡学费、宗室赡养费、造军器、漕船支出等。到南宋，州军还要定额向总领所支拨军需财赋。史称"州郡财计，除民租外，全赖商税"。①

　　县级财政的长官亦为行政长官，负有平衡本县财政收支的责任。要"视事之初，须计一岁所入之数与所出之数有无亏赢，有亏则公勤措画"。② 实则所有主要财赋，尤其是向农民征收的田赋及杂税，都是县级财政收入的任务，由州郡分派数额，县级政府负责催征。商税和酒专卖收入，县级可以适当留用一部分，其余上缴。即所有财赋收入的大部分要送州郡，由州郡送朝廷或支用。县财政本身可支用部分只有州郡令其直接转输军需或支付官俸和公使钱。在一般情况下，县级财政难以平衡，南宋尤其如此。

　　地方上供朝廷的收入在北宋至道年末的财政支出中：钱约为 10%，绸 42%，绢 51%，金 100%，银 67%。③ 其中不包括朝廷自收的专卖等项收入。

三　预、决算制度

　　宋太宗时，为了"周知原委，出入有常"，以丞相兼国用使，参知政事兼知国用事，设所属两官参政国家内外财赋所入，经费所出，统核一切会计事务。淳化元年始，三司每年将"见管金银、钱帛、军储等簿以闻"。后将三司改为总计司，"左右大计分掌十道财赋。令京东西南北各以五十州为率，每州军岁计金银、钱、缯帛、刍粟等费，逐路报总计司，总计司置簿，左右计使通计置裁给，余州亦如之"。④ 从地方到中央的全国预、决算制度逐步完备。

　　宋朝会计、统计和审计工作是预算管理的重要组成部分。咸平年间（公元 998—1003 年）盐铁使陈恕即主持编写了《咸平占额图》，运用大量统计数据，分析军、民、财三者的比例关系。景德四年三司使丁谓又主编了《景德会计录》，将咸平六年和景德四年的财赋数据进行比较、分析、核算，对朝廷

---

① 《宋会要辑稿·食货》。
② 《州县提纲》卷四。
③ 《续资治通鉴长编》卷九七。
④ 《宋史·食货志》。

掌握全国较精确的财政收支情况极有帮助。后又有《大中祥符会计录》、《庆历会计录》、《皇祐会计录》、《治平会计录》、《绍兴会计录》、《庆元中外会计录》、《端平会计录》等。其他如《治平经费节要》、《总目》、《中书备对》、《国用须知》等也都包含了会计的内容。另外，还有一些地方性的会计统计资料。如《河北根本录》、《宣和两浙会计总录》、《桂阳军会计录》等，大都记载统计当时与以前年度的人口、土地、财赋、兵、吏等方面数量的变化状况，为后人研究历史提供了较为科学的数据。

宋朝审计监督机构在元丰前有三司下属的勾院、磨堪司和理欠司，负责勾会内外赋敛、经费出纳、逋欠等。元丰改制后主要由比部负责，即从财政内部监督走向外部监督。另外，监察百官的御史也负有监督财政官员的责任。"比部掌勾稽文帐，周知百司给费之多寡，凡诸仓场库务收支，各随所隶以时具帐籍申上，比部驱磨审覆而会计其数，诸受文历每季终取索审核，事故住支及赃罚欠债负则追索填纳，无隐昧则勾销除破。"①

宋朝对各级官吏都有考核制度，考绩地方官吏的其中一项即完成赋税征课状况。且在各种赋税征收制度中也常出现处罚条例。执法不严要受处罚，执法犯法更要严处。南宋庆元年间法律规定："诸课利场务年终比较租额，亏……满五厘……监官罚俸半月，每一分收各加一等，至三分五厘上。"② 在太平兴国二年盐法中规定："并诸色人，擅出池场盐，或将盗贩以及羡余裹私货鬻者，并依前项条流（百斤已上，决杖二十，刺面押赴阙），监当主守职官，不计多少并奏裁，当加极典。"

四　库藏管理

宋朝府库主要包括朝廷府藏——左藏库（南宋分南库和封桩库）、元丰库、元祐库等。皇室府库为内藏库和奉辰库。

皇室府库理论上不应作为研究对象，但宋朝内藏库与他朝不同。宋初始建时收入即颇丰，来源是东南赋税及战争收缴物。大中祥符五年扩建为四库：金银库，珠玉、香药库，锦帛库，钱币库。熙宁始，常赋的一部分送内藏库。

---

① 《文献通考》卷五十二。
② （宋）谢深甫等编纂：《庆元条法事类》卷三十二。

神宗时，宋朝大肆铸造钱币，新铸钱的一部分也进入内藏。另外，一些坊场商税钱也部分直接入内藏。这使内藏库的钱币骤增，且已超出历朝内藏为皇室私藏的范围。因此，宋朝史籍中内藏佐国家之急，成为国库的一部分也是顺理成章之事。朝廷的府库，这里是指财政收入贮藏库。宋朝元丰改制前后，府库隶属有所区别，但都是国库。三司时仓案和衣案，主要负责府库管理；户部下也有仓部、金部统领之。

宋朝在地方建有常平仓、社仓、义仓，主要为了调度财赋，平抑物价或救济灾困。诸州通判官到任后，都必须亲自审阅账籍所列官物。主库吏三年一任，届满易人。

五　漕运管理

宋代财政收入的主要部分是实物，漕运仍是将田赋收入的粮物从全国，特别是江南等地转运到京师的重要方式。宋漕路的通达与否，关系到最高统治者及官吏、禁军将士及京城居民的衣食住行。

宋有四排司掌漕运，分东、西、南、北司。东司掌汴河东运江淮等路纲船输纳及粮运至京师；西司领由陕西诸州菽粟入汴河达京师；南司领惠民河、蔡河入京漕粮物；北司领广济河入京漕粮物，共有近万人负责漕运事务。[1] 另外，转运司、发运司设转运使和发运使，主要职责是督促地方将财赋转输朝廷。因此，漕运管理在封建社会财政管理中是不可或缺的组成部分。

复习思考题

1. 试比较宋代与唐代田赋征收制度的异同，哪个朝代百姓的负担重？
2. 为什么说在财政收入中宋代田赋的地位下降了？与什么有关？
3. 你认为专卖收入应该成为财政的主要收入吗？
4. 找出宋代财政支出的特点。
5. 你认为职役制度的意义何在？它对于减轻百姓的力役负担有作用吗？
6. 宋代会计制度更加完善，谈谈其对预算制度完善的意义。

---

① 《宋会要辑稿》（三）。

第八章 辽、金、元时期的财政

本章中心内容：辽、金、元三朝虽然不是汉族建立的政权，但深受汉族政治、经济和文化的影响，逐渐建立了既具本民族特色，又深受汉族传统财政思想、制度影响的财政制度。元朝还以纸币作为财政收入和支出的形式，成为第一个由于大量发行纸币而导致通货膨胀、财政出现"赤字"的朝代。

第一节 辽国的政治、经济和财政①

一 辽国的政治经济概况

公元916年，契丹首领耶律阿保机统一了契丹各部，建立契丹（辽国前身）政权，定都上京临潢府（今内蒙古巴林左旗）。进而不断扩大疆域：东征渤海，西抵党项、回纥，北战蒙古，南则先夺得燕云十六州，后开始与宋朝展开拉锯战，成为雄踞北方与宋朝对峙的封建政权。1125年被宋金两国联军所灭，统治期长达210年。

辽在建国前，仍然处于奴隶制社会。在长期的征战过程中，不断从邻国学习封建制国家的管理经验和生产力发展的经验。终于摆脱奴隶制的桎梏，建立了封建制上层建筑，并以此促进封建生产关系与生产力的协调发展，国力日强。辽的经济，以畜牧业为主；农业和手工业次之。农业生产区主要集中在幽云和渤海地区。至于商业贸易，除了国内生产和生活品的交易外，还

---

① 以下辽朝史料均来源于《辽史》。

通过同宋朝的互市换取辽国政府需要的物品。

二　辽国的财税收入

辽国是一个多民族国家，种族不同，从事的经济活动不同，国家赋税的征收制度也不统一。

（一）辽国的赋役

1. 辽国的户籍与财政的关系。辽民户分契丹正户、蕃汉转户和著账户。契丹正户是契丹族的平民，青壮年平时守卫，战时出征；老弱则从事畜牧业。蕃汉转户包括汉人、渤海人和其他族平民，主要从事农业和手工业劳动。著账户是犯罪的宗室、外戚、大臣等人的家属，属于罪奴、家奴。辽的赋税和劳役主要由契丹正户和蕃汉转户来承担。

2. 辽国的田赋。辽土地有公田私田之分。公田包括屯田和闲田。《辽史》载："每岁农时，一夫侦候，一夫治公田，二夫给纠官之役。"即使家有四丁，也都将充役。所有畜牧劳动，均由妇女及家奴承担。即契丹正户不交田赋，只为国家服兵役。另外，官府鼓励百姓垦种闲田，"统和十五年，募民耕滦河旷地，十年始租"。田赋主要对幽云和渤海地区私田征收，制度与宋朝相同，名为"两税"。因沿袭原唐代旧制，税率也因地而异。据史载，辽初期两税每年定额40万贯。到末年因物价上涨，定额也增加到每年428万贯。并且："开远军故事，民输税，斗粟折五钱，耶律抹只守郡，表请折六钱，亦皆利民善政也。"可知辽两税缴钱而不交物。辽史有括田、均税的记载，但结果不得而知。统和九年（公元992年）春正月"辛卯，诏免三京诸道租赋，仍罢括田"。统和十二年冬十月己巳，"诏定均税法"。对被灾、新收、贫困及垦荒的百姓，亦有减免赋役的政策。应历三年（公元953年）冬"以南京水，诏免今年租"。重熙十七年（公元1048年），"八月丙戌，复南京贫户租税"。咸雍十年（公元1074年）"二月癸未，蠲平州复业民租赋"。如遇皇帝巡幸，百姓也能享受免租待遇。咸雍九年"十一月戊午，诏行幸之地免租一年"。另据《辽史》载：从开泰四年（公元1015年）起，对境内女真部族户"旧无籍者，会其丁入赋役"。因此，辽除按耕地征收田赋外，应有丁税。

3. 徭役。辽的徭役包括一般力役、职役和兵役。一般力役主要包括建城、筑路、修河。《辽史》载：统和"二年秋，诏修诸岭路，发民夫二十万，一日毕功"。"时辽东雨水伤稼,北枢密院大发濒河丁壮以完堤防"。职役,包括驿递、马牛、旗鼓、乡正、厅隶、仓司等。后改为民出钱募役。兵役,《辽史》载:"辽国兵制,凡民年十五以上,五十以下,隶兵籍。"服兵役者主要是契丹族人,天庆六年(公元1116年)规定,有杂畜十头以上者皆从军。他们不缴纳赋税,而为国家服兵役。"每正军一名,马三疋,打草谷、守营铺家丁各一人。人铁甲九事,马鞴辔,马甲皮铁,视其力;弓四、箭四百、长短枪、檛锴铩、斧钺、小旗、锤锥、火刀石、马盂、抯一斗、抯袋、搭挟伞各一,縻马绳二百尺,皆自备。"由于辽连年征战,百姓兵役负担极重,"时有起至二百军者,生业荡散,民甚苦之"。

(二)辽国的工商税收入

辽国商税收入包括关市课税和对外贸易课征。征商始于太祖时,由榷务负责。《辽史》中对商税的记载仅有"减关市税"和"市井之赋,各归头下",商税税率及征收状况均没有记载。为了解决国家所需,辽曾在雄州、高昌、渤海与南宋、西北诸部及高丽互市。

太宗时(公元927—950年)在香河县置榷盐院,实行盐专卖。禁私盐,即使是拥有爵位者贩卖私盐也要受罚。《辽史》载:大康六年(公元1080年),张孝杰"坐私贩广济湖盐及擅改诏旨,削爵,贬安肃州,数年乃归"。太祖时(公元916—926年),讨伐渤海,长泺县4000民户中有1000户以冶铁为生,纳铁税。辽还在东部设户部司、长春州置钱帛司主管铁专卖。因辽国粟绢收入有限,国用急需,故盐铁收入常折征成绢和粟缴纳。酒在辽亦实行专卖,而且收入要上缴中央财政。另外"圣宗太平年间,于潢河北阴山及辽河之源,各得金银矿,兴冶采炼,自此以讫天祚,国家皆赖其利"。

(三)其他收入

1.贡献。辽国的属国有59个。对一些边远的部族,辽采取奴隶社会的管理办法。一方临战时令其出兵,助契丹族征战;平时,令其每年上贡物产。"命东北越里笃、剖阿里、奥里米、蒲奴里、铁骊等五部岁贡貂皮六万五千,马三百。""诏阻卜依旧岁贡马千七百,驼四百四十,貂鼠皮万,青鼠皮二万五千。"对东丹每岁贡布十五万端,马千四。宋朝更是辽的贡献大国,从统和二十二年起,每年令其贡纳岁币银十万两,绢二十万匹;重熙十年起,每年增至银二十万两,绢三十万匹,成为辽重要的财政收入。另外,一些属国则进贡名产、方物，如名马、宝剑、香药、水晶砚等，都构成辽财政收入的一部分。

2. 战争掠夺收入。辽为游牧民族，南征北战几乎从立国到灭亡，几无停歇。或取胜后占领城池，拥有该国一切；或策马袭击，掠夺财物后归国。掠夺财物构成其财政收入的重要部分。神册四年（公元 920 年）冬十二月丙午"命皇太子将先锋等进击，破之，俘获生口万四千二百，牛马、车乘、庐帐、器物二十余万"。另外，还有籍没赎罪收入，出售度牒收入、农器钱、山泽国有收入、卖官收入、马税等。

三　辽国的财政支出

辽财政支出包括军费、官俸、皇室支出、赏赐支出及其他支出。

（一）军事支出

辽分二帐、十二宫、一府、五京，有兵 1642800 余人。虽然经常用兵，动辄几十万人，但由于平时军队屯垦，战时由军兵自备武器、马匹、盔甲，国家只供给粮食，财政直接用军费的数额不多，主要开支是赏赐费用。《辽史》中，"大犒军士，爵赏有差"的记载比比皆是。

（二）官俸支出

辽代奴隶制残余仍然存在，皇亲国戚及本族显贵皆有奴隶。官吏收入一部分来自奴隶创造的财富和皇帝的赏赐；一部分来源于官俸。统和中，除官府发给俸禄外，"给獐鹿百数，皆取于民"，后改由朝廷给付。开泰三年始，枢密使以下给月俸，包括钱和实物两部分。

（三）皇室支出

辽皇室支出主要取于皇室拥有的"宫分户"，但大额支出如建造宫殿、皇陵，皇帝出巡等则要役使大批百姓。《辽史》载："兴宗遵遗命，建永庆陵。有望仙殿、御容殿。置蕃、汉守陵三千户，并隶大内都总管司。"祭祀是皇室支出之一，但辽礼节俭，一般以牛马祭天地，但大祀皇帝需"服金文金冠，白绫袍，绛带，悬鱼，三山绛垂。饰犀玉刀错，络缝乌靴"。

（四）赏赐支出

除对军队的赏赐外，辽亦有其他方面的赏赐。如：对大臣和高龄老年人的赏赐。天显七年（公元 934 年）"秋七月辛巳朔，赐中外官吏物有差，癸

未，赐高年布帛"。会同元年（公元938年）九月"壬子，诏群臣及高年，凡
授大臣爵秩，皆赐锦袍、玉带、白马，金饰鞍勒，著于令"。对功臣亦有赏
赐。应历十四年，"冬十月丙午，近侍乌古者进石错，赐白金二百五十两"。
还有对外国使臣的赏赐，统和二十四年八月，"是月，沙州敦煌王曹寿遣使进
大食国马及美玉，以对衣、银器等物赐之"。另外，史籍中记载对百姓贫困之
家的赏赐，应视同赈济。辽亦有修筑道路、桥梁、水利支出和文化教育、救
济赈民支出，但所占比重甚少。

四 辽国财政管理

辽初按机构坐落在皇帝帐殿的北面或南面，分为南面官、北面官。"北面
治宫帐、部族、属国之政，南面治汉人州县租赋、军马之事"。后趋于统一。
财政方面的机构和官员在中央设有户部；五京中：上京有盐铁使司，东京有
户部使司，中京有度支使司，南京有三司使司、转运使司，西京有计司。国
库有内藏库和内库等。另各路还设钱帛司、转运司，负责督课赋税和转运
赋税。

第二节 金国的政治、经济和财政[①]

12世纪初女真族在我国东北部日益崛起，建立起金王朝，从公元1115年
阿骨打称帝建元起，到被元朝所灭，共统治120年。

一 金国的政治经济概况

金原为辽的属国，自立后与宋朝联合灭辽，并于公元1127年灭北宋，与
宋朝形成南北对峙的局面。统治范围东至乌苏里江以东的海滨，南到淮河，
西接西夏，北抵外兴安岭。金亦是多民族国家，在其统治时间内，进行了大
量的民族迁移融合活动，为北方的政治进步、经济发展打下了坚实基础。政
治上吸收宋朝的封建统治经验，1126年建立百官制度，推动了从氏族社会的
军事民主制向封建中央集权制的转变。金国经济包括多种部门，农业、牧业、

---

① 以下金朝资料均来源于《金史》。

渔猎、手工都有相当的发展；商业也较兴盛。为国家的强大提供了物质基础。

二　金国的财政收入

（一）户籍与田赋收入

金的户籍分本户和杂户。本户为女真族民户，其他族合称杂户。

1. 本户田赋。本户编成猛安（300户）谋克（3000户），设专门官府管理。平时屯卫，战时自备兵甲出征。因此负担主要是兵役。本户田赋称"牛头税"，亦称"牛具税"。据《金史》载，金初期"其制：每耒牛三头为一具，限民口二十五受田四顷四亩有奇，岁输粟大约不过一石，官民占田无过四十具"。这是一种半奴隶制的管理制度和征收制度，不以一家一户为单位，而是以群体共有田数课征田赋，且对占田数给予限制。本户的田赋负担较轻，每亩不足0.25升，但不可大规模兼并土地。而牛一具粟一石的负担，金朝常谓"以备饥馑"，似宋朝的社仓、义仓税。金在有一定积蓄后还常常减半征收或减三分之一征收。由此可见，金本户对土地的耕种主要是自食，其次是备荒。

2. 杂户田赋。金土地亦有官田和私田之分。官田数量很大，到其统治中叶已达204万顷，包括屯田、职田和赐田。屯田由军队或募人耕种，缴牛头税或租。职田是颁给相应职官的土地，由其出租补给俸禄。赐田主要是皇帝和朝廷赏赐用田。私田则同宋、辽之制，缴纳两税。

金两税仍为夏、秋两次征收。"夏税亩取三合，秋税亩取五升，又纳秸一束，束十有五斤"，是金本户负担的20多倍。两税户不仅税负重，还要按官府指定地点缴纳，"上户输远仓，中户次之，下户最近。然近者不下百里，道路之费倍于所输，而雨雪有稽违之责，遇贼有死伤之患"。鉴于转输负担沉重，国家在田赋征纳过程中又规定："凡输送粟麦，三百里外石减五升，以上每三百里递减五升。粟折秸百称者，百里内减三称，二百里减五称，不及三百里减八称，三百里及输本色藁草，各减十称"。两税户的负担稍有减轻。纳税期限："夏税六月止八月，秋税十月止十二月，为初、中、末三限，州三百里外，纾其期一月。"金国田赋减免的诏令很多，包括对贫困民户和被灾民户的减免，如："熙宗天眷五年十二月，诏免民户残欠租税。皇统三年，蠲民税未足者。""大定二年，岁歉，免租税。五年，凡遭蝗灾、水灾、旱灾之地，蠲其赋税。"

3. 物力钱。物力钱是一种资产税,按户等征收。所计算物包括土地、奴婢和各种财产。《金史》载:"租税之外算其田园屋舍与马牛羊树艺之数,及其藏镪多寡,征钱曰物力。物力之征,上自公卿大夫,下逮民庶,无苟免者。近臣出使外国,归必增物力钱,以其受馈遗也。"减免规定:猛安谋克户、监户、官户所居民宅、墓田、学田,"租税、物力皆免"。

(二)徭役

金国徭役也有本户和杂户之分。

1. 本户的兵役和差役。本户是国家兵役的主要承担者。金初,男子十七为丁,六十为老。充兵役者一般在 20—55 岁之间。所有壮者皆兵。"平居则听以佃渔射猎习为劳事,有警则下令部内,及遣使诣诸孛堇征兵,凡步骑之仗粮皆取备焉。"大定时(公元 1161—1189 年),"南路女直户……凡成丁者签入军籍,月给钱米,山东路沿边安置"。自此,金国从全民皆兵转到设有常备军。正户除服兵役外还有一定的差役之劳,即临时性服务。主要包括群牧者、官衙办事人员,充当皇帝出巡狩猎的扈从军士或宫阙卫士,修河、养马、服杂役,也承担寨使等职役。根据具体事务由本户或本户的奴、婢充任。

2. 杂户的职役和力役。金国的职役沿用辽、宋之制。除辽的驿递、马牛、旗鼓、乡正、厅隶、仓司和宋的里正、户长、乡书手、耆长、弓手、壮丁、承符、人力手力、散从官、库子、押递、攒典、仓子、场子外,还有从中央到地方都存在的司吏、公使人均为职役,实行募役制。

杂户的力役既包括兵役也包括一般差发。杂户所服兵役主要是步兵,除辅助战事外,还要负责转运粮草、挖掘壕堑等。一般差发,主要是帮助官府运输物资和筑路、建城、修河等。《金史》载:大定二十年修筑黄河大堤"日役夫二万四千余,期以七十日毕工"。杂户的徭役负担亦超过本户。

(三)工商税收入

1. 商税。金商税也包括住税、过税,主要对原宋地征收,同宋制。另外还有对城镇出租户屋者征收的租赁税。对商品及金钱交易者征收交易税,大定二十年"金银百分取一,诸物百分取三"。后将对金银征收率提高至 3%。对小额交易仅收钱四分。金有税使司院务 1616 处。大定中,中都岁入 164440余贯。承安元年(公元 1196 年)收入 214579 贯。

2. 专卖收入。金专卖品包括盐、酒、茶和矿产品。盐专卖是金国工商收入中的重要部分。主要对盐产地实行控制：炉户产盐，官府给本，统一收购，再卖给商人运销。包括"钞引制"和"乾办制"。"钞引制"与宋朝相同。由商人交钱买引，再持引到盐场领盐销售。有引界，并限销引上载明引数，否则按违禁论。"乾办制"主要在官府很难实行盐专卖的产盐区及周边地区实施。即由百姓自制自食或购食，但要缴纳盐钱，一般按人口征纳，类似宋计口授盐法。金有："国家经费惟赖盐课"之说，可见收入颇丰，在国家财政收入中占据重要地位。酒的课征主要包括三种形式。其一，在中都由官府签发酒户，规定其向官府交纳的收入额，然后由其造曲酿酒出售或直接售曲，或批发给小酒店等制酒出售。中都设有曲使司，负责曲专卖事务。其二，在全国设置酒使司，负责酒专卖事务，官府自酿自卖。其三，设酒税务，负责向百姓征酒税，许民自酿自卖。茶的专卖从大定十六年开始，凡私贩售茶者，严惩。具体做法不得而知。矿产品的征收：对铜、铁实行专卖制度；对金、银，于大定三年始立税率为二十取一；泰和四年（公元1204年）增为十分取一，允许百姓开采。另外，金还曾对醋和油实行专卖。

3. 杂税收入。金国还有铺马、课甲、军需、输庸、司吏、河夫、桑皮故纸钱等的收入。

（四）其他收入

1. 岁币收入。岁币收入主要来源是宋朝每年的进贡，如"海上盟约"签订后，在将近百年中，宋每年进贡岁币50万（银20万两，绢30万匹），外加"燕京代税钱"100万贯。

2. 掠夺收入。主要是战争掠夺。先是对辽发动战争，抢掠人、马、财物，后又对宋朝长年战争，每一次都掠夺大量金银珠宝、布帛绫锦，还要求宋以钱物犒赏军队。金攻破汴京城后，不仅搜括了宋内藏库中的全部金、银、珠宝和绫罗锦绮，还限期索取金1万锭，银500万锭，帛1000万匹犒军费。

3. 卖官、度牒收入。"熙宗皇统三年二月，陕西旱饥，诏许富民入粟补官"。"五年，上谓宰臣曰：'顷以边事未定，财用缺乏，自东、南两京外，命民进纳补官，及卖僧、道、尼、女冠度牒，紫、褐衣师号，寺观名额。今边鄙已宁，其悉罢之'。"宣宗贞祐（公元1215年）二年，纳米150石可迁官一阶，700石可升两阶，1000石可升三阶。另外"三举终场人年五十以上，四举年四十五以上，并许入粟，该恩大小官及承应人"。

三　金国的财政支出

（一）军费支出

金国与辽国相同，军费支出分平时和战时两部分。女真族的初期军队是兵民合一，财政支出不多；后有正规军，平时屯垦守卫，并负有国内安全职责。《金史》载："熙宗天眷三年正月，诏岁给辽东戍卒绸绢有差。正隆四年，命河南、陕西统军司并虞候司顺德军，官兵并增廪给。"说明金国军队有正式的养兵费，军队官兵有军俸收入。此外，据《金史》记载，金军队官兵按职位高低和任职或从军时间赏赐钱物，著有赏赐格例。在试射比赛中出众者也有奖赏。并有月给例物。"边铺军钱五十贯、绢十匹。军匠上中等钱五十贯、绢五匹，下等钱四十贯、绢四匹……凡射粮军指挥使及黄、沁埽兵指挥使，钱粟七贯石、绢六匹，军使钱粟六贯石、绢同上，什将钱二贯、粟三石，春衣钱五贯、秋衣钱十贯……"且不同地区军队，月俸又不同。战时军费主要是武器、粮草支出，女真族武器由兵士自备，其他军队则由官府支拨资金。

（二）官俸支出

金的百官制度比辽国更完善，不仅军事首领有月俸，文官更不例外，不仅有正俸还曾有兼职俸钱；不仅官吏自己有俸，随从亦有佣钱；出差亦发给驿券，享受驿站送迎待遇。可见金官吏待遇与宋朝相仿，都很优厚，所以才有后期的多次颁布减俸诏。贞祐三年（公元1216年）将致仕官俸给减掉一半。天兴二年（公元1233年）减军俸和官俸，将原来的每人每月一斛五斗者减为一斛，又减为八斗，最后减为六斗。除此之外，泰和元年（公元1201年）八月，"更定赡学养士法：生员，给民佃官田人六十亩，岁支粟三十石；国子生，人百八亩，岁给以所入，官为掌其数"。即金对国子监员生亦给一定的田租收入。

（三）皇室支出

皇室支出中的日常花费，一般从皇室内库支给，但也有部分由财政支出。"章宗即位，尊（显宗孝懿皇后）为皇太后，更所居仁寿宫曰隆庆宫。诏有司岁奉金千两，银五千两，重币五百端，绢二千匹，绵二万两，布五百匹，钱五万贯。他所应用，内库奉之，毋拘其数。"而皇室建造宫殿支出浩大，不仅财政要支拨大量资金，国家更要大量役使工匠和百姓。海陵王修建燕京宫殿和汴京宫殿"运一木之费至二千五,牵一车之力至五百人,宫殿之饰傅黄金,而后间以五采……一殿之费亿万计……"

（四）其他支出

金亦有水利建设支出,如都水监设巡河官,领兵1200人,每岁用薪材111万余车,草183万余车,以备黄河水患。黄河一旦发水,国家即役使民夫,支拨工料费。

赈济支出主要包括赈济新附民、灾民、贫民。太宗天会元年（公元1135年）九月"庚寅,诏命给宗翰马七百匹,田种千石,米七千石,及赈新附民"。金还设有养济院,救助贫弱乞食者。

四　财政管理

金国兴定三年置京东、京西、京南三路行三司,职责为"劝农催租、军须科差及盐铁酒榷等事",在中京由三司使执掌全国财政事务,并在各路设转运使。

另外,金还根据具体事务设官司,如商税征收由税使司负责,并于明昌元年定商税课额。海陵王时置金钞库,并设使管理。

对食盐专卖的管理较为严格,凡官吏皆有升降格的标准。泰和七年,曾"定西北京、辽东盐使判官及诸场管勾,增亏升降格。凡文资官吏员、诸局署承应人、应验资历注者,增不及分者升本等首,一分减一资,二分减两资,迁一官……亏则视此为降"。

第三节　元朝的政治、经济和财政

元朝是中国历史上由少数民族建立的王朝,从公元1206年成吉思汗建立蒙古政权后,南征北战,东展西拓,曾成为横跨欧亚大陆的帝国。公元1271年忽必烈建立了中国版图空前宏大的元朝。

一　政治经济概况

（一）统治特点和任务

元朝建立后,面临着众多严峻的问题。首先,必须在最短的时间内与原宋朝的广大地区的汉族人民融合，才能缓和民族矛盾。其次，蒙古族原有的生产力发展水平较低，统治模式必须提升，才能适应社会经济的发展。其三，必须使农、牧、工、商各业共同发展，才能富民强国，支持庞大的国家开支。为此，在元统治者中从窝阔台到忽必烈，无不推崇汉族的统治理论和统治体制，尤其是忽必烈在其担任"漠南汉地大都督"时即笼络了一批蒙古及汉族地主，创立元朝后，更是大举"变易旧章"、"尊用汉法"。

在政治上忽必烈逐渐废除了蒙古国长期实行的推举制和分封制，建立了以皇帝为绝对权威的中央集权制。在中央设立了以中书省为首，下辖兵、刑、吏、户、工、礼六部的全国最高行政机构；在地方，创立行省制度，在全国除京畿地区（今河北、山西和河南、山东、内蒙古的一部分）和西藏属中央外，在全国设立了十一个行省，下设路、府、州、县。废除原蒙古族地方长官世袭的制度，由中央直接委派最高长官——达鲁花赤。

当然，元统治者也不会忘记建立以蒙古贵族中坚力量为核心的领导集团，并在全国推行民族歧视政策，包括：其正职官员多用蒙古贵族；对蒙古族人和汉人罪犯的审理机构不同，量刑也有很大差别。这种民族压迫政策在很长时期内带给广大的汉民族，尤其是一般百姓更沉重的苦难。

但是，元朝不仅结束了中国原版图内的长期分裂局面，而且进一步扩大了统治范围。战乱的结束不仅促进了各民族间的交流与融合，也促进了社会生产的恢复与发展。

（二）经济发展状况

蒙古族曾是以狩猎和牧养牲畜为业的民族，主要集中在燕山山脉以北的地区。

农业区主要集中在中原、江南、陕川、辽宁、云南、吐蕃等地区。元初由于战乱刚息，农业经济凋零，后统治者实施了一系列劝课农桑，兴办屯田，开渠浚河，安置流民的政策，农业经济得到普遍恢复和发展。到元中期，统治者仅税粮即可年获 1200 万石左右。

手工业在中期以后，日显繁荣。出现了众多的丝织业、棉纺织业等手工作坊和技术先进的纺机、织机、轧棉籽车等机械。元代的瓷器、制盐、冶炼、造船等手工业生产也得到恢复和发展。仅泉州港即拥有海船 15 万艘，这也为元代海上贸易的发展奠定了坚实的基础。元代的交通四通八达。对内拥有众多的驿站，不仅陆路、水路的驿道将全国宏大的版图联系在一起；在沿海还通过海船将南北的重要港口紧密相连，促进了中外贸易的繁荣。

元代商业、贸易也相当发达，特别是政府发行纸币后，便利了商品的交换和商旅的长途贩运。元代还盛行在某地集中买卖某货物，因此出现了各种集市，显示出商品品种买卖向专门化发展的趋势。

总之，元代虽然不是我国封建社会政治经济发展的鼎盛时期，但由于民族间的大融合，使落后地区的生产力发展水平迅速提升，经济得到恢复与发展，从而也为巩固统治者的地位提供了物质基础。

二　财政征收制度和财政收入状况

（一）田制及田赋

元代根据土地占有状况不同，田赋负担有很大差别。

1. 民田及田赋。元代对一般民田实行土地私人占有制，允许土地买卖。为了查实土地占有状况，并据此征收赋税，元代曾多次清丈土地。至元四年（公元 1270 年）二月，始括民田……至元八年十二月，复括西夏田。……但由于蒙古贵族及汉族大地主的百般阻挠，往往不了了之。仁宗延祐元年（公元 1314 年），行经理之法，史籍记载："河南省，总计官民荒熟田一百一十八万零七百六十九顷。江西省，总计官民荒熟田四十七万四千六百九十三顷。江浙省，总计官民荒熟田九十九万五千零八十一顷。"[1] 民田历来是国家与隐占土地的大豪强争夺的焦点，为了国家政权的稳固，元统治者不断进行清丈，并将土地清丈结果编制成"鱼鳞册"，据此征收田赋。

元朝民田田赋，江南江北，制度不同。史称："元之取民，大率以唐为法。其取于内郡者，曰丁税，曰地税，此仿唐之租庸调也。取于江南者，曰秋税，曰夏税，此仿唐之两税也。"[2] 此处"内郡"指由金朝统治的原北宋辖地，即中原地区。"江南"指原由南宋统治的地区。

中原地区征收丁税和地税，从太宗八年（公元 1236 年）开始。《元史》载："……令诸路验民户成丁之数，每丁岁科粟一石，驱丁五升，新户丁、驱各半

---

① 《续文献通考·田赋考》。
② 《元史·食货志》。

之，老幼不与，其间有耕种者，或验其牛具之数，或验其土地之等征焉。丁税少而地税多者纳地税，地税少而丁税多者纳丁税，工匠僧道验地，官吏商贾验丁"，"……上田每亩税三升半，中田三升，下田二升，水田五升……"①至元十七年，户部重定税法，全科户：丁税，每丁粟三石，驱丁粟一石，地税每亩粟三升。减半科户：丁税，每丁粟一石。新收交参户：第一年五斗，第二年七斗五升，第三年一石二斗五升，第四年一石五斗，第五年一石七斗五升，第六年依丁纳全税。协济户：丁税，每丁粟一石；地税，每亩粟三升。虽然国家规定以户为单位，丁税地税相比较，丁税多者，交丁税不交地税；地税多者，交地税不交丁税。但枉法税吏，侵渔百姓，常有并征现象。而且，贫苦百姓之家往往人多地少，丁税三石是难以承受的沉重负担，百姓在丰年节衣缩食勉强完纳赋税，一旦遭遇天灾人祸，生活难以为继，将收获物倾尽也难以完纳。而地多丁少的富户，负担相对较轻，每亩仅纳税三升。即使富户之家拥有众多驱丁，每个驱丁也只纳粟一石，负担比一般百姓又轻了很多。

江南地区的夏税秋粮，始于成宗元贞二年（公元1296年）。"于是秋税止命输租，夏税则输以木棉布绢丝绵等物。其所输之数，视粮以为差。粮一石或输钞三贯、二贯、一贯或一贯五百文、一贯七百文。输三贯者，若江浙省婺州等路、江西省龙兴等路是已。输二贯者，若福建省泉州等五路是已。输一贯五百文者，若江浙绍兴路、福建省漳州等五路是已。皆因其地利之宜，人民之众酌其中数而取之。其折输之物，各随时估高下以为直，独湖广则异于是。初，阿里海牙克湖广时，罢宋夏税，依中原例，改科门摊，每户一贯二钱，盖视夏税征钞五万余定矣。大德二年，宣慰张国纪请科夏税，于是湖、湘重罹其害。俄诏罢之。三年，又改门摊为夏税而并征之。每石计三贯四钱之上，视江浙、江西为差重云。"② 可见，江南的田赋制度名为统一，实则各地负担畸重畸轻，悬殊很大，按国家说法是"因地制宜"，实际上元朝并没有统一的田赋制度，而是延续宋代的旧例，只求取得收入，并不看重百姓负担是否合理，更不会以此为原则，重新确定田赋征收标准。宋代所定田赋税率，以南宋建立后计算也已100多年，其间税吏百般辗转折变，土地也可能几经

---

① 苏天爵：《元文类》卷57下册，商务印书馆1958年版，第834页。

② 《元史·食货志》。

转手，税负早已失衡，元朝在此基础上继续征收，也就难免出现输粮一石，有纳钞三贯和纳钞一贯之别了。

田赋除正税之外，百姓还要缴纳附加。元朝规定："远仓之粮，命止于沿河近仓输纳，每石带收脚钱中统钞三钱，或民户赴河仓输纳者，每石折输轻赍中统钞七钱。"① 又有"每石带纳鼠耗三升，分例四升"。结果是凡缴纳田赋一石者，实交一石七升加钞三钱或七钱。

元朝对新垦种土地，给予减免田赋的优惠，"乙亥，听民自实两淮荒地，免税三年"②。对少数民族亦实行轻税政策，蒙哥时，对波斯征丁税，按贫富分等，"贫者最少纳税一底纳儿，富者最多纳税七底纳儿"。每年一次，余税皆免。③ 田赋的输纳日期，分为三限，初限十月，中限十一月，末限十二月。违者，初犯笞四十，再犯杖八十。成宗大德六年（公元1303年），申明税粮条例，复定上都、河间输纳之期。上都：初限次年五月，中限六月，末限七月。河间：初限九月，中限十月，末限十一月。元朝地域广阔，温差较大，不同地区应有缴纳期限的差别，但无论怎样，三限内必须缴纳，否则笞杖加身。残酷的刑罚，反映了国家对百姓的压迫，但也保证了田赋收入的及时足额入库。

2. 官田及田租。元代官田包括食邑、寺田、屯田、职田和学田。

食邑田，即分封地，蒙古族在忽必烈之前的相当长时期内仍处于奴隶制社会，贵族享有世袭的封地。元朝建立后，一些贵族仍享有原来的分封地，封地内的百姓不向国家交纳赋税，只对封君尽义务，到大德元年出现了"定燕秃忽思所隶户差税，以三分之一输官"的记载，可见封君的实力逐渐被国家削弱。

寺田，是寺庙占有的田地。寺田在元代初期享受国家赋税的减免优惠。

职田，在世祖忽必烈即位（公元1260年）前，蒙古国"未置禄秩"。忽必烈始按等差定内外诸官俸秩，不论官职大小，"莫不有禄"。至元中（公元1264—1294年）多有变化，二十二年，重定百官俸。至元三年（公元1266年），又定职田之制，"路府州县官，至元三年定之；按察司官，十四年定之；

---

① 《元史·食货志》。
② 《元史·世祖纪》。
③ 冯承钧译：《多桑蒙古史》上册，中华书局1962年版，第254页。

江南行省及诸司官，二十一年定之"。其职田数，上路达鲁花赤及按察使，按规定最高可得职田16顷。但实际上以此为名，地方官吏多占土地的大有人在。官吏将土地出租给佃户，收租作为俸禄。成宗大德时（公元1297—1307年），以外路有司有职田为由，对无职田者又相应增加俸米。

学田，元代国家设有官学。北方官学由财政拨付经费，南方的学校官府不拨给经费，而是由政府拨给学田。以出租土地所收租子解决教学经费。国家免征学田田赋。

屯田，是国家将无主荒地利用官兵和流民进行屯垦之田。"国初，用兵征讨，遇坚城大敌，必屯田以守之。海内既一，于是内而各卫，外而各省，皆立屯田，以资军饷。"① 元从1262—1331年，全国军屯人数达到8516名，民屯人数达到12339（人丁），屯田亩数174855顷。对屯田的管理及分配办法是：军屯者，国家供给田土、耕牛、种子、农具，有的还发给衣服、钱钞，其收入归国家，减少国家对军队的支出。民屯，由民户自备种子、耕具，收入官民四六分成，屯民享受免除徭役的优惠。当发生水、旱、风、雹、蝗等灾害时也可享受国家减免其租的优惠。

（二）户口管理和依户纳税

1. 民户和户税。元代经常对民户进行检括，将结果编成"鼠尾册"。"初，太宗六年甲午，灭金，得中原州郡。七年乙未，下诏籍民，自燕京、顺天等三十六路，户八十七万三千七百八十一，口四百七十五万四千九百七十五。宪宗二年壬子，又籍之，增户二十余万。世祖至元七年，又籍之，又增三十余万。十三年，平宋，全有版图。二十七年，又籍之，得户一千一百八十四万零八百有奇。于是，南北之户总书于策者一千三百一十九万六千二百零六，口五千八百八十三万四千七百一十一，而山泽溪洞之民不与焉。"② 国家清查户口，一为便于管理，二为征收赋税。民户增加，意味着赋税收入的增加。但民户增加，并不单单是人口自然增长的结果。元代有众多"放良"人口的记载。"放良"，即是将被官宦、豪强、贵族隐匿的民户和人丁变成国家的编户齐民。可见，在一边放良一边以刑罚威慑的情况下，才有至元二十

① 《元史·兵志》。
② 《元史·地理志》。

七年的户数猛增。

一般民户要负担科差。名为：丝料，包银，户钞，俸钞。据史书所说："国家之得中原也，纳差之名有二：曰丝料，曰包银。各验其户而上下科取之。中统建元以来始有定制。"① 丝料的课征，从太宗丙申年（公元 1236 年）开始，"每二户出丝一斤，并随路丝线、颜色输于官；五户出丝一斤，并随路丝线、颜色输于本位"。课征包银从宪宗乙卯年（公元 1255 年）开始，"初，汉民科纳包银六两，至是止征四两，二两输银，二两折收丝绢、颜色等物"②。其中二户出丝为国家正税；五户出丝供"投下"支用，即作为封君的收入。到宪宗即位（公元 1251 年），又令百姓每年缴纳包银 6 两，因为大臣力谏，才减为每户纳 4 两；在江南则令百姓纳纸钞，因此又叫户钞。俸钞的征收，是因蒙古国建立之初，忙于对外用兵，"在官未置俸禄"，"文官靠赏赐，武官靠掳掠"。至世祖即位初，才设官分职，建立俸禄制度。中统元年规定：按照户等，全科户纳一两，减半户输五钱。至成宗大德六年（公元 1302 年），又命止输丝户科俸钞，中统钞一两，包银户每户科二钱五分，以充官俸。

科差的征收，在中统时（公元 1260—1264 年），丝料限七月前完纳，包银限九月之前完纳。到成宗时（公元 1295—1307 年），丝料改为八月前完纳。元朝有史载的科差收入，最多的一年为文宗天历元年（公元 1328 年）：丝达109 万斤，绢 35 万余匹，布 21 万余匹，包银钞 989 锭，贝子 13 万余索。可见，科差构成元代财政收入的重要部分。

2. 僧道户、儒户、医户、军户、站户、匠户。这些户在元代的户口统计中单独登记，称为"诸色户计"。

僧道户，主要指佛教、道教、基督教、伊斯兰教等宗教人士。元代称僧人为和尚，称道士为先生，基督教教士为也里可温，伊斯兰教教士为答失蛮。此类人士一律免征科差和徭役。但如果种田要缴纳地税，太宗行丁税、地税时已规定："工匠僧道验地……"③税率是"白地每亩税三升，水地每亩税五升"。④

---

① 《元文类》卷四。

② 《元史·顺帝纪》。

③ 《元史·食货志》。

④ 同上。

儒户，指家有通过科举入仕的人家；医户指专门从事医疗活动的人户。他们的地位虽没有僧道户高，但也是国家照顾的对象，在赋税制度中与僧道户享有同等待遇。

军户，是有服军役之人的家庭。分为蒙古军户（蒙古人）、探马赤军户（诸部族人）、汉军军户、新附军户。军户由民户中的中等户"签发"而来，军户若种田，四顷之内免地税，且享受不纳科差和不服其他徭役的优待。

站户负责驿站的全部事务，主要在民户中签发。北方站户，从牧养牲畜多的户中签发；南方站户，则从拥有众多土地的民户中签发。站户被签后，登记入籍，世代相承，不能更改，站户也享受不负担其他徭役和科差的待遇，并且种田四顷之内免地税。

匠户，指元代官府管理的工匠，他们一部分来源于战争时期俘虏的工匠或被迫充当工匠的俘虏；另一部分来源于从民间签发的工匠。匠户由国家供给衣食，终身为国家服务。匠户如果家有产，不能免地税，但不交纳科差，不服其他徭役。

（三）徭役

包括专业徭役、职役和杂泛差役。

1. 专业徭役——包括军役、站役、急递铺役、打捕鹰房之役。

军役，由军户充任。"其法，家有男子，十五以上，七十以下，无众寡尽签为兵。十人为一牌，设牌子头，上马则备战斗，下马则屯聚牧养。孩幼稍长，又籍之，曰渐丁军。既平中原，发民为卒，是为汉军。或以贫富为甲乙，户出一人，曰独户军，合二三（户）而出一人，则为正军户，余为贴军户。或以男丁论，尝以二十丁出一卒，至元七年十丁出一卒。或以户论，二十户出一卒，而限年二十以上者充。士卒之家，为富商大贾，则又取一人，曰余丁军，至十五年免。或取匠为军，曰匠军。或取诸侯将校之子弟充军，曰质子军，又曰秃鲁华军。是皆多事之际，一时之制。天下既平，尝为军者，定入尺籍伍符，不可更易。"[1] 这里蒙古军和探马赤军自不待说，是元朝军队的中坚力量，以服役为天职。"上马则备战斗，下马则屯聚牧养。"连小孩稍长都要籍为"渐丁军"。匠军，只是在很短的时间内存在，元代建立后即分成匠

----

① 《元史·兵志》。

户、军户。质子军是元统治者控制封君、将校的一种办法——把封君和将校的子孙作为人质集中在军中形成的队伍，也是建立蒙古军队中坚力量的有力措施。对于签发汉人军户，是统治者不愿为之又必须为之的制度。国家只发给充军者每人每月五斗米或六斗米（新附军户），一斤盐。军户负责供备充军者的鞍马器仗。对于军户来说，这种负担是为国家尽义务，虽然享受一定赋役减免的待遇，但若不是拥有牲畜和田产较多的民户，负担仍然很沉重。

站役，由站户充任。站户依驿路所需分为陆路、水路，陆路驿站由站户供应马、牛、车、狗及骆驼等；水路，则要供应船。供应马、牛、狗、骆驼，就要供备驭夫；供应船，就要供备船夫。除此之外，还要供备首思，即提供往来者的住宿、饮食、照明、燃料等。为了保证驿路畅通，元也曾有过供应给驿站马匹及饮食的记载。但马匹死后，需站户自买补上。官府支给的饮食费往往不能弥补站户所支，因此站役之苦仍使许多家庭或典卖田产，或鬻卖妻子，或逃亡，远走他乡。

急递铺役，与站役相近，是古代的邮政，主要送达官府的文书。"世祖时，自燕京至开平府，复自开平府至京兆，始验地里远近，人数多寡，立急递铺，每十里或十五里、二十五里则设一铺，于各州县所管民户及漏籍户内，签起铺兵。中统元年，诏：随处官司，设传递铺驿，每铺置铺丁五人。"① 铺兵隶兵部，因此急递铺役又似兵役。

打捕鹰房之役，是专门为皇室捕猎、豢养隼鹰之户。"元制自御位及诸王，皆有昔宝赤，盖鹰人也。是故捕猎有户，使之致鲜食以荐宗庙，供天庖，而齿革羽毛，又皆足以备用，此殆不可阙焉者也……故鹰房捕猎，皆有司存。而打捕鹰房人户，多取析居、放良及漏籍孛兰奚、还俗僧道，与凡旷役无赖者，及招收亡宋旧役等户为之，其差发，除纳地税商税，依例出军等六色室课外，并免其杂泛差役。"② 元代共有打捕鹰房户4万余户。

2. 职役——主要有：主首，里正。

主首原为都官，里正为乡官，都和乡是元代农村的基层行政组织。每乡设里正一名。都分三等，上等都设主首四名，中等都设三名，下等都设两名。

---

① 《元史·兵志》。
② 同上。

由税粮一石以上户轮流充当，负责催办税款钱粮和杂泛差役。当催交税款和钱粮不足额时，余数由里正、主首代为完纳。因此"民充坊里正者，皆破其家"。[①] 豪势之家不服此役，中产之家规避此役，使得此役往往落在中下户身上。因此，是家家躲避之役。后改为雇役。库子，是负责保管、看守仓库的一种职役；祗候是官衙的听差；曳刺，负责催督差役；勾捕，是对证词讼的吏役；牢子，是牢狱的看守。这些充役者都负有一定职责，一旦失职，无论主客观原因，都要追究责任，需用钱财赔付。

3. 杂泛之役——指临时征发的无名杂役，包括：筑城，修路，建筑宫室、私第、寺庙，造船，伐木，修治水渠、河道，运送粮草等。

这种役有时是大规模的，如：至元二十三年，黄河出现 15 处决堤，国家"调南京民夫二十二万四千三百二十三人，分筑堤防"。[②] 有时只是帮官府运送粮草，需人数不多。对已调发的充役百姓，即免除其他徭役。有时对调用百姓付给一定酬劳。虽然不是等价交换，但这种役有一定报酬强似无偿被征发。至元十九年，曾"发军民九千人，在山中伐木，官酬其值"。[③] 可见，杂泛并无一定制度。

元代徭役，也实行助役、代役和雇役的制度，这是财政制度发展的必然趋势。

（四）和雇与和买

和雇，是国家雇佣百姓从事某种劳务。和买，是国家向百姓购买所需物品。国家为了保证其履行职能的需要，购买货物和雇佣人力服务都是正常现象，但不按市场规律进行交易，是封建国家的特征。因此，和买、和雇成为变相的赋税和徭役。王恽论和雇时即说："随路递运车仗脚钱，近者五十贯，远者不下百贯，官支钱十不及二三，其不敷数，百姓尽行出备。名为和雇，其实分着。"[④] 至元二十三年，合剌奴、脱脱等也奏："今日和买，不随其所有而强取其所无，和买诸物，不分皂白，一例施行，分文价钞并不支给，生

----

① 《元史·列传》。

② 《元史·世祖纪》。

③ 同上。

④ 王恽：《秋涧先生大全文集》卷 90，上海商务印书馆缩印江南图书馆藏明弘治刻本，第 867页。

民受苦，典家卖产，鬻子顾妻，多方寻买，以供官司。"① 可见，其已成为国家强加给百姓的正常赋税、徭役之外的赋役。

（五）课程

元朝称工商各项课税为课程。

1. 商税。元朝的商品交易规模，没有达到宋代的水平，特别是元初战争过后，商旅受到一定限制，百废待兴，商业不很繁荣。从太宗开始设立十路课税所，对商品交易征收商税，税率为1/30。至元二十年，定上都税率为1/60；对旧城市肆院务迁入都城者，税率为1/40。元代商税课征制度较为严格，处罚也很严厉。"诸匿税者，物货一半没官，于没官物内一半付告人充赏，但犯笞五十，入门不引吊，同匿税法。"② 对课税官的查办也很严厉。"诸办课官，估物收税而辄抽分本色者，禁之。其监临官吏辄于税课务求索什物者，以盗官论，取与同坐。诸办课官所掌应税之物，并三十分中取一，辄冒估值，多收税钱，别立名色，巧取分例，以及不应收税而收税者，各以其罪罪之，廉访司常加体察。"商税收入天历年间达到939529锭44两。

2. 契税。元朝初年即有契税，《元典章》载："诸人典卖田产、人口、头匹、舟舡、物业，应立契据者，验立契上实值价钱，依例收办正税外，将本用印关防，每本宝钞一钱。无契本者，便用偷税究治。"到至元二十二年，契税每一道应为中统钞3钱。契税已纳，契本分付各业主，若有人不用契本，被告发到官，同匿税罪。

3. 海关税。元代对外贸易实行开放政策，国家在各贸易频繁之地设立市舶司，采取抽分的方式取得收入，初期"细物十分取一，粗物十五分而取一"。③ 至元十八年，曾对国外进口的货物实行双抽制度，至元二十九年，"中书省定抽分之数及漏税之法。凡商旅贩泉、福等处已抽分之物，于本省有市舶司之地卖者，细色于二十五分之中取一，粗色于三十分之中取一，免其输税。其就市舶司买者，止于卖处收税，而不再抽，漏泊货物，依例断没"。④ 这里税和抽分并列；税指一般商税；抽分是指国家按比例无偿抽取实物。

---

① 《元典章·户部》。

② 《元史·刑法志》。

③ 《元史·食货志》。

④ 同上。

4. 酒醋税课。元代酒醋课税始于太宗二年，税率为 1/10。三年派任酒醋务坊官，实行酒醋专卖，税额按百姓户数而定。后几次在征税与专卖间改易。并在百姓遭受灾荒的年代免纳酒醋课或罢专卖。元代与前朝相比，酒醋课的征收面比较广，不仅以粮食作原料的酒要课税，以果实为原料的葡萄酒也要课税。私造酒醋将被责罚判刑，"杖七十，徒二年，财产一半没官"。甚至饮私酒都要笞三十七。如果在酒醋专卖期内越界销售，也要"十瓶以下，罚中统钞一十两，笞二十；七十瓶以上，罚钞四十两，笞四十七，酒给元主，酒虽多，罚止五十两，罪止六十"。① 元代酒课年收入在 469100 余锭（不包括云南 201117 索）。醋课 22500 余锭。

5. 盐课。元代有盐场 136 所。国家多数时期对食盐实行专卖，官府发给灶户工本钱：至元时每引发给中统钞三两，官府收购食盐。有些地方实施计口授盐，或官府设局自售，但盐价太贵，百姓不愿购买。官府因支出多，收入少，即改为卖给商人运销，官府得购销差价。盐每引 400 斤，太宗时每引卖银 10 两，世祖时为 7 两。国家也曾利用食盐招引商人用粟米换盐运销，双方获利。商人运贩食盐各有引岸，引界。元朝对贩卖私盐者的处罚是：杖 70，徒二年，财产一半没官；犯盐界者：杖 35，徒 1 年，财产 1/4 没官；伪造盐引者：斩；邻居不告发者：杖一百；惩罚非常严厉。盐课收入年约为 766 万余锭。

6. 茶课。元对茶课管理的制度基本仿效宋朝，实行榷茶，官府印售茶引。至元十三年，长引计茶 120 斤，收钱钞五钱四分二厘八毫；短引计茶 90 斤，收钱钞四钱二分八毫。对于零售茶，官印售茶由，每由给茶九斤，收钞一两。商人贩茶要随身携带引由官府批验，需每引再交钞一钱。茶课收入至元二十三年 4 万锭，延祐七年增长至 28.9 万余锭。茶虽不是生活必需品，但喝茶在元朝也很盛行，商人贩卖获利颇丰，因此贩私茶者众多。国家规定：犯私茶者，杖 70，茶一半没官；茶过批验局所不批验者，杖 70；伪造茶引者斩。

7. 矿课。元代对金、银、珠、玉、铜、铁、朱砂、碧甸子、铅、锡、矾、硝、硇等资源实施专卖管理，收入称为矿课。对矿课的征收一般采用三种方法：其一，令民自备工具开采，获取产品官府抽分，如，至元十八年潭州矾

① 《元史·刑法志》。

每十斤官抽二斤。其二，官府以专门矿户采矿，定每户每岁矿课。如：至元五年，"令益都漏籍户四千淘金，登州栖霞县，每户输金岁四钱"。① 其三，实行专卖。官府提供工本，令冶户开采冶炼，收入全部归官府。如：铁在河东者，太宗丙申年，立炉于西京州县，拨冶户七百六十燏焉。丁酉年，立炉于交城县，拨冶户一千燏焉。② 对于矿产品的贩运，官府采用印引发售，如：湖广产的铅锡，在至元八年，曾以每引 100 斤，官收 300 文售给商人。商人无引贩卖者，杖 60，锡没官。矿税法也很严厉。"诸铁法，无引私贩者，比私盐减一等，杖六十，铁没官，内一半折价付告人充赏。伪造铁引者，同伪造省部印信论罪……客旅赴冶支铁引后，不批月日出给，引铁不相随，引外夹带，铁没官。铁已卖，十日内不赴有司批纳引目，笞四十，因而转用，同私铁法。……江南铁货及生熟铁器，不得于淮、汉以北贩卖，违者以私铁论。"③ 矿课收入，主要来源于腹里，江浙、江西、湖广、河南、四川、陕西、云南等地。天历元年（公元 1328 年）矿课收入约钞 7334 锭，铜 2380 斤，铁 88 万余斤，铅 1798 斤。

8. 竹木课。元代竹木课征收管理办法，分两种：其一，元初实行专卖，禁止私贩。在官竹园砍伐竹木，官府出售，获取收入。到至元四年，也曾印发引券让商人贩运；其二，令百姓自行买卖，官府收税。至元三年辉州征竹课税，先是官取 60%，后减为 40%。竹木课收入，天历元年共钞 13550 锭，竹 269695 竿，板木 58600 条。

（六）发行纸币弥补财政赤字

我国大规模由国家发行纸币即产生于元代。太宗时曾少量发行，到世祖中统元年，"始造交钞，以丝为本。每银五十两易丝钞一千两，诸物之直，并从丝例"。是年十月，又造中统元宝钞。其面额有：一十文、二十文、三十文、五十文、一百文、二百文、五百文和一贯文、二贯文等数种。每一贯同交钞一两，两贯同白银一两。又以文绫织为中统银货。分为：一两、二两、三两、五两、十两等五种。每一两同白银一两。元纸钞以国家权力通令发行，

---

① 《元史·世祖纪》。

② 《元史·食货志》。

③ 《元史·刑法志》。

无论民间还是官府收支强制使用。"永为定例，并无添减"。到至元二十四年，"更造元宝钞颁行天下……以至元钞一贯文当中统交钞五贯文，子母相权"。"新者无冗，旧者无废，凡岁币、周乏、饷军，皆以中统钞为准"。元代纸币的发行是社会发展的必然趋势，促进了商品经济的发展，也促使实物财政向货币财政转变。到元代后期，钞法即遭到破坏。

究其原因，如王恽所说：其一，初发纸币，有金银、丝作准备金，后失去准备金无法相权。其二，民间烂钞可以换新钞，国家各项收支可以用钞，纸钞发行量有限，国家用度节制，钞只是易货的工具。而后来纸钞发行无本无度，国家各项支出无度，造成物价上涨，货币贬值。其三，物产未及收获，即预先定买，唯恐别人先取走，物重钞轻，国家也利用纸钞掠夺财货。其四，民间烂钞不得换新钞后，反复使用，致烂钞需"搭价然后肯接"，纸钞贬值在所难免。虽然元代也曾整顿币制，但收效甚微，原因在于未从根本上解决纸币贬值的原因——国家利用纸币解决财政困难。史载，元代从至元十三年起，"置宣慰司于济宁路，掌印造交钞，供给江南军储"。这也就注定了纸钞必然贬值的命运。从中统元年至天历二年（公元 1260—1329 年）的 69 年内共发行纸钞 8450 万余锭。其中至元十二年前的 16 年间共发行纸钞 175 万余锭。而从至元十三年始的后 16 年间（到至元二十八年）共发行 1452 万余锭，是前 16 年的 8 倍多，可见滥发纸币，进行财政发行是元代币制破产的主要原因。

三　财政支出

（一）官俸支出及行政管理经费

按现代财政支出科目，行政管理费包括办公经费和人员经费。在元以前，很难将两部分经费划分开。但元史料中有不少拨付办公经费的记载。如：至元七年，"给河西行省钞万锭以充岁费"。至元八年，又"给河南行中书省岁用银五十万两"。延祐四年，"给岭北行省经费钞 90 万锭，杂彩五万匹"[1]。可见元朝行中书省经费由中央拨给，但没有统一标准。从史籍记载看，行政经费已成为财政支出的重要组成部分。元朝先后建行省 11 个，加上宣政院管

---

① 《元史·世祖纪》。

理的"吐蕃地区",至少有 12 个行政区划需中央拨付经费。这成为元朝重要的财政支出。

俸禄是国家经常性支出项目。据《元史》记载:至元三十年,全国路、府、州、县等 2038 个,官府大小 2733 处,官员 1.8 万余人。而《元典章》中则称总员 26690 员,比至元三十年多出近 1 万人。而且列出了无品级的国家财政负担人员:"儒学教授八百七十六员,医学教授二百三十二员,蒙古教授九百二十一员,阴阳教授七十三员,不系常调二千一百零六员。"虽然这段记载数字不甚准确,但财政供养儒学、医学、蒙古、阴阳教授等则是可信的。至元"二十九年,定各处儒学教授俸,与蒙古、医学同"。① 除此之外,还有皇族姻亲、功臣封地官署及官吏,如:辅佐皇太子管理份地的机构王傅府,即有"以署计者四十余,以员计者七百余"。元文武官均为 9 品 18 级。薪俸由俸钞、职田、禄米组成。俸钞是逐月用法定纸币支付,是薪俸的货币部分。按官员品级支给,至元二十二年从 1 品上等月俸为中统钞 6 锭,从 9 品上等月俸为中统钞 35 两。职田和禄米是薪俸中的实物部分。职田只给地方官员,以地租充当俸禄。朝官则另发给禄米。地方级别低的吏没有职田的也发给禄米。

(二)军费支出

军费支出分为战时军费和常备军费。元朝是靠大规模战争取得史无前例的宏大版图的国家,战争经费在国家财政支出中占有十分重要的地位。尤其是灭宋之前,几乎元朝的财政就是为军费而存在的。当时国家的主要任务就是统一全国,扩大版图。但由于蒙古族全民皆兵,后又有军户制,军备支出的准确数字无法考证。但就战争来说,公元 1232 年,蒙古军和金朝的军队大战于钧州(今河南禹县)三峰山,蒙古军以寡敌众,全歼金军,被称为"创造了军事史上的奇迹"。② 10 万大军转战,将耗费多少财物?这个"寡"应该说没有动用太多的军队。但三路大军攻敌,仅右路军拖雷部即有"军马四万,行营军一万"。据此推算:三路军此战应不少于 10 万人。10 万大军转战,将耗费多少财物?常备军费主要包括军备费和养兵费用。元代军备主要是制造兵器和战马购养费。此时兵器的制造已达到相当高水平。不仅有刀、枪、剑、

---

① 《元史·世祖纪》。

② 陈高华:《元史研究论稿》,中华书局 1991 年 12 月版,第 186 页。

载、钩、插、盾、弓、箭，更有利用火药制造的火炮，花费自不会少。蒙古族战士多数骑马打仗，所以战马的供备是军费一大开支。养兵费用，平时主要靠屯田解决粮食供给，世祖至元三年后，对军官也发俸禄，给士兵发军饷，对卫士时有赏赐，如：至元八年四月，对襄樊军士每人每月给米4斗。对戍边的军士也经常供给衣食。武宗至大四年，李孟称：北边军需达600万—700万锭，占当年财政支出的37%左右。如果再加上其他方面的军费支出，军费将是财政支出的重要组成部分。

（三）宗教迷信支出

封建帝王历来看重宗教迷信的作用。一方面他们敬畏天地、鬼、神；另一方面又借此统治天下百姓，元朝统治者在这方面尤为突出，财政用于这方面的支出特别浩大，史称宗教迷信支出是元朝三大支出之一。元统治者不仅信奉佛、道教，对伊斯兰教、基督教等也很推崇，而且迷信星相占卜术。仅大都内就豢养着来自各国的星相士和占卜者5000多人。元朝的宗教迷信支出主要包括建筑寺庙支出，赏赐宗教人士支出，皇家作佛事支出等。元朝至元二十八年共有寺宇42318区。虽然不都是政府所建，但《元史》中有记载的建寺庙条目即有几十处，如：修万安寺，仅伐木就动用中军4000人，伐木58600根。又对其佛像及窗壁饰金，共用金540多两，水银240斤。而为皇太后在五台山建佛寺，"是以前工部尚书涅只为将作院使领工部事，燕南河北道肃政廉政访使宋德柔为工部尚书，董其役；以大都、保定、真定、平阳、太原、大同、河间、大名、顺德、广平十路，应其所需"。① 足见耗费可观。到至顺二年已"累朝所建大万安等十二寺"。对佛寺的建设还有一项花费也相当大，即元朝大规模书写金字经文，《元史》至元二十七年七月载，"缮写金字藏经，凡糜金三千二百四十四两"。至于皇家的宫廷祭典和佛事活动更是场面宏大，《元史》载："延祐四年，宣徽使会每岁内庭佛事所供，其费以斤数者，用面四十三万九千五百，油七万九千，酥二万一千八百七十，蜜二万一千三百。"那金银玉帛不以斤计者又有多少？只能推测想象了。皇帝赏赐宗教人士的钱物更是难以胜数，至大四年，"赐大普庆寺金千两，银五千两，钞万锭，

---

① 《元史·成宗纪》。

西锦、彩缎、纱、罗、布帛万端，田八万亩，邸舍四百间"①。对外国宗教人士的赏赐数额也很多。皇庆元年（公元 1312 年）"遣使赐西僧金五千两，银二万五千两，币帛三万九千九百匹"。② 宗教支出虽然是国家统治的需要，但对百姓来说只是财政负担，并没有任何获益。

（四）皇室支出

皇室支出，主要是皇室礼仪及人员的衣、食、住、行、玩、葬支出。皇室礼仪自世祖至元八年始定："自是，皇帝即位，元正，天寿节，及诸王、外国来朝，册立皇后、皇太子，群臣上尊号，进太皇太后、皇太后册室，暨郊庙礼成，群臣朝贺，皆如朝会之仪。而大飨宗亲，赐宴大臣，犹用本俗之礼为多。"而无论是"朝会之仪"，还是"本俗之礼"。花费皆是民脂民膏。元朝仅为国家皇室奏乐的乐人，即分，"乐音五队"、"寿星队"、"礼乐队"、"说法队"等。至元三年有乐人 384，十一年增选 800 人，二十一年又括江南乐人。衣食住行等后宫花费最大，史载："忽必烈皇后数人，妃嫔甚众……诸妻中四人有皇后之号，每皇后一人，有宫女三百，及侍童、阉人甚众。四后宫中役使人数由是计有万人。"③

元朝宫殿修建支出也很浩大，仅都城就有大都、上都及岭北行省治所哈剌和林城。每处都大规模修建宫殿园林，大都的皇城城墙长约 20 余里，有十五门，其中大明殿作为皇帝"登极，正旦、寿节会朝之正衙"。建筑极为考究，陈设极尽豪华，仅殿壁则夏季"通用绢素冒之，画以龙凤"；冬季则"黄鼬皮壁障，黑貂褥；香阁则银鼠皮壁障，黑貂暖帐"。《元史》中没有兴建大都支出的记载，但大都中较为重要的兴圣宫在至大元年兴建，史载："建兴圣宫，给钞五万锭，丝二万斤"。其中应不包括役使的一般民工、兵士的费用。

除此之外，皇室游玩费用也相当可观，出游要坐象舆，有象队开路，"皇帝的象队达五千头，全部披用金银丝绣成鸟兽图案的富丽堂皇的象衣"。④ 皇帝喜玩鹰鸟，元专门设有打扑鹰坊万户府，仅每年喂养各种禽兽的肉，就达30 万斤。

---

① 《元史·仁宗纪》。
② 同上。
③ 《多桑蒙古史》上册，第 334 页。
④ 《马可·波罗游记》，福建科学技术出版社 1981 年版。

（五）封君和赏赐支出

元朝虽然在全国划分了行政区划，但对皇亲国戚及对国家有功的大臣仍有大规模的分封地及赏赐。首先，分封给皇亲土地食邑，大大减少了元代的财政收入。据《元史》记载，元代封国达 123 个；封王、进封、益封者达 228 人次。封国后，封君可以享用封国内的赋税，元朝的五户丝和户钞即是封君享有的国家户税收入。除此之外，封国内的土地及一些公田也无偿赐给封君及王公大臣，地租收入归其所有。据统计，元代赏赐土地共达 184527 顷。其次，在朝会及重要节日，皇帝要赏赐皇亲国戚和百官，朝会赏赐因为一年一次，年年如是，成为定例，也称为岁赐。世祖中统元年十二月，"赐亲王穆哥银二千五百两；诸王按只带、忽剌忽儿、合丹、忽剌出、胜纳合儿银各五千两，文绮帛各三百匹，金素半之……自是岁以为常"。[①] 至元二十六年岁赐支出达金 2000 两，银 252630 两，钞 110290 锭，币 122800 匹。这种支出，不仅赐予活人，也赐予死者。元史载，元贞二年十二月，定诸王朝会赐予：太祖位，金千两，银 7.5 万两；世祖位，金各 500 两，银 2.5 万两，余各有差。[②]

另外，元朝对打仗有功者、政绩显著者、恪尽职守者、高寿者等也有大量赏赐。有人曾指出，元朝官吏俸禄较少，文武百官的衣着多靠赏赐。即是说财政支出中的俸禄支出有相当一部分转移到了赏赐支出。这也就不难理解为什么会有至大四年赏赐支出竟占全部财政支出的近 18% 这样高的比例了。

（六）道路交通建设

元朝的道路建设包括道路的修建维护和驿站的一切费用。道路修建在中央的由中央支出，在地方的主要由地方政府组织人力物力修建。元朝一般以市区方圆 50 里以上作为大城市的标志。像北方的大都，西方、南方的杭州、苏州、成都、扬州、南京、开封等，城市内的道路修建都是一大笔开支。但大都是新建城市，支出较多，而其他城市一般是旧城的维护，需要支出相对少一些。大都东西城墙长 5555 米，南北长 3333 米，其道路应在这一范围内修建。街道分大小，大街宽 24 步，小街宽 12 步，另有 384 火巷，29 衢通，都需修建和维护，都需要财政支出。除城市街道外，在城市间特别是大都与

---

①　《元史·世祖纪》。

②　《元史·成宗纪》。

全国重要城市间又有驿道，仅大都和上都之间就有四条驿道，驿道设有驿站，站户负责供应来往官员的生活所需和行路所需，国家也拨发给他们一些马匹食物，修建驿站馆舍。元朝共有驿站 1400 个，拥有驿马 44301 匹，驿驴 5953 头，驿牛 8888 头，驿羊 1150 只，驿狗 218 条，驿车 4037 辆，驿轿 353 乘，驿船 5921 只；另外步站 11 处，梯运夫 3032 户。这些装备不完全是国家所拨付，但建站之初国家相应给予一定财物支持，损耗后由站户补充，当发生困难时，国家也给予帮助。《元史》中有大量这方面的记载，如：至元十四年，"立永昌路山丹城等驿，仍给钞千锭为本，俾取息以给驿传之须"。①"泰定元年三月遣官赈给帖里干、木怜纳怜等一百一十九站，钞二十一万三千三百锭，粮七万六千二百四十四石八斗。北方站赤，每加津济，至此为最盛。"② 元朝水站也相当发达，共有 424 处。除内河不断疏浚，使其畅通无阻，且有大的海船走海路运输。"当舟行风信有时，自浙西至京师不过旬日而已。"③

（七）农田水利建设支出

元初由于长年战乱，土地荒芜，国家在初步平定后，即不断诏令百姓归还故里，开垦荒地或徙民就垦，国家贷给或拨给耕具、种子、衣食等。如，中统三年，"敕河西民徙居应州，其不能自赡者 160 户，给牛具及粟麦种，仍赐布，人二匹"。又"诏给怀州新民耕牛二百，俾种水田"。④ 至元二十五年，"募民能耕江南旷土及公田者，免其差役三年，其输租免三分之一"。⑤ 这些优惠的措施使元朝农业生产得到迅速恢复和发展。国家财政虽暂时增支减收，但有利于国家的长治久安。

对河流的修治，不仅可以保障人民的生命财产不受损失，也避免其冲毁良田，减少农业收入。元朝进行了多次大规模修治河道，花费浩繁，如：大德五年修治滦河水患。"东西二堤，计用工三十一万一千五十，钞八千八十七锭十五两，糙米三千一百一十石五斗，桩木等价钞二百七十四锭二十六两四

---

① 《元史·世祖纪》。

② 《元史·兵志》。

③ 《元史纪事本末》，中华书局 1979 年版，第 96 页。

④ 《元史·世祖纪》。

⑤ 同上。

钱。"① 至正十一年，国家任命工部尚书贾鲁为总治河防使修治黄河。从四月开始到十一月完工，共役民夫 15 万，军卒 2 万，花费计物折中统钞 1845636 锭。

（八）救民济困支出

元代救民济困包括两个方面，其一是蠲免赋税徭役；二是赈贷财物。前者是为救民于天灾人祸而减少国家财政收入，后者则是增加国家的财政支出。《元史》对元朝自中统元年到至顺元年 70 年间的蠲免状况进行了统计，较大规模的有 47 年，灾免 29 年（余为恩免）。虽然财政收入有所减少，但减轻了百姓负担，促进了社会安定，也为农业生产的恢复打下了基础。关于赈贷财物，《元文类》指出："我国家每下诏，必以鳏寡孤独不能自存为念，特加优恤，官为廪赡；或不幸而遇水旱虫螟之灾，即遣使存问安抚，戒饬官吏，廪粟库币，不吝其出。"虽是自誉之词，但从《元史》中确可看到不少这方面的支出记载，如："至元十年，诸路虫蝻灾五分，霖雨害稼九分，赈米凡五十四万五千五百九十石。"② 至元二十七年，又以粟 582889 石救济江阴、宁国等地遭受水灾的百姓。至大元年，"中书省臣言：'江浙行省管内饥，赈米五十三万六千石，钞十五万四千锭，面四万斤。又，流民户一百三十三万九百五十有奇，赈米五十三万六千石，钞十九万七千锭，盐折直为引五千。'令行省、行台遣官临视"。③ 除此之外《元史》中还记载了对赤贫者的救济。对"诸路鳏寡孤独疾病不能自存者，官给庐舍、薪米"。④ 甚至"河南民王四妻靳氏一产三男，命有司量给赡养"。⑤ 至元十九年还在"各路立养济院一所"⑥。这些记载与百姓实际受灾数相比，肯定是极个别的现象，与百姓所受苦难相比肯定微乎其微。但不能不说，元代统治者仍然在救民济困方面给予了一定的关注。因为无论任何朝代，救民济困本身都是维护统治的一项重要策略。

---

① 《元史·河渠志》。
② 《元史·世祖纪》。
③ 《元史·武宗纪》。
④ 《元史·世祖纪》。
⑤ 同上。
⑥ 《元史·食货志》。

（九）其他支出

1. 教育支出。元朝学校有五类：其一是国子监学，其二是蒙古字学，其三是回回国学，其四是医学，其五是阴阳学。史载：元初，"时学舍未备，野密请御史台，乞出帑藏所积，大建学舍以广教育"。至元二十五年，全国学校共24400 所。无论是国子监学还是蒙古字学，回回国学，医学和阴阳学，都设教授、学正、学录等。国家发给俸禄，并负担学校支出。至元二十四年月俸标准为：教授，米 5 石，钞 5 两；学正米 3 石，钞 3 两；学录米 2 石，钞 2 两；教谕米 1 石 5 斗，钞 1 两 5 钱；直学米 1 石，钞 1 两。至元二十九年，北方儒学各路教授支 12 两，府和上州教授支 11 两，中州教授支 10 两，由国家发给。南方的路、府、州、县学由政府拨给学田，以田租收入解决学校生员的费用开支。另外，无论是教授、学正，还是生员都可免除徭役，国家还发给部分生员生活津贴及学习用品，"世祖至元八年春正月，始下诏立京师蒙古国字学，……成宗大德十年春二月，增生员廪膳，通前三十员为六十员。……元置蒙古人二十人，汉人三十人，其生员纸札笔墨止给三十人，岁凡二次给之"。[①]

元朝还有一些与教育有关的支出，如科举考试、修史、印书、进行天文地理的测验等。

2. 卫生防疫支出。元朝还设有医药局——惠民药局。太宗九年，"始于燕京等十路置局，以奉御田阔阔、太医王璧，齐楫等为局官，给银五百锭为规远之本。世祖中统二年，又命王开局。四年，复置局于上都，每中统钞一百两，收息一两五钱。……凡局皆以各路正官提调，所设良医，上路二名，下路府州各一名，其所给钞本，亦验民户多寡以为等差"，多者 3000 余锭，少者百锭。[②] 这些支出虽然在全部财政支出中不占有很大比重，但对提高人民的文化素质和身体素质无疑是有利的。

四　财政管理

（一）财政管理机构

元朝皇帝以下设大司农、枢密院、中书省、御史台、宣政院、通政院。

---

① 《元史·选举志》。

② 《元史·食货志》。

元大司农负责籍田署、供膳司、永平屯田总管府。主要财政机构隶属中书省之下，由左右司掌管。左司掌礼部、户部、吏部；右司掌兵部、刑部、工部。六部都负责一部分财政职责，其中以户部作为国家主管财政的机构，职"掌天下户口、钱粮、土地之政令。凡贡赋出纳之经，金帛转运之法，府库委积之实，物价贵贱之直，敛散准驳之宜，悉以任之"。其属官包括：都提举万亿宝源库，都提举万亿广源库，都提举万亿绮源库，都提举万亿赋源库，四库照磨兼架阁库，提举富宁库，诸路宝钞都提举司，宝钞总库，印钞宝钞库，烧钞东西二库，行用六库，大都宣课提举司（掌马市、猪羊市、牛驴市、果木市、鱼蟹市、煤木所）。大都酒课提举司，抄纸坊，印造盐茶等引局，京畿都漕运使司（掌新运粮提举司、京师仓、通惠河运粮千户所），都漕运使司（掌河西务14仓、河仓17仓、直沽户通仓、荥阳等纲），檀景等处采金铁冶都提举司，大都河间等路都转运盐使司，山东东路转运盐使司，河东陕西等处转运盐铁使司（掌河东等处解盐管民提领所、安邑等处解盐管民提领所）。

至于皇室收支，由内宰司、储政院（掌管太子收支等）、中政院（掌管中宫收支等）、太禧宗禋院（掌管皇家寺院收支等）、宣徽院（掌管帝室收支等）等机构负责，各机构有各自收支，名目异常繁杂，互相并不统辖。

地方财政管理机构包括两个方面。其一，上都留守司兼本路都总管府（掌管平盈库、万盈库、广积库、万亿库、行用库，税课提举司、饩廪司）和大都路都总管府（掌左右巡二院）直接隶属皇帝。其二，行枢密院，行中书省，行御史台又隶属中央各机构。行中书省不仅掌管两浙都转运盐使司、两淮都转运盐使司、福建等处都转运盐使司、广东盐课提举司、四川茶盐转运司、广海盐课提举司、市舶提举司（隶广东）、海道运粮万户府，还统辖诸路总管府（掌管税务、府仓、平准行用库等）。因此说，元朝的财政管理机构，大体上分中央和地方两级，但有些机构并不是从上到下有隶属关系，有些并列，有些甚至互有牵制。但地方行政机构一般都负有财政职责，督征税赋是对行政官员政绩考查的一个方面。

（二）财政官员的奖惩制度

对财政的有效管理，一方面着重制度机构的建立和健全，更重要的是对财政官员的管理，使之尽忠职守，为国理财。元朝有一整套对官吏的奖惩管理制度。如对一般守令，在至元九年，凡户口增、田野辟、词讼简、盗贼息、赋役均五事俱备者为"上选,升一等。四事备者,减一资。三事有成者为中选,依常例迁转。四事不备者,添一资。五事俱不举者,黜降一等"。① 这是对一般行政官员的奖惩,所列项目包括"赋役备"。凡税务官员升转,"至元二十九年,省判所办诸课增亏分数,升降人员。增六分升二等,增三分升一等。其增不及数,比全无增者,到选量与从优。亏兑一分,降一等"。② 可见,除一般升迁外,业绩如何亦是重要因素。对成绩不好的给予降级,对枉法者则给予惩处。如:"诸仓庾官吏与府州司具官吏人等,以百姓合纳税粮,通同揽纳,接受折价飞钞者,十石以上,各刺面,杖一百七;十石以下,九十七;官吏除名不叙。"③ 对于官吏勾结权势,欺压百姓者也要惩处。"诸典卖田宅,从有司给据立契,买主卖主随时赴有司推收税粮。若买主权豪,官吏阿徇,不即过割,止令卖主纳税,或分派别户包纳,或为立诡名,但受分文之赃,笞五十七。仍于买主名下,验元价追征,以半没官,半付告者。"④ 如果贪赃枉法,就更要惩处,以元钞为准,1 贯至 10 贯,笞 47;50 贯以上至 100 贯,要杖 60,降一等;300 贯以上者,杖 170,除名永不再用。这种奖惩制度对廉洁官吏队伍有一定的作用。

元朝规定,由御史台负责监察百官,其中包括对财政官员及事务的监督。如:"诸官司刑名违错,赋役不均,擅自科差及造作不如法者";"官为和买诸物如不依时价,冒支官钱,或其中克减,给散不实者;诸院务监当办到课程,除正额外,若有增余,不尽实到官者";"阻坏钞法涩滞者";"户口流散,籍账隐设,农桑不勤,仓廪减耗为私",等等,都要受御史监察、纠察,并报中央处分。

(三)预决算制度和库藏管理

元朝对财政收支要求各级进行会计记账。年初有定额,年终必须进行决算。无论诸路、行省,还是诸王、漕运或皇室,只要有钱粮收支,必须设账簿。各行省岁支钱粮,由正官按季核查,年终汇总,上报行省,按程序进行考核,由御史台审核。皇室的收支亦进行预决算,但由宣徽院进行汇总,由

① 《元史·选举志》。
② 同上。
③ 《元史·刑法志》。
④ 同上。

廉访司进行考核。

元朝国库有万亿四库，名：宝源、赋源、绮源、广源。宝源库贮藏宝钞、玉器；广源库贮藏香药、纸札诸物；绮源库贮藏诸色缎匹；赋源库贮藏丝绵、布帛等。到至元二十七年又增设富宁库，将原宝源库的金银由其贮藏。元在发行纸币后，国库又增加了印造纸币的府库。如宝钞总库，印造宝钞库，烧钞东西二库，行用六库：即光熙、文明、顺承、健德、和义、崇仁。皇室库藏，分三库："御用宝玉、远方珍异隶内藏；金银、只孙衣段隶右藏；常课衣段、绮罗、缣布隶左藏。"① 元代国库管理制度较完善，而地方府库就难于管理，尤其是贮粮仓，由于管理不当而致腐烂浪费的现象极为普遍。

复习思考题

1. 请比较本章三朝与宋朝的财政制度，找出其特点。
2. 三朝财政支出中赏赐支出巨大的原因是什么？
3. 谈谈元朝在社会救济和教育方面的支出状况。
4. 纸币发行对元朝财政的影响是什么？

---

① 《元史·世祖纪》。

第九章　明代的财政

本章中心内容：明代初期的财政经济措施，为以后经济的发展、资本主义生产关系的萌芽奠定了经济基础。黄册和鱼鳞图册制度对赋税的征收起到了有力的保障作用。本章阐述了赋役改革的背景内容及其历史意义；盐、茶、酒专卖的特点；明末矿监、税监及田赋"三饷"加派对国家政权和社会经济的破坏。

第一节　明代政治、经济概述

元王朝的残暴统治，导致以红巾军为主的农民大起义。明朝的开国皇帝朱元璋（公元1328—1398年）出身平民，1351年参加红巾军，1356年打过长江占据了南京，自称吴国公，1364年战胜另一起义军张士诚，改称吴王。1368年结束了元朝统治，建国号为明，年号洪武，建都南京（在明成祖时迁都北京）。在明朝统治时期，明朝中央加强了对边疆地区的管辖，统一的多民族的封建国家空前巩固。但明王朝并未改变封建社会走向衰落的总趋势：突出表现在政治、经济、阶级矛盾、对外关系和思想文化诸方面。一种新的生产关系开始萌芽。明王朝最终是在内乱和外患中灭亡，统治中国二百七十余年（公元1368—1644年）。

一　明代前期的政治、经济

明王朝建立后，朱元璋为巩固其统治，在强化封建中央集权、促进社会经济的恢复和发展，减轻人民赋役负担、缓和阶级矛盾等方面采取了一系列有效的措施。

（一）政治方面的措施

朱元璋在结束元王朝的统治、消灭另一股起义势力之后，社会并未因此而稳定。一是在南方和西南方的割据势力仍在活动，而元朝的残余势力还滞留于北部边境地区，伺机反扑；二是在明统治集团内部，还存在诸多矛盾，中央集权的目标并未达到。为此，朱元璋果断地采取军事行动，将南、北的反明势力消灭，同时废中书省，将权力集中于皇帝（朱元璋）一人之手。在地方，则改行中书省为布政司。至此，封建专制中央集权制度初步形成。

（二）经济方面的措施

元末农民起义，结束了元贵族的民族统治，同时也使日益尖锐的生产力同生产关系之间的矛盾得以缓和，为明王朝迅速恢复被战争破坏的经济提供了条件。在此前提条件下，朱元璋不失时机地采取了一系列有利于经济恢复和发展的措施。

1. 移民垦荒。元末的战争和自然灾害，导致被灾区人口流亡，土地荒芜，特别是受战争破坏严重的山东、河南等地，多为无人之区。为恢复被破坏了的经济，必须重新配置劳动力。朱元璋采取的第一步就是组织移民垦荒。据史籍记载，规模较大的移民行动有五次：第一次是在洪武三年（公元 1370年）六月，将苏、松、嘉、湖、杭五郡的无地耕种的贫民，移迁到地广人稀的临濠开垦，由官府发给耕牛、种子和食粮，所垦之田即为己业，三年之内免征赋税。优越的条件使这一次迁移之民达到了 4000 户。之后，洪武四年六月，先后将北平山后之民及沙漠地近 7 万户迁于北平附近各州县；洪武五年，徙江南民 14 万于凤阳；洪武二十一年八月，迁山西泽潞两州之民于河北、河南的闲旷之地；洪武二十二年四月，迁杭、湖、温、台、苏、松诸郡无田少田之民于滁、和二州垦耕。总之，在明初的四十多年时间里，类似的移民大小数十次，移民垦荒的结果较好，达到了流民归农，荒地得到开垦，人民生活改善的目标，社会稳定的目标。特别是截至洪武二十六年，全国垦田总数已达 850 万顷，为洪武元年的 5 倍。国家赋税也随之而增加。

2. 组织屯田。明代的屯田，包括军屯和民屯两种形式。明初规定，驻防在边境的守军，三分戍守，七分屯种；驻扎内地的军队，二分戍守，八分屯种，所收获的农耕产品供作军需。民屯是政府组织、招募无田民及一部分降民和囚犯到宽乡屯垦；其屯田收入，凡使用官府的耕牛、种子者，以其收入的一半交给官府；凡自备耕牛、种子的，以其收入的 1/3 交官。此外还有商屯，以粮换盐引。同移民垦荒一样，屯田政策也收到了积极的效果。据载，明初屯田总计达 90 余万顷，约占全国垦田总数的 1/10。所收粮食，仅军屯一项，洪武二十一年时为 500 多万石。到宣宗宣德年间，沿边驻军的粮草供应基本上全由屯田收入解决。

3. 奖励农耕，减轻民负。朱元璋出身贫苦，深知下层民众的痛苦和要求。他夺取政权后，立即下达奖励开垦土地、减轻赋役负担、禁止强占他人土地等多项政策，规定：农民归耕，可免除三年徭役或赋税；二十七年，又宣布"额外垦荒，永不起科"，并把大量奴婢释放为民，以增加农业劳动力。由于政令有利于农业、农民，从而有力地促进了农业的发展。

4. 兴修水利。水是农业生产的重要保证。面对元末水利失修，河流泛滥成灾的情况，明初即开始在全国范围内大力兴修水利、发展灌溉事业。据洪武二十八年（公元 1395 年）统计，共疏浚河道、修筑陂渠堤岸等农田水利灌溉工程多达 4 万余处①。一些在历史上曾起过重大作用而年久失修的灌溉渠网，如陕西的洪渠堰、广西的灵渠、四川的都江堰、安徽的铜城渠等，都先后得到整修疏浚。对明代农业生产的恢复和发展，起了重要的保障作用。

5. 扶植工商业。工商业是农业生产发展的推动力，也是活跃城乡经济的桥梁。明初统治者对扶植工商业发展做了许多有效的工作。首先，提倡种植经济作物，为工商业生产提供充足的原料，如：洪武元年，下令农户以定量的土地种植桑、棉或麻，不种者受罚；洪武二十七年又令，各地有力垦地种棉者免税；山东、河南地区凡在洪武二十六年以后栽种桑、枣果树的土地免税。通过奖惩措施推动政令的执行。其次，在工商税收政策上给予照顾。如：降低工商税率（三十税一）；农具、军民婚丧祭祀用品及舟车丝布之类不纳税；取消山林竹木征税机构；在京城郊区设塌房（堆货仓）供商人寄存货物；此外，对匠役也进行了适当调整，以发挥工匠的生产积极性；发行"大明宝钞"，以便利商货流通。

明初的经济政策是卓有成效的，体现在耕地面积扩大，人口增长，财税

---

① 见《洪武实录》卷二三四。

收入增多等几个方面。到洪武二十六年，全国民户达 1060 万户，接近元朝最高人户水平。税粮为 3279 万石，差不多是元朝的两倍。工商税收上，永乐初一年收入布帛 120 多万匹，丝绵 246 万余斤，史称"宇内富羡，赋入盈羡"，府库存粮至"红腐不可食"。即出现了经济发展、市场繁荣、财政充实、社会安定的鼎盛时期。

二　明代后期的政治、经济概况

（一）政治方面

明自宪宗成化（公元 1465—1487 年）以后，上自皇帝、王公，下至官宦地主争相占田夺地，失地农民或卖儿鬻女以充债，或亡逃他乡。一些地方如福建、浙江、江西等地，还爆发了农民起义。明世宗朱厚熜（公元 1522—1566 年）即位后，曾从政治上、经济上进行过某些调整——如勘察皇庄及勋戚庄田，把强夺的部分土地退还农民，减轻赋役、租银、裁撤锦衣校尉等，但为时不长，终因统治集团内部矛盾日益尖锐、官吏腐化，特别是严嵩长期把持朝政，贪赃纳贿，结党营私，明王朝陷入统治危机；神宗初（公元 1573—1620 年），经张居正大力整顿和改革，裁撤冗员、巩固边防、大兴屯田、兴修水利等措施取得了良好成效，社会进入一个短暂的发展时期。但到神宗后期，由于吏治腐败，朝政混乱，征收制度严重破坏，导致阶级矛盾激化，各种暴动随时发生，加以外有清兵压境，内有水旱为灾，明王朝迅即败亡。

（二）经济方面

明初的农业政策，对以后影响很大，根据《农政全书》的记载，由于农业耕作技术的推广，致水稻产量有了较大提高，有的地区亩产高达 5—6 石，一般也有 2—3 石；棉花种植遍于河北、河南、山东及两淮地区；太湖地区的蚕桑业，江南闽广地区的甘蔗、兰靛、杉漆及油料等经济作物，不仅种植面积扩大，而且也产生了相当好的经济价值，据称此时期传入的烟草业，一亩烟叶收入，相当于农田收入的十倍。明代中后期的手工业，也有较大的发展。河北、山西、广东、福建等地的冶铁业已具有相当规模；江西景德镇的制瓷业，民窑发展到 900 座，为官窑的 15 倍多，而且技术水平也不亚于官窑。江、浙一带的丝纺业和棉纺业，已形成一定规模，有的机户，不仅拥有一定数量的织工，也雇有一定数量的织工；不仅技术先进，品种多样，而且质地精美，特别是家庭纺织业的发展很快，时称："买不尽松江布，收不尽魏塘（地在嘉善）纱"。江南地方一些乡镇居民，已专门从事丝棉纺织之事。此外随着个体手工业技艺如铁匠、铜匠、木匠、染匠、石匠、鞋匠等"百工杂作"的涌现，还在民营工矿业中，出现了染工、矿工、炉工等手工业工人。从江南手工业生产发展的情况看，说明明中叶时，资本主义已经萌芽。

由于农业和手工业产品的增多，商品交换也日显活跃。农民种的粮食、棉花、烟草以及家庭手工业生产的绸、布、铜铁、瓷器、纸张以及生丝等，不仅产品品类多、质量好，而且运销国内外。如松江生产的绫、布，数量很多，时称其"衣被天下"；景德镇的瓷器，则流布全国；而湖丝、潞绸、蜀锦、杭缎等丝织品，更远销南洋、日本。这时各地也培养了一批商人，如徽商、西商、江右商、闽商、粤商等，名闻全国各地，也带动全国各地的集市活跃起来。只是到明后期，由于朝政腐败，已发展起来的工商业也遭到沉重的打击，因而也延缓了走向资本主义的进程。

第二节　赋役收入

一　田赋

（一）土地制度

明朝土地制度，分为官田和民田两种，史载："明土田之制，凡二等：曰官田，曰民田。初，官田皆宋元时入官田地。厥后有还官田，没官田，断入官田，学田，皇庄，牧马草场，城壖苜蓿地，牲地，园陵坟地，公占隙地，诸王、公主、勋戚、大臣、内监、寺观赐乞庄田，百官职田，边臣养廉田，军、民、商屯田，通谓之官田。其余为民田。"① 据载孝宗"弘治十五年，天下土田止四百二十二万八千五十八顷，官田视民田得七之一"。② 特别在田土肥沃区和京师所在地，官田占的更多，苏州一府，官田占半数以上，陕西的官田占百分之四十二以上。明朝是历代土地集中最突出的时期。

在明朝官田中，实际还包括一部分借官势而侵占的土地，如皇庄，诸王、

① 《明史·食货一》"田制"。
② 《明史·食货一》。

公主、勋戚、大臣、内监、寺观乞赐的庄田，这些特权阶级，大多不承担负赋役的义务。这些庄田日渐扩大，一方面造成社会财富分配不均，国家财政收入减少；另一方面农民失地后，负担并未减轻，迫使农民四处逃亡。

在明代官田中，屯田占据重要的地位。万历时，屯田仍有六十四万顷。屯田分为民屯和军屯，其管理方法和税法，与普通的官田不同。在明代，屯田收入对国家财政发挥了积极的作用。

（二）户口与赋役黄册

明制，户口分为三等，即民户、军户、匠户。最主要的是民户，他们是赋役负担的基本队伍。十六岁为中，二十一岁为丁，六十岁为老，从中到老须轮充差役，老以上免役，不及中者不服役。

为了确定这些民户，洪武三年（公元 1370 年），"命户部籍天下户口，每户给以户帖"。① 洪武十四年正月，"命天下郡县编造赋役黄册"。② 黄册是明代为征派赋役编造的户口登记簿籍，以户为主，按照四柱之式编造，即旧管、新收、开除、实在之数。具体办法是：一百一十户为里，里是一个基层行政单位，一里之中，推丁粮多者十户为里长，管理派遣赋役事务；其余百户分为十甲，每甲十户，每年轮里长一人，甲首十人董其事。城中曰坊，近城曰厢，乡都曰里。先后各以丁粮多少为次，每里编为一册，册之首总为一图，其里中鳏寡孤独不任役者，列于十甲之后，叫做畸零户。每十年，有司更定其册，以丁粮增减而升降之。黄册一共编四份，一上户部，其余三份则分送布政司、府、县各一份。因上户部者册面黄纸，故称黄册③。至于军户、匠户，则另编有专册，军户有军户图籍，于洪武二十一年（公元 1388 年）九月编制。④ 他们在指定的卫所，世代为军，归兵部管辖。匠户则归工部管辖，即匠隶工部。⑤

明朝编造黄册，把过去蒙古贵族统治下的奴隶驱口和工奴解放出来，成为农民，同时使农民依附于土地，使王朝的财政更加巩固。

---

① 《续文献通考》卷十三，《户口考》二，《户口丁中》，洪武三年十一月诏户部条。
② 同上书，洪武十四年条。
③ 同上书，洪武十四年正月条。
④ 同上书，洪武二十一年条。
⑤ 《古今图书集成·食货典》卷十六，《户口部》《明》一，洪武三年条。

（三）田赋与鱼鳞册

明王朝建立不久，即开始整顿田赋，也就是对土地的登记。根据土地的质量，作为纳税的基础，按照土地的形状，编造"鱼鳞图册"，实际上是确定纳税的标的物。这也是封建政府为征派赋役和保护封建土地所有权而编造的土地登记簿册。据记载，明洪武二十年，天下既定，下令丈量土地，核实天下土田，而两浙富民畏避徭役，大率以田产寄他户，称为贴脚、诡寄，于是朱元璋命国子生武淳等，分行州县，随粮定区，区设粮长，量度田亩方圆，次以字号，悉书主名及田之丈尺，编类为册，状如鱼鳞，号曰鱼鳞图册①。鱼鳞册绘制开始于宋朝宁宗嘉定十年，至明始为完善，它是我国封建时代比较完整的土地记录。

鱼鳞册与黄册不同，黄册以户为主，鱼鳞册以土田为主；鱼鳞册为经，确定土地所有权，黄册为纬，使赋役之法确定，不易紊乱逃逸；黄册是清查户口的结果，鱼鳞册则是丈量土地的结果。有了户籍与地籍，隐匿的人口与土地，自然会被揭露出来，国家财源和丁役，自然不会减少，力役也难逃脱，它有利于财政收入的稳定可靠。

（四）田赋

1. 明初的田赋

明初的田赋制度，沿袭唐宋以来的两税法，田有租、丁有役、税率十取一，按亩计征，官为征收。分夏秋两次交纳，夏税无过八月，秋税无过明年二月。

明初规定田赋税率，官田亩税五升三合五勺，民田减二升，重租田八升五合五勺，芦田地五合三勺四撮，草塌地三合一勺，没官田一斗二升。民田税轻，官田税重，没官田更重。明代民田，土地多为地主官僚所有，民田税轻，对大地主有利。从官田来看，都是少地无地农民租种，官田重税，其赋税自然由租种官田的农民负担，所以明初田赋征收是不利于农民的。

田赋课税的标准，按亩计算，实际各地负担悬殊很大。如江南的苏、松、常、嘉、湖，民田每亩二斗至三斗，没官田课七斗到一石，尤以浙西田赋最重。而凤阳为朱元璋故乡，田赋最轻，大学士刘基的故乡青田，则减半征收。

---

① 《续文献通考》卷二，《田赋考》二《历代田赋之制》，洪武二十年十二月条。

所以明初的田赋苦乐不均。

课征方法：明初田赋，均委托县官征收，为防止人民逃税和官吏额外勒索，还改进了田赋征收方法。洪武二十年制定鱼鳞册后，明朝田赋课征标准就基本规范了。

征纳的品目，明初规定任土所出，当时夏地所出为麦，秋田所出为米，故麦为夏税，米为秋粮，米麦二物为明初两税的基本征纳物。然洪武立国之初，即下令凡民田五亩至十亩者，必须栽种桑、麻、木棉等经济作物，于是米麦之外，丝、麻、棉又皆为两税的附纳品目。"洪武九年，令天下税粮，以银钞钱绢代输，银一两，钱千文，钞十贯，皆折输米一石；小麦则减值十之二；棉苎一匹折米六斗，麦七斗；麻布一匹，折米四斗，麦五斗；丝绢等各以轻重为损益，愿入粟者听。"[1] 明朝田赋实行折征办法后，洪武二十六年的收入情况是：官民田总八百五十万七千余顷，夏税米麦四百七十一万二千九百石，钱钞三万九千八百锭，绢二十八万四千四百八十七尺；秋粮，米二千四百七十三万九千四百五十石，钱钞五千七百三十锭[2]。

英宗正统元年，开始实行金花银折征办法，即以米麦一石，定为银二钱五分，金花银折征之后，推行于全国，永为定例，遂以银两缴纳田赋。

2. 明代的粮长制度

粮长制度是明代田赋制度中一个重要而突出的制度，也是明王朝组织征解，完纳田赋的有效措施。

明代的粮长制度，是洪武四年朱元璋首先在江浙一带建立的，规定凡每纳粮一万石或数千石的地方，划为一区，每区设粮长一名，由政府指派区内田地最多的大户充当。粮长的主要任务，是主持区内田粮的征收和解运事宜。后来，粮长的职权又有扩大，如拟订田赋科则，编制鱼鳞册，申报灾荒蠲免成数，检举逃避赋役人户和劝导农民努力耕种，按期纳粮当差等。当然，在某些地区，粮长往往包揽地方事务，掌握乡村裁判权。粮长犯罪，处理一般远较贫民为轻。明初的粮长地位是比较特殊的。

明初，设立粮长征收田赋，属于民收民解是一种委托代办关系的性质，

---

① 《续文献通考》（一）。
② 《大明会典》卷三十七，《田赋》。

以此代替胥吏直接向民间征收，减少政府与人民的矛盾，寓意深刻。粮长多以大地主充任，但自正德以后，由于土地集中，优免户增多，赋税加重，粮长制遭到破坏。

3. 赋役制度的改革——"一条鞭法"

(1) 改革的原因

进入明代中期，由于豪猾奸民与吏胥里甲相勾结，将鱼鳞图册和黄册涂抹改篡，以至田亩与丁口户则上下，都与实际情况不符。岁久，黄册改造，皆成具文，归于无用。嘉靖中，江西巡按唐龙一疏言："国初计亩成赋，县有定额，岁有常征。近置买田产，遇造册时，贿里书，飞洒见在人户，名为活洒；有暗裁绝户内，名为死寄；有花分子户，不落户眼者；有留卖户不过割，及过割一二，名为包纳者；有过割不归本户，有推无收，有总无撒，名为悬挂挑回者；有暗袭官绅色，捏作寄庄者；以致派粮编差无所归着，俱小民赔偿，小户逃绝、责之里长；里长逃绝，粮长负累；由是户口日耗，盗贼日炽，告讦日兹。"①

田赋混乱的原因一是由于土地所有关系的变动。明初官田赋重，民田赋轻，日久官田变为民田，民田负担官田之税；二是由于征解方法变动，在成弘以前，由里甲催征岁办钱粮，粮户上纳，粮长收解，州县监收。自成祖迁都北京后，粮长不复至京，但负征收之责。而粮长倚公挟私、避强凌弱，其孱弱的粮长，又为豪强所欺，以至变产赔纳。

徭役的苛乱，比田赋更严重，主要表现在如下几个方面：

第一，舍大取小，避强削弱，如成化初给事中丘宏疏言："官吏里书，乘造册而取民财，富豪奸猾，通贿赂以避重役，以下作上，以亡为存。"到正德初年，情况依然如此。

第二，里户供役初定里长甲首，督促赋税，追摄公务。其后省部上供，官府春秋供社，存恤日用诸经费，都令里甲各赋钱以供，叫"里甲银"。公费既输于官，而官府公私所需，复令营办，给不能一二，供者或什百，如官员外出，经由各地，诸夫马供给饮食，出于里甲，派于平民，还有解户上解京师，中官刁难，吏胥敲索，往往要倍蓰以供。

第三，其他杂泛无常之役，更是苦不堪言。嘉靖元年，御史谭鲁奏："河

---

① 《续文献通考》（一）。

南山东修河人夫，每岁以数十万计，皆近河贫民，奔走穷年，不得休息，请令管河官，通行河属，均派上中二则人户，征银雇役。"

明代役法，行至中叶，即正德嘉靖时期，多数力差大都变为银差，然而派银差为定例后，而力役复不能免，因此辗转层累而上，"无名供应之费，不时科敛之需，其苦万状。即遇灾伤蠲免，而各项冗费冗役及门摊纳办支应常例等项，有司仍一概追征，不少减免。此两税输者少，杂派输官者多也"。①

（2）"一条鞭法"的创立

明初赋役制度，在正德（公元 1506—1521 年）以后已无法推行，嘉靖（公元 1522—1566 年）、万历（公元 1573—1620 年）年间进行多次改革，嘉靖九年，令天下有丁无粮者，编为下户，仍纳丁银；有丁有粮者为中，粮多丁少者与丁粮俱多者为上户。银差丁差，俱照丁粮并纳，输于州县。这就是合地税与徭役为一的"一条鞭法"。

在"一条鞭法"名称出现之前，各地对赋役进行改革已进行多年了，综其改革趋势，大都是"化繁为简"；先后行于一地的，有征一法、鼠尾册法、纲银法、提编法等名目。后庞尚鹏巡抚浙江时，又奏请行"一条鞭法"。

"一条鞭法"从庞尚鹏首创到神宗万历九年张居正执政颁行于全国，先后历经几十年时间。其主要内容，据《明史》记载："一条鞭法者，总括一州县之赋役，量地计丁，丁粮毕输于官，一岁之役，官为佥募。力差，则计其工食之费，量为增减；银差，则计其交纳之费，加以增耗。凡额办、派办、京库岁需与存留、供亿诸费，以及土贡方物，悉并为一条，皆计亩征银，折办于官，故谓之一条鞭法。"②"一条鞭法"，具有如下几个特点：

第一，均徭本有银差与力差之分，将力差也改为征银，里甲均徭合并征收。这是对差役的改革。

第二，两税课税对象，由对人税改为对物税，原来"丁、产从户"，以户为纳税的主体，今改为计亩征银，折办于官。这是赋税方面的改革。

第三，过去每十年审编一次户籍，现改一年审编一次；编审单位，由里扩大到县；征收方法，将原来的民收民运，改为官收官运。这是征收方法的

---

① 《续文献通考》（一）。

② 《明史·食货二》。

改革。

　　"一条鞭法"是赋与役的合并。从实际情况来看各地的推行情况仍然存在着较大差别。无论如何，明王朝按照"一条鞭法"的执行情况来考核官员的政绩，对明代增加财政收入的意义很大。张居正说："近年以来，正赋不亏，府库充实，皆以考成行，征解如期之故。"① 万历十年至十五年（公元1582—1587年）明代财政情况，是"公府庾廪，委（实）粟红贯朽，足支九年……其赢余数十百巨万……可谓至饶给矣"。② 明之太仓积粟，达一千三百余万石，可支五六年。这与嘉靖之季太仓之储，无一年之蓄，不可比拟。总之，"一条鞭法"是明中叶对历代赋与役平行征收形式进行改革而确定的制度，是由实物税向货币税转变的一次重大改革；"一条鞭法"以银征收，从此银的流通便有了法律的根据，促进了货币流通的发展，为国家财政的深化改革创造了条件；"一条鞭法"按亩征收的特质使政府的财政负担面有了扩大，原先有田不纳税、服役的地主豪强，也按亩输税，农民的负担相对减轻，有利于推动生产力的发展；"一条鞭法"也适应了社会发展趋势，缓解了传统的人身依附关系，税收开始转为以资产计征，使赋税负担趋于合理。

　　"一条鞭法"对财政固有一定意义，但亦有流弊发生。具体来说：① "一条鞭法"之最大特点为役归于地。由于无田者免差力役，一些商人、手工业者无田则无须履行赋役，结果"逐末者千金而手不沾一役"，导致税负失平。② 吏书洒派增减。实行"一条鞭法"后，纳税人对于所纳之税，不能明确其数，易被吏书欺蒙，如"国初征粮，户部定仓库名目及石数价值。通行所司分派，小民随仓上纳，完欠之数，了然可指。近乃定为'一条鞭法'，计亩征银，不同仓口，不论石数，吏书夤缘为奸，洒派增减，弊端百出"。③ ③征银加重了农民负担。因"一条鞭法"规定征银，农民必须将农产品换成铜钱，再用铜钱买回白银交纳税粮，因此无论农产品销售或买白银，都会受到商人压低粮价与提高银价的剥削。④诡计丛生。行"一条鞭法"因田出赋，乡宦吏胥、豪强等，为设法逃脱，是以诡计田亩，转嫁税负，时日既久，地亩失实，税负偏畸，富者免

　　① 张居正：《张文正公集》，奏疏十《文华殿论奏》。
　　② 张居正：《张文正公集》，附录一《文忠公行实》。
　　③ 《明会要》（下册）。

役，贫者无力负担而逃亡，"一条鞭法"也难以依据制度实施。

4. 田赋加派

明代的田赋，于正赋之外，常有加派，成为明初财政的恶政之一。所谓加派，就是在正税之外加征。加派始于正德九年（公元1514年）为建造乾清宫，加赋一百万两。但加派之重，则以明末的三饷，即辽饷、剿饷、练饷的数字最为庞大，影响最为恶劣。

（1）辽饷，是用于辽东所需的兵费。嘉靖二十九年，俺答汗（明代鞑靼酋长）犯京师。三十年，京边岁用至五百九十五万。户部尚书孙应奎蒿目无策。乃议于南畿、浙江等州县增赋一百二十万。

万历年间，因平倭寇侵扰共有三次加派，前后三次共增九厘（清人名叫九厘银），赋共增五百二十万两，遂为定额。所不加者，只有畿内八府及贵州而已。到了崇祯二年（公元1629年）又以军饷不足，议于每亩加派九厘之外，再加三厘，于是增一百六十五万有奇。合万历所增共达六百八十余万。除嘉靖加派外，总名辽饷，辽饷后来增至九百万。

（2）剿饷。崇祯十年，为镇压农民起义，乃有剿饷之议，以一年为期，先后加派增赋三百三十三万两。

（3）练饷。崇祯十二年，为增练额兵七十三万，及在郡县专练民兵，加征练饷，亩增一分，共增七百三十万。

以上三饷合计约为二千万两。"一年而括二千万以输京师，又括京师二千万以输边"为自古所无有，致使"农怒于野，商叹于途"，社会经济趋于破产，至于所练之兵，实未尝练，"徒增饷七百万为民累"。

二　徭役

明朝规定十六岁以上至六十岁未满的男人，均须支差（当兵在外），不满十六岁和六十岁以上者则免役。

役分三种：里甲、均徭和杂泛。

里甲是一种职役，如督促完粮，追摄公事，传达官府命令，编排各种差徭（经常性的差役），每岁由一个里长并一甲十户当差，如此十年一轮，叫做排比应役。

均徭是以丁为单位，因须验丁力资产的厚薄，以定差役的轻重，特由里甲编第均输，故叫均徭。均徭的项目，有祗候、禁子、弓兵、巡拦、厨役、粮长、解户、库子、斗级、仓脚夫、长夫、铺司、铺兵、馆夫等，皆应亲身充役，或雇人充役，名叫力差。其他为岁贡马匹、舟船、草料、盘缠、柴薪、厨料、历纸、表笺等公用之物，由民户供给，或以货币代输，则称为银差。其后力差也多以银代输，故银差的范围日广。

明代的杂泛，没有一定名目。凡职役以外，一切非经常性质的使役科派，皆属临时编签，总称杂役。例如，砍薪、抬柴、修河、修仓、运料之类。

丁役亦有免役规定，通常免役理由有四种：一是因敬老、尊贤表彰等属于道德上的理由；二是基于身份地位；三是基于职业；四是属于特别情况。免役户实际皆是有地位的官僚与大户，贫苦农民一般无权享受免役优遇的。

除上述三大役外，还有工匠、工役。工匠分两等，一为轮班，三岁一役，每次不过三月，实际常有半年或一年的；一为坐班，月役一旬，而稍食工役，是处理罪人的，又分两种：一叫正工，一叫杂工；杂工三日，当正工一日，皆视役的大小而调拨。同三大役不同的是工匠役属工部管不归户部管。

第三节　工商杂税

一　盐税

(一) 盐产与盐额

明初，熬盐的人称灶户。灶户生产的盐年有定额，由国家收购，每熬一引盐给工本米一石，"兼支钱钞……淮、浙引二贯五百文，河间、广东、海北、山东、福建、四川引二贯"。[①] 明初对灶户比较优待，有草场供樵禾和种植，并免杂役。后来对灶户峻削不堪，到正统时，灶户逋逃者多，负课亦甚多，松江所负课即达六十余万。

明初全国盐的生产量，以两淮为最多，其次为两浙、长芦。当时，两淮有盐场三十；两浙有盐场三十五；长芦有盐场二十四；山东有盐场十九；福建有盐场七；河东辖解盐；陕西灵川有大小盐池，漳县盐井，西和盐井；广东盐场十四；海北盐场十五；四川盐井，辖盐课司十七；加上云南盐井，总

---

① 《明史·食货四》。

计产盐一百一十七万余引。

（二）盐税和盐专卖制度

明初未统一全国以前，为了解决军费急需，对盐采取课税政策，设置课税机构和官员，进行征税，税率按二十取一。明太祖统一全国以后，改由国家专卖。国家规定产量定额以内的盐叫正盐，超过产量规定的盐，叫余盐。无论正盐、余盐，均不准灶户私售。明代对食盐征税，实行多种制度。

1. 引岸法

引岸法实际上是一种特许制度。该法规定了引商和引岸。引商是经官府批准运输和贩卖官盐的商人，引岸是指引商销售官盐的地区。引商从官府买得盐引（洪武二年规定一引 400 斤）后，要在国家指定的地点领盐，到引地销售，不准售向别的地区，就叫引法。

2. 开中法

明代开中法，仿照宋代的折中法而设立。规定当边境粮饷不足或某地发生灾荒时，招募商人运粮或物资到指定地区，而后由官府发给相应的盐引，商人凭引到盐产地领盐，销往指定地区，以盐利作为补偿。明代开中法，在不同时期，不同地方，实行不同的制度。

纳米中盐法。洪武三年（公元 1370 年）九月，令商人纳米中盐，即招募商人输粮到陕西及河南等地为军需食粮，国家给商人适量的盐。凡运河南省一石五斗、开封府及陈桥仓二石二斗、西安府一石三斗，各给淮浙盐一引。此外，又因解盐积贮甚多，凡输米至西安等地也可给解盐。纳米的多少，视路之远近，近者多纳，远者少纳，其增减数量，亦视需要缓急及米价高下而有所不同。这种纳米中盐法，其优点是转运省费，而边储又得到充实。盐法边需兼顾，以后各省边境多所仿行。

纳马中盐法。明英宗正统三年（公元 1438 年），宁夏总兵官以边军缺马，而延庆平凉官吏军民多养马，乃奉请纳马中盐。每上等马一匹，一百引；中等马一匹，八十引；寻行于定边等卫，每等马各递增二十引。景泰元年（公元 1450 年）三月，又"许令军民纳马中盐。上马一匹，给淮盐五十引；中马一匹，四十引。共收一千四百匹"。初行纳马中盐时，乃验马掣盐，后来纳银于官，以银购马，但银入布政司后被移用他处，购马无银，边境储马遂虚。

纳布中盐法。明英宗正统（公元 1436—1449 年）时，行于山东，每引折纳绵布一匹，运赴登州，备辽东支用。

纳铁中盐法。成化九年（公元1473年）十一月，以"山西阳城县产铁甚贱，而河东盐不费煎熬，往年泽州人每以铁一百斤至曲沃县易盐二百斤，从此陕西铁价少贱"，遂以盐五十万引，中铁五百万斤，运至藩库收贮支销①。

实行中盐法，边储军需缺什么，就用盐来中纳，这本有利于充实边境和巩固国防。但后来用之太滥，产盐越少，中盐越多，而又无盐可支，形成祖孙待守，盐政遂坏。

3. 计口配盐法

此法始于洪武三年。是由有司开出所辖州县人口数，派员赴盐使司领盐，配于各户，令其输米或钱钞，以充军饷，此法仅行于个别地区。此外，在洪武二十四年，还实行了户口食盐纳钞法；仁宗洪熙二年，实行了纳钞中盐法。

明代盐法，在充实边储、保证军民食用上有其意义，但也存在不少弊病，如开中频繁，米价腾贵；豪强巨室，专擅利权；官吏苛罚，吏胥侵索；下场挨掣，动以数年，祖孙相代，守支维艰；定偿太贵，息不偿本，经营不易；官盐不行，私盐充獗，商运不行。

明代食盐产销。洪武初年，实行定场定额制，即支盐有定场，盐场有定额，余额乃勒灶额外生产。政府尽量发卖盐引，正盐不足以余盐补充。所以灶户余盐是补充官盐的。每引重量，洪武初定为每引四百斤（淮浙盐），官给工本米一石。其后改行小引，每引重一百斤，也有以二百斤为小引的，因开中过多，商人领引而支不到盐，灶户受胥吏过度剥削而逃亡，产盐减少。永乐中，长期支不到盐，于是将淮浙青芦之盐分为两股，十分中八分给守支商，叫常股；二分收贮于官，是为存积，遇急始招商中纳。及至万历四十五年，袁世振以积引日多，创纲法，将商人所领盐引，编设纲册，分为十纲，每年以一纲行积引，九纲行现引，按引派行，令盐商将应纳盐课，按引缴银。

明朝盐课是仅次于田赋而占第二位的大收入。户部尚书李池华曾在给皇帝上书中说："国家财赋所称盐法居半，盖岁计所入止四百万，半属民赋，其半则取给于盐。两淮岁解六十八万，长芦十八万，山东八万，两浙十五万，福建两万，广东二万，云南三万八千有奇，除河东十二万，及灵州陕盐课虽

---

① 《续文献通考》（一）。

不解太仓，并其银数，实共该盐课银二百四十余万两，又各边商所中盐粮银，淮、浙、芦、东共该银六十余万两。总盐课盐除粮二项。新旧额新添计之，实有二百余万之数。"①

二　矿税

矿冶之课，是对金、银、铜、铁、铅、汞、朱砂、青绿等产品课税。

明初禁采矿，坑冶少，矿税并不重要。洪武十九年，福建尤溪县银屏山银场局炉冶四十二座，浙江温处、丽水等七县，亦有场局。到永乐年间，虽然也反对采矿，但已开始增加矿税。又开陕州商县凤凰山银坑，并遣官赴湖广、贵州、云南采办金银矿。英宗时曾下令封坑，产量减少到与洪武旧额同。旋于天顺间，复派中官赴各省开掘，但屡开屡停。嘉靖年间，始议广为开采。

冶铁所，洪武五年，置江西、山东、广东、陕西、山西等省地十三所，岁输铁七百四十六万余斤。十四年、十五年，益增茶陵、磁州铁，岁收百余万斤。万历时，大开金银铜铁诸矿，铁课收入有1847.5万斤。

明代的采矿事业，除银矿外，其他如铜、铁、水银、朱砂等的采掘并不发达。常取其易于开采者进行开采，故明代坑冶之利，比前代（宋）不及什之一二。间或有"也随取随竭"。但明代税课中，矿税的影响很大。倒不是由于开矿多而税多，而是因其为害最烈。特别是金矿和银矿如此。

就明代矿税收入来说，明初禁止开矿，所以当时虽定课税，但税额极轻。洪武年间，福建各矿岁课只为二千六百七十余两，浙江岁课只有二千八百余两。永乐宣德以后，虽也反对采矿，但已开始增加矿税。福建税额岁增至三万二千八百余两，浙江增至八万二千零七十余两。宣德时（公元1426—1435年）福建又增至四万二百七十余两，浙江增至九万四千余两。到英宗天顺四年（公元1460年），派中官分赴浙江、云南、福建、四川，课税共十八万三千，浙江福建大致如旧，云南约十万，四川一万三千。

总之，明代矿税收入，如仅从收支本身看，万历以前，收入不抵支出。如嘉靖二十五年七月命采矿，自十月至三十六年，委官四十余，防兵一千一百八十余人，约费三万余两，得矿银二万八千五百，得不偿失。万历后期，

① 孙承泽：《天府广记》上册。

随着商品货币经济的发展，对于金银财货的追求亦日益强烈。于是以采矿为名，扩大征收。万历二十四年，诏开各处矿冶，派宦官为矿监，到处勘察，勒索钱财。过了两年，又设税监，此外还有盐监（两淮）与珠监（广东），或者专任或者兼任，均以勒索为能事。矿监与税监遍布全国，到处作恶，"乘传横索民财，富家巨族，则诬以盗矿；良田美宅，则指为下有矿脉；率役国辅，辱及妇女"。其中以派至湖广的陈奉最为贪暴，在武昌导致民变。至于派到其他地区的税监，如临清的马堂、云南的杨荣等，亦引起类似的风潮。除税监勒索财货外，还大量役使民力，例如宪宗成化三年（公元 1467 年）开采湖广武陵等十二县金矿，岁役民夫五十五万，死者无算，而得金仅五十三两，于是只好停闭。矿税到明代后期，已不是普通的税收问题，而是宦官税吏，罗掘民财，巧取豪夺，致民不聊生。

三 商税

（一）基本状况

明初，商税课征，颇为简约，只规定了两个原则：（1）商税俱按三十取一；超过者以违法论。（2）洪武元年，书籍、农具及不售于市场的货物一律免税。洪武十三年又规定：凡军民嫁娶丧祭之物，车船丝帛之类皆勿税。到成祖永乐年间，为避免官吏勒索，特别将征税货物榜示于官署门口。至景帝时，更就货物时价规定税额，造具税册，依册所列税额征收。只是到后来，税目及税额才日渐增多。

明朝征收商税机构，设有都税使、宣课司、宣课局、分局，置于全国十三布政司之下，分管各区域的商税。据《大明会典》所载：全国各地共设有三百八十局，于局之下设税所。为了节省经费，万历时，减为一百一十二局。

在课税货物品目方面，由于明初并无具体规定，是以各地税官，任意征敛，商民倍感痛苦。永乐元年，明确了应税品目，对军民之家嫁娶丧祭之物，染练自织的布帛，购买的已税物品，车辆船只载运自己的货物及农用具，小民挑负蔬菜，溪河小民货卖杂鱼，民间家园池塘采用杂果非贩者，以及民间常用竹木蒲草器物并常用杂物，铜锡器物，日用食物等皆免税。行之不久，税率渐趋提高。

明朝商税，不仅税目时有增减，税率也有提高，在交纳方法上也是弊端百出，如规定以钱或钞完纳。但钱与钞的比值，随时都有变化，而采用从价课税，官府常提高评价，商民百姓常遭损失。

明代的商税收入，弘治时，课钞共四千六百一十八万余贯，合银十三万八千五百三十四两。嘉靖时课钞五千二百余万贯，至万历后，横征暴敛，不胜计算。

（二）税种及制度

明代商税主要有如下几项：

1. 塌房税

相当于近代的堆栈收费。始于洪武初年，以商货至京师，无栈房可以贮货，皆贮货于船内或城外，极感不便，且易为中间商人所要挟。太祖乃命于水滨筑屋，名叫"塌房"，以贮商货，货主要出税钱三十分之一，免牙钱三十分之一，房钱三十分之一。迁都北京后，又于北京仿行。

2. 门税

门税即通过税。武宗正德年间，设官于京城九门，征收通过税。先在北京崇文门课客货进口税，后增至九门。穆宗时，明定则例，揭示于门，以便征收。

3. 过坝税

始创于嘉靖四十五年，于淮安坝征收。凡通过淮安坝的米、麦、杂粮，每石征收银一厘。隆庆四年，又每石搬运费一厘抽四五毫，称为抽脚，更从斛夫所得每石工资一厘五毫中抽取五毫，称为斛抽。隆庆五年，又于杂粮、子花、麻饼价格每一两牙人所得口钱银五分之中抽二分五厘，称为济漕。此四税征收额虽不多，不过银三万两左右，但却是从劳动者所得收入中抽取的，可以说是从骨头里榨油了。

4. 工关税

明初，设抽分竹木局于各处，对竹、木材与薪炭课税。宪宗成化七年（公元1471年）于芜湖、沙市、杭州设三抽分竹木局，改由工部派官，任征税事务，叫工关税。工关税率，因时代不同，有所轻重，其收入主要用为工部缮造船舶的经费。

5. 钞关税

宣宗宣德四年开始设钞关，征收钞关税。凡舟船受雇装载者，按所载的多少及路的远近纳钞,是为钞关。税率按舟的大小修广,而差其额,叫船料。钞关初设于北京至南京运河沿岸的漷县、临清、济宁、徐州、淮安、扬州、上新河等七处,之后于景泰元年(公元1450年)及嘉靖四年(公元1525年)屡有增设,有湖广之金沙州、江西之九江、苏州、杭州、凤阳府等,前后八十二处,至万历年间又减为七处。

钞关收入,嘉靖八年许以银完纳。并规定每钞一贯,折银五厘,每钱七文,折银一分,依限解部送承运库。

万历四十八年,神宗遗诏,罢一切榷税,钞关亦一时停征。至熹宗天启五年,采纳户部尚书李起元奏请,再设钞关,关名及征收定额为[①]:北新八万两,浒墅八万七千五百两,九江五万七千五百两,两淮四万四千六百两,扬州二万五千六百两,临清六万三千八百两,河西务二千二百两,崇文门四万八千九百两。

明末崇祯二年,钞关税每两增一钱,三年后增三钱,十三年增税额高达二十万两。

6. 市肆门摊税

仁宗洪熙六年(公元1425年)为推行钞法,乃课于市肆门摊,令以钞纳税,使钞流通。宣宗宣德四年更以同样目的,五倍其税,在全国实行。实行者共三十三个府州县。本来,征市肆门摊税的目的在于推行钞法。为目的税性质。在钞法通行后即应废止,但是钞法通行之后,乃以国用不足为理由继续征税,因此遂为常例。

至于其他店铺,则量取货物之息,又按工艺量价值取税钞,这是中国历史上按营业额取税的营业税之开始。

四 茶、酒、醋及渔课

(一)茶课

明代茶分为官茶、商茶两种,皆贮边易马。洪武初年,制定茶法,发布茶引由条例,实行茶专卖,凡商人于产地买茶,须纳钱请引,方许领茶贩运。其法,每引茶一百斤,纳引钱二百文,不及一引的茶叫畸零,另行发给由贴。

---

① 参见吴兆莘《中国税制史》,第176—178页。

如无由贴及茶引，或有引而与茶分离者，便成私茶，可以告捕。犯私茶以私盐同罪。但到后来，茶税加重，有规定：茶引一道，输钱千文，茶由一道，输钞六百文。

明代的茶引制度，在各时期有不同的形式。有以米易茶，叫粮茶事例，洪武三十年及弘治七年，于成都等地实行；有以盐易茶，叫盐茶事例，宣德中于甘州、西宁等地实行。上述两法视需要，兴废无常。至于以茶易马，叫茶马事例，实行于川陕一带，在明朝始终通行不废。

明代茶税的征课，以川陕为最重，史载明初陕西茶税二万六千八百六十二斤，四川一百万斤；万历时，陕西五万一千三百八十四斤，四川本色十五万八千八百五十余斤，折色三十三万六千九百六十三斤。

（二）酒醋课

明初实行酒禁，但另一方面，又规定征酒醋之税。英宗正统七年令将各地的酒课，收归州县备用，不交中央。酒税成了地方税。酒税的税率景泰二年每一块（酒曲）收税钞、牙钱钞、塌房钞各三百四十文，成化时准曲投税，每百分取二。

对醋的课征，醋自来无禁，但也有税。洪武十八年时曾折收金银钱钞。

（三）渔课

明初，设河泊所，征收渔税，税率按商税税率三十取一。以米、钞为本色，也准纳其他折色。洪武十五年，曾许以野兽皮输渔课，制裘以给边卒。十八年以金银钱折输。

（四）其他杂税和附加税

明朝赋税的课征，除正税之外，有各种杂税和附加。除田赋加派的辽饷、剿饷、练饷三饷之外，还有其他各种附加和杂税。首先是盐税附加。天启五年，每引盐价五钱三，加以余盐八钱，辽饷一钱，还有割没银、挑河募兵赈济种种名目，每引合计收银三两八钱，因官盐课税繁重，商人不贩卖官盐，私盐盛行。崇祯年间，每引加征银两，以充边饷。又于湖广、武汉等府增加淮引，每引复派剿饷、练饷不等，盐课附加严重。除盐加派外，其他有天津的应租，广州的珠榷，两淮的余盐，浙江的市舶，成都的盐茶，重庆的名木，湖口、长江的船税，荆州的店税，宝坻的鱼苇，以及门摊商税、油布杂税等，多由宦官经营，任意掠夺，甚至负载行李，亦被搜索。穷乡僻壤，米盐鸡猪，皆令输税，苛杂程度无以复加。

第四节　财政支出

明自开国至宣德、正统的八十余年中，尚能奖励耕织，撙节支出，国家财政有结存。史载："正统时，天下岁征入数，共二百四十三万两，出数一百余万两。"但自正德以后，当时明朝财政，最大的支出有三项：即军费、俸饷与政府耗费。由于宦官用事，朝政腐败，国势渐弱；外患日迫，边饷日增；各级统治阶级贪污中饱，腐蚀国家财富；国家机构日益臃肿，费用日增，至于万历二十八年，国家岁入仅有四百万两，而岁出四百五十万两，收不抵支，国家财政出现危机。考明代财政支出，主要是军费、俸饷和行政耗费。

一　皇室支出

明代皇室支出中，贵妃、妃嫔，甚至太监等都规定有俸禄的品级。连管皇帝皇后穿衣吃饭的女官，也是四品官衔。其宫内编制人数，据胡若愚《明宫史》记载，有十二监八司八局二十四衙门，究竟有多少宫人宦官、厨司乐工，很难有确实数字，据称：后宫人数为三千，也有说五千或万人的。光禄寺厨役洪武中为 800 名；永乐中，两京共 3000 名，后增至 9000 余名，英宗时减省为 5000 人。据《明史》记载：宣德十年二月，"罢诸司冗费，三月戊寅，放教坊司乐工三千八百余人，八月减光禄寺膳夫四千七百余人"。① 这样一个机构，一次就减省这么多人，可见明皇宫的人数是个庞大的数字。

皇室的生活费用，主要由光禄寺负责筹办。明光禄寺，设卿一人，少卿二人，下设大官、珍馐、良酝、掌醢四署。主办的工作，上自皇室庆典、社典，下至各官供具及宴赏，小至禁卫监局廪饩，皆于此出。光禄寺的厨役，嘉靖初年，"减至四千一百名，岁额银樽至十三万两，中年复增至四十万，额派不足，借支太仓，太仓又不足，乃令原供司府依数增派"。② 光禄寺的经费，实物供应逐渐增加。如天顺八年（公元 1464 年）果品物料凡 126.8 万余斤，

① 《明史·宣宗纪》。
② 《续文献通考》卷三十"国用考"。

较旧额增加四分之一：成化初，诏光禄寺牲口不得过十万。正统年间，鸡鹅羊豕岁费不过三四万，而天顺比正统年间增加了四倍。这些物品，均委宦官买办，假公营私，概以势取，商贩遇之，如遇劫掠。

皇室支出中，帝后的生活费用为最多。以帝后一月的膳食费用来说，崇祯十五年三月，光禄寺揭报："皇帝膳食日三十六两，每月一千四十六两，厨料在外。又药房灵露饮用粳米、老米、大小米在外。"光禄寺每月册奉一切内外消费约二万余两。

奢侈品的上供及采造，累朝侈俭不同，初则糜于英宗，继于宪宗、武宗，至世宗、神宗而极。宪宗时（公元 1465—1487 年），购书、采药之使，搜取珍玩，靡有孑遗。抑卖盐引，私买禽鸟，靡官币，纳私略，动以万计。内府物料，有至五六倍者。世宗中年，营造斋醮，采木、采香、珠玉、宝石，吏民奔命不暇。用黄白腊至三十万余斤。又有召买，有折色，视正数三倍，沉香、降香，海漆请香至十余万斤；又分道购龙涎香十余年，未获，使者因就海舶入澳，久乃得之。神宗时（公元 1573—1620 年）因收购珠宝，导致珠宝价上涨了二十倍。至于末年，采购遂繁，内府告匮，竟移用边防经费充采买之费。

明代皇室支出的另一大项开支，就是营建宫殿与陵园费用。明朝营建的宫殿雄伟、华丽。陵园修造坚固、雄大。可称冠绝一时，靡费之多、耗日之久，堪称少有。

明太祖定都金陵，于洪武八年（公元 1375 年）改建奉天、华盖、谨身三殿。永乐十八年（公元 1420 年）又建北京宫殿，规制一如南京，所造之殿，有皇极殿（即奉天殿）、中极殿（即华盖殿）、建极殿（即谨身殿）等八十六所。此外还建造乾清宫、坤宁宫等四十八所，渊阁、东阁等二十三所，曲池馆、玉食馆等二十三所，以及斋堂、轩、宣、台观等，名目繁多，不可胜数。这些建筑物，均豪华富丽，所费不赀。单以乾清宫的修建为例，便用银二千余万两，役匠三千余人，岁支工食米一万三千余石。永乐年间，遣工部侍郎刘伯跃采办大木于川湖、贵州。仅湖广一省，费至三百三十九万余两。此外，又以临濠（今安徽凤阳）为中都，洪武二年，营建城郭宫殿，如京师制度。至于宗王、公主等的府邸，也是耗财无数。

皇陵的修造，开支巨大。明代营建祖陵、皇陵（在凤阳）、孝陵（太祖陵，在南京钟山）、长陵（成祖陵）等十七处山陵。成祖以后的十三陵，在京畿的昌平州（今称十三陵），这些山陵的建造，究竟花了多少银两，虽然无从考察，但从神宗之定陵，费银至八百余万两，费时六年的情况来估算，当是个不小的数字。

皇室支出中，还有一项繁重的支出项目，为明朝宗藩俸禄，史载"有明诸藩，分封而不锡土，列爵而不临民，食禄而不治事"。[①] 其地位高，俸禄也高，"岁禄万石，府置官属，护卫甲士少者三千人，多者至万九千人"。[②] 宗藩的俸禄，已成为国家财政的沉重负担，按霍韬上疏所说：洪武初，封周王于河南，晋王于山西，各岁支禄米一万石；而后，河南有郡王 39，山西增郡 2 府，将军分别为 400 位和 2800 位，仅山西岁支禄米一项就增加了八十七倍。而山西额田，初年四十二万顷，弘治十五年存额三十八万顷，减少了三万顷。"举山西而推之，天下可知也。"

二　军费支出

明初定天下卫所制，自京师至郡县，立内外卫 327。明代大率以 5600 人为卫，1120 人为千户所，112 人为百户所。明朝军队，共约 180 万人。明初，军饷由屯田收入支给，"一军之田，足以赡一军之用"。[③] 财政补贴不大，遇有边事，屯田收入锐减，则由政府以"开中"办法增收盐税以资挹注。明中叶以后，卫所废弛，又因主兵不足，增以客兵，募民为兵。募兵愈来愈多，兵费则愈来愈重。

明代对军队的武器装备十分重视，中央设置兵仗局和军器局管理武器的制造和供应。从永乐到崇祯的 200 多年中，武器不断更新，除大炮之外，还有战车、海船等的制造和装备；加上对立有战功的官兵的奖励，是一笔不小的财政开支。明代在弘治正德年间（公元 1488—1521 年）兵费例银不过 43 万两，嘉靖年间（公元 1561—1566 年）增至 270 万两，至万历年间（公元 1573—1562 年）更增至 380 万两，为弘治、正德时的九倍。

---

① 《明史》（十二），第 3659 页。
② 同上书，第 3557 页。
③ 《古今图书集成·食货典》卷二百五十六《国用部》，《纪事二》。

三 俸饷支出

明代国家费用中，最大的支出，就是俸饷。《明史·食货》记载："国家经费，莫大于禄饷。"文官分九品，品有正从，共十八级，不及九品，叫"未入流"。

洪武十年（公元 1377 年），制赐百官公田，以其租入充俸禄之数，公侯省台部都司内外卫官 760 人，凡田 4688 顷 93 亩，岁入米 267780 石。其后令还田给禄，规定文武官禄俸米之数。洪武二十五年，复位文武官吏禄俸之制，正一品 1044 石，递减至从九品为 60 石。未入流 36 石。俱米钞本折兼支。

明代俸禄支给，有实物和货币两种。实物之中，有米、锦、丝、纱罗、绢布、绵、盐、茶等项；货币有钞有银，实物支给又可折为货币，因此俸禄之中，又有本色与折色之分。可见明俸饷制度是相当庞杂的。

明代俸禄支出，没有确切汇总的数字，据记载，正德以前，官军俸银 33 万两，官军折俸 23.6 万余两。而"自正德以来，亲王三十，郡王二百一十五，镇国将军中尉二千七百，文职二万四百余员，武职十万余员，卫所七百七十二，旗军八十九万六千余名，廪膳生员三万五千八百二十名，吏五万五千余名，各项俸禄粮约数千万"。[①] 这是一笔巨大的支出，而浙江等十三布政司并南北直隶额派夏税秋粮，大约 26684550 余石，故称王府欠禄米，卫所缺月粮，各边缺军饷，各方缺廪俸。

四 水利事业费

在明朝，在防御黄河水患、整理漕运、疏浚运河故道，以及开渠作塘、兴修水利事业等方面，作了一定的贡献。在这些水利工程中，以修复黄河堤岸，堵塞黄河缺口最为艰巨。史载洪武年间，黄河数次决口，诏发民夫堵塞。永乐八年，黄河又决开封，坏城 200 余丈，受灾之民达数千余户，没田 7000 余顷，发民丁 10 万人治河。以后又数次决堤为灾，动辄数十万民工参加修浚。

在漕运方面，自明成祖建都北京之后，漕粮东南。运道 3000 余里，宣宗

---

① 《古今图书集成·食货典》卷二百五十四《国用部》，《论食货》。

时，曾调动军民 20 万，浚济宁以北，自长沟至枣林间漕路 120 里，武宗时，浚南班淤 80 里。

此外还提倡开凿河渠，发展农业，增加田赋。如洪武二十二年，25 万人修江南崇明海门决堤。二十五年，40 万人修江南溧阳银墅河道 4000 丈。到二十八年冬，河渠之役，发郡县开塘堰 49087 处，河 4162 处，坡渠堤岸 5048 处，水利既兴，田畴日辟，一时称为富庶。

五 织造与外贸海运费用

（一）织造

明制，两京织染，内局以应上供，外局以备公用；南京有神帛堂，供应机房；苏杭等府亦各有织染局，岁造有定数。

万历中，添织渐多，苏、松、杭、嘉、湖五府岁造之外，又令浙江、福建、常、镇、徽、宁、扬、广德诸府州分造，增万余匹。陕西织造羊绒七万四千有奇，南直、浙江纻丝、纱罗、绫绸、绢帛、山西潞绸，皆视旧制加丈尺。两三年间，费至百万，取给户、工二部，搜刮库藏，扣留军国之需。"岁至十五万匹。"①

（二）对外贸易与海运费用

明朝建立初期，就与各国发展贸易联系。洪武年间，设立宁波、广州、泉州三个市舶司。永乐年间，增设云南市舶司，接待各国商人。外国使臣和商人来华者很多，如永乐二十一年（公元 1423 年）古里（今印度西海岸卡里库新）、忽鲁漠斯（在波斯湾）等十六国使臣和商人，到南京的就达 1200 余人。

永乐宣德时为发展对外关系，特派三保太监郑和远航亚非各国，进行贸易和访问。从永乐六年（公元 1408 年）到宣德五年（公元 1430 年）前后三十年间，郑和七次率队出使西洋，船只多时达 66 艘，士卒最多时达 2700 余人，经历亚非三十多国，是世界航海史上的壮举。郑和所到之处，通过当地国家政府进行贸易。郑和远航的船队，每次都满载瓷器、丝绸、锦缎、纱罗、铁器和金银货币等带到国外，收买胡椒、谷米、棉花，并换回大量的海外奇珍和铜，其中象牙、宝石、香料等奢侈品，供皇室贵族享用。郑和下西

---

① 《明史·食货六》。

洋，荸达使西域，侯显五使西番，都促进了中国人民与亚非各国的经济文化交流，增进了政府间与人民间的友谊，很多国家，都在他去后，派使臣来中国建立邦交和进行贸易。但由于外患海盗侵扰，且贸易项目多专用宫廷奢侈品，于人民生产益处不多，所以自宣德而后，限制各国使节往来，各国遂无复至者。

六 学校科举费用

（一）学校支出

明初，对于人才培养，十分重视，"洪武元年，令品官子弟及人俊秀通文义者，并充学生"。其在府立府学，在州立州学，县立县学，官吏子弟或特优秀生员可入太学。府学州学县学，并无统率关系，进太学的叫监生；入府学、州学、县学的，都是生员，或叫秀才。洪武二年，统一全国后，下令全国府州县的优秀生员，可保送入太学。

明代进入太学读书的生员，有时多达千人，少时也有一二百人。国学、府学、州学、县学、卫所学，皆设儒学教官，国学设祭酒、司业及监承、博士、助教、学业典籍等官，府设教授，州设学正，县设教谕各一人，府、州、县学俱设训导，府4人、州3人、县2人。生员之数，府学40人，州学30人，县学20人，师生每人食米6斗，有司给以鱼肉，节日还发给补助费，已结婚的，其妻子还可得到定时补助。学官月俸有差。据统计全国有教官4200余人。在学生员（廪膳生员）35800人。

（二）专业考试

明朝在选拔人才方面，实行科举制度。科举的经费，包括乡试、会试和殿试的费用：

1. 乡试费用。据万历十九年宛平县乡试材料推算，一县一年的乡试费用，当在1700—1800两左右。

2. 会试费用（按万历二十年分数）。以宛署一县支付的费用计算，会试场各杂费，共银406两余。

3. 殿试等费用。总计登科系纸张等共银533两余。

上述只记录了乡试、会试、殿试一两县的费用，至于院试，还未计算在内。

七 优抚救济支出

明朝关于抚恤老弱死伤，救济灾难民方面，并无一定制度，经常是某一省县遭受天灾，如水、旱、虫、雹等自然灾害，或遭遇其他重大事故，即予以免缴田赋一年或两年，叫做"灾蠲"；因田赋畸轻畸重，田赋逋欠甚多，经地方呈请予以减免一部或大部，叫做"蠲免"；至于地瘠民贫者，予以优免；甚至因新皇帝继位，皇后生了皇子等喜事，或庆祝平息某地叛乱，对六七十岁的老人以优恤，叫做恩恤，但方法并不统一，历代并不相同，支出并不太大。

在抚恤救济方面，洪武十九年，"诏赎河南饥民所鬻子女。六月甲辰，诏有司存问高年。贫民年八十以上，月给米五斗，酒三斗，肉五斤；九十以上，岁加帛一匹，絮一斤，有田产者罢给米。应天、凤阳富民年八十以上赐爵社士，九十以上乡士，天下富民八十以上里士，九十以上社士。皆与县官均礼，复其家。鳏寡孤独不能自存者，岁给米六石"。[1] 成化时，曾对岁饥坐视民患不予赈济者，给以惩处。此外，太祖时设养济院收无告者[2]。

第五节 财政管理机构和制度

一 明朝的财政机构

明开国之初，承袭元制，以中书省总理政务，下统六部，洪武十三年，诛丞相胡惟庸，黜中书省，废丞相，礼、户、兵、刑、工六部政务直接操于皇帝。洪武十五年，特设殿阁大学士，备顾问。到嘉靖、万历时，以内阁首辅行使宰相职务。

明代中央财政机关为户部，户部设尚书一人，左右侍郎各一人，掌全国户口田粮之政令与稽查，岁会赋役实征之数。

户部经常工作，史载："以垦荒业贫民，以占籍附流民，以限田裁异端之

---

① 《明史·太祖纪》。

② 据《古今治平略·恤篇》，《明史·土田志》载：养济院为明代官办的救济机关，洪武五年开始于各地建立，规定收养无业者，给米三斗，薪材三十斤，冬夏各给布一匹，小孩给大人的三分之一。

民，以图帐抑兼并之民，以树艺课农官，以刍地给马牧，以召佃尽地利，以销豁消赔累，以拨给广恩泽，以给除差优复，以钞锭节赏赉，以读法训吏民，以权量和市籴，以时估平物价，以积贮之政恤民困，以山泽、陂池、关市、坑冶之政佐邦国，赡军输，以支兑、改兑之规利漕运，以蠲减、振贷、均籴、捕蝗之令悯灾荒，以输转、屯种、籴买、召纳之法实边储，以禄廪之制驭贵贱。"① 每十年攒造黄册，以别户之上下，畸零的等级，以周知其登耗。

户部下分为四部，即民部、度支部、金部、仓部。洪武二十三年，以天下度支事务浩繁，改为十二部，各令清理一省，至二十九年，改为十三司（浙江、江西、湖广、陕西、广东、山东、福建、河南、山西、四川、广西桂林、云南），各掌相应省份之事，兼领两京直隶贡赋及诸司卫所禄俸、边镇粮饷，并各仓场盐课，钞关。此外，还设置宝钞提举司，各仓库都转运盐使司，分司财政税收仓库事宜。

明代会计属户部主掌。每年由户部总汇一年的需费上报于大司徒，经皇帝认可后组织征收。从永乐以后定为常规。

明代的地方财政机构，省承宣布政使司，掌省的民政、户口、钱粮。省以下的府和县，也相应设官主管府县的财政工作。

二 行政管理制度

（一）漕运制度

明朝在各省、府、州、县征收的田赋税粮，除留一部分以供当地需要外，其余都要集中到水陆交通口岸，再运到京师，供朝廷和京师军民食用。太祖建都金陵时，定漕运为三百万石，因近调江浙等省大米，运线不长，且水陆交通便利，尚不甚劳民；但成祖定都北京后，运线由苏浙漕运至京师，道长三千余里，负担加重了。明代漕运之法，几经变化：明洪武末年开始实行海运。但当时因航海技术不发达，海上多险，岁运不过五六十万石。永乐四年行海陆兼运。将南方之粮由江淮至于武阳，然后陆运至卫辉，从卫海舟运至北京。每年运粮一百万石。

永乐十三年，会通河和江淮河道修通后，即停止漕粮海运，而改用河运。

————————
① 《明史·职官志》。

各地人民只需将漕粮运交就近仓口，然后由官军分为淮安至徐州、徐州至德州、德州到通州等段，节节接运。每年四次，运粮三百余万石，名叫支运。

由于江南人民往返支运耗时过长，影响农事，同时在里河运输时因不习河事，失陷劳费倍于正派。宣德六年规定，各地人民将粮运到附近府、州、县水次，兑与卫所官军，由官军运往京师，人民只贴给耗米、轻赍银供运军路上使用，叫做兑运。后因江南等处兑运，每受官军勒索，粮户仍要自运。成化年间，改为由粮户在水次兑与军船，由官军长运，遂为定制。

英宗正统元年（公元 1436 年）规定，将一部分漕粮改折为货币缴纳，每年以百万为额。孝宗弘治年间（公元 1488—1505 年）以后，逐渐推行于各府。

（二）盐务管理

明在全国所有产盐地区分别设置官吏，计全国设都转运使六，即两淮、长芦、福建、山东、河东；盐课提举司七，即广东、海北、四川各一，云南四。各盐场设盐课司。陕西亦设盐课司。两淮场多量大，并设盐课分司三（泰州、淮安、通州），批验所二。当盐出场时，按引课税。

（三）府藏制度

1. 军储仓及屯田仓

明初，京卫有军储仓。洪武三年，增设至二十所；又建临濠、临清二仓，以供转运。各行省置仓，储官吏俸给；边境置仓，收屯田所入，以给军用；州县预备仓，以备凶荒。二十八年，置皇城四门仓储粮，给守御军。永乐中，置天津及通州左卫仓、北京三十七仓。益令天下府县，多设仓储。及会通河修成，始设仓于徐州、淮安、德州。而临清、天津设水次仓，以资转运。宣德中，增造临清仓，容 300 万石。英宗初，命廷臣集议，凡天下司、府、州、县有仓者，以卫所仓属之。无仓者以卫所仓隶之。景泰初，移武清卫诸仓于通州。

京仓凡五十六所，通仓十六所，直省、府、州、县、藩府边隘堡站卫所屯戍皆有仓。少者一二，多者二三十。

2. 用于救济的粮仓

明朝用于救济的粮仓制度多依唐宋旧制，粮食仓库有四种：

预备仓，洪武元年，令州县设立预备仓以备饥荒，拨官钞 200 万贯为本钱。每县设仓四所，出钱籴贮。由当地富民掌管，凶年则开仓赈济。正统时，改令赈米一石，半年以二石五斗偿官。实际成了一种高利贷，使人民受累。

济农仓，为周忱所创。其仓米来源，主要是通过加官粮运费，或由官钞籴入，惩富民高利贷而设。每年春播之时，根据农民种田的多寡，差等分给，秋收后还官，年饥则拨以赈民。弘治中，胥吏强籴，导致民无余粟，官肥而民瘦。济农仓成了病民之法。

义仓，创于嘉靖年间。荒歉时散及中下户，大灾时上户也视情救济，以有余补不足，这种官督民营的互助组织，具有较大的优越性。

社仓，弘治中，江西巡抚林俊请建常平及社仓。嘉靖八年，从兵部侍郎王廷相言，令各抚按设社仓，以民二三十家为一社，择家殷实而有义行者一人为社首，年饥，上户不足者量贷，稔岁还仓。中下户酌量赈给，不还仓。有司造册，送抚按岁一察覆。仓虚，罚社首出一岁之米。

3. 明朝的库藏

明代两京国库，建制大体相同。京库分为内库、里库、外库三种，分别储藏各种财物。

（1）内库，凡十二库：承运库，贮缎匹、金银、宝玉、齿角、羽毛，而金花银最大，岁进百万两有奇。广积库，贮硫磺、硝石等。甲字库，贮布匹、颜料。乙字库，贮胖袄、战鞋、军士裘帽。丙字库，贮棉花、丝纱。丁字库，贮铜、铁、兽皮、苏木。戊字库，贮军器、赃罚款。赃罚库，贮没官物。广惠库，贮钱钞。广盈库，贮纻、丝纱、罗、绫、锦、紬、绢。其中乙字库属兵部；戊字、广积、广盈库属工部，天财库（又叫司钥库，贮备衙门管钥，亦贮钱钞）、供用库（贮粳稻熟米及上供物）属内务府管外，其余六库皆属户部。

（2）里库，在宫内，有两库。即内东裕库与宝藏库。里库不属于有司管，专属皇帝支存。

（3）凡会归门、宝善门迤东及南城磁器诸库，都称为外库。内府诸监司局、神乐堂、牺牲所，太常、光禄寺，国子监，皆各以所掌，收贮应用诸物。太仆寺则负责马价银。

明初，岁赋不征金银，只有坑冶税有金银，入内承运库；其岁赋偶折的金银，俱送南京，供武官俸禄，各边有急需，也从中取给。正统元年，改折漕粮，岁以百万计，尽解内承运库，不复运南京，除给武臣禄十余万两外，皆为御用，即为金花银。正统七年乃设户部太仓库，各直省派运麦米、十库中的绵、丝、绢、布及马草、盐课、关税，凡折银者，皆入太仓。此外籍没家财，变卖田产，追收店钱，援例上纳者，皆入此库。因专贮银，故又叫银库。

（四）会计制度

明代，户部每年汇总全国财政收支进呈皇帝。神宗万历九年四月，户部进万历会计录。以后，户部遵先朝故事，录上国计，《明史·艺文志》中，记载汪鲸《大明会计录类要》十二卷，张学颜《万历会计录》四十三卷，刘斯洁《太仓考》十卷。可见在明朝会计记录的编制是经常的工作。户部会计录的内容，据载系仿唐人国计簿，宋人会计录，令掌财计之臣，将洪武、永乐以来，凡天下秋粮、夏税、户口、课程等，每岁起运若干、尚留若干、供给边方若干，一一开具，仍查历年内府亲藩及文武官吏卫所旗军，并内外在官食粮人数，与每岁祭祀、修造、供给等费共若干，通以一年岁计出入最多者为准，每朝一卷，通为一书，以备参考，并呈皇帝，使国计大纲，了然在目。目的在于"量入为出，国计不亏"。说明在明代，对会计的任务、作用已有了新的认识。

（五）明朝货币制度

明初，鉴于元末钞法弊端百出，停止宝钞行使，设钱局铸钱。钱局设在京师的称"宝源"，设在外省的称"宝泉"，这就是国家造币厂。明朝通行的钱币有两种，一是制钱，为本朝所铸，如"大中通宝"、"洪武通宝"，与"嘉靖通宝"。二是旧钱，是历代所铸，如"开元"、"祥甫"、"太平"、"淳化"等钱。初行时，钱货相通。但自嘉靖以后，钱渐薄小，入水不沉，触手可碎，文字虽在，点画莫辨，甚至不用铜而用铁，不以铸而以剪裁，粗具肉好，即名为钱。此时，私滥渐多，法不能禁。明代纸钞，始于洪武八年，因当时生铜产量不给，钱币铸造困难，又因奸民盗铸日多，钱制紊乱，乃复立钞法，设宝钞提举司，印造"大明宝钞"。使之与铜钱一同流通使用，伪造者斩，告发者赏银二百五十两，并规定纸钞可兑换金、银，租税宝钞与钱币并收，一百文以下则用钱币。为了保证钞法的推行，明王朝还规定在各地设置行用库，以调换昏烂纸钞，钞法日渐完善。随着钞法制度的推行，有力地促进了商品流通的扩大。

明自中期以后，由于统治阶级内部争权，边境战争屡发，国库日渐空虚。明王朝于是增发纸钞，而滥发纸币的结果，钞值暴跌，物价上涨，钞法不行。

穆宗隆庆元年，南京的新旧税钞，尽折为银，钞法到此遂废止。

复习思考题

1. 请简述明初经济发展诸措施。

2. 请简述明代的黄册和鱼鳞图册的财政作用和社会意义。

3. 请简述明代庄田产生的原因及其弊害。

4. 请简述"一条鞭法"改革的原因及其作用。

5. 请简述明矿监、税监产生的社会原因及其弊害。

6. 请简述明"三饷"加派的产生、内容及其弊害。

7. 请简述明代盐、茶、酒专卖的内容及其特点。

8. 请阐述朱元璋出身平民，但从其实施的财政收支政策上十分明显地具有其阶级局限性和社会发展阶段性，试举例说明。

9. 请阐述明代冗官冗费的原因及其恶果。

10. 请阐述明代军事支出的供给制度前后不同，效果也有区别，其原因是什么？

第十章　清代财政

本章中心内容：本章介绍了跨越古代和近代社会的清代财政政策及制度。虽然清前期财政收入中的田赋收入还占据重要地位，但工商杂税的地位逐步提高；军费、河工和赔款成为财政支出中的重要内容。清后期，海关税和厘金成为财政收入的重要项目；赔款已经上升为财政支出的第二大项支出。一收一支都反映了清后期国家主权的丧失。

第一节　顺治、康、雍、乾时期的政治、经济和财政

清朝是镇压明末农民起义、扑灭明宗室反抗而建立起来的地主阶级政权，也是中国历史上的最后一个封建王朝。自清军入关，大清国迁都北京开始到清政权被孙中山领导的辛亥革命推翻为止，即从顺治元年到宣统三年（公元1644—1911年）共268年。如从皇太极称帝，建国号大清开始（公元1636年），则大清国立国为276年。由于中国地大物博，为西方殖民者觊觎，从明代葡萄牙人冒充满剌加使者抵广州（公元1517年）、嘉靖三十六年（公元1557年）盘踞澳门开始，荷兰人、英国人、沙俄人等，或以海盗船劫掠沿海，或以军队入侵，英人则以鸦片走私毒害中国官民，掠取不义之财。清从雍正七年（公元1729年）开始禁烟（鸦片）。道光十九年（公元1839年），林则徐奉命到广东查禁鸦片，集中于虎门销毁，英军借机挑衅，侵犯我国沿海，从而爆发了鸦片战争。从1846年到1912年，中国受以英美为首的帝国主义列强的欺凌，不仅工农经济遭到严重破坏，国民经济结构被扭曲，而且领土主权和财政主权也遭到破坏而不完整，社会性质也发生了变化。

一 经济概况

顺治元年（公元 1644 年），清军入关，打败李自成的军队（李自成在北京即帝位后即西撤）；九月，福临（清世祖）到北京，十月即皇帝位。大清国迁都北京后，建立了以满洲贵族为核心的各族地主阶级的联合政权。在福临及以后的百余年中（公元 1644—1795 年），清王朝首先强化了封建专制中央集权的国家机构，加强了国内各民族的政治和经济的联系；其次，在维护和巩固封建地主土地所有制的同时，资本主义经济因素也在缓慢扩展；第三，明末以来，西方殖民主义者加强了对中国的侵蚀，清王朝被迫起来维护本国的权益。

清代前期的经济，经历了由破坏、恢复到繁荣的过程。明自万历以后，吏治腐败，天灾频至，农民起义不断；清入关后的最初几年，虽宣布废除明末三饷加派，但实行的是民族统治政策，强迫剃发，强制东南沿海居民内迁，加剧了民族间的对立情绪，"扬州十日"、"嘉定三屠"，每攻占一地，都带来激烈反抗，不少城镇遭到严重破坏，造成社会经济凋敝，人口锐减。全国由明末的 5000 余万人，到清顺治十年，人口减至 1391 万余人，社会生产力破坏严重。特别是清军入关后，为满足满族贵族对土地的贪欲，先是圈占京城内房屋，是年底又开始圈占良田，其理由是"普天之下，莫非王土"，古有赏赐土地的成法。"本朝八旗禁旅，带甲数百万，制于近畿四百里内，圈地以代饷。"土地来源，"凡近京各州县民人无主荒地，及明国皇亲、驸马、公、侯、伯、太监等，死于寇乱者无主田地甚多"；圈占办法，"若本主尚存，或本主已死而子弟存者，量口给与，其余田地，尽行分给东来诸王、勋臣、兵丁人等"；"然此等地土满汉错处，必争夺不止，可令各府州乡村，满汉分居，各理疆界，以杜异日争端。今年从东来诸王各官兵丁，及见在京各部院衙门官员，俱著先拨给田园，其后到者，再酌量照前与之"。其土地由各地方官预留。顺治四年正月，户部奏称，去年所圈土地，其中薄地甚多，今年东来满洲，又无地耕种；如从远处府州县屯卫故明勋戚等地拨给，恐粮物运输困难。于是决定于近京府州县内，不论有主、无主地土，一部分作为拨换去年所圈薄地，一部分给新来的满洲人；被圈民人，于满洲未圈州县内的土地拨补，按照迁移远近豁免赋税。"于是圈顺义、怀柔、密云、平谷四县地六万七百五十垧，以延庆州、永宁县、新保安、永宁卫、延庆卫、延庆左卫右卫、怀柔卫无主屯地拨补；圈雄县、大城、新城三县地四万九千一百一十五垧，以束鹿、阜城二县无主屯地拨补；圈容城、任丘二县地三万五千五十一垧，以武邑县无主屯地拨补；圈河间府地二十万一千五百三十九垧，以博野、安平、肃宁、饶阳四县先圈薄地拨补；圈昌平、良乡、房山、易州四州县地五万九千八百六十垧，以定州、晋州、无极县、旧保安、深井堡、桃花堡、递鹗堡、鸡鸣驿、龙门所无主屯地拨补……"① 这一次圈地共计 993752 垧，每垧为 6 亩，则为 596 万余亩。这种圈占良田，把农户赶到贫瘠地区，耕种薄地的办法，不仅给京畿及附近州县的农民的生产和生活带来不便和困难，也使农业生产遭到破坏。但是，清代统治者不久就明白了这个道理，即紧张的民族关系、残破的城乡经济，对清王朝的政权并不有利，顺治四年谕户部："今闻被圈（土地）之民，流离失所，煽惑讹言，相从为盗"，下令禁止圈地；八年，又命停圈涿州、良乡等 13 州县土地；康熙八年（公元 1669 年），诏永停圈地，今年已圈者给还。然而这些命令并未完全实行。直至康熙二十四年，驳回户部之议允顺天府尹张吉午之请，嗣后永不许圈。从圈地至停圈，前后共 40 余年。清王朝除以上弊政之外，也实施了许多有利于农业恢复的措施，如承认京畿数百里之外，农民耕种的前明朝宗室蕃王的土地为己业；顺治六年，令各地招民垦荒，永为己业；康熙时，积极治理黄河，兴修水利，使黄、淮水患得到治理，被淹土地变良田，江南数省及四川等地都成了著名的粮食高产区，一般水稻亩产二三石，个别地区高达五六石。明朝从海外引进的玉米、番薯、落花生和烟草，已在全国各地广泛种植；丰富了农业种植，也为手工业提供了丰富原料。经过多年努力，全国耕地面积也不断扩大，由顺治十八年的 526 万多顷发展到雍正二年（公元 1724 年）的 720 多万顷；耕地的增加，也使田赋收入增加，从雍正二年到乾隆十八年（公元 1753 年）的 30 年间，田赋银增加了 324 万多两，增征粮食 372 万余石。

清至乾隆年间手工业也有了很大发展。自顺治二年废匠籍，摊丁入地后，

---

① 《明清史资料》下册。

匠班银也并入田亩征收，工匠的负担明显减轻，这就有助于手工业的进一步发展。到乾隆年间（公元 1736—1795 年），中国的棉纺织业、丝织业、制瓷业、制茶业、制糖业、造纸业、冶铁业、造船业等行业，其产品的数量和质量，多已超过前代。如著名的丝织业中心苏州，"比户习织，专其业者不啻万家"，杭州亦是"机杼之声，比户相闻"，说明丝织业发展之快和从业之多。此时江宁、广州和佛山等地的丝织业也迅速发展起来，并有超过苏杭之势；著名的棉纺中心松江，其松江大布、飞花布、绒布、三梭布等品种，享誉内外，"一岁所交易，不下数十百万"。此时的无锡，也成了新的棉纺中心，徽人有言："汉口为船马（码）头，镇江为银马头、无锡为布马头。"与此相适应，苏州的踹染业有踹户 400 余处，踹匠不下万人。其他各业发展情况，如瓷都景德镇，乾隆时有"民窑二三百区，终岁烟火相望，工匠人夫不下数十余万"；冶铁中心之一的广东佛山，乾隆时已有"炒铁之炉数十，铸铁之炉百余，昼夜烹炼，火光烛天"。

在农业和手工业发展的基础上，商业也日渐繁荣。北京的正阳门外西面的几条街是著名的商业区，店铺林立，百货竞陈；苏州城"阊门内外，居货山积，行人如流"，"山海所产之珍奇，外国所通之货贝，四方往来"；汉口镇号称"九省通衢"，云、贵、川、湘、赣、豫、陕、桂等省货物多在此集散；江宁、苏州、扬州、杭州、广州、成都等城市，其商业活动亦超过明代；而新兴的库伦、归化、乌鲁木齐、伊犁、西宁等城市，也"商旅满关"，发展迅速。

二　顺治康雍乾时期的财政收入

清代前期，清政府的财政收入主要表现为：一是收入总量持续上升。在 1652—1766 年的 100 多年间，清政府财政收入总额由 2438 万两上升到 4854 万两，增长了近 1 倍（详见下表）；二是田赋占税收比重 2/3 以上。在收入构成中，田赋一项所占比重为 62%—87%，而盐课、关税、杂赋三项所占比重仅为 38%—13%。这表明清代前期是以农业税（即田赋）为主，工商税（即盐课、关税、杂赋）为辅的赋税结构。

表 10 - 1　　　　　　　1652—1766 年清政府财政收入构成比较表①　　　　　单位：万两

项目\年代	地丁		盐课		关税		杂赋		总额
	数额	比重	数额	比重	数额	比重	数额	比重	数额
顺治九年（1652 年）	2126	87	212	9	100	4	—	—	2438
康熙二十四年（1685 年）	2727	87	276	9	120	4	—	—	3132
雍正三年（1725 年）	3007	84	443	12	135	4	—	—	3585
乾隆十八年（1753 年）	2938	72	701	17	430	11	—	—	4069
乾隆三十一年（1766 年）	2991	62	574	12	540	11	749	15	4854

（一）田赋

1. 田制。清代田制，据《大清会典》载："凡田地之别，有民田（民间恒产，听其买卖者为民田），更名田（前明分给各藩之地，国朝编入所在州县，与民田一体给民为业，曰更名地），有屯田（卫所军田钱粮，有由卫所官经征者，有改归州县官经征者，皆曰屯田；其屯田有续垦者，亦曰赡军地，新疆科布多等处，有绿营兵及遣犯所种屯田；懋功有番民所种屯田），有灶地（长芦、山东、两淮、浙江、福建、广东灶丁之地，曰灶地），有旗地（盛京十四城旗人所种之地，及近京圈地征收旗租者，皆曰旗地；奉天，山东有先系旗地后给民垦种者，曰退圈地），有恩赏地（国初于近京州县分给八旗马厂之地，后因坐落较远，弃置不用，历次清丈给民垦种，改名恩赏地），有牧地（直隶、山西边外牧厂余地召种升科者，及各驻防马厂召种征租者，皆曰牧地），有监地（国初，沿明制，于甘肃设苑马七监，后经停止，以其地给民垦种为监地），有公田（各省有为墓地、园地、养廉地者；又吉林、黑龙江给壮丁所种之地，亦曰公田），有学田（各省皆设有学田，以为学中公费，直隶、山东、江苏、安徽、江西、福建、浙江、湖北、湖南、四川、云南所设学田，即在民田数内；其山西、河南、陕西、甘肃、广东、广西、贵州，则于民田之外另设学田，免其民田科则），有赈田（贵州有之），有芦田（江苏、安徽、江西、湖北、湖南、滨江随时坍涨之地，曰芦田），皆丈而实其亩之数，

---

① 何本方：《清代户部诸关初探》，《南开大学学报》1984 年第 3 期。

以书于册。"按清代土地归属情况，清代田地分为官田和民田两大类，其中民田有 19 种：（1）民赋田：为田主（包括地主和自耕农）占有，按制度规定向国家缴纳赋税之田；（2）更名田（地），系明代藩王庄地，清初命归佃耕者所有；（3）归并卫所田：明末清初为卫所种用之地，后改归民有；（4）官占田园地：明代没入之官田和废寺田，折价归民用；（5）退圈地：清初圈占近京五百里内州县的民田，后退还给农民耕种的土地；（6）农桑地：养蚕植桑土地；（7）蒿草籽粒地：指土质瘠薄的旱地；（8）芦课地沮洳：即菹地；（9）河淤地；（10）灶地；（11）山荡、水滩地；（12）草；（13）池塘；（14）泥沟车池地；（15）土司田：苗族土司所有；（16）番地：甘肃循化、庄浪、贵德、洮州，四川杂谷，懋功、打箭炉，云南维西、中甸等番人地；（17）回地；（18）瑶地；（19）壮田：壮族土地。其官田又分官庄和官田两类。

据《皇朝政典内纂》所载，官庄分为皇室官庄、宗室官庄、畿辅官兵官庄（八旗官兵官庄）、盛京驻防官兵官庄、直省官兵驻防官庄和旗田等 6 种。

皇室庄田为皇室所有，其由内务府管理者称内务府庄田，还有户部庄田、礼部庄田、工部庄田及三陵庄田等数种，约有 12788 顷。

宗室庄田为清王朝赐给王公、宗室子弟及将军之田，设于近京各州及奉天、山海关、喜峰口等地。据粗略统计，八旗宗室庄田合计达 23338 顷。

八旗官兵（畿辅官兵）庄田，约有 14 万余顷，此田为世业，不归州县管理。

驻防官兵庄田指八旗驻防畿辅、盛京及各省的驻军占有之田，约计 3000 余顷，系旗产，不归州县管辖。

清代官田包括牧地、籍田、祭田、学田、屯田和开垦地等数种。

清代保持一定数量的公田，既有助于调剂土地余缺，又可以其收入供国家用做专项经费，对保证财政专项开支和稳定社会经济生活等，均有一定作用。

2. 田赋和田赋附加。清入关初，由于明代的赋役征收簿册多毁于战火，而统一全国的军事行动尚未结束，一时难以编造新的赋役簿籍，只能从尚存的明万历时的赋役旧册作为征收田赋的依据，虽"直省丁徭多寡不等"，然

"率沿明代之旧，有分三等九则者，有一条鞭征者，有丁随地派者"。① 田赋征收物品，粮、钱、银都有，以银为主，分夏秋两季征收；夏征在二月至五月，叫上忙；秋征在八月至十一月，叫下忙。顺治三年，户部开始汇编《赋役全书》，详列土地、丁额原数，亡失人丁数，新开垦荒地数，赋税、徭役实征、实派数及留存数。康熙二十四年（公元 1685 年），又将田赋尾数删除，择必要项目编成《简明赋役全书》，以备百姓核查。赋役簿籍的编成，使国家赋役征派有依据，也使百姓纳税有章可循。为保证国家赋役准确，及时入库，康熙时，在总结明代赋役征收经验的基础上，推行"田赋催科四法"，即分限法、输催法、印票法和亲输法。分限法是指各州县按照《赋役全书》所规定数额，分成夏、秋两限，到征纳期限，官府张贴榜文晓谕农户，二月开征，四月纳全额之半，五月停征，八月续征，十一月纳完。若因地区气候影响或种植物生长周期原因，督抚可根据情况，按收成早晚调整征纳期限；输催法是指按黄册所记里甲口，按 5 户或 10 户编为一组，共一滚单，单上注有纳税户姓名，应纳税数额，每户划分 10 限，按姓名排列顺序向后滚催；印票法即三联单，一票三联，上写的纳户所完纳赋额，编号盖印后，一联留县，二联附簿册，三联给纳税户作为完纳凭证；亲输之法指在衙署放置箱柜，让百姓用官府标准权衡器具称量后，亲自投入柜内。如有零星数额，百姓要纳钱者，每 10 钱当银 1 分。催科四法，有利于防止吏胥作弊。清初田赋制度虽作了如上补充、改进，但由于各地的经济环境和自然条件影响，及历史遗留原因，各地征收办法和税率多有不同，税率少者每丁 1 分，多者每丁八九两；有的地方已将赋役合并征收，有的地方并未完全合并；还有在丁银之外，又派徭役的，由于负担轻重不均，致使有的地方发生民户逃亡情况。作为清王朝来说，进入康熙后期，全国统一已久，经济得到恢复，国家财政状况好转，为了缓和新出现的矛盾，在耕地增长速度不及人口增长速度的情况下，下决心改革赋役制度，即推行"摊丁入地"制。

康熙五十一年（公元 1712 年），针对人口迅速增加而土地增辟有限的情况，为防止出现丁役加重，民户逃亡，社会动荡的悲剧重演，玄烨谕大学士九卿："海宇承平日久，户口日增，地未加广，应以现在丁册定为常额。自后

---

① 《清文献通考·户口考》。

所生人丁,不征收钱粮。编审时,正将实数查明造报。"① 就是说,把全国现在钱粮册中的成丁数固定下来,以康熙五十年的丁数(24621324 人)和应征丁、银(335 万余两)作为定额,以后增加的丁口不再加赋。丁额、丁银的固定不变,既缓解了农民的恐慌心理,也为日后的田赋制度改革创造了条件。但也应看到,固定丁额、永不加赋的原则,在具体执行中仍有不足之处,因"额丁子孙,多寡不同,或数十百丁承纳一丁;其故绝者,或一丁承一二十丁,或无其户,势难完纳"。据此,康熙五十三年,御史董之燧请统计丁粮,按亩均派。因部议"不便更张"而止。② 然舍此别无更好办法,所以允许广东、四川两省先期实行,到雍正元年后,遂全面铺开。因各地的情况有所区别,所以摊丁入地的时间有先有后,直至乾隆四十二年(公元 1778 年)才基本完成,前后历时 50 多年,如从康熙五十五年算起,则花了 60 多年时间,这也证明清王朝施政的宽容之处,条件不成熟则不急于实行。

摊丁入地的基本做法是,将康熙五十年各省应征丁银数与各省应征田赋数相除,得出每田赋银一两应摊丁银若干(或粮石若干)。各省也以此计算各州负担地丁银数。据《清文献通考·户口考》记载,各地分摊丁银数是不同的。如江苏每亩摊 0.011—0.629 钱,贵州每亩摊 0.054 钱;直隶、福建等省,每田赋银一两,摊丁银 2—3 钱。这同各地的经济条件、历史条件有关,由于原先征收的丁银和田赋银有多少之别,所以分摊数额也有高低之差。

摊丁入地是明代"一条鞭法"的继续与发展,也是我国赋税史上的一次重大改革。它的进步意义在于:第一,基本上结束了我国赋役史上赋、役分征的局面,无地农民(包括工商业者)不再负担丁银;第二,丁银并入田亩后,使税负与负担能力挂钩:田多者田赋多,田少者田赋少,赋役负担较以前均平;第三,纳地丁银的人名义上不再服徭役,国家对农民的人身束缚削弱了;第四,将丁银固定摊入地亩,有利于财政收入的稳定,也简化了征收手续。但也应看到,摊丁入地制度具有其局限性和不足。首先,摊丁入地是出于保证田赋收入的目的。时人认为,"天下有贫丁无贫地",以田亩作为课征对象,有利于田赋收入的稳定和提高;其次,"永不加赋"是对人口而言,

① 《清史稿·食货二》。
② 吴振棫:《养古斋余录》卷一。

随着耕地的扩大，所摊丁银也随着增长，农民增加负担而不知觉；第三，由于"滋生人丁，永不加赋"，随着社会的稳定，生产的发展，人口增加很快。据统计，康熙五十年的人丁为2462万，乾隆六年（公元1741年），人口（包括男、女老幼）为14341.15万；乾隆二十七年突破2亿；五十五年突破3亿。不到30年增加1亿人口①。

应当指出，清代田赋，包括银、物两部分，其实物征收部分，又包括粮食、麦、豆和草料等。例如，康熙二十四年（公元1685年）清政府征收白银2444.9万两，米、麦、豆430万石，草料9.8万束；雍正二年（公元1724年）征收白银2636.2万两，米、麦、豆473万石，草料10万束；乾隆三十一年（公元1766年），征收白银2991.7万两，米、麦、豆831万石，草料514万束②。这些数字说明，摊丁入地后，田赋实际征收数在逐渐增加。

清在田赋之外，还有附加（加派），重要的有三项：

（1）耗羡（火耗）。耗羡是地方政府为弥补碎银熔化上解时的损耗而开征的一种附加税。其税率按规定为1%，但实际征收往往超过此数。清初，曾严禁加收火耗，但累禁不止。康熙六十一年（公元1722年），甘肃已每两加至四五钱。雍正初年，"历来火耗，皆州县经收而加派横征，侵蚀国帑，亏空之数，不下数百余万。原其所由，州县征收火耗，分送上司，各上司日用之资，皆取给于州县，以致耗羡之外，种种馈送，名目繁多。故州县有所藉口而肆其贪婪上司有所瞻徇而曲为容隐，此从来之积弊，所当剔除者也"。③ 为此，雍正二年（公元1724年），山西巡抚疏请通省耗羡归公，除留一部分弥补无着亏空外，其余归做官员养廉以及支应各项公费之用。

（2）平余。乾隆二年，四川巡抚硕色奏称，该省沿陋例，于火耗税羡外，每银百两，提六钱，名为平余，以充衙门杂事之用。乾隆认为这是贪官污吏所为，下令革除。三年，乾隆又指出，向来四川火耗较他省为重，火耗减轻后，不肖有司巧为营私之计，又将戥头暗中加重，侵渔百姓，"川省如此，他省可知"。④

---

①　转引自《中国财政历史资料选编》第九辑，中国财经出版社1990年版，第46—49页。

②　《清朝续文献通考·田赋考》。

③　《清实录》，雍正二年七月。

④　《清文献通考·田赋考》。

（3）漕粮附加。漕粮是由水路运送北京，供京城官兵食用的粮食，为田赋的组成部分。因漕粮在运输中有损耗，故有加收。漕粮加征名目很多：为补偿漕粮转运损耗的加征称正耗；在辗转解运中，还要加征轻赍、席木、正耗、加耗、船耗、官军行军月粮以及贴赠杂费等，称为漕项。此外，旗丁运粮时索要"帮费"，地方官吏索要"漕规"，衙门佐理人员索要"房费"，种种浮收名目，有时竟超过漕粮正额一倍有余。

3. 徭役。清自摊丁入地后，徭役并入地丁银征收，农民名义上已无徭役负担。但实际上从京城到地方都有临时调派。如直隶的徭役，主要是为皇帝巡幸、谒陵或官员过境等服务。由于州县趁机生事，使其成为扰民之役，人称"差外之差"。此种差役的摊派，有几种不同形式：（1）不分贫富和田地多寡，按户出差夫；（2）不分村庄大小、户数和田亩数多少，按村平均分摊；（3）按牛、驴等牲畜头数出钱，或按土地亩数出钱，这后一种情况，由于富户勾结官府作弊，其负担最后仍转嫁到农民身上。

（二）工商税收和其他杂收入

1. 盐课。清代对盐利十分重视，因"皇朝受命，戎衣初定，滇黔闽粤，未尽削平，所需兵饷，半资盐课"。[1] 由于盐课收入对国家经费的重要作用，所以清初一开始就抓得很紧。盐课增长幅度以乾隆朝为最大，嘉庆朝仅维持乾隆朝的水平，这是因为当时清政府对食盐的产运销实行了专营制度，即设场制盐，划界运销，发放盐引，按引征课的制度。在产销制度上，史称"清之盐法，大率因明制而损益之"。主要有官督商销制（引岸制）、官运商销制、官运官销制和包课制（偏远产盐，许民自制自用，国家收税）等制度，清代前期主要推行官督商销制，亦称纲法。国家招商认窝（引窝），领引纳课。因盐引是由户部印发的，故又称部引。商人领得引票后，到指定的地区买盐，运到指定地区销盐。清之所以严格划分行盐地区，禁止自由贩运，主要目的有两个：一是保证国家财政收入，二是保证盐商特权，两者是互为依托的。无国家保护，则盐商无特权利益；而无特许盐商，国家（包括皇室）也没有巨大的能力及时组织收入。

清前期盐课，大致分为两部分：场课和引课。场课又有滩课、灶课、锅

_____

① 《皇朝经世文编·户政·盐法》。

课和井课之分。其纳税人是灶户及场商。前者为食盐生产者，后者为购盐商人。引课是盐税的主要部分，清初规定，每引盐为300—400斤，引课的纳税人为运销盐商；引课的内容包括正课、包课和杂课。正课是按盐引向运销盐商所征收的税；包课是由包销商交纳的盐课；杂课即盐课附加，多为历代相因之陋规，其名目繁多，时有变换。在偏远之地，也有将盐课摊入田亩，在地丁项下征收。引课税率，各地不一：长芦盐每引（300斤）银0.2675两，两淮盐每引（200斤）为银0.6754两。

从雍正年间开始，盐商在按规定纳税之外，在国家有重大事件发生或清王朝的重大节日，盐商要向朝廷捐输报效。史载"报效之例，肇于雍正元年，芦商捐银十万两"。就淮商来说，生辰礼物、进贡、报效，从雍正五年到乾隆五十五年（公元1727—1790年）八十大寿为止，大的捐输约有15次，总额达银950万两；至于军需捐款，从乾隆十三年征大金川到乾隆六十年镇压湖南农民石保三起义，前后约8次，共计捐银1310万两，其中乾隆三十八年征小金川，总商江广达等一次就捐银400万两。其他从10万至百万两不等，由于盐商上养皇亲贵戚，济应军需河工；下养盐官贪吏，负担很重，所以拖欠盐税之事，时有发生。

2. 茶税。清代茶法沿袭明制，官茶储边易马，商茶给引征课，贡茶供皇室用及陵寝内廷用（黄茶）。清初，定陕西茶马事例，设巡视茶马御史专管，茶马交换比例：上马给茶12篦（茶10斤为1篦，10篦为1引），中马给9篦，下马给7篦。所易之马，牡马给边军。牝马付所司牧养繁殖。康熙中，尽设巡视茶马专官，改归巡抚兼管。由于清统一全国后，疆域的扩大，牧地也随之扩大；马匹繁殖增多，使换马的紧迫性降低。所以，康熙中期后，茶马事例渐趋衰落，官茶需要减少。但在此时，对商茶征税则渐有定制。雍正八年（公元1730年），始定川茶征税例。由户部颁发茶引于各地方官，茶商必先买引后，方能赴产茶地购茶，行销各有定域；如无茶引者即视为私茶，对私茶的处罚与私盐相同，相当严酷。但雍正时，有的省行茶引制，有的省如奉天、直隶、河南、山东、山西、福建、广东、广西等省不发引，无引课。因为各地有茶引和无茶引的区别，于是，对行引地区征茶课，对不行引地区在茶商过境时征茶税，或略收落地税。因此，清代茶税，有课、有税、有纸价，各省轻重不一。茶引之外，亦有兼行票法者，如四川自乾隆五十二年（公元1787年）开办堰工茶票后，行于产多或畅销之区，非遍及各州县。至于贡茶，主要是供皇室用茶及皇帝陵寝耗用，年需用量不大，由各有关官府按规定办理。

3. 酒税。清前期禁酒。对边寒地区，为抵御寒冷原因，则不禁酒。史载，康熙三十年，畿辅谷价翔贵，禁用粮食酿酒；三十七年，禁造烧酒；雍正十年，巡抚史贻直言："烧锅亦民间谋生之一事，当视年事丰歉，审民力盈虚，加以董劝"；乾隆二年，孙嘉淦言："烧酒之禁宜歉岁，而不宜于丰岁；禁于成灾之地，各地不必通行；但可暂时封贮而不必坏其器具，而加以刑罚。"诏弛禁。乾隆六十年则谕；"酿酒种烟等事，所在皆有，势难官为禁止……（若）纷纷劝禁，并令胥役等前往查察，必致藉端讹索，滋扰民夷，是名为劝谕搏节，适以扰累地方。"可见清初在歉年禁粮食酿酒，丰年弛禁。所征酒税，乾隆时，"酒十缸，约计二百斤，税银二分"。[①] 酒税不多，所收酒税也不列国家财政收入。

4. 矿税。清初，鉴于明末矿监之弊，"于是，听民采取，输税于官，皆有常例"。只是在"有碍禁山风水，民田庐墓，及聚众扰民，或岁歉谷踊，辄用封禁"。所以，世祖初，开山东临朐、招远银矿，十四年开古北口、喜峰口等铁矿；康熙十八年，《大清会典》户部课征中规定：凡铜、铅、锡课，康熙十八年复准，采铜铅处任民采取，征税二分，按季造报，八分听民发卖。得税多者，道、厅、州、县官议叙。上司诛求逼勒者，查出议处。康熙间，遣官监采山东应州、陕西临潼、山东莱阳银矿。二十二年，又悉行停止。并谕"开矿无益地方，嗣后有请开采者，均不准行"。[②] 实际上，清初矿禁，是时禁时弛，有的地方禁，有的地方不禁，且禁而不止。到雍正时，群臣多言矿利。乾隆二年谕，"凡产铜山场，实有裨鼓铸，准报开采。其金银矿悉行封闭"。五年后，又准开采。矿税征收办法，其铜、铅、铁矿以二八抽收为主，个别地方也有三七抽收和一九抽收的；至于黄金、白银，康熙十九年定四分解部，六分抵还工本。

5. 关税。关税收入的增长以乾隆朝为最盛。清前期关税，包括内地关税和海关税（国境关税）两类。内地关税是指在国内水陆交通要道或商品集散

---

① 《清文献通考·征榷考·榷酤》。

② 《清史稿·食货五》。

地所设的税关：户部主管的户关和工部主管的工关。户关关税有正项，有杂课。正项包括正税、商税和船料三种，是内地关税的主要部分。正税在出产地对货物征收，商税是对货物征收的通过税，船料是对商船按船梁头的大小征收的税，有时对不载物空船亦征船料。正课之外有盈余，系正税附加。而杂课则是指各地巧立名目的征收，如"楼费"、饭食、陋规索银、客费等等名目。工关主要设长江等主要河道，对通过的竹木等收税。其关税收入供建造船只及修缮诸费之用。有的工关，如盛京浑河，直隶大河口和山西杀虎口等关，由户关兼管。常关税率，按雍正、乾隆年间户部则例，从价征5%，抽分实物。但各关在执行时，一般多自定税率。由于税率不一，数量不多，关税收入在当时政府财政收入结构中尚不占主要地位。

清对海关征税，开始于康熙二十三年。顺治时，为防止郑成功等的抗清斗争，曾严格海禁，既不许国内人民出海，也不许外国商船来中国贸易。康熙二十二年八月，平定台湾；于是于二十三年开江、浙、闽、广海禁，于云台山、宁波、漳州、澳门设关征税。清早期的海关税，包括货税、船钞和渔税三类。货税是对进出口货物征收的进出口税；康熙二十八年，颁行海关征收则例，将进出口货物分为食物、衣物、用物和杂物四类；列名者征税，未列名的不征税；进口税率为4%，出口税率为1.6%，从价征收。海关对商船则按梁头征收船税，每船征银2000两；有时也征实物，如对外商所运铜铅，则折征铜斤。渔税是对出海渔船所征之税，因渔船常捎带货物往返，并在海关征货物税。不过，一般按渔船大小，从5尺以上分上中下三等征税，其税款归地方海关支用。

6. 其他商杂税。

（1）契税，又称田房契税，主要是对买卖房屋、土地等不动产的契约所征的税。顺治四年规定，凡买卖田地房屋，由买主按契价每银一两，纳契税三分（雍正时加为四分）；由官府在契纸上加盖官印为凭，称为红契。雍正年间，田文镜创契纸契根法，即布政使将预盖印信的契纸发到各州县，百姓验契投税后，领取契纸，官留契根；乾隆十二年，申定契税则例，布政司印发契尾。契尾前半部分登记买卖双方姓名、数量、价格及纳税数额，后半部在百姓投税后，填契价银数，并盖有布政司印。其前半部作回执，贴于契约上。

（2）牙税。清初牙税有两种，一是具有营业牌照税性质的贴费，一是按年代分季交纳的、有营业税性质的牙税。雍正十一年，因州县滥发牙贴，造成市井奸牙苦累商民，令藩司因地制宜，确定定额。牙税税额，乾隆二十三年，顺天府对牙行及经纪每年征银1500两有奇；二十五年，湖广汉口等镇牙税按上中下三等，上行税银二两，中行一两，下行银五钱；僻邑、村镇，上行二两，中行五钱，下行三钱。

（3）当税。顺治三年题准当铺每年纳税银五两；宛、大二县，大行店铺照当税例，每年征银五两，不许混派小铺。九年，定直省典铺税例：在外当铺，每年定税银五两，在京当铺并各铺，仍令顺天府查照铺面酌量征收。康熙十五年，定京城当铺税例，上等每年五两，余二两五钱。康熙十六年，题准直省当税每年增银五两，连旧额十两，加了一倍。清朝当铺税，应视为铺面税性质。

（4）落地税。清初的落地税，无一定税制、税法，亦无征收定额。一般附于关税一同管理。凡农民、小贩上市出售农副产品，无论价值高低，均需纳税。由于落地税交地方留作公费，地方不法官吏视为利途，重复课税，十分苛扰。即"各处地方官，征收落地税银，交公者甚少，所有赢余皆入私蠹"。① 雍正十三年，曾禁止在乡镇村落征收落地税，但变相征收者仍多。此外，通州有油、酒等税，各省有米豆税，湖南宝庆征商税，乌鲁木齐和伊犁地方有铺面房间税，广东珠税，东北采参有税，蜀人采木有税，直隶、盛京、江苏、安徽、江西、福建、湖南、湖北、陕西、甘肃等省有牲畜交易税，以及其他杂税。

（三）贡献收入

清代之贡，包括地方向中央贡本土物产和外国使者来往之贡。

1. 地方贡方物。史称："宫廷服御所必需，率令有司以经费购办，未尝责贡民间。轸念人劳，罢免贡赋者为类尤广。是以今之土贡，远较唐制不过十存一二而已。"就是说，到清代前期，土贡之物，有罢有存，按清朝制度规定，凡宫府内外需用物料，由户、工两部"于各直省原产处所，令有司支款置办，造册报销"。根据《清会典》所载，有盛京额办物产，直省额办户部物产，直省额办工部物产。额办既定数上解，如无特殊情况，是不许少解的。

---

① 《清实录》，雍正七年十二月。

如黑龙江贡珍珠，特设珠轩置长，每珠轩定额珍珠 16 个，珠按重量分为五等，不及等的不列正数。超额完成任务的，总管以下按数给赏；完不成任务的，如貂皮，索伦壮丁，每名一貂，如不足数，交理藩院议处。额办之外，又有加征。有加征之数超过原额者。

2. 境外民族和邻国之间的通使来贡。史称"外夷职贡"，根据路途远近，或一年，或三年五年一贡。当时，朝鲜、琉球、荷兰、安南、暹罗、西洋意达里亚国、博尔都噶尔国、苏禄国、南掌国、缅甸国等国，都同清朝有通使关系。作为朝鲜国来说，同清朝关系密切，所以，每当清朝的万寿圣节、冬至、年贡、庆贺，或请封、陈奏等均有贡礼，一般是皇帝一份，皇太后和皇后各一份。其他国家或地区，有两年一贡，或三年、五年、六年、十年一贡者，意达里亚、博尔都噶尔和缅甸，则无定期定额。实际上，南亚和西南各国，主要是来做生意，

送点礼物也有限，而作为东方大国的清王朝，为体现来远之意，"薄来厚往，赏赉有加"。各国贡物所值，远不如赏赐所获。

三　顺治康雍乾时期的财政支出

（一）军费支出

清代的顺治、康熙两朝，其军费支出在国家财政支出中占有很大比例。从战争费用来讲，清军入关到统一全国，前后历时 40 年，用费无算，史称，"顺治初……岁入本少，而频年用兵，经营四方，供亿不赀，岁出尤巨"；"其后兵饷增至二千四百万两，地丁亦至二千五百余万两"[①]。康熙时，先有"三藩之乱"，历时九年；二十九年反击准噶尔部，三十五年亲征噶尔丹，五十八年平西藏。此系未列举军费数字的几次战争。乾隆年间，据《清史稿·食货六》所载："初次金川之役，二千余万两。准回之役，三千三百余万两。缅甸之役，九百余万两。二次金川之役，七千余万两。廓尔喀之役一千有五十二万两。台湾之役，八百余万两。"巨大的军费开支，致财政难以负担。

在经常费上，清入关前有满洲八旗和蒙古八旗、汉军八旗；入关后，分为京营和驻防两部分，康熙中、后期，直省兵额合计 60 万左右，兵饷合计银

---

① 《清史稿·食货六》。

1363 万余两。官兵赏赐抚恤不在其内。满洲骑兵用马，顺治三年，定绿旗兵，每月一马给料豆 6 斗，草 60 束。乾隆十六年，奏准八旗牧养官马共 2 万余匹，每匹月给马乾银三两；而步兵的装备费、水军的战船建造，按定额计算，也是个不小的数字。再有国防设施费，清代疆域扩大，国防设施的建设、维修任务很大，据国家文物局西藏古格故明考察队最近在西藏改里地区萨格县考察，在一河谷山口地方发现，在崇祯三年（公元 1630 年）拉巴克人攻占的古格都城附近，有康熙十九年派兵恢复古格后，在这里通往古格的咽喉道上修筑的三座防御设施。① 可见清军布防之广，军费开支必巨。所以御史萧震认为"国用不敷之数，皆由于养兵。以岁费言之，杂项居其二，兵饷居其八。以兵饷言之，驻防之禁兵、藩兵居其二，绿旗兵又居其八"。萧震所言，是有其根据的。

（二）官俸支出

清入关之初，任用官吏的原则是满汉参用，以满为主。后来汉员才逐渐增多。特别是开例捐输后，官员逐年增加，导致一职数官和一官数职的现象。

清朝自称"量能授官，因官制禄，银米兼支"。实际上，宗室王公的俸禄远远超过文武百官之俸；同时，满、汉官员的俸禄水平，相差也很大。

清代俸禄制度比较复杂，可按血缘亲疏确定，可按功勋确定，可按文、武官品确定，也可按中央、地方（直省），内外官确定。简列如下：

1. 宗室王公之俸。共 20 等，最高为亲王，岁给银万两；以下至宗室云骑尉 80 两；每银一两，给米一斛。

2. 公主以下及额驸之俸。计 14 等，其俸银从 400 两（固伦公主）至乡君额驸 150 两。每银一两，给米一斛。

3. 世爵之俸。按公、侯、伯、子、男、轻车都尉、云骑尉等共分 20 等。一等公岁给银 700 两，米 350 石；至恩骑尉岁给银 45 两，米 22.5 石。

4. 外藩、蒙古之俸。从喀尔、喀汗、科尔沁亲王（各银 2500 两、缎 40 匹）、各亲王银 2000 两、缎 25 匹，至贝勒之婿银 40 两、缎 4 匹，各有等差外，对回都（住京）之人，亦给俸米有差。

5. 文武百官之俸，又有几种区别：

（1）在京满、汉文、武官员之俸银、禄米。清制规定，在京文武官员俸

---

① 《北京晚报》2001 年 7 月 16 日。

银，不论满汉，一律按品颁发，禄米按俸定数。正、从一品岁给俸银 180 两，俸米 90 石；至从九品（包括未入流）岁给俸银 31.5 两，俸米 15.75 石。

（2）在外武官俸。正一品岁给俸银 95 两，薪银 144 两；至正、从七品岁给俸银 12 两，薪银 32 两。

（3）各直省官员俸饷。因地而异。总督，江南总督最高俸银 3 万两，四川总督最低俸银 1.3 万两；巡抚一般为俸银 1 万两，也有 1.2 万两、1.5 万两的。下有学政、布政司、按察司、道、府、州、县及州县佐杂等官，最低俸银 20 两的（如福建）。

雍正时，"于外省督抚以及州县亲民之官各赐养廉较正禄数十百倍；其在京师亲贰，则赐双俸；司旅并给饭费，虽闲曹职官，亦准俸银之数赐之廪谷"①。

正俸之外有恩赏。乾隆年间，除按品支给俸银外，还按期给八旗驻防官兵口粮，有时一月数次，每次用银 35 万—36 万两。

清初，因机构设置较简，官员不多，官俸支出约银 200 余万两，随着专制统治的强化，机构日益庞大，官员日多，到乾隆三十一年时，官俸支出达银 543 万余两，约占国家财政支出的 18%。

（三）皇室支出

清初，由于军事行动仍在继续，经济遭到破坏尚待恢复，赋入少而支出多，财政困难，因而皇室开支也不可能过多过奢，据康熙二十九年大学士等奏：宫殿建筑不及前明 3/10，生活费用仅及 1/10。

清皇室支出，包括日用生活费、冠服车驾制造、宴飨、婚礼、恩赐和巡狩诸费。

1. 生活费用。据康熙四十五年、四十八年和四十九年上谕中看，所谓"明朝费用甚奢，兴作亦广，一日之费，可抵今一年之用"，这里所包括的开支范围不太清楚，而且，清初对明宫室多有沿用，省去了不少开支。不过，从光禄寺用银和工部用银的两笔数字看，分别为明朝的 1%—2% 和 1/5 左右；宫中太监、宫女，明为 11 万人，清初仅 400—500 人，乾隆初为 3000 人；明宫中用马口柴、红螺炭数千万斤，清初仅天坛焚燎用。总之，减省了不少。

———————————

① 《清通考》卷一百五十二。

2. 冠服车驾制造，亦是大数。皇帝冠（朝冠、吉服冠、常服冠）、服（衮服、朝服、龙袍、常服褂、常服袍），均为名贵物料而成，从雍正九年七月至十二月奏销档所记，为置备黄狐皮帽 6000 顶，大毛羊皮大襟袄 6000 件，黄狐皮领 6000 条，小羊皮五指 6000 副，暖靴 6000 双，共用银 3.3 万余两。

3. 除夕、元夕、万寿节、千叟宴（康熙五十二年、乾隆五十年、乾隆六十年举行），均举行庆典，十分铺张。康熙五十二年，正值玄烨 60 岁，谕查官民年 65 岁以上至 90 岁以上（33 人）共 4000 余人，赐宴畅春园，"有不能来者，贫乏则协助车马，疾病则按分颁给"。乾隆五十年，征年 60 岁以上者凡 3000 人，赐宴乾清宫，并准其子孙扶掖入宴。

4. 恩赐。清在重大节日活动、婚丧（包括皇亲国戚勋臣）、使节朝贡等，都有多少不同的赏赐，如顺治八年正月，福临亲政，赐和硕亲王银万两、缎百匹；以下郡王、公主以及在京（北京和盛京）城内一品至六品（20 两）都有赏赐。同年二月，加尊皇太后徽号，从和硕亲王（赐银万两、缎 200 匹）开始，至固山下在京什库拜牙喇各骑兵（4 两）、步兵（二两）、外兵（一两）都有赏，被赏者比亲政时人多，每人赏赐银两数目也多。顺治十一年八月，例赐约黄缎 6400 匹，金 35.5 万，有奇，"时户部告绌，赏未行"。

5. 巡狩。顺治十年冬，"上幸南海，逾月费四万缗"。玄烨在位 61 年，曾多次巡视赤城、沿边、近畿、五台山、多伦诺尔，多次南巡至江宁、杭州、西至镇江等地。康熙称："朕巡历所至，凡御用器物，皆系所司由京城供办，毫无取于地方。"弘历的数次巡幸，诸驻跸处的帐殿周庐或行宫的建造、维修，道路桥梁的修筑，其费有案款销算，乾隆恐定额公帑不数应用，又对途经各省的公帑钱粮内进行补助，少则一两万，多则数十万，如四十三年南巡，恩赏运库银 30 万两；四十五年，又"于运库恩赏银三十万两，为办理南巡差务之用"。

（四）城垣、祠庙、陵墓建设费

1. 修城垣、衙署。顺治八年亲政，筑城用银 250 余万两，原定于九省加派，后令发还。此后，乾隆时京城各部衙署的修理，直隶、安徽等多省城垣均需修理，乾隆三十一年前"特发内帑，一律修缮"，直隶用银最多。

2. 陵墓、祠庙修理。此时陵墓维修，俱系前明诸陵，重加修复，"不靳百万帑金"。

至于陕西华岳庙、河南嵩岳庙等，因岁久倾颓，修葺费各十余万两。

（五）河工水利支出

1. 河工。河工系指各主要河道的堤防工程，因黄河水患最重、最多，故河工多以此而言。清初，诸河防工程主要由沿河州县征发徭役，自行筹款治理。康熙五十五年，国家财政出银 6 万两，以助民工。雍正元年，以山东连岁荒歉，免挑浚运河岁夫，动帑雇募，以工代赈；六年，拨银 6 万以资补贴。乾隆即位后，"谕各处岁修工程，如直隶、山东运河，江南海塘，四川堤堰，河南沁河、孟县小金堤等工，向于民田按亩派捐者，悉令动用帑金"。时用帑十余万，而省百姓数倍之累[①]。史称："自乾隆十八年，以南河高邮、邵伯、车逻坝之决，拨银二百万两；四十四年，仪封决河之塞，拨银五百六十万两；四十七年，兰阳决河之塞，自例需工料外，加价至九百四十五万三千两。……荆州江堤之修，则拨银二百万两。大率兴一次大工，多者千余万，少亦数百万。"[②] 因黄河水患，不仅关系两岸人民生命财产安全，也关系到农业生产和社会稳定，故此下大力气治理。

2. 水利事业。清初，为保证农业发展和田赋收入，对江南原水利灌溉工程进行维修，顺治时，曾两次修整钱塘县石塘，筑堤 81 丈；康熙三年，海水决堤，筑石堤数千丈，垒石一纵一横，熔铁嵌石缝；康熙六十一年，修海宁海塘，即石塘 3397 丈，土塘 5606 丈，草塘 1055 丈，用银 2 万余两。乾隆四十四年，浙江海堤之修，拨银 600 余万两。乾隆年间，还有永定河的抢修、疏浚，山东运河等的修浚，各需用银 50 余万。清廷以兴修水利作为救荒之政：京畿兴水利，官开水田数万顷，而束淮漱黄，使数百里地方受益。

（六）其他支出

除以上几大支出外，还有：

1. 交通、驿站支出。清廷除修治京城道涂（大路、小路）外，又以京师为中心，于各省险要之处设驿站，东北至黑龙江，东路从山东分为两路，一从江宁、安徽、江西至广东，一从江苏、浙江至福建；中路从河南分为两路，一达广西，一达云、贵；西路经山西至甘肃、四川。驿站支销，由直省编征。

---

① 《石渠余记》。

② 《清史稿·河渠》。

2. 文化教育费。顺治元年，定直省各学支给廪饩法，在京者户部支给，在外省州县官支给。顺治四年，定各直省学官及学生俸廪：教授、学正、教谕照从九品支给薪俸；廪膳生每名给膳夫银 60 两，廪生给 12 两，师生每人日给米一升。雍正八年，增建国子监学舍 500 余间，并赐岁需银 6000 两，以资饩廪；十一年，命直省省城设立书院，各赐帑金千两，为营建之费。为供给教育各费，除财政额给外，还命各直省置学田（雍正二年为 3886 顷余，乾隆十八年为 11586 顷），以其租银、粮赈给贫生。

3. 抚恤赈济支出。抚恤赈济，各朝均有。除抚恤死伤将士及家属外，大量为赈济灾荒支出。康熙年间，赈陕西灾，用银 500 余万两；乾隆七年，江苏、安徽夏秋大水，用于抚恤、正赈、加赈之米近 240 万石，银 738 万两。以后直隶、山东、江苏、河南、湖北、甘肃诸省之灾，都发帑银、截漕米，以救灾民。

4. 陋规支出。如雍正九年，奉天府府尹杨超曾疏言，"奉天各属，从前一切公务，皆取给里下，总计一岁之科派多于正额之钱粮，如遇奏销地丁驿站，大造编番人丁，大计考察官吏等项。自臣衙门家人书吏，以至治中知府州县各处，均有陋规银两，名为造册之费；岁科考试书童，自府丞至治中知县衙门亦有陋规银两，名为考试之费；至大小官员到任，凡修理衙署，铺设器用，以及查点保甲，换给门牌，印捕等官纸张饭食俱行摊派银两，每项约有数十两至百馀两不等。更或衙蠹里书，从中指一派十，侵收包揽，弊实多端"。

第二节 嘉、道、咸、同时期的政治、经济和财政

一 经济概况

清代的土地兼并，到乾、嘉时期，进一步加剧，史称乾、嘉之际的权臣和珅，占地 8000 顷，他的两个家人，也各占地 600 顷；广东巡抚百龄，"买地五千余顷"；道光年间的总督、大学士琦善，有"土地二百五十六万一千二百十七亩"。① 当时全国的耕地面积，从乾隆至同治（公元 1736—1874 年）的百余年间，约为 700 余万顷，大官僚、地主所占土地，为民田的 50%—60%。土地的

---

① 李文治：《中国近代农业史资料》第一辑，三联书店 1957 年版，第 69 页。

高度集中，"一邑之中，有田者什一，无田者十九"，使大批自耕农因失去土地而成为佃农。清代的地租十分苛重，地租率一般为50%；此外，逢年过节，佃户还要给地主送去各种礼物；有些地方的佃农，还要负担田赋和临时调发的徭役。因为土地出产物难以维持全家正常生活，因此，个体家庭的选择只能是扩大家庭副业和家庭手工业生产，如纺织、编织等"以织助耕"。

清代的家庭手工业，随着社会的向前推进，资本主义因素已植根其中，城乡手工业生产在逐渐向专业生产发展；农业中的商品作物的种植，也日渐扩大，当时，棉花、桑树、烟草、茶叶等被大量种植；江苏、山东、浙江、河北、河南、湖北等省，已成为棉花生产和输出地区；湖广、江西等省的粮食，也源源不断地销往浙江和江南苏、松等府，以满足这些工商业比较发达地区对粮食的需要——就是说，一部分农业产品已成为商品，进入了流通领域。但是，封建商品经济的发展，并没有像西方国家那样，促进资本主义关系的发展，因为在旧中国，受固有的封建思想观念的束缚，富商大贾在获得高额利益后，除了用一部分供其本人及亲属耗费外，大部分用于兼并土地，剥夺农民；那时的手工工场业主，也把积蓄的财富，不投资于扩大再生产，而是到农村购买土地，从而严重地滞后了中国手工工业的发展速度。特别是鸦片战争后，外国列强凭借其炮舰政策和强盗手段，从清政府手里攫取的各种政治经济特权，全力展开对中国的商品输出，妄图使中国成为它们的原料供给地和商品倾销市场。在他们输入中国的货物中，除了毒害中国人民的鸦片外，主要是棉织品、煤油、钢材、棉花、粮食、糖类，以及装饰品和奢侈品，不仅品类多，而且数量大。由于大量而廉价的洋纱、洋布销入中国，使中国自己生产的土纱、土布无法与之竞争，中国市场有很大一部分为其占领，郑观应在《盛世危言》中写道："迄今通商大埠及内地市镇、城乡，衣大布者十之二三，衣洋布者十之七八。"在这种情况下，原来靠棉纺织布以自给的农民，除了自产自用外，已不可能以剩余产品出卖换钱来贴补家中生计，有的还要另外挣钱买布。家庭手工纺织业在洋纱洋布的倾销中衰落了。也由于列强对中国原材料的掠夺，也使中国农产品商品化的发展道路受到严重影响，茶、甘蔗、蓝靛等产品由于国际市场竞争而日益衰落，桑蚕、烟草、棉花、小豆、花生、桐油等产品则因资本主义市场需要而不断扩展。总之，中国农村经济，在列强商品入侵下而变形和萎缩。

　　中国的工商业，在乾嘉时期，已得到很大发展，其中丝织、棉纺、制瓷、造纸、冶铸诸业发展迅速，但由于商人受封建思想的束缚、小农经济的排斥和清王朝的传统政策（重农轻商）的影响，始终未能有突破性的发展。而在西方，却是另外一种情况，在资本原始积累阶段即开始向境外发展。16 世纪初，葡萄牙和西班牙人先后来到中国；之后，荷兰人、法国人、英国人也相继来华，进行海盗式的"贸易"，囿于他们本国的政治、军事和经济势力有限，一时还难以叩开中国的大门。后来，英国殖民主义者竟以鸦片毒品走私为武器，不仅毒害了中国官民，也造成中国的白银大量外流，由道光前十年的"岁漏银一千七八百万两"，到十八年的近三千万两；由于白银外流，导致国内银贵钱贱，严重地影响了国内市场和财政。道光二十年（公元 1840 年），英国殖民主义者以中国政府禁绝毒品，销毁鸦片为借口，对中国发动了罪恶的鸦片战争，由于清政府的外强中干和软弱退让政策，使英国的无赖行为和炮舰政策得逞，清王朝官员被迫同英国签订了屈辱的《南京条约》。此门一开，欧美殖民主义者纷纷以武力为要挟，对中国进行了多次武装侵略战争，迫使清王朝同他们签订一个又一个丧权辱国条约。只是由于清王朝还有一定的反抗侵略的思想和能力，西方列强还处于自由资本主义阶段，其侵略目的还以经济利益（商品输出和赔款）为主，夺取政治权益还在其次，但其行动结果却大大超出了他们的理想要求：《五国通商章程》及以后同美、英、葡等列强所签订的一系列条约，使中国的关税、领土、沿海贸易等权利受损；而由五口通商到开辟多个商埠，中国海关大门洞开，西方列强对中国的商品输出数量激增，包括鸦片、棉制品、棉花、煤油、钢、铁等物品，其中鸦片输入为第一位，棉花为第二位，棉制品为第三位，1842 年分别占输入品的55.2%、22% 和 8.4%；在棉制品中又以棉纱增长最快，1872 年进入中国市场的棉纱达 5 万担。到 1885 年，棉制品输入升为第一，鸦片退居第二，但仍占输入量的 28.8%[①]。列强商品对中国的倾销，使中国的农业和手工业受到严重打击，洋纱、洋布取代了土纱土布，洋铁取代土铁。总之，洋货逐渐替代中国土货，正如郑观应所说："洋布、洋纱、洋花边、洋袜、洋巾入中国，而女红失业；煤油、洋烛、洋电灯入中国，而东南数省之柏树皆弃为不材；

---

　　① 严中平：《中国纺织史稿》，第 8—9 页。

洋铁、洋针、洋钉入中国，而业冶者多无事投闲，此其大者。尚有小者，不胜枚举。……华人生计，皆为所夺矣。"① 上述情况说明，各殖民主义国家正逐步深入，将中国变为其商品销售市场和廉价原料基地。而中国社会经济衰退之后，也日渐陷入财政失控和银钱紊乱的局面而不能自拔。嘉庆十九年，财政积余 1200 余万两，道光时，收支相抵，尚有积余；至咸丰、同治，既有农民起义，更有外国列强相侵，巨额军费和赔款，财用告匮。

二　财政收入

清代的嘉庆、道光两期，是由盛而衰的转折点。自咸丰、同治以后，国家财政已运转不灵，收不抵支，财政已陷入困境。这一时期，国家财政收入体系发生了新的变化。在财政收入中，虽然田赋仍维持其领先地位，但盐税、关税（包括正税和附加）日益显示了其重要性。道光朝耆英奏称："理财之要，以地丁、盐课、关税为岁入之大端"，即是说，以此三税为财政支柱。现对嘉、道、咸、同四朝财政收入简介如下。

（一）田赋

此时田制，仍分民田、官田、屯田、营田数种，而各有盈缩。而田赋的征收，名目日显繁琐，主要有地丁、漕粮、租课、差徭、垦务、杂赋和附加税。

1. 地丁。清自摊丁入地后，赋制简便，且不时蠲免，农民负担也不感甚重。但自中叶而后，章制渐紊，迄乎咸、同之际，明代所辛勤除去之弊政，殆又重演。加以吏治日坏，对赋制破坏颇多，"田苦则多，赋苦名多，征收无定量，货币无定制，而浮收侵蚀之弊滋甚"。②

2. 漕粮改折。漕粮的征收与前期发生了某些变化，各省渐次把过去征收"本色"米麦改为征收其他物品或钱钞。嘉庆时，允除山东、安徽、江苏、浙江等四省外，各省漕粮，许以银钱折纳，称为"粮折"。但直至咸丰初，均未能改折。咸丰三年正月，因太平天国革命遍及江南，清运道受阻，乃命有漕粮地方，随地抵支银两。每石折银一两。同治元年十二月，李鸿章令苏松各属，每石折征制钱 6540 文，一切公用，均在其内。由官买米起运。据称，自

---

① 郑观应：《盛世危言》"纺织"。
② 陈登原：《中国田赋史》。

乾嘉、道以至于咸丰，漕折无恒例，州县可随意折收，一石有折钱至二十千者。咸丰八年，湖北巡抚胡林翼认为漕折近于加赋，定核收漕粮银钱数，每石多不得过六千，同治十一年，山东巡抚谭廷襄亦奏请漕粮每石收钱六千，于是，各省相继严定折价。

3. 漕粮浮收。钱粮浮收之弊，至嘉庆时，随着吏治的腐败而加剧。史载"向来开仓，多派壮丁，守护大斛，今则斛不必甚大，公然唱筹，计数七折八扣，而淋尖、踢斛、捉猪、秤盘、贴米等犹在其外；又有水脚费、花户费、灰印费、筛扇费、廒门费、廒差费，合计之，则二石四五斗当一石"。① 收取之际已甚黑暗，至运送至京，途中经运丁、吏胥之弊后，"每石之值，约需要四十两或三十两，或十八两，而其归宿，乃为每石易银一两之用"。道光六年谕："江苏漕务，疲敝已久，闾阎每苦浮收，而各州县用度浩繁不能不藉资津贴。"就是说，浮收之事，官吏利害是一致的。因征收无定制，曾激成剧变。同治五年，李鸿章奏减苏松等处浮收钱粮，包括苏州、松江、常州、太仓三府一州 27 县在内，共减除浮收米 37.46 万石，钱 167.62 万（千文），又减苏松常太银折浮收钱 40 万千文（时银价贵贱无定，大抵每两二千五六百文），各占额征银米的 28.98% 和 31.18%（38.63%），可见当时浮收数额之大。

4. 差徭。差徭本已摊入地亩，而各县遇大徭役仍借口临时向民间摊派，历时即久，即沿为定例。因无统一标准，故十分苦累。

5. 附加税。清代虽无田赋附加的名称，但雍正时的火耗、漕项、乾隆时的平余，均为附加性质。鸦片战争失败后，清政府为了搜刮赔款银两，便无限度地附加，当时就有"着赔"、"分赔"、"摊赔"、"代赔"等项名目。咸丰时，四川首先按粮随征津贴，每田赋银一两随加征一两，征解完毕，根据总数可扩大乡举名额；同治元年，骆秉章为四川总督，又奉办捐输，以济军用，按粮多寡摊派，总数为 180 余万，超过定额地丁的两倍以上。因康熙定制不许加赋，而所捐仍允按数额增大乡举名额，故称"捐输"。据统计，清后期的捐纳收入，在财政收入中所占比重，一般为百分之十以上，最高年份达百分之四十八。除上述各项附加税捐外，还有借征，就是在太平天国军兴以后，清政府采取的一项预征田赋的办法，此例一开，不仅后代相沿，而且变本加

①　陈登原：《中国田赋史》。

厉，农民负担进一步加重。

（二）盐课

清自乾隆十八年到道光二十七年这九十多年中，盐税收入增加不多。到了咸丰三年，清政府为了镇压太平天国革命，不择手段地张罗军费，在盐税之外又征盐厘，收入遂大量增加。同时自道光朝始，不断对盐税加以管理。道光初，陶澍为两江总督，奏诸淮北改行"票盐"，听任商贩赴局缴课，领票买盐，运销各地。以后陆建瀛又行于淮南。于是变引商为票盐，革除专商。咸丰初，议于全国通行票法，河东、两浙及福建实行。同治三年，两江总督李鸿章、曾国藩改定大票（500引起票）、小票（120引起）；同治五年李鸿章在票法中参与纲法，循环转运，作为世业，票商又类同引商。咸丰初，为镇压太平天国革命运动，又创盐厘以筹集军饷。"初，盐厘创于两淮南北，数皆重。"咸丰五年，定花盐每引万斤抽厘八两，嗣因商贩私加至1.7万斤，四川总督骆秉章于是奏请就所加斤按引加抽17两，共正、厘25两。以后，各省亦皆加税厘，盐税收入大增。① 据载：道光二十一年全国盐课实征数为四百九十五万八千二百九十两②，到同治十二年，报到户部的盐税、盐厘合计为六百六十三万二千两③。

（三）茶课

史称清代乾嘉以后，各省产茶日多，行茶69万余引。咸丰三年，闽浙总督王懿德奏请闽省商茶设关征税。凡出茶之沙、邵武、建安、瓯宁、建阳、浦城、崇安等县，一概就地征收茶税，由各县给照贩运。所收专款，留支本省兵饷。六年，伊犁亦设局征税，充伊犁兵饷之用。咸丰九年，江西定章分别茶厘、茶捐，每百斤境内抽厘银2钱，出境抽1.5钱，于产茶及茶庄处收茶捐银1.4两或1.2两不等。十一年，广东巡抚奏请抽落地茶税。④

（四）厘金

厘金创行于咸丰三年，也叫厘捐。百分之一为一厘。故称厘金，实为一种值百抽一的商业税。

---

① 《清史稿·食货四》。
② 王庆云：《熙朝纪政》卷七，第3—4页。
③ 董恂：《户部现办各案节要》，北京图书馆抄本。
④ 《清史稿·食货五》。

厘金产生的最初原因是筹集镇压太平天国革命运动的军费。咸丰元年（公元1851年），洪秀全于广西桂平县金田村起义，咸丰三年定都南京。为镇压这次革命，清王朝在南京等地集结了几十万军队，耗饷甚巨，"军兴三年之后，糜饷已达二千九百六十三万余两，至咸丰三年六月，部存正项等支银仅余227000余两"。部库之款，为各省缴款，道光三十年，部库尚存银800余万两，及两广用兵，屡颁内帑，不到三年，已用去500余万两，而军兴之后，失地数省，以致"地丁多不足额，课税竟存虚名"。① 借助捐输，年收500余万，此时已少不济用，缓不应急，且行之过久，操之过急，恐生他乱；加以南方各省多为太平天国占领，于是，"盐引停迟，关税难征，地丁钱粮复因军荒免缓征"。② 财源匮竭，必须另寻新的税源。而清自乾隆以后，封建商品经济有了缓慢发展；而五口通商以后，商品市场比较活跃，而关、市之税未能及时作适应性调整，因此对商人征税，并不是十分难办之事。咸丰三年，副都御史诚职司转饷，采纳归安县（地在今吴兴）谋士钱江的建议，试行捐厘之法，先在扬州附近的仙女庙、邵伯、宜陵等镇劝捐助饷，旬日之间，得饷十几万。次年三月，诚奏请于江苏各府州县仿行劝办，凡货物皆抽助饷金一厘。居者设局，行者设卡，月会其数，以济军需。获清王朝首允后，厘金制度立即由一地方性的税捐演变为一个全国性的税捐，几致无处不设卡，无物不收厘的状况。

厘金的名目，十分繁复，按课税品种不同，可分为百货厘、盐厘、洋药厘、土药厘等类；如按课税地点为准，又有在出产地征收的出产税、山户税、出山税以及各种土产税、落地税等；在通过地课于行商的活厘（行厘）；在销售地课于坐商的坐厘（板厘）、埠厘、铺厘、门市厘等名称。而以行厘为厘金收入的主要来源。

厘金的税率，开办之初为1%，以后逐渐提高，到光绪年间，各省多为5%，浙江、江西、福建、江苏为10%，各地并不统一。

清代的厘金制度，弊害很大。罗玉东认为，厘金的弊端，就大体而言，多是借征收手续作弊。一是侵蚀税收，包括填写联票时大头小尾和卖放、私

---

① 罗玉东：《中国厘金史》上册，商务印书馆1936年版，第9页。
② 《皇朝道咸同光奏议》卷37。

征（不给票或填小票）、匿报罚款以其收入填饱私囊；一为私索商民，借征收手续而索取规费达 12 项之多。我们认为，其弊害主要表现在三个方面，首先，厘金负担苛重，危害商民。厘金征收异常广泛，见货就征，不问巨细。正如罗玉东所述："举凡一切贫富人民由出生到死亡日用所需之物，无一不在课征之列。"江苏课厘货物共分 25 类，包括货物 1241 项；浙江共分 12 类，包括货物 682 项；广东分 15 类，包括货物 967 项；广西分 29 类，包括货物 1942 项。这仅是指载于各省课厘章程的货物，其未载于税章之货物，不知还有多少。其次，税制混乱。厘金的征收，清中央未制定统一征收制度，由地方各自制定税制，自主征收，致有一地数卡、一物数征的现象出现，其厘金收入除上缴中央一部分外，其余部分，一充经费，一入私人腰包。最后是厘金征收的目的性。征收厘金的最初目的是为筹集军饷，用于镇压太平天国革命。至同治十三年，厘金充作军费的部分约占 73.7%，仍为防范农民起义，对国计民生未带来任何好处。

（五）关税

清自道光二十二年对英鸦片战争失败后，被迫开放五口通商，建立新海关，征海关税；而称原来的内地关口为常关（旧关），征于常关的称为常关税。

1. 常关。清代常关税收是指对通过内地各关口的货物（衣物、食物、用物等）所征收的税，一般包括正税和附加税两项。由于有定额和无定章，所以征收时多有弊害发生。如咸丰十年，原各关口过往行人携带用物，其应纳税银不过三分者，向准免税。其后有的地方并计纳税，索诈留难。又如崇文门税关，正税之外，勒索无厌，甚至会试举子皆受其累。

2. 海关。鸦片战争后，清王朝于各开设海关的地方，征收关税，包括进口税、出口税、子口税、复进口税、吨税和洋药厘金等数种。

进口税。对进入我国国境或关境的外国货物所征收的税，也叫输入税，其税率，道光二十三年"定洋货税则值百征五，先于广州、上海开市。洋货进口，按则输纳"[1]。当时规定进口货 48 种，从量课税，税则中未及列名者，一律按值百抽五定税；而进口洋米、洋麦、五谷则免税。

---

① 《清史稿·食货六》。

出口税。对途经关口出境的本国货物,征收出口税(输出税)。中英协定税则中规定出口的货物共 61 种,亦从量计征,值百抽五。

子口税。进口洋货运销中国内地或出口"土货"从内地运销国外者,除在海关缴纳进口税或出口税外,还要另外缴纳 2.5% 的内地过境税,以作为通过内地各关卡应交之税;当时以海关口岸为"母口",内地常关、厘卡为"子口",因此,把这种集内地各关卡的税于一地一次缴纳的过境关税称为子口税;又因其税率是出口税的一半,故又称"子口半税"。鉴于中国内地遍设厘卡,征收厘金的现象,英国殖民主义者在《天津条约》中规定,英商无论从内地买货出口或将洋货运往内地销售,均可只纳一次值百抽二点五的子口税,不再纳其他税,从此以后,外国商人享有只纳一次子口税的特权,而中国商人则长期处于逢关纳税,过卡抽厘的苛复繁杂的税收之下。

复进口税。并称沿岸贸易税。对本国货物从一个通商口岸由商船运往另一通商口岸所征收的国内关税。税率定为出口税的一半,即 2.5% ,故又称"复进口半税"。光绪二十四年总税务司改按洋商之船照条约税则的 2.5% 纳税。

吨税。亦称船钞。对往来各通商口岸的船舶所征收的税。为使用费性质,由海关征收。洋药厘金。为对鸦片(初称药材)进口时所课的正税和厘金。第一次鸦片战争后,英为倾销鸦片,主张清政府对鸦片课税,但道光坚持禁烟。英于是在《天津条约》中,以洋药之名混入进口商品之列,每百斤纳银 30 两。

清政府的海关税,是在中英签订不平等的《南京条约》后,被强迫接受的带有殖民地性质的"协定关税"。首先,它失去了保护本国民族工商业的作用,由于外国商品不仅低于本国商品税率,而且享受多种免税特权,使中国国内商货处于十分不利地位;其次,有利于外国商品对华倾销和掠夺本国原材料,为外国列强占领中国市场服务。

(六)其他工商杂税

1. 矿税。嘉庆至道光初,以"岁入有常,不轻言利",除铜、铅利关鼓铸见准开采外,金、银各矿,一般不允开采。道光二十四年,因筹军饷,放宽禁限;二十八年,复诏云、贵、川、两广、江西各督抚及其余各省于所属境内查勘,鼓励开矿,"至官办、民办、商办应如何统辖弹压稽查之处,朝廷不为遥制"。一时矿禁大弛。

2. 洋药、土药税。咸丰七年，闽浙总督王懿德等奏称，因军需紧要，暂从权，对鸦片征税；八年，与法定约，宽其禁，每百斤纳税银 30 两；洋药厘捐，每百斤征 20 两。云南向无洋药，命以所产土药分别征收税厘。

此外，还有牛马税课（黑龙江）、果木税、棉花税（吐鲁番）、药材（河南）、竹木税（湖北）、烟酒税（吉林），以及名目繁多的捐（指捐、借捐、炮船捐、亩捐、米捐、饷捐、堤工捐、船捐、房捐、盐捐、板捐、活捐等）。

三　外债

清在咸丰以前，没有外债的记录。咸丰三年，为镇压上海小刀会起义，由苏松太道吴健章出面，向上海洋商举借款项以雇募炮船之用。约定从上海海关关税中扣还（还本付息 127 万余两）。从这时开始，到甲午战争爆发（公元1894 年）的 40 余年里，有资料可查的共计 43 项，折合库平银约 4600 万两。此时，由于清财政库存尚未枯竭，而且开办捐输，举办厘金，其收入不少，而赔款及所借外债，在财政中所占比重不大，基本上可按期归还。财政的主动权还在清王朝手中。

四　财政支出

此时期的支出，主要是军需、河工、赔款及其他例行开支。

（一）军费支出

清嘉道时期，国家养兵，据称比乾隆时少，约为 58 万余；军队装备，从道光年开始，为装备水师，从国外陆续购进炮舰（军舰）。为装备陆军，购进洋枪、洋炮，装备费较前大增。清自道光以后的战争费用，包括对内镇压农民革命运动和对外抵抗外国侵略者入侵的开支。清代后期，各地农民起义此起彼伏，为维护其统治，清王朝不仅动用其国防军，还在各地招募和训练了数十万乡勇，军费支出大增，仅围堵太平军，前后支付军费 1.5 亿两；而咸丰三年、四年雇募外国炮舰攻打小刀会，雇佣美国流氓华尔率领的"常胜军"镇压太平天国起义军，从咸丰十一年至同治三年，共支付费用 342 万余两。如加上镇压捻军、西北回民以及西南地区和闽、台地区的农民起义，据统计，当在 4229 万余两；如包括各省自筹军费，其支出估计达 8.5 亿两①。至于抵御外侮的军费，第一次鸦片战争和第二次鸦片战争的军费开支为"一千数百万两"，中法战争军费为"三千余万两"。巨额的军费开支，已使清财政陷入困境。

（二）赔款支出

清自鸦片战争后，累战累败；战败则被勒索赔款，赔款数量也一次比一次增多。第一次鸦片战争战败赔款 2100 万元（银元），折合白银 1470 万两，其中包括鸦片烟价赔偿 600 万元，战争赔款 1200 万元，商行欠款 300 万元；此外，英军向清廷勒索的广州赎城费 600 万元以及在沿海各城市劫掠官库和商民的财物（估计为 730 万元）还未计算在内。第二次鸦片战争失败后向英法两国各赔白银 800 万两，还要支付"恤金"50 万两；此后，《中俄伊犁条约》规定向俄赔白银 600 万两。总计赔偿白银 3700 多万两。为了筹措这笔赔款，除用海关税、地丁银、捐输各款支付外，还令江、浙、皖、粤等省负责摊赔。清朝财政困穷之状，从此可见。

（三）皇室开支

清皇室支出，并未因财政困难而收敛。其日常经费仍由国家财政定额支付。其临时开支，则由国家财政和地方共同支给，如同治十一年，令各省添拨白银 100 万两供同治大婚之用；又如同治十三年，东陵用款不敷，从长芦盐务项下借支 5 万两，生息备用。

（四）百官俸禄

百官俸禄，分银、米两类，道光中，每岁京库放俸米 380 万—400 万石。同治六年规定，凡在外文官俸银与京官一例，按品级颁发，不给恩俸，不支禄米。而武官额俸则与京官有异。由于各省应解俸饷饭银及公用各费每每拖欠，导致财政周转不灵。

（五）实业支出

鸦片战争后，清王朝内外交困。为了稳定自己的统治，以曾国藩、李鸿章为首的洋务派，打着"自强"、"求富"、"富国强兵"的旗号，从咸丰末年开始，先后创办了一批新式军事工业：咸丰十一年（公元 1861 年），曾国藩

---

① 彭泽益：《十九世纪后半期的中国财政与经济》，人民出版社 1983 年版，第 130—137 页。

创办安庆军械局；同治元年（公元1862年），建上海炮局；同治四年，李鸿章购得美商旗记铁厂，筹建上海江南机器制造总局，光绪十九年建成；同治五年，左宗棠与法人在福州马尾山下建福州船政局，开办费47万两；同治六年，崇厚于天津筹建天津机器制造局；同治十一年，李鸿章购买轮船，强固国防，又奏办轮船招商局，官商合办，总局设在上海。总之，此期间建了很多近代工业生产工厂，既有军用工业，也有民用工业，而最初则从军事工业开始。

（六）河工、河渠支出

据载，嘉庆中，衡工加价至730万两，十年至十五年，南河年例岁修抢修及另案、专案各工，共用银4099万两，还不包括马家港大工。二十年，睢工成，加价至300余万两。道光中，东河、南河除有年例岁修经费外，又拨有专项（另案）工程经费：东河每年额拨150余万两，南河270余万两，积十年则有4000余万。六年，拨南河王营开坝、堰、盱大堤共银517万两；二十一年及以后数年，有东河祥工、南河扬工、东河牟工等拨银1668万两，后又有加；咸丰初，丰工亦拨银400万两以上；同治中，山东侯工、贾庄各工，用款200余万；嘉、道二朝，仅河工用银即达1亿多两，是清代后期河工支出最多时期。此外，还有驿站经费，全国21省，岁耗银300余万两；赈济支出：道光中，拨给江苏、河南、河北等数省赈灾银400多万两；安徽、浙江截留办赈银近百万，江苏为140余万，还不包括官绅商民捐输银两，否则更多。

第三节　光绪、宣统时期的政治、经济和财政

一　政治、经济概况

进入光绪时期，先是法军侵越，复犯我沿海；十一年，英军灭缅甸，我四川备边；二十年，日军侵朝，中日开战；二十六年，英美日俄等八国联合侵华，攻陷北京。这些情况说明，自西方资本主义各国发展到帝国主义阶段后，加紧了瓜分世界的战争。中国当然是瓜分的目标。由于遭到中国人民的强烈反抗，瓜分中国的目标难以实现，只能是以军事侵略为手段，通过同中国签订不平等条约以攫取政治的和经济的特权，并通过资本输出以控制中国

的经济。中日甲午战争即成为这种转折点。日本对华战争后，各帝国主义在中国获取了开设工厂、矿山和建筑铁路的权利，获取了"租借地"，并划定了"势力范围"。首先，在中国建厂矿，进行工业投资。在甲午战争以前，外商工厂不过十几家，至1913年，较有规模的外国工厂有166家。特别是棉纺工业，当时由清朝官僚独占，外商无缘进入，但1894年，英商怡和洋行即突破禁令强行进入；次年，上海即有4家外国纱厂（英2，美1，德1）；1914年日本纱厂为3家，纱锭和织机也逐年增加。其次，为外国贸易商的扩大。据吴承明的统计，在中国的外商：1882年为440家，1892年为579家，1901年为1102家，1913年为3805家。第三，铁路和矿山投资。这是帝国主义各国在华权利之争的结果。1903年，中国有铁路4360公里；1913年为9744公里。而所有铁路，差不多都受外国资本控制。最初时，由俄、德、法等国直接经营，后改为通过借款形式来控制，如1902年前的铁路借款为4800多万美元，1903年到1914年间达到2亿余美元。在矿山方面，重要的外资矿山，大都是从中国人手中兼并或强夺来的。第四，银行的设立和对财政的控制。1894年前，仅有英、德两国在华设银行7家；1895年至1913年发展为9国13行，85个分支机构，它们的任务是掌握清朝的借款，投资铁路、矿山和控制中国财政。从1895年至1910年，各帝国主义国家供给清王朝的财政借款约合27亿美元。[①] 而这些借款又都是以中国的关税、盐税以及后来的内地税收作抵押的，因此帝国主义国家又借此控制了清王朝的部分财政收入。随着帝国主义的侵入，在资本输出的同时，也给中国带来了西方先进的科学技术和管理方法，对中国资本主义工业的发展无疑也起了促进作用。同时，由于帝国主义之间的战争和中国人民的反帝斗争，也给中国资本主义发展提供了时间和空间，不仅官僚资本工业有所发展，民族资本工业也获得了发展机会，在1895年至1898年之间，万元以上厂矿每年即有10个以上；1895年新设厂15个；1904年后，每年建厂20个以上，1906年为52个；资本额为2290万元。[②] 经济的发展，也促使中国金融业的产生和发展，光绪二十三年（公元1897年）

---

① 吴承明：《帝国主义在旧中国资本的扩张》，《中国近代国民经济史参考资料》（二），中国人民大学出版社1962年版，第124—136页。

② 严中平：《中国近代经济史统计资料选辑》，科学出版社1984年版，第93页。

中国通商银行建立，到 1911 年，共建银行 17 所。

中国的农业，也因帝国主义侵略的不断深化而发生变化。固然，至光绪初，清朝国政仍坚持农桑为本的思想，仍未放弃鼓励垦荒、数年后再征税的政策；对物土相宜的地方，如甘肃、陕西、广西、贵州、福建、东北三省等地，也劝办蚕桑；由于"林业关系重要"，宣统元年令出使各国大臣调查各该国森林情况，考察造林之法，以振兴中国林业；宣统二年，以"农林为天地自然之利，工艺为改良土货之图"，各省相继设立学堂、农林试验场及垦牧、树艺相继咨行报部（农工商部）者有甘肃、新疆、黑龙江、安徽、四川、广西等省。江苏、江西等省有乡绅举办的农垦、垦牧等公司；此外，修撰张謇招商集股，开办渔业公司。但光、宣时期的农牧业，也在发生改变：首先，土地兼并问题仍在发展，而且，西方传教士也加入了兼并农民土地的行列，如内蒙古各地，教堂林立，"每一个教堂各领有蒙地数百千顷，筑宅耕田，自成都邑，仿佛一个个的独立国"；[①] 其次，农产品商品化依赖（服务）于帝国主义控制的国际市场，中国传统的茶叶、桑蚕，以及棉花、烟草、大豆等的种植，多受国际市场变化的冲击，农民受害很重；第三，农产品价格变化的影响，包括农产品价格的剪刀差，以及季节差别和地区差别对价格的影响，不仅受本国商人的盘剥，也受外国商人的盘剥。

二 财政收入

（一）特点

光宣时期，国家赋税结构发生了根本性变化，体现为：

1. 税收总量迅速增长。清政府财政收入在 1874—1911 年间有两个明显的变化时期。一是上升期。在 1874—1894 年的 20 年间，清政府财政收入有了较大增长，即由 6080 万两上升到 8103 万两，增长幅度为 30%。这一变化打破了自乾隆中期以后一百多年间清政府财政收入长期徘徊在 4000 万两左右的局面。这一时期清政府财政收入之所以有一定增长，除传统收入项目田赋、盐课不断扩展外，主要是厘金、海关税两大收入。二是膨胀期。甲午战争后，尤其是 20 世纪最初十年间，清政府财政收入有了突飞猛进的增长，即 1899

---

① 李文治：《中国近代农业史资料》第一辑，第 238 页。

年突破 1 亿两大关，1908 年又突破 2 亿两大关，1911 年接近于 3 亿两大关。其中 1911 年财政收入 29696 万两，与 1894 年甲午战争时期的 8103 万两相比，增长了 2 倍多；与鸦片战争时期的 1841 年 3903 万两相比，增长了 6 倍多。可见甲午战争后清政府财政收入增长速度之快。

2. 税收主体由农业税转向工商税。其变化情况请参见下表 10 - 2 所列数据及比例。

表 10 - 2　　　　　　　晚清财政税收结构对比表①　　　　单位：两

项目 年代	总额		田赋		盐课		厘金		关税	
	数额	比重	数额	比重	数额	比重	数额	比重	数额	比重
1841	38597750	100	29431765	76	4958290	13	—	—	4207695	11
1842	38688022	100	29575722	76	4981845	13	—	—	4130455	11
1845	40799409	100	30213800	74	5074164	12			5511445	14
1849	42503989	100	32813304	77	4985871	12	—		4704814	11
1885	67035470	100	32356768	48	7394228	11	12811708	19	14472766	22
1886	67903634	100	32805133	48	6735315	11	13218508	19	15144678	22
1887	74604114	100	32792626	44	6997760	9	14272329	19	20541399	28
1888	77500100	100	33243347	42	7507128	10	13600733	18	23167892	30
1889	75361962	100	32082833	43	7716272	10	13739095	18	21823762	29
1890	76802971	100	33736023	44	7427615	9	13643107	18	21996226	29
1891	77858037	100	33586544	43	7172430	9	13581042	18	23518021	30
1892	77014400	100	33280341	43	7403340	9	13641665	18	22689054	30
1893	76181712	100	33267856	44	7679828	10	13244728	17	21989300	21
1894	75216976	100	32669086	43	6737469	9	13286816	18	22523605	30
1903	97021178	100	37187788	38	13050000	13	16252692	17	30530699	32
1911	79740085	100	48101346	27	46312355	26	43187097	24	43139287	23

由上表所列数据及比例可见，咸同以前，清政府税收来源主要是田赋、

---

① 据《石渠余纪》、《光绪会计表》、《清朝续文献通考》、《清史稿·食货六》、《中国厘金史》、《六十五年来中国国际贸易统计》等有关资料而制表。

盐课、关税三项。其中来自于农业的田赋收入所占比重为70%—80%，而来自于工商的盐、关两税仅占20%—30%。咸丰以后，特别到了光绪年间，田赋收入比重大为下降，即由1849年的77%逐渐下降到1911年的27%，而其他三项收入，即盐课、关税、厘金，因都来源于工商领域可合并计算，由1849年的23%逐渐上升到1911年的73%。这表明在晚清税收结构中，以田赋为代表的农业税已不占主要地位，占主要地位的是以厘金、盐课、海关税为代表的工商税。

3. 实物税收逐渐减少。在清代前期的税收方面，清政府的税收方式主要以实物税征收为主。咸同以后，这一征收方式发生了重大变化，即实物税征收逐渐减少，货币税征收逐渐增多。这突出地表现在漕粮改折方面。甲午战争后，由于国内商品经济的迅速发展，实物赋税的落后性日益暴露，漕粮全部改折银两的条件逐渐成熟。1896年湖广总督张之洞多次上奏，力主将漕粮全部改折银两，但户部却以"京畿连年荒歉，粮缺价昂，采买不易"为由，不予采纳。1898年9月，侍讲学士瑞洵主张立即实行南漕改折，以节省经费。20世纪初年，随着财政危机进一步加剧，清政府不得不指望通过"折南漕以节经费"。1902年清政府宣布废除漕运（清廷必需的粮物仍从南方运京），裁撤"各卫所领运官弁及运河道厅汛闸各官"，1905年又裁去漕运总督一职。至此，作为有清一代主要实物赋税形式——漕粮征解制度终于退出历史舞台。

（二）收入形式

光宣时期，各项具体财政收入分述如下：

1. 田赋。光宣时期的田赋，虽已失去嘉道年间的重要地位（占全部财政支出的2/3），但仍是国入的重要支柱之一。地丁、租息、粮折、杂赋等几项相加，约占全部财政收入的37%—40%左右。但清末田赋，由于银贵钱贱的原因，农民的实际负担要比名义负担重得多。而自光绪中叶举办新政，听各省自由筹款，于是各地率先以新政之名，附加税至再至三，层出不穷，如铁路捐、警捐、学捐、地方自治捐等，名目繁多，据刘世仁所撰《中国田赋问题》一书所记，清宣统时，江苏泰县正税漕米每石定价折收足钱4833文，又附加征米一石，随收脚费钱53文，带收积谷、改拨学堂经费100文，弥补平粜亏折积谷本谷钱60文，自治经费钱40文，券票捐钱100文，每串捐钱10

文，又禀准每张加地方自治及新政一切经费，并书吏造办册串经费钱 35 文，均一律缴足钱。花样百出的捐税，农民不堪重负！

2. 盐税。自曾国藩改票法制度后，票商专利，盐弊又生。光绪八年，左宗棠督两江，请增盐引，盐课大增；乾嘉时，盐课止 530 余万两；光绪中，已增至 1127 万余两。其杂课亦得 350 余万两。光绪二十五年后，盐斤加价，盐引加价；二十九年，又普加 4 文；此外，还有土盐加税、行盐口捐、杂捐、商包余利、盐票、盐引转输等名目，不下十余种，其盐利总数不下 1400 万—1500 万两。盐课之外，各项规费其数额也很大，多归官吏中饱。[1] 光绪末，合课、厘共 2400 万有奇；宣统三年预算，盐课列 4500 万余两。由于盐税的增加，自甲午战争后，盐税也成了帝国主义掠夺对象，盐税、盐厘成为外债的担保品；而庚子赔款后，盐税、盐厘也同关税一样，几乎尽数作为外债和赔款之用；余剩部分，称为盐余。实际上，盐税所余无几。

3. 关税。光绪二十二年，清有海关 27 个；宣统三年增至 47 个。清自协定关税后，"一切货物概课以值百抽五。奢侈品（如洋缎、烟酒等）应高其税以遏制，利益品（如种子与我国所不生产之物）应轻其税以招徕，而限于协定，均不可得也"。[2] 其不公、不均之处很多。只是由于门户开放以后，从国外输入中国之货大增，虽然关税很低，但收入增加，据光绪十八年统计，是年征税之数，包括进口征税银（459 万余两）、出口征税银（825 万余）、复进口半税、洋药税、船钞、内地半税、洋药厘金（566 万余两）等七项在内，计征银 2268 万余两（《清续文献通考》），三十一年为 3511.1 万余两。由于关盐收入之多，帝国主义各国也进一步加强了对关税的劫夺。甲午战争后，各帝国主义国家强行借给清政府的款项，不仅数额很大，而且归还期限也长，如光绪二十二年的英德借款为 36 年；二十四年的续英德借款为 45 年，而这些巨额借款都以关税税款为担保，由总税务司直接从关税收入中拨付债息和赔款，以保障各帝国主义国家的利益。只有当支付当年债息和赔款之后，所剩余者（叫"关余"）才交清王朝使用。1911 年，辛亥革命爆发，帝国主义各国为防止关税落入革命军手中，于是各债权国在华银行组成海关联合委员

---

① 胡钧：《中国财政史》，第 349—350 页。

② 《清续文献通考》。

会，将关税保管权进行接收。即凡中国关税收入，由总税务司代收代付，其税款一律存入汇丰（英）、德华（德）、道胜（俄）、东方汇理（法）和横滨正金（日）等数家银行，从此中国的关税保管权也丧失了。也是从这时开始，中国的海关税则的制定权、行政管理权、税款保管权和关盐两税支配权都被各帝国主义国家所控制。占中国财政收入 1/4 的关、盐两税收入为帝国主义国家所把持，中国财政主权严重受损。

除上述主要赋税外，清朝前期各项工商税捐，除个别有变动外，仍按原定制度征收，有的税课，还明显加重，即甲午后的加厘加税。据《清史稿·食货六》所载："庚子以后新增之征收者，大端为粮捐，如按粮加捐、规复征收丁漕钱价、规复差徭、加收耗羡之类；盐捐如盐斤加价、盐引加课、土盐加税、行盐口捐之类；官捐如官员报效、酌提丁漕盈余、酌提优缺盈余之类；加厘加税如烟酒土药之加厘税，百货税之改统捐、税契加征之类；杂捐如彩票捐、房铺捐、渔户捐、乐户捐之类。"清末的杂赋收入，光绪十七年时为 281 万，到制定宣统三年预算时，则列为 1919 万两，这还仅是经常性收入。

4. 公营经济事业收入。光宣时期，随着社会经济的发展，特别是受资本主义经济的影响，为适应社会发展需要，由政府出面，对铁路、轮船、邮政、电报等经济事业以及军事工业进行投资。当这些经济部门形成生产规模，创造了盈利后，便有一部分收入上缴国家财政。

（1）铁路营运收入。甲午战争以前，中国自筑铁路仅有京奉路；甲午后，陆续修筑了京汉路等十多条铁路，通车上万里，收入约为 2000 万两。

（2）邮政收入。从光绪二年由海关兼办邮政开始，到宣统时，已得到很大发展，但收入不多，年收入约 600 万两，几乎没有盈余。

（3）电报、电话收入。由于官报是减半支给等原因，年收入约为 1000 万两。

清代轮船业，在国内主要运销漕米、食盐和官物，在海外则受到帝国主义国家的排挤，虽有官府补赔，但仍月有亏损。

5. 内、外债。为弥补巨额财政赤字，清光绪、宣统年间，不仅发行内债还大量举借外债。举债情况，简述如下：

（1）内债。光宣年间，向国内举债的次数不多，数额也不大。①光绪二十年，为筹措甲午战争经费，户部建议向"富商巨贾"借款，名叫"息借商款"。这项借款没有规定发行总额，也无统一制度规定，各地发行方法多有不同，类似捐输，近于勒索，不到一年即停止发行。借到款项约 1100 余万两。②光绪二十四年，为偿付《马关条约》第四期赔款，发行"昭信股票"。总额为一亿两，以田赋、盐税作担保。年息 5 厘，20 年还清，认购多者还赏给官衔。由于官吏勒索，招致人怨，不到一年即中止，借到款项仅 2000 万元。③宣统三年，由于爆发辛亥革命，为应付时局，发行"爱国公债"，总额 3000 万，年息 6 厘，期限 9 年，以部库收入为担保。不久，最后收入 1200 余万元，不久清王朝被推翻，爱国公债随即停止。此外，一些总督和巡抚，如：袁世凯、朱新宝等也在各地举办地方公债，数额多少不等，利息都是 7 厘，分 6 年还清。

（2）外债。根据徐义生著《中国近代外债史统计资料（1853—1927）》所记，清王朝在甲午战争以前，即从咸丰三年至光绪十六年（公元 1890年），共借外债 43 笔，折合库平银 45922 万余两，不包括拟借但不知已否借成的 25 笔。甲午战争后至清王朝被推翻的 19 年中，共借外债 112 笔，折库平银 12 亿余两（实收 6.6 亿余两）。此外，还有 36 笔是拟借而不知已否借成。此时期外债急剧增加的原因，一是清财政入不敷出，而所在需款，又十分紧迫；二是各帝国主义国家竞相借给清朝银款，以图控制清朝财政经济。此时的清王朝，明知借款是"饮鸩止渴"，但也不得不借。所借款项，大部分用于赔款（7.2 亿两），约占借款总额的 59% 以上；其次为用于铁路、轮船及电讯工业投资，约占借款的 30%；其他为供军事及其他之用。这些外债，使清王朝付出了沉重的代价，包括政治的和财政经济的损失。首先，借款的利息高，折扣大。一般年息都在 4%—7% 之间，有的高达 10% 以上；而借款不是全额付给，一般不超过 90%，有的只给全额的 83%；其次，利用各国货币的比值变化及市场价格的涨落所造成的差价，对中国进行勒索，如 1895 年的克萨镑款（100 万英镑），镑亏本息达 173 万余两，占实收额570 余万两的 30%；第三，外债多由赔款转化而来，是殖民主义者对待殖民地人民的办法，并需由外国人指定用途，限制向他国借款，不许提前偿还；并要用中国关税、盐税以及百货厘金作担保；如到期不能还本付息，债权国有权到通商口岸直接征税，等等。这些苛刻条件，不仅使中国遭受严重的经济损失，也使中国财政主权受到极大伤害。

三 财政支出

光宣年间的财政支出，主要是军费、赔款、债务和实业等几项支出。

（一）军费支出

清自光绪开始，改造和扩充军队。步军统领荣禄保袁世凯练新军，称新建陆军；复练兵小站，称定武军；两江总督张之洞聘德人教练新军，称江南自强军；其后荣禄以兵部尚书节制北洋海陆各军，益练新军，称武卫军。庚子年后，各省皆练新军。光绪三十年划定军制，统一新军。在海军方面，道光时筹海防，同治时设厂造船，李鸿章练北洋海军。甲午海战，师船尽没。光绪中，南、北洋仅有船50余艘。在战争经费方面，光绪十年中法之战，二十年中日甲午之战；光绪二十六年，八国联军攻入北京。其中仅中法之战，即用银3000万两。

（二）赔款和债息支出

清末两大赔款，一是中日甲午之战，签订《马关条约》，割地赔款，赔日本军费二亿两，分8次于7年内交清。除第一期的5000万（6个月内还清）不计利息外，其余的1.5亿两要计息，年息5%。光绪二十七年，八国联军攻入北京，清朝被迫与之签订《辛丑条约》，规定向英、德、美等13个帝国主义国家赔款，总额4.5亿两，由于清王朝财政已空竭，无力在短期内还清，议定分39年赔付完毕。未赔之款，按借债对待，年利4厘，合计为9.8亿两。约相当于光绪末年近十年的财政收入。此外，还有所谓教案赔款，如光绪五年云南赔法国教堂5万两；二十年，贵州赔教堂三万两；二十五年，山东赔7.7万两；二十九年，吉林全省教案赔款25万—26万两。债息支出亦是光、宣财政的一大支出。据光绪二十二年户部奏称："近时新增岁出之款，首以俄法英德两项借款为大宗"，一为500余万两，一为600余万两，共计1200万两左右，一年内还清。对财政压力很大。而光绪二十年至二十七年的八项借款所付本息银数，光绪二十五年时约占岁出的22.9%，三十一年时占31%，宣统三年试办预算表上，赔款和债息为5200万，占当年预算支出的15%。

（三）官营经济事业支出

在光绪年间，清朝加大了对铁路、轮船、邮政等经济部门的投入。

1. 造船支出。光绪二年后，船政常年费为60万两。以福州船厂为例，从同治五年至光绪三十三年，"经营船政四十余年，凡用银一千九百万两有奇"。

2. 铁路建设费。光绪初，英人擅自在上海筑铁路至吴淞，清以银28万两赎回不用。三年，有商人筑从唐山至胥各庄铁路80里。以后，李鸿章、张之洞力主筑卢汉铁路，于光绪三十三年建成，自京师至汉口，"路近三千里，费逾四千万"。国家财政资金不足，向外国借款而成。按《清史稿·交通》所载，清代官办铁路有京汉、京奉、津浦、京张、沪宁、正太、汴洛、道清、广九、吉长、萍株、齐昂等12条，资本金共计35499.4万余元；商办铁路有浙江、新宁、南浔、福建、潮汕等铁路，资本金也有2635.7万元。

3. 邮电支出。电政创办于光绪五年，初为官款官办，八年起为官督商办；二十八年起为商股官办。光绪三十三年，全国电线计飞线、水线、地线共76098.5里，到宣统元年，线路达95281.5里。至于邮政，始议于光绪二十一年，广西按察使胡燏棻奏请创邮政以删驿递，每岁可省驿费300余万，而收数百万之盈。二十二年设于沿江沿海，三十年，拟推广全国各省，约需经费109万两，由关税项下垫付。

（四）皇室支出

皇室支出包括内务府经费（岁额60万两）、庆典费用、陵墓建筑维修费和园囿修建等费。此期内的最大开支当属光绪十三年的大婚，用银550万两；特别是光绪二十年慈禧的"整寿"，为举行"万寿庆典"，各种耗费约计700余万两。这笔"庆典用款"，一部分来自"部库提拨"，一部分来自"京外统筹"。而部库提拨是从饷需、边防经费和铁路费用中"腾挪"出来的。此外，光绪皇帝进贡物品和银两，共计59.8万两。内务府大臣、安徽巡抚等所贡之物尚未计入。至于陵墓费，主要是光绪陵工程，计180万两，从各省地丁、厘金、海关、洋税中提取。

（五）行政费和百官俸禄

光绪二十七年，对各行政机构进行改革，各机关有并有增，行政经费增列不少。光绪十七年，解京各衙门饭食等费为347万两，宣统三年预算行政费列2732.8万两。至于官俸，包括公费、津贴、薪水等项，宣统二年时，军机大臣每年公费2.4万两，尚书1万两。

（六）文化教育支出

光绪宣统时，文化教育事业有了较大发展，如十三年广东建广雅书院，三十二年建曲阜学堂；三十四年，建京师大学堂（开办费 200 万两）。在军校方面，光绪十一年建天津武备学堂；十三年设广东水师学堂和陆师学堂。光绪三十一年，湖南奏建图书馆（开办费银 1 万两），等等。据宣统二年统计，各省学堂为 42444 处，各省学生人数为 128.5 万人，其中专门学生增加 3951人，实业学生增多 4923 人，普通学生增加 26.5 万余人。还向国外派遣留学生，学习西洋技术。随着学校的增加，教育费也相应增加。但在国家财政支出中所占比重很小，不到 1%。

此外，清光宣时期还有河工费，约 2000 万两；抚恤赈济支出：光绪初，山西、河北、陕西之灾合官赈（拨帑、截漕）、义赈及捐输等银，不下千数百万两；而郑州河决直隶、江苏、山东及秦晋等地，水旱各灾，赈捐用银近3000 万两。

第四节　财政管理机构和制度

一　财政管理机构

清代的财政机构，中央为户部，主管全国土地、户口和国家财政收支政令。主管官设有尚书，尚书之下，有左右侍郎各一名，右侍郎兼管钱法。其下有十四清吏司，分掌各省及有关全国钱粮政务。此外，还有井田处、俸饷处、理审处等机构。光绪三十二年（公元 1906 年），"厘定官制，以户部为度支部"。"大臣主计算，勾会银行币厂，土药统税，以经国用。"下设政、参议二厅及田赋、漕仓、税课、管榷、通阜、库藏、廉俸、军饷、制用、会计等十司和一个金银库。田赋司掌土田财赋、稽核八旗内府庄田地亩；漕仓司掌漕运、核仓谷委积、各省兵米数等；税课司掌商货统税，审核海关、常关盈亏；管榷司掌盐法杂课，盘查道运、土药统税等的审核校实；通阜司掌矿政、币制、稽核银行、币厂文移；库藏司掌国库储藏；廉俸司掌百官俸禄，审计百司职钱、餐钱；军饷司掌核给军糈、勾稽各省报解协饷，制用司掌核工程经费，兼司杂支例支；会计司掌国用出纳，审计公债外款，编列收支报表；金银库掌金帛出入核算。在地方则由承宣布政使司掌一省之财政，布政使稽收支出纳之数，汇册申报巡抚再转报户部。而具体财务工作，则设专门财务员分管。

为加强盐政管理，在中央设盐政院，主管官为盐政大臣，下设总务厅、南盐厅、北盐厅、参议等职。由大臣总揽盐政；丞佐理差务；总务则综理庶务，典守机密；南盐厅掌管淮、浙、闽、粤盐务；北盐厅掌管奉、直、潞、东盐务；参事掌拟法制。并派御使巡视盐课；地方则以督抚综理盐政。宣统元年，改设督办盐政处，宣统二年十一月，又将处改为院，直到清王朝被推翻为止。

清末的海关，从鸦片战争后就受到外人操纵；咸丰四年上海成立英、美、法关税管理委员会，是西方殖民者直接参与中国海关管理的开始。咸丰十年，总理衙门成立后，于次年又成立了全国性的总税务司署，清政府任命英国人赫德为总税务司，从此海关大权，遂掌握在以英国人为首的洋人之手，他们维护外国殖民者利益，干预中国内政，控制中国关税收入和使用。清末，海关组织机构分为税务部、港务部、教育部和邮政部，其中最重要的部分是税务部的征税股，专门办理各关进出口货物的征税事宜，它的人员约占海关人员的百分之九十以上。在这些人员中，一切重要职务，都由外国人担任，中国海关的征税权、行政管理权已完全丧失。

二　预、决算制度

清代财政，在预算编制方面，先后二百余年，没有正式文件可考。就预算意义上来说，在年度前也曾编有清单或估册；在决算意义上说，在年度后也有奏销，但都不是近代形式的预算与决算。因为在当时，中央收入和地方收入，并无显著划分。咸同以后，地方督抚权势加重，在其管辖范围内，对财政有一定的独立性，地方如不将其收支据实上报，有时纵然上报，也是先后不齐，多不及时，中央难以准时、全面编制预算。直到光绪后期，整理财政，并于光绪三十四年颁布《清理财政章程》，规定在户部之下设清理财政处，职责之一为审核中央和地方的预、决算报告，汇编国家预算；各省成立清理财政局，主要为拟定各该省收支章程，造送各该省预、决算报告册；宣统二年正月，拟定《预算册式及例言》，规定以每年正月初一到十二月底为一预算年度；在预算册内先列岁入，后列支出，各分"经常门"和"临时门"，门内分类，类下分款，款下分项，项下设子目。收支数额以库平足银为标准，以"两"为记账单位，小数至厘为止。并于宣统二年、三年，分别编制出宣统三年、四年全国预算，第一次编成近代形式的预算（见表 10 - 3）。后来因为辛亥革命成功，这份七拼八凑的预算，也就随着清政府寿终正寝了。

宣统二年，清王朝还提出了统一国库办法，在北京设总库，各省设分库，省下地方设支库，国库由大清银行经理；国家收支全部汇总国库。但因清末地方各自为政，财税收入多存入官银钱局或存入地方官吏与商人合伙开办的银号，而不愿存入大清银行，国库制度一时未能发挥其应有作用。

由于清咸丰时建立的太平天国财政制度，同清王朝财政没有直属关系，故不列入本章内容。

表 10 - 3　　　　　宣统三年（1911 年）全国岁入岁出总预算①　　　　单位：两

岁入			岁出		
项目	政府提出案	资政院修正案	项目	政府提出原案	资政院修正案
田赋	48101346	49669858	（一）国家行政部、外务部所管	3544732	3127013
盐课、茶税	46312355	47621920	民政部所管 度支部所管	5020229 123247543	4352038 111249232
关税	42139287	42139287	学部所管 陆军部所管	3375484 126844326	2747476 77915879
正杂各税	26163842	26163842	海军部所管 法部所管	10503201 7716015	9997946 6639827
厘捐	43187097	44176541	农工商部所管 邮传部所管	6555273 55141906	5453831 37569196
官业收入	46600899	47228036	理藩部所管 小计 （二）各省地方	1705102 342653811	1688558 260740996
捐输各款	5652333	5562333	行政部 民政费	16719897	16719897
杂收入	35244750	35698477	教育费 实业费	12554230 4084672	12554230 4084672
公债	3560000	3560000	官业支出 交通费 工程费 小计	2095926 1676514 572125 37703364	2095926 1676514 572125 37703364
合计	296961909	301910297	合计	381357175	298448365

---

① 根据胡钧：《中国财政史》改编。

复习思考题

1. 与明朝比较，清朝财政收入构成的变化反映了清朝政治经济的哪些特点？

2. 简述清前期田赋及附加的主要内容。

3. 谈谈海关税的增加与中国经济的关系。

4. 简述厘金产生的背景、特点和对中国经济的危害。

5. 请阐述赔款对清代财政状况的影响。

第十一章　北洋政府的财政

　　本章中心内容：本章对北洋政府时期的财政活动作了系统的研究，力求透过财政活动的描述探讨其背后的财政运行规律。北洋政府时期是我国从传统的封建制财政体制向现代资本主义财政体制过渡的初始阶段。在财政制度上既承继了明清时期的诸多传统规制，又在探索、引进国际上先进现代财政制度体系上作了许多有益的尝试，其尝试有成功也有失败。剖析其失败的原因，是本章所竭力想达成的目标。北洋政府在改造传统税制，引进现代新税种，建立现代预算制度等方面均有所建树，为其后国民政府时期现代财政制度体系的建立奠定了基础。本章的学习重点是北洋政府时期的财政收入制度、支出制度以及现代预算制度的内容。

第一节　北洋统治时期的政治、经济概况

　　辛亥革命胜利后，在孙中山的领导下，成立了中华民国。不久，为中国统一大局着想，孙中山将大总统一职让与袁世凯。中国从此进入北洋政府统治时期（公元 1912—1927 年）。北洋政府实际上是一个新型的资产阶级民主制度与传统的封建专制政体的混合物。这一时期内，由于封建传统思想的顽固抵抗，也由于资产阶级民主政治势力尚未臻于强大，缺乏统摄力，再加上多股外国政治势力的干涉等多种因素的影响，此时期的中国政局动荡、制度紊乱、军阀割据，社会制度转型期的特征表现得很突出。政治上的特点决定了中国经济乃至政府财政的特点。

这一时期，中国国民经济的发展具有以下几方面的特点：

其一，是经济结构中，以自给自足的小农经济为特征的农业经济仍居主体地位，但现代工业在这一时期得到一定的发展，民族资本经济的力量逐步壮大。据统计，1914—1918 年，中国国内生产总值中，农业产值占的比重为61.8%；制造业①占的比重为 17.6% （其中，现代制造业占的比重只有2.7%）；服务业占20.7%②。

其二，是国民经济的主体——农业经济的发展速度缓慢。据《剑桥中华民国史》称："按不变价格计算，1931—1937 年农业人均产值约与 1914—1918 年水平相同。这表明产值年增长率略低于1%。"③

其三，是国民经济逐步走向开放。清末已开始的对外开放，此时步伐逐渐加快，中国经济逐步融入国际经济体系。1893 年以前，中国开放口岸只有 5 个，到第一次世界大战开始时，已有 92 个城市对外开放④。经济的开放主要体现在进出口贸易规模的不断扩大和外商来华投资的不断增长上。一方面，商品进出口规模在此时期内有了较大幅度的增长。据统计，1912 年中国的商品进口额为47300 万海关两，出口额为37100 万海关两；到 1927 年时，进口额为103100万海关两，出口额为91900 万海关两。另一方面，外商投资逐步增加，尤其是在第一次世界大战结束后，中国政府修订海关税则，提高了进口商品的关税，从而刺激了外商来华投资的增长。据统计，1902 年，英、美等国家在华投资额只有78790 万美元；1914 年增加到 161030 万美元；1931 年达到 324250 万美元⑤。

在对外经济开放的过程中，我国的经济自主权受到侵害。一些国民经济的命脉部门，如铁路、煤矿等，被外资所控制。煤炭生产中，1912 年时，外资矿的煤炭产量占总产量的比重为 42.6%，中外合资矿所占比重为49.3%，二者合计为总产量的91.9%。到 1921 年时，这两个比重才略有下降。前者为30.9%，后者为 45%，合计为 75.9%⑥。

---

① 制造业是指工业（现代和非现代制造业、矿业和公用事业）＋运输业。
② 《剑桥中华民国史》（上），费正清主编，章建刚等译，上海人民出版社 1991 年版。第 44 页。
③ 同上书，第 72—74 页。
④ 同上书，第 38 页。
⑤ 以上统计数字均源于《剑桥中华民国史》。
⑥ 同上。

政治、经济上的上述特点决定了政府财政在此时期的诸多特点。

其一，政府财力分散，中央政府财政资金匮乏。政治上的军阀割据导致了这一时期政府财力分散，中央政府财力严重匮乏的局面。1913 年，中央政府曾就各级政府的财政收入划分作出制度规定，但该规定未能得到真正贯彻。地方军阀可以不经中央政府的许可，也无需任何申报手续，即可自定征收制度，自定征收品目和税率，甚至发行货币。这种财力分散的局面严重破坏了国家财政的统一性和完整性，中央政府被迫依赖借债度日。尤其是民国初年情况更为严重。"民国肇造，百端待理；军事未平，支出浮大。一切收支，皆采临时应付方针，未遑改革财政制度；当时国家税、地方税既未划分，中央本无固有之财源又无强迫各省解款之实力；故元二两年，中央政府之生存，全恃外债以维持。"① 其实，整个北洋政府统治时期，基本上都是靠借债度日。

其二，政府财政收入中，税收收入所占比重较小，非经常性的各种收费较多，财政收入缺乏规范性。整个北洋政府时期，一直处于军阀混战状态，巨额的军费开支仅靠正常的税收收入根本无法满足，许多地方军阀政府都是靠各种名目的收费来筹集财政收入。财政收入活动随意性很强，基本上没有什么规范性可言。

其三，关、盐税收为帝国主义国家所控制，财政主权部分丧失。清末以后，由于政府外债规模巨大，外债的发行又多以关、盐税收作为抵押或担保，所以关、盐等税的征收管理长时间控制在外国人手中。特别是辛亥革命时，各债权国乘机组成联合委员会直接保管关税税款，存入汇丰、德华、东方汇理、华俄道胜和横滨正金等五家外国银行，实行代收代支。中国政府完全失去了对关税收入的自主支配权。

其四，财政规章制度形同一纸空文。受国际上发达国家的影响和制约，北洋政府试图运用法律手段来规范政府的财政活动。1923 年 12 月公布的《中华民国宪法》中曾明文规定："新课租税及变更税率以法律定之。"在北洋政府当政期间，也颁布了许多财政法律、法规。但由于北洋政权的封建专制本质所决定，再加上当时的中央政府软弱无力，其所做出的许多制度规定，实

---

① 《中国经济年鉴》第四章《财政》，实业部中国经济年鉴编纂委员会编辑，商务印书馆 1934 年版，第 1 页。

际上都未得到贯彻实施，诸多法律文件形同虚设，不啻一纸空文。

第二节 北洋政府的财政收入

北洋政府时期，财政收入制度基本沿袭清政府旧制。其财政收入主要由赋税、国家行政收入、官产收入、债务收入及其他收入等项目构成。

一 赋税收入

北洋政府的赋税收入由工商税收、农业税收等构成。其中，从清政府旧税制中继承下来的税种主要有关税、盐税、矿税、田赋、厘金、契税、牙税、当税、烟酒专税等。

为增加财政收入、改良税制，北洋政府时期还开征了印花税、交易所税等近代税收。

此时期各税的征收情况如下：

（一）田赋

民国初期的田赋制度基本上沿袭了清朝旧制，主要由地丁、漕粮、租课和附加四部分构成。为保证财政收入的需要，政府于民国初期对田赋制度进行整理，曾先后两次设立全国经界局，清丈土地、归并税目、减轻偏重赋额、规定银米折价、限制征收经费、确定附加税额，此外还进行了整理税册等工作由于当时田赋由地方政府征收，所以各地田赋制度整理的具体做法各有不同。大致来讲，田赋制度的整理主要包括以下内容。

一是归并税目。清朝时，田赋的征收名目繁多，且各地很不一致。例如，安徽省的田赋包括地丁、漕粮和租课三项，而江西省的田赋则包括地丁、漕粮、电饷、屯粮、余租、租课等六项。其中的地丁项下除正课之外，还有耗银、提补捐款、藩司公费、府公费、县公费等诸多名目。由于田赋征收制度的不同，各地农民的负担差别很大。经民国初年的整理，各地的田赋税目统一归并为四大类，即地丁、漕粮、租课和附加。

二是取消遇闰加征与减轻偏重赋额。我国历史上一直采取阴历制，当闰年闰月出现时，随着开支的增大而发生加征。民国时期，改用国际通行的公历，没有了闰年、闰月，因此在田赋整理过程中取消了该规定。同时在一定程度上纠正了过去浙江及江苏部分地区田赋负担畸重的状况。

三是改变田赋收入的归属。清代以前，不分中央税和地方税。清朝末期，因向地方摊派赔款和军饷，将田赋的部分管理权限下放给了地方，但从管理体制上说，并没有明确田赋属于地方财政收入。到北洋时期，先是在 1913 年 11 月政府公布的《划分国家税地方税法（草案）》中将田赋收入划归中央政府，将田赋附加划归地方政府；后又在 1923 年 10 月颁布的《中华民国宪法》中将田赋收入完全划归地方政府。

经过整理的田赋征收制度基本内容如下：

1. 地丁。地丁主要由清朝原来征收的地粮和丁赋构成，此外还包括地丁附加税，如地丁耗羡、随地丁带征并解的杂款、地丁附加以及随地丁统征分解的各种款项。

2. 漕粮。北洋政府刚期征收的漕粮包括漕粮、漕项和漕耗三部分。

3. 租课。租课为政府向部分农民出租土地所收取的地租收入。该项收入并入地丁项下一并征收。

4. 田赋附加。北洋政府在把清末各种名目的附加都并入正赋之后，又在其外加征田赋附加。各省田赋附加的内容有所不同，名目繁多。例如，浙江省田赋附加的名目达 74 种，而江苏省的田赋附加的名目更多达 105 种之多。各省附加名目各不相同。有些省份，甚至各县的田赋附加名目互不相同。可见当时虽然经过整理，田赋制度仍然十分混乱。

北洋政府初期，田赋的税率与清末差不多，仍然是按照土地种类、肥瘠程度分为三等九则。不同等级适用不同的税率。一般民田每亩征银最低为 0.001 两，最高为 0.055 两。后来由于连年征战，各地军阀军费开支过大，田赋的税率在北洋政府后期上升幅度较大。自 1912 年到 1928 年，田赋正税税率提高了 1.393 倍。

按北洋政府最初的规定，田赋附加的税率上限为不超过正税的 30%。但后来在实际征收过程中，田赋附加的实际税率大大增加，有的地方甚至超过了正赋的税率。"田赋附加原以不得超过正税百分之三十为准，惟逐年增加，各县（指安徽省——作者）附加多已超过正项。"[①] 不仅如此，附加超过正税

---

① 《财政年鉴》，财政部财政年鉴编纂处编纂，商务印书馆 1935 年 12 月再版，第 2028 页。

的幅度也很大。据《时事月报》所说，"江苏省灌云县课征的附加税为正税的 31 倍，海门县为 26 倍"。[①]

5. 田赋预征。由于军费开支的日益庞大，北洋政府时期，还实行田赋预征。开始时称借垫。具体做法是按照户口和资产，把民户分为不同等级，确定借垫数额，责令地方团、保限日勒缴转解，申明以第二年粮税作抵。但第二年军需更紧，照例征解，逐渐地，借垫转为预征。开始一年两征、三征，后来发展到四征、五征。田赋预征成为各地军阀的重要敛财手段。据资料统计，湖南郴县，1924 年时，田赋已预征到 1930 年；河北南宫 1924 年已预征到 1932 年；福建兴化 1926 年已预征到 1933 年；福建汀州 1926 年已预征到 1938 年；"业绩"最"突出"的四川梓桐县，1926 年时，田赋已预征到了 1957 年。

6. 兵差。兵差是北洋政府时期，因军事需要对农民征发的力役或实物。兵差包括力役、实物或货币三种形式。力役指强迫农民充当壮丁和民夫，对于没有劳动力的农户，则强迫他们交纳货币或实物，由政府代为雇役。所交的货币或实物具有代役金的性质。

清初，力役已被并入田亩之中，北洋政府为筹措战争经费，又向百姓征收兵差，纯粹是巧立名目，是一种历史的倒退。

7. 地价税。地价税是一种按土地的价格征收的税。北洋政府时期，只有个别地方政府开征此税，未在全国得到推广。1923 年 7 月，青岛市财政局公布了《土地税征收规则》，规定地价税分按价征收和按等级征收两种，按价征收适用于前德国侵占时期卖出的土地，税率自 6%—24%；分等征收适用于旧有的土地，计分为三等，每亩年纳土地税 0.15—0.35 元不等。

北洋政府时期，由于工商业的发展壮大，田赋虽然仍是政府尤其是地方政府的重要收入来源，但其在财政收入中的重要性，较之清末已大为逊色。根据已掌握的统计资料来看，田赋的绝对量出现了增长停滞的状况。1913 年，田赋岁入为 82403610 元；1925 年时为 87515719 元。1925 年较 1913 年增长了 5.84%，年平均增长率只有 0.44%。当然，这种状况与社会动荡、战乱有关（此时期，财政收入总量甚至出现了负增长情况。1913 年国家岁入总额是

---

① 陈登原：《中国田赋史》，商务印书馆 1936 年版，第 239 页。

557296145 元；1925 年则降至 433202929 元。1925 年较 1913 年减少了 124093216 元，增长率约为 −20.5%。从相对量来看，北洋时期，田赋收入占财政收入总额的比重较之明清时期而言，也出现了下降趋势。据统计，清末时，田赋收入占岁入总额的比重在 25%—34% 之间，而北洋时期该比重则降至 14%—19% 之间①。

(二) 工商税收

工商税收是北洋政府时期各级政府尤其是中央政府的重要财政收入来源。工商税收体系中各税种的征收情况如下：

1. 关税。关税是北洋政府时期中央政府的主要收入来源之一。北洋政府沿袭清末税制，关税的征收有海关、常关之分。对进出口征收的是真正的、现代意义上的关税；而对国内商品流转所征的税名义上是关税，实际上相当于商品流通税，即对商品在国内各地之间的流通征收的税。

(1) 海关关税。海关对商品进出口征收的关税有进口关税、出口关税、转口税、子口税和船钞（亦称吨税）5 种。

①进口关税。根据《南京条约》规定的协定关税条款，进口税实行单一税则，无论输入何种商品，税率均为 5%。而受不平等条约的束缚，当时北洋政府无权单方面修订关税税则，因此进口税税率仍为 5%。进口税计征方法有从价征收和从量征收两种。两种征收方法下的税收负担大体一致。

进口税原则上对一切进口物品征收，享受免税待遇的物品在北洋政府时期较少。除允许军用品中的武器弹药等物品和个别教育部门的图书资料等享受免税待遇外，其他物品一律纳税。

②出口关税。出口税税率最初与进口税税率一样，也为 5%。1927 年规定，在原税率的基础上加征 2.5% 的附加税，正附税率合计为 7.5%。计征方法也有从价、从量之分。

③转口税。转口税亦称"沿岸贸易税"、"复进口半税"。征收此税是因为陆运货物需缴纳常关税；而水上运输往往无法征收常关税，为使水运与陆运商货的税收负担一致而开征此税。北洋政府时期，转口税的征收制度与出口税的征收制度基本相同，其税率最初也为 5%。1927 年在正税之外

---

① 转引自吴兆莘《中国税制史》（下），商务印书馆 1937 年版，第 138 页。

加征 2.5% 的附加税率，二者合计为 7.5%。其计征方法也分从价和从量征收两种。

北洋政府沿袭清末旧制，只对在中国境内经营中国土货的本国商人征收，由此使得在中国境内经营中国土货的外商税收负担轻于本国经营土货企业的税收负担，严重地制约了本国企业的发展。1929 年中国收回关税主权后，该税统一于关税附加而被废止。

④子口税。子口税亦称"子口半税"。北洋政府时期，税率一仍旧制。

复进口税与子口税这两种税都带有明显的殖民地色彩。因此，在中华民国政府成立后，先后被废除。

⑤船钞。又称吨税。北洋政府沿袭清制未变。

北洋时期，海关关税收入规模较大，增长速度较快。1912 年，进口税、出口税和船钞的收入合计为 48650052 元；1921 年为 76841110 元；1927 年为 112204146 元①。16 年内大约增长了 130.8%，年平均增长率为 8.72%，比田赋收入的增长速度快得多。这也从一个侧面反映了中国国民经济对外开放的发展速度。

但值得指出的是，北洋政府时期，由于中央政府对债务收入的依赖程度过大，而且内债与外债的发行多以关税作担保。只有还完内外债之后的剩余，即所谓"关余"，北洋政府才能支配使用。据资料统计，自 1917 年到 1926 年，关税实际收入中大约有 60% 用于偿还外债本息；约有 13% 用于偿还内债本息；再除去海关的经费开支之后，真正由政府支配使用的收入已所剩无几。1917 年到 1920 年，北洋政府的关余收入只占其关税实际收入的 18% 左右。

北洋政府时期，国内民众要求收回关税自主权的呼声甚高，迫于社会的压力和自身增加财政收入的需要，北洋政府先后三次与外国列强就收回关税自主权问题进行交涉和斗争。

第一次是在第一次世界大战期间。当时协约国以修订关税税则来诱使中国参战。北洋政府乘机提出三个要求：一是缓付庚子赔款五年；二是改正评价表，实行值百抽五；三是裁撤厘金，将进口关税税率提高至值百抽十二点五。前两条得到协约国同意，1918 年 1 月在上海召开了有 15 国参加的修改税

_____
① 统计数字来源于《财政年鉴》，第 430—431 页。

则会议。会议决定，以民国元年（公元 1912 年）至民国五年（公元 1916 年）这五年的平均物价作为新税则货价的标准，以使税率能够相应地提高。修改后的税则进口货为 15 类，598 目。在此基础上，北洋政府于 1917 年 12 月，颁布了一个国定关税条例。规定：进口必需品值百抽五到十；资用品抽十到二十；通过这次税则的修订，进口税的实际税率有所提高，但仍未达到 5%。最主要的是北洋政府仍未收回关税自主权。

第二次是在 1919 年至 1922 年。1919 年，在凡尔赛"和平会议"上，中国政府提出撤销治外法权和恢复关税主权的要求，并提出一项议案，要求：①凡优待之处，必须彼此交换，也就是说，中国政府给其他国家提供各项优惠措施的同时，这些国家也应同时向中国提供相同的优惠措施；②不同商品的关税税率必须有区别，奢侈品的税率应最高，日用品的税率次之，原料的税率应最低；③日用品的税率不得轻于 12.5%，以弥补裁厘造成的财政收入损失；④新条约到期后，中国不仅可以自由改订货价，而且可以改订税率；⑤中国以废止厘金为交换条件。与会各国借口和会无权解决关税问题，拒绝接受中国政府的议案。但允诺待国际联合会行政院能行使职权时，请其注意中国政府的上述要求。

1921 年，在美国召开的解决太平洋沿岸各国国际纠纷问题的华盛顿会议上，中国代表再次向会议的远东委员会提出恢复关税主权、改正关税的议案。该议案最初遭到与会各国的反对，但经过反复交涉，最后与会各国同意修改中国关税上的一些不合理规定。具体措施是分三步对中国关税进行调整：第一步先改正进口税，切实做到值百抽五；第二步增课 2.5% 的附加税，使关税税率总体水平达到 7.5%；第三步是将进口税税率提高至 12.5%，但前提条件是中国政府必须裁撤厘金。1922 年 2 月，与会九国在华盛顿就上述问题缔结正式条约，同意先实行第一步。据此，1922 年 4 月在上海召开修改税则会议，确定货价标准以民国十年（公元 1921 年）十月至民国十一年（公元 1922 年）三月，这 6 个月的上海平均市价为准，并以指数核定之。税则中将所有货品分为 15 类，582 目。

第三次是在 1925 年。该年 10 月，北洋政府与英、美、法、日、葡等九国在北京召开关税特别会议，讨论中国关税自主问题。这次会议按照 1922 年九国签署的条约的规定，本应在条约生效后三个月内召开，但由于各国的敷衍推脱，一直延至此时才召开。会上确定的议题有三项：一是关于关税自主问题，主要涉及制定国定税则和裁厘两项内容；二是关于过渡期间的临时措施，主要有征收临时附加税、征收奢侈品附加税、陆海边界划一关税税率的办法、估定货价等内容；三是其他相关事项，包括证明洋货出产地的办法、关税存款问题等。

会上，在能否将裁厘作为收回关税主权的条件问题上，中国与其他与会国争持不下，后经日本代表的调停，最终议定从 1929 年起，各国承认中国享有关税自主权，废除与中国政府现行条约中在关税上的各项限制性条款，由中国颁布施行国定税率。同时，中国废除厘金制。此次会议虽未能立即实现关税自主，但各协约国的承诺为后来国民政府于 1929 年收回关税自主权创造了条件，向最终收回关税主权迈进了一步。

（2）常关税。北洋政府的常关税与清末相似，有内地常关税、50 里内常关税和 50 里外常关税三种。最初的税率与海关税率相同，均为 5%。民国初期，常关税的征收权分属地方政府、海关所有，征收制度颇为混乱，税率高低不等。1914 年 6 月，财政部颁布《改正常关税规程》，对混乱的征收制度作了整理。《规程》规定："一、常关税率以海关税半额为标准改订。二、各常关税率不及海关税率半额的，一律改为海关税率之半；税率等于或超过半额的，依现行税率征收。三、属于海关管理的 50 里内常关，也照上述规定改正。"[1]

据贾士毅《民国续财政史》所列，常关税收入 1918 年为 6359356 元，1919 年为 7189937 元，1922 年为 6908152 元，1924 年为 6681538 元。

1914 年、1915 年，因公债基金不敷，将常关税拨以补充，由是各关监督将所收税款直接交附近税务司收存。继则军事屡起，常关税逐渐为各地所截留，缴于中央财政者甚少。1922 年以后，实际上缴中央财政的常关收入仅为京师税务监督所收的数百万元。

2. 盐税。盐税是历代政府，主要是中央政府的重要财政收入来源。民国初年，盐务管理和盐税征收制度基本沿袭清时旧制，仍使用"引岸制"。

---

① 《中华民国工商税收大事记》，《中华民国工商税收史》，中国财政经济出版社 1994 年 2 月版，第 30 页。

北洋时期的盐政十分混乱，一是税率、税额混乱，各地税负轻重相差悬殊。据调查，当时盐课厘杂税目全国多达 200 余个。山东省一省内，销盐引岸，官办商办混杂，商办各区税率约为 20 个到 30 个，官办各地税率有的多达 40 多个。不仅如此，此时期内，由于盐税附加的开征，百姓的盐税总体负担较之清末，大大加重了。百姓不堪重负。二是征收管理无力，偷逃税款现象严重。盐税的征收管理当时多采用先放盐，后征税的办法，由此导致大量税款的逃漏。三是地方军阀随意截留盐税收入，原本是中央政府主要收入来源的盐税，此时为中央政府提供的收入很少。

为解决上述问题，北洋政府对盐税征收制度进行了整理。整理的内容一是在财政部内附设盐务署，盐务署下设稽核总所，分别掌管行政和征税事宜。二是为便于稽核各盐场的食盐产销量，从 1914 年开始，北洋政府对全国的盐场进行整顿。整顿最初以长芦盐场为试点。为控制食盐产销，政府当时在塘沽、邓沽、汉沽等地建设了一批官坨，集中存盐。此外，还撤并了一些较分散、难于管理的小盐场。三是对食盐运销体制进行改革。从 1914 年起实行就场征税、自由贩运的运销管理体制，取消专商，开放引岸，并将各省官运一律裁撤。该改革措施在全国大部分地区实行，只有少数地区或则保留专商，或则保留官运，食盐运销体制趋于统一。四是划一盐税税率。1913 年 2 月，北洋政府公布了《盐税条例》规定："一、以司马秤为盐务课税衡量标准。二、每百斤盐税率 2.5 元（1918 年又调整为 3 元）。"自 1915 年 1 月 1 日起分步实施。并规定了在此期间的过渡办法。

此外，一些地方军阀政府也对混乱的盐税征收制度进行过整理。如：1913 年 7 月，奉天规定，无论商运、官运，每石食盐（600 斤）一律按小洋 4.6 元征收。山东省也于 1913 年 12 月规定，除 18 个民运、民销县以外，其余各县无论引或票，每担一律征洋 1.25 元，每引每票均定为 400 斤。

上述整理，在一定程度上改变了盐税征收制度的混乱局面。但由于战乱，各项整顿措施未能继续下去。1917 年以后，时局动荡，军阀混战加剧，许多地方为增加财政收入，随意改变盐税的税率，并设立各种附加名目，盐税征收制度再度混乱。据统计，1924 年四川省盐税附加税的名目多达 26 种。1926 年时，该省每担盐附加税税额高达 7.159 元。全国盐税正附税总额 1926 年比

1913 年高 4 倍①。

此时期，盐税收入规模较大。据统计，1912 年盐税收入为 71363229 元；1921 年为 82320694，1927 年为 55268508 元②。

同关税一样，盐税在这一时期，作为政府内、外债的担保，每年的盐税收入在扣除了外债本息，抵拨内债和拨付各省协款之后，剩下的"盐余"已是寥寥无几。1917 年、1918 年时，盐余收入多则四五百万元，少则二三百万元；1920 年、1921 年是盐余收入最多的年份。此后，由于军事频仍，各地军事开支大增，地方政府初时要求中央政府拨款协助，继则自行截留盐税收入。由此导致中央政府盐余收入日渐减少。到 1927 年时，盐税收入总额为 55268508 万元，而"盐余"收入仅为 880 万元。

在北洋政府时期，盐税的问题不仅反映在"盐余"收入不断递减上，更主要的反映在盐税征收主权的丧失上。盐税成为外债的担保物开始于清末，但在北洋政府以前，盐税的主权仍然掌握在我国政府手中。1913 年 4 月，北洋政府财政部与英国汇丰、法国东方汇理等五国银行团签订善后大借款合同时，不仅将盐税列入借款的担保收入，而且规定了一个苛刻条件：对担保借款的盐税，由中国政府成立盐务稽核所，设中国总办和洋会办，由洋员襄助，会同华员监理引票的发给、盐税的征收、税款的提用和经费的支出。各省盐税收入概由稽核所解交五国银行团指定的有关银行，由银行团支配到期应偿还的本息。如有余款，作为盐余拨交中国政府。此项盐余也必须存在五国银行，非经稽核所总、会办签字，不能动用。如此一来，我国政府的盐税征收自主权丧失殆尽。

3. 其他工商税

（1）烟酒税。民国初年，烟酒税属于地方政府的收入来源，各地既无统一征收制度，也无专税名称，仅凭一纸政令即可饬令所属征税。按当时对烟酒征税的情况归类，大体上可分为：①出产税，包括烟叶税、酿造税；②熟货税，包括烟丝税、条丝税、熟丝税；③特许税，包括烟包捐、烧锅税；④通过税，包括厘金、常关税；⑤销场税，包括卖钱捐、买货捐、门销捐、

① 参见《中国近代税制概述》，第 99 页。
② 千家驹：《最近三十年的中国财政》，《东方杂志》1934 年第 31 卷第 1 期，第 115 页。

坐卖捐；⑥输出入税；⑦原料税，即醨税；⑧落地税，外烟运至内地征之；⑨加价抽收，即在正税之外的加价。上述各税，各省征其中皆一二种或三四种不等，课税标准也很不一致，有的从量，有的从价；征收机关包括海关、常关、厘金局、税局、县公署等，税率更是高低不等，所使用的货币单位也各地不同，有用钱计者，有用银计者，还有征洋钱者。

针对上述混乱情况，北洋政府对烟酒税进行了整顿。其内容一是开征烟酒牌照税，试图通过该税的征收加强对烟酒买卖的管理。1914 年 1 月，北洋政府公布了《贩卖烟酒特许牌照税条例》，规定：凡贩卖烟草或酒类的营业，均须请领特种牌照，按年纳税。纳税标准分整卖、零卖两种：整卖年纳税额40 元；零卖按营业情况分为三等，年纳税额分别为 16 元、8 元、4 元。后又将三等改为五等，以照顾小商贩。烟酒牌照税最初属于地方政府的收入，1915 年列入"五项专款"，成为中央政府的收入，由省政府上解中央政府。1915 年，北洋政府又将烟酒牌照税的征收范围扩大到烟叶种植和酒酿造行业。规定：种烟、酿酒均需给照方准种、酿。各省原来征收的各项税捐，分别烟、酒归并计算，酌加收数，一道收清。

其内容之二是实行烟酒公卖制度。1915 年 5 月财政部颁布《全国烟酒公卖局暂行章程》及《全国烟酒公卖暂行章程》，规定：①公卖以"官督商销"为宗旨；②公卖限于本国制销的烟酒；③各省设烟酒公卖局，下设公卖分局，分局在所管区域内成立公卖分栈，招商承办，经理公卖事务，商民买卖烟酒均由公卖分栈经理；④已设公卖局地方，应将原有的税厘、牌照税及地方公益捐等暂由公卖局代收分拨；⑤公卖分局每月定出公卖价格呈报省公卖局核定后通告各分栈遵行；⑥烟酒销售，除由公卖局核定其成本、利益及各税厘捐等项外，酌量加收，1/10 至 5/10 定为公卖价格，随时公布；⑦各省原有的税厘均暂照各省原核定数征收。该章程规定的公卖费率是一个弹性标准，实际执行时，奉天省税率最低，初为 12%，后降至 6%；最高的是江西省，为25%。

北洋政府实行烟酒公卖制度的本来目的是想借此废除地方的烟酒税，将其收入划归中央。但实施的结果却是烟酒公卖费征收的同时，地方的烟酒税照征不误，百姓的税收负担大大加重。

烟酒税收入在 1917 年时为 1400 余万元，1918 年为 1250 万元，1922 年为

1500 余万元。

按规定，烟酒公卖收入归中央政府专款收入，各省征收后应按月上解中央。但实际上，该项收入多被地方政府截留，中央所得无几。

（2）矿税。民国初年，矿税由矿区税、矿产税和矿统税构成。矿区税是按采矿区域面积分期交纳的一种税，当时由农工商部负责征收；矿产税属于货物税的一部分，由各省财政厅负责征收并上解财政部；矿统税是由各矿按估定的生产数量直接向财政部认缴的一种税。

1914 年 3 月北洋政府颁布了《矿业条例》，对矿税征收制度作了调整。《条例》规定：①矿税分矿区税、矿产税两种，由采矿者缴纳。②开采条例所列第一类金、银、铜、铁等 22 种矿产，每亩年纳矿区税 0.3 元；砂铂、砂金、砂锡、砂铁之在河底者，每长 10 丈纳税 0.3 元。开采条例所列第二类水晶、石棉、石膏等 29 种矿产，每亩年纳矿区税 0.15 元，探矿则按 0.05 元计算。③矿产税税率为：开采第一类矿产，按出产地平均市价纳税 1.5%；第二类纳 1%；第三类（青石、石灰石等）免纳矿区税和矿产税；④矿区税、矿产税每年分两期征收。

矿统税的税率为 5%，每年的 2 月、5 月、8 月、11 月由业主预估 3 个月内的销售额，按率计缴。凡完纳矿统税者，除海关出口税、50 里内常关税、船料税和崇文门落地税照章缴纳外，其他税捐一律免征。

矿税是中央政府专款收入，1917 年为 262 万元，1918 年为 185 万元，1919 年为 186 万元。盖因时局动荡，生产下降，矿税收入逐年减少。

（3）印花税。印花税是对商事、产权转移等行为所书或所使用的凭证征收的一种税。因采用购买印花，贴在应纳税凭证上的纳税方法而得名。该税最早由荷兰于 16 世纪首创。中国清末即已酝酿开征该税。光绪三十三年（公元 1907 年）清政府度支部颁布了印花税则，但因各省请求缓征，故未正式开征。

1912 年 10 月，北洋政府根据前清政府制定的印花税税则，修订颁布了《印花税法》，规定"应贴用印花的契约、簿据分为两类，第一类 15 种；第二类 11 种"，正式开征印花税。1913 年在北京征收，随后推广到其他省。1914 年 12 月，又对该税的征收制度作了修订，扩大了该税的征收范围，提高了税率。课税对象包括发货票、字据、凭单、公司股票、期票、汇票、车船执照、报税单等 26 种，人事凭证 10 种。印花税的税率为：票据价值银元 10 元以上贴用印花 1 分；人事凭证贴用印花 1 角到 4 元不等。印花税只对本国商民征收，外国商民免征此税。从这一点上看，此时期的印花税也带有某种程度的殖民地色彩。

印花税开征初期，由于其征收方法简单易行，税负较轻，所以推行比较顺利，其收入也逐年上涨。1917 年，该税收入为 249 万元；1921 年为 331 万元；1922 年为 339 万元。但后期，为增加财政收入，中央政府随意滥印印花，地方政府强派勒销，印花税逐渐被百姓视为严重扰商扰民的苛税，其收入也呈逐年下降的趋势。

（4）契税。民国初年，契税仍沿用清末旧制，1914 年 1 月北洋政府公布《契税条例》，对契税征收制度作了修订。《条例》规定：卖契税率为契价的 9%，典契为 6%。典买主或承典人于契约成立后 6 个月内，依照税率贴足特别印花呈验注册。此外还规定了有关征收范围以及减免事宜。由于该条例规定的税率过高，所以民间纳税甚少，为此，政府又电令各省，自定税率，呈报财政部核准施行。1917 年，政府又将税率修订为卖契 6%，典契 3%，另准地方可征收不超过正税 30% 的附加税。

北洋政府时期，契税收入较稳定，1917 年为 898 万元，1918 年为 951 万元，1919 年为 1079 万元，1920 年为 1149 万元。

契税收入按规定应由地方政府负责征收，然后上解中央政府。但实际上该项收入多被地方政府截留。

（5）牙税。民国初年，牙税仍沿用清末旧制，后北洋政府曾多次对牙税进行整顿修订。由于当时牙税属于地方性税种，所以中央政府只对牙税征收制度作一些原则性规定，具体征收制度的修订由各地方政府负责。1913 年 3 月公布的《整顿牙税大纲》，总的精神是提高税率，增加税收收入。1915 年，财政部又公布了新的《整顿牙税大纲》。主要内容有：牙商必须另换新帖，照章缴税；各省牙纪年税率应比照直隶省切实增加；帖捐率以直隶省为中数，不及者增加，超过者照旧；换领新帖时应按帖费缴纳 2% 的手续费；帖捐年税应专款存储，解济中央。根据中央政府的要求，地方政府多对牙税征收制度作了修订。修订后，各地牙税征收制度仍不统一。例如，河南省 1915 年公布的《河南省牙税章程》规定：牙行换领新帖时应缴纳的牙帖费分别为 24 元、

30 元、36 元不等；年税则分别为 16 元、20 元、24 元不等。而湖南省同年公布的《湖南省牙税章程》则规定：牙帖费自 100 元至 500 元不等，牙帖年税则按上列帖费税额，年征 10%。两省的税收负担相差甚远。另外在上缴牙税收入方面，地方政府也未真正按中央政府的要求做，截留牙税收入的现象仍很普遍。

（6）当税。民国初期，政府曾对典当业进行整顿，并要求地方政府制定当税章则，报财政部核准。整顿后的当税征收制度各地不一。以浙江省为例，其 1915 年公布的《浙江省征收当帖捐税暂行简章》规定：①请领当帖按地区分为繁华地区与偏僻地区两等，分别缴纳帖捐 400 元、200 元；②各典当不分等则均须纳年税 75 元；③按局章完纳各等架本捐，捐额按典当业架本大小分为五等，最高年纳架本捐 300 元，最低为 60 元。

（7）厘金。厘金开征于清朝后期。民国初年，沿用清末旧制征收。厘金的征收存在名目繁多、制度混乱等弊端。各省在征收时使用的名称五花八门，有坐厘、行厘、货厘、统捐、税捐、铁路捐、货物税、产销税、落地税等多种不同的称呼。从其内容看，有的厘金当属货物税、统税范围；各省甚至省内不同地区在厘金的征收范围、征收方法上也有很大的不同。厘金的税率也是各地不同，差距悬殊，有征 2.5% 的，有征 3.5% 的，也有征 5% 或 7.5% 的，少数地区税率甚至高达 10% 或 25%。下面以湖南省 1912 年颁布的《货物税暂行简章》为例，来介绍一下此时期的厘金征收情况。《简章》规定："一、省内旧有常关、厘捐局一律裁撤，择货物出省、入省、销售各要地改设税局所，征收出境、入境、销场三种税目。二、凡省外货物入境时，征收入境税，任其通行境内；至发售处所时，则应另征销场税。三、本省货物在境内发售的，于发售处所征收销场税。若运往外省发售，除竹木、茶税特设局所预征出境税外，应在出境税局所征收出境税。四、税率：（一）出境税：必要品征 4%—5%；消耗品征 2.5%—3.5%；奢侈品征 1%—2%。（二）入境税：必要品征 1%—2%；消耗品征 2.5%—3.5%；奢侈品征 5%—8%。（三）销场税：必要品征 1%—2%；消耗品征 2.5%—3.5%；奢侈品征 5%—8%。"

厘金收入在北洋政府时期规模较大，一般年收入在 4000 万至 5000 余万之间，是各地财政的重要收入来源。

由于厘金存在严重的重复征税、扰商扰民等问题，再加上其只对本国工商业者征收（外商企业只需缴纳海关关税和子口半税，即可在中国境内通行无阻），使本国工商企业在与外商的竞争中处于劣势。所以，该税受到工商各界的严厉抨击，被视为恶税。清末以来，社会取缔该税的呼声甚高。北洋政府时期，多次掀起裁厘运动。第一次是在民国初年。当此政权易手之际，社会对新政权寄予厚望，希望其能够裁撤厘金。甚至有少数地方政府在民国初年曾自行宣布裁撤厘金。如浙江、福建、湖北、江苏以及四川省除川东地区以外的大部分地区在1912年都曾一度宣布停征厘金、统捐或将其改为货物税，其目的都是想改变重复征税、企业税负过重的局面。财政部也曾于1912年7月咨请国务院将裁厘加税问题列入国务会议讨论。但迫于政府的财政需要，1912年8月财政部密电各省都督，在加税裁厘条约未与各国商定前，"各省厘金除改良征收章程，厘剔中饱浮收积弊，以苏商困外，仍暂行照旧征收，借维财政现状"。[①] 第一次裁厘未果。

第二次裁厘在1919年。当时，为夺回我国的关税自主权，北洋政府与各列强国家在凡尔赛和会上就关税自主问题达成的协议中承诺裁撤厘金。为此，财政部于1919年9月电令各省财政厅，决定将厘金改办统税。但该命令因地方政府的抵制而搁浅。

第三次裁厘在1925年，当年11月在北京召开的关税特别会议上，中国政府代表在会上发表裁厘宣言，承诺于1929年1月1日之前完成裁厘。拟订的裁厘计划分两期实施。第一期从增收的关税附加税中划出一部分抵补各省因裁厘而造成的收入损失；第二期关税实行自主后，即从关税项下筹拨。此后，国内通过税无论是中央收入还是各省收入，概行裁撤。广州国民政府也于1926年在其召开的国民党第二次全国代表大会上通过的决议案中申明国民政府将废除厘金制度。具体步骤是先以一种厘金代替多种繁杂的厘金，使人民不再有二次的缴纳。然后再以一种不同税率的货物捐取代，以防外货入侵，同时避免省内及相邻各省之间的门户之弊。数年之后，国民政府最终废除了严重阻碍国民经济发展的厘金制度。

---

① 《中华民国工商大事记》，第4页。

（8）屠宰税。1914 年以前，该税属地方性税收，一直未有全国统一的规定。1915 年 1 月，财政部颁布《屠宰税简章》，规定：①屠宰税征收范围以猪、牛、羊三种为限。②税额分别为每只（头）猪 0.3 元、牛 1 元、羊 0.2 元。但征捐额超过简章规定者，仍依其旧。③屠宰税由宰户完纳，不分牝牡、大小及冠婚祭年节一律照征。④稽征方法为先税后宰。此《简章》公布后，全国有了统一的屠宰税征收制度。

（9）房税。该税是对居民住房及铺面房征收的一种税。开征于 1915 年。该年 3 月，财政部根据前清旧制拟定《房税条例（草案）》，规定：铺房、住房一律征收房税。税率为铺房照赁价征 10%，住房征 5%，由租户代缴，房主、租户各半负担。房税由各地征收局督同警察局征收。

4. 其他零星杂税。北洋政府时期，为增加财政收入，还曾开征或拟开征一些小税种。这些小税种有的开征时间较短，有的因各种原因胎死腹中。这其中有：（1）特种营业执照税。1914 年 7 月财政部公布《特种营业执照税条例》规定对经营皮货、绸缎等 13 个行业征收，但该税只征收了几个月。1915 年 3 月，财政部下令停征。（2）遗产税。1915 年 6 月，经北洋政府财政会议议决，并经立法程序予以通过的《遗产税条例》因多种因素的影响，最终未能实施。（3）普通营业牌照税。1915 年 9 月，拟定公布了《普通营业牌照税条例草案》，准备开征此税。适逢滇黔护国军起，故未能实施。

5. 杂捐。北洋时期，各地的杂捐名目繁多。以当时的京师而言，此时期内的杂捐有乐户捐、妓女捐、铺捐、车捐、戏艺捐、贫民捐、广告捐、房捐、长途汽车捐、平绥路货捐、警捐、卷烟吸户捐、电车市政捐、四项加一捐以及市政公益捐等数十种之多。这还不算最多的，多的地方杂捐可达二三十种。各省开征的杂捐除少部分曾报中央批准备案外，大部分是自行开征的，属乱收费之列。

二　行政收入

行政收入是政府机构在向社会提供某些特殊服务时收取的费用，这些费用类似于现在的规费收入。不过，在此时期，该类收费项目较少，收入也很有限。主要项目有：

1. 船员请领证书登记费。该项收费是对从事航行业的人员在办理相关证书文件时收取的费用。

2. 轮船、商船注册给照费：该注册费按货运船、客运船分类，按各自的吨位收取数量不等的费用。

3. 烟酒罚金及没收物变价收入。该项收入是在征收烟酒公卖费、烟酒税、洋酒类税的过程中对违章行为进行处罚时获得的收入。1916 年公布的《各省烟酒公卖局稽查章程》规定：查获走私烟酒，由主管局所变价，一半充公，一半充赏。

4. 官产验照收入。北洋政府早期，政府对官产缺乏管理，由各机构自行管理，自由处置。1928 年 1 月，财政部设立了官产验照局，规定：凡持有都发或其他机关之官产执照均需一律向验照处呈验；凡承买承置承垦者依产价缴纳 4% 的验照费；凡承租者依所租年限之总租额缴纳 2% 的验照费。另外，附加征收 2 元手续费；凡验过的官产执照可免交契税；凡已缴纳过契税的官产执照可免交验照费。

三 官产收入

官产是指国家拥有产权的土地、荒山、林地以及地上的建筑物等国有财产，其次还包括历史上遗留下来的旗产、沙田、沙灶、屯田等。官产收入是指上述官产出租转让获取的收入。北洋政府初期，官产分别由各相关政府部门管理，权力较为分散。如垦地及农林试验场归农林部管理，工厂矿山则属于工商部，只有收益官产归财政部负责管理。为加强对官产的统一管理，北洋政府于 1913 年在财政部内设全国官产事务处，各省财政厅内设立官产处，分别负责中央政府与地方政府官产的管理工作，将官产管理权统归于财政部门。

北洋政府时期，官产收入的规模呈逐渐缩小的趋势。据记载，1915—1916 年财政年度，全国官产实际收入总额为 1138 万元；1917 年骤减为 3187836 元；1918 年进一步减为 1706176 元；1919 年又减至 839275 元。

四 外债、内债收入

北洋政府时期，对债务收入的依赖程度极大。有的年度，公债收入几乎占到财政收入总额的一半左右。

北洋政府之所以能够大规模发行外债，既有其内在原因，又有其外在条件。从外因来看，当时国际上发达资本主义国家生产力高度发达，市场饱和，出现大量的过剩资本，是北洋政府能够大量筹集外债收入的客观有利条件；发达国家垂涎中国巨大的市场，为进入中国市场而积极寻求中国中央政府及地方政府的支持，是这些国家积极借钱给中国政府的动因所在。细查此时期北洋政府的每一笔外债，背后均有一定的政治背景或经济企图。从内因来看，此时期国内战乱频仍、军费需求过大、社会经济受到严重破坏、财源枯竭，各级政府尤其是中央政府只能靠借债维持其生存和运转。

北洋政府时期，公债的发行集权于中央政府，地方政府原则上无权自行借债。1923 年 10 月公布的《中华民国宪法》又进一步明确规定：国债与专卖、特许均属国家事项，必须"由国家立法并执行之"。

（一）外债

北洋时期，外债规模十分可观。15 年中，所借外债达 10 亿元之多。其中外债借入规模最大的是 1912 年、1913 年和 1914 年。此后各年仍然陆续借入外债，但规模较这三年小得多。1912 年元月，袁世凯登上总统宝座后，为获取西方国家的支持，宣布承认前清政府积欠的洋债，同时继续向这些国家借入外债。本年度内，北洋政府先后向比、德、法、英、美等国的政府、银行及企业借入大笔外债。光是华北银行第一、二次垫款，瑞记第一、二次垫款，善后大借款四次垫款，克利斯浦借款等几笔较大的外债，数额就达到 8230 万元；1913 年外债总额为 3.386 亿元；1914 年为 2390 万元。

北洋政府时期外债发行具有以下特点：

其一是前半期外债规模远大于后半期，其背后反映的是国际社会对北洋政府从充满希望到彻底失望。

其二是外债资金来源上，早期以欧美国家为主，后期则以日本国为主。这主要是因为第一次世界大战的爆发使得欧美国家无暇东顾，同时也反映出日本对中国经济渗透和侵略的加强。

其三是外债的非经济性。北洋政府所借数十笔外债的实际用途无一用于国民经济建设，即使是以发展实业的名义借入的外债，也未能真正用于经济发展，如 1913 年借入的"中法实业借款"，名义上是为经济发展所借，实际上却被用于行政经费开支。这一方面是由于当时的政治局面所致，另一方面也说明北洋政府对国家政权的基础缺乏正确的认识,将巩固政权的希望寄托于强大的军事力量上,而忽略了政权赖以存在的真正基础——国民经济。正是由于外债的非经济性,决定了北洋政府外债上的另一个特点,即借新债还旧债,债务资金利用率日趋降低。从前期外债资金的用途看,主要是用于军费、行政开支等,而后期的外债很多都用在了偿还旧债本息上,债务资金利用率大打折扣。

其四是外债的殖民性。随着外债的大量借入,国家主权逐渐丧失。西方国家向中国政府提供贷款的目的并不是为了支持中国政府,而是为了其自身在中国的政治、经济利益,其借给中国政府的每一笔贷款都或多或少地附加了一些政治或经济条件,这些条件大多是以牺牲中国国家利益为主要内容的。例如,1913 年北洋政府向英、法、德、俄、日五国银行团所借的善后大借款,就对中国的国家主权构成了严重的侵害。该借款规定的条件是以中国的关税、盐税收入以及税源充足的直隶、山东等四省的中央税为担保。另外,为保证这些税收能够真正用于偿还外债,五国集团还规定了一个附加条件,即中国盐务的收入支出和管理,都必须有洋会办参加,关、盐两税收入统归五国银行团执掌。从此,中国关税、盐税的主权落入洋人把持的海关税务司、盐务稽核所的洋会办手中。

(二)内债

民国初年,由于本国市场上剩余资本、闲置资金有限,筹集债务资金的难度较大,所以政府主要依赖外债收入,内债发行规模不是很大。1912 年,因外债借入额不能满足政府的财政支出需要,为弥补财政亏空,北洋政府先后发行了 7371150 元军需公债和 12291320 元的元年公债。两次共发行了内债19670282 元。1913 年因外债借入规模甚大,基本未发行内债。1914 年,受第一次世界大战的影响,外债借入额减少,内债发行额相应增加。发行公债24926320 元,另外还发行了储蓄票 1000 万元。二者合计达 34926320 元。1915 年、1916 年的内债发行额也保持在 2000 万元左右。

内债的大规模发行是在北洋政府统治的中期,即 1917 年至 1921 年。此时期内,内债的名目大增。有公债、银行借款、库券等多种名目。其数额更是大得惊人。发行规模最大的 1918 年,政府共发行长短期公债 1.39 亿元(该年度内外债合计达 2.6 亿元,亦为北洋政府时期债务规模之最)。1921

年，发行公债 6700 余万元、库券 1400 多万元、银行借款 4700 余万元，总额也接近 1918 年的规模。

此时期内，一方面，由于内债发行过滥，引发了政府严重的债务危机；另一方面，由于银行过度投资于公债，也造成国内金融业发展的停滞，进而使整个国民经济的发展受到严重损害，最后迫使北洋政府不得不进行"公债整理"。

1922 年以后公债发行在国内失去了市场，北洋政府只好改头换面，发行各种名目的国库券，如"一四库券"、"使领库券"等。其规模较前一时期已小得多，只有几百万元。其用途多是应付急需，如驻外使馆的经费开支，补发积欠的学校薪金，政府部门过年、过节的政务费，维持治安的经费等。

由于国内资本市场资金供应紧张，再加上政府债信过低，为保证公债的发行，政府只好给承办发行业务的银行以非常优厚的条件。当时承办公债发行的银行一般均可获得 6%—8% 的厚利。不仅如此，当时财政部门一般采取将公债券抵押给银行的方式获得债务资金。银行往往要按公债票面价格打七八折甚至五六折向财政部门付钱。一里一外，银行从中获取的利润一般达 1 分 5 厘以上，高的甚至超过三四分。正因如此，国内众多银行都十分乐于承办公债发行业务，许多外国银行更是积极插手中国的国债发行业务，如当时的英国汇丰银行就承购了北洋政府的大量公债。

北洋政府时期，不仅外债的管理受到外国势力的控制，造成对国家主权的损害，内债的发行过程也存在同样问题。1914 年，政府为便于内债的管理，设立了国内公债局，并任用海关总税务司的英国人安格联为经理公债出纳款项的会计协理，该局所有收存款项、预备偿付本息及支付存款，都须经过安格联的签字，有关公债款项的出纳事务，也须有安格联以会计协理的资格副署后才能生效。另外，原存于中国、交通两银行的内债基金，也由安格联于 1916 年存入英国汇丰银行。从此，中国内债基金的保管权和支配权全部被外国列强所把持。

第三节 北洋政府的财政支出

北洋政府时期，受时局影响，中央与地方政府支出规模很不稳定。民国初年，北洋政府曾在全国推行分权式财政管理体制，划分中央政府与地方政府的财政收支，给地方政府以较大的机动。但很快，北洋政府又通过专款上解制度加强了中央政府的财政权力，扩大了中央政府的财政支出规模。就各级政府的财政支出看，也缺乏必要的稳定性，支出项目及规模往往出现无规则变动。

中央政府财政支出中最主要的支出项目是政务费、军务费和债务费支出。

一　军务费支出

北洋政府时期是我国近代史上著名的军阀混战时期。各发达国家为保护其在中国的既得政治、经济利益，并进一步获取更多的好处，纷纷在中国境内寻找代理人。各派系军阀成为他们互相争夺的目标。各派系军阀在外国势力的挑唆和支持下，展开了长达十余年的混战，混战的核心目标是争夺中央政府的领导权。据不完全统计，从 1912 年到 1922 年的 11 年中，共发生过 179 次内战。战争消耗了大量的财力、物力和人力，造成这一历史时期军费开支的庞大，并呈现出逐年上涨的趋势。据统计，1913 年，中央政府财政支出总额为 642236876 元，军务费（包括陆军部所管支出与海军部所管支出两部分）合计为 727479117 元，占财政支出总额的比重只有 26.89%；而到 1916 年时，该两项支出上升为 159357250 元；占财政支出总额 471519436 的比重已达到 33.8%①。

二　政务费支出

政务费内包括外交费、内务费、财政费、教育费、司法费、农商费、交通费等项目。政务费支出在财政支出中所占比重也很大。据统计，1913 年政务费开支是 68750562 元，占财政支出总额的比重为 10.78%；1916 年，该项支出总额为 172688468 元，占财政支出的比重为 36.62%。

政务费中，财政部所管的费用支出数额所占比重较大。1913 年财政部所管费用开支总额为 91175387 元，占支出总额的比重为 14.2%，为各项开支之首。1916 年财政部所管支出总额仍达 91150887 元，占财政支出总额的比重为 19.33%。财政部所管开支的大部分用在财政收入的筹集上，这一比重所反映

---

① 根据《财政年鉴》，第 6—7 页的统计表计算得出。以下统计资料未注明出处者均出于此书。

的是政府获取财政收入的代价的高低。占财政支出总额 19.33% 的比重较之现代发达国家的百分之零点几的税收征收成本来说，简直是高得出奇。这表明，北洋政府获取财政收入的成本相当巨大，几乎是不惜一切代价地搜刮民脂民膏。

用于社会发展及经济发展的教育部所管开支和农商部所管开支为各项开支中最少的两个项目，1913 年分别只有 6908850 元和 6043121 元，分别占财政支出总额的 1.1% 和 0.94%。1916 年教育部所管支出所占比重略有上升，为 2.7%，而农商部所管支出不仅未上升，反而略有下降，为 0.88%。这两项支出在财政支出中所占比重表明，此时期内，政府忙于争夺和巩固其政治权力，根本无暇顾及经济发展和社会发展。而这一点也正是导致北洋政府亡败的原因所在。由于政府对经济发展的漠然态度，再加上战事频仍，20 世纪 20 年代社会经济一片衰败景象，财源趋于枯竭，在财政收入开源无门、地方政府截留财政收入行为日益严重的情况下，中央政府被迫大幅度削减财政支出。据统计，1925 年时，中央政府最主要的两项财政支出政务费和军务费开支总额从 1917 年的 130646811 元下降到 99591269 元，降幅达 23.77%。

三　偿债费支出

如前所述，北洋政府时期内外债收入规模颇巨，故此其偿债支出在财政支出中所占的比重相应地也甚为可观。据统计，1913 年，偿债费支出总额为 300738407 元，占财政支出总额的比重达到 46.83%；1916 年，该比重有所下降，但仍达 29.2%。

第四节　财政管理机构和制度

一　财政管理机构

辛亥革命胜利后，临时政府成立之初，根据《中华民国临时政府组织大纲》的规定，成立了财政部。财政部的最高长官为财政总长。北洋政府时期，于 1912 年 4 月公布的《财政部官制》对财政总长的职责作了明确规定："财政总长，总辖国家之财务，管理会计出纳、租税、公债、货币、政府专卖、储金、保管物及银行事务，监督所辖各官署及公共团体之财务。"并规定，财政部下设赋税司、会计司、泉币司、库藏司、公债司外加总务厅等六个部门。

后来，随着财政事务的增加．财政收支形式的变化，财政部下设机构日渐增多。其机构增设情况大致如下：为加强对盐税征收的管理，设立了盐务署，在盐务署下设立稽核总所；1915 年实行烟酒公卖制度后，又设立了烟酒公卖局（1915 年后改称烟酒事务署）；为了整理发行过滥的公债，在财政部下设立了公债局；为整理过乱的币制，设立了币制局；为加强对官产的管理，设立了官产局；为加强对印花税征收管理，设立了印花税处。

1913 年 1 月，为加强对财政事务的控制权，北洋政府公布了《修正财政部官制》，将财政部直隶于大总统，并规定财政总长对于各省巡按使及各地方最高行政长官执行财政部主管的事务有监察指示之责。

1913 年 2 月，北洋政府再次公布了《修正财政部官制》，取消了"财政部直隶于大总统"的规定，并撤销了泉币、公债、库藏三司，增设制用局取代已撤销的三司职掌。

北洋政府初期，地方财政尚未确立，按制度规定，地方政府没有财政管理权，地方政府不设财政机构，中央政府财政收入的筹集以及地方政府的财政收支的管理，均由财政部派驻各省的财政厅负责。财政厅直隶财政部，不受地方政府提调。表面上看，财政部似乎独掌了全国财政大权。然而，事实远非如此，地方政府的财政权限非常大，任意截留中央政府财政收入的现象普遍存在。正像当时的财政总长周学熙向参议院报告财政施政方针时所讲的那样："各省有藩司、盐使、关道以及各种税局，均拥有征税的权力。"[①] 为改变这种财权分散的局面，北洋政府在统一税权上做了许多工作。一是划分国地收支，分清中央与地方的权限、国家与地方财政的权限。二是统一税收征管权。同时采取的一项重要措施是在各省设立直隶于财政部的国税厅。国税厅的主要职责是负责国税的征管工作。三是加强财政厅管理权限。1914 年 6 月，北洋政府公布的《财政厅办事权限条例》规定各省财政厅的权限为：①奉大总统的任命，管辖全省财政征收官吏及考核兼管征收的县知事；②综理赋税出纳，执行各种税法，催提各属款项；③筹集中央需要，支配全省经费，办理预决算及其他财政事务。四是将原属各省管理的内地常关从 1913 年

---

① 《中华民国工商税收大事记》，第 61 页。

起逐渐收归中央政府管理。

上述措施实施的最初阶段，在一定程度上加强了中央政府的财政管理权限，对保证中央政府财政收入的筹集有一定的积极作用。但出于地方军阀割据势为过于强大，上述措施实施不久，中央政府的财政权限就又逐步受到地方政府侵蚀。各省财政厅厅长逐渐由原来的财政部独立任命改为由当地军阀向财政部推荐任命，中央设在各省的烟酒、常关、印花、官产及盐务等机构也逐渐通过上述途径把持在地方军阀手中。

二　预、决算管理制度

民国初年，北洋政府在清政府有关预算制度规定的基础上，于1914年公布的《会计条例》中对预算制度作了进一步的规定。其内容包括：①预算年度采用跨年制。政府会计年度从每年的7月1日开始，到次年的6月30日止。②每年度岁入岁出之出纳事务，其整理完结之期不得超过次年度12月31日。③各年度岁出定额，不得移充他年度之经费。④各年度岁计剩余之款转入次年度岁入，出纳完结年度之收入及缴还款与预算外收入均编入现年度岁入。⑤岁入岁出总预算，应于上年度提交立法院，非因必不可免及本于法律或契约所生之经费，不得提出追加预算。⑥总预算分经常、临时两门，并各分款项编制，提交立法院时，附送各官署岁入岁出预计书及前年度之岁入岁出预计书。⑦设第一预备金，以充预算内发生不足者之用；设第二预备金，以充预算外所必须者之用，均于次年度立法院开会时求其承诺。该会计条例尚不完备，对各机构预算的编制及计算方法、预算的编审程序及时期、预算的执行等事项，并未作出具体的规定。在编制1913年、1914年及1915年的国家预算时，财政部先后制定了例言及书式以及预算编制简章等规章制度，这些文件成为会计法的补充规定，在其后的预算编制中遵行。

此后，北洋政府虽曾多次修改会计法，但除了将会计年度从跨年制改为历年制，后又改为跨年制以外，其关于预算制度的基本规定未发生大的变化。

预算制度颁布后，最初几年实施状况较好，从1913年至1919年各年度基本上都编制了较完整的国家预算。但从1920年开始，由于政府军费开支急剧膨胀，地方政府截留中央专款的现象加剧，中央政府在各省的实际收入已难于准确统计，此外由于政府机构变更频繁，财政部门难于全面掌握其变更情况，因此统一的国家预算的编制至此中断。直至 1925 年，北洋政府才根据财政部的预算账册和各种途径的调查统计结果，追编了 1920—1925 年间各年度的预算。

北洋政府时期，中央政府预算科目的设置分款、项两级。款级科目中岁入部分分为田赋、盐税、关税、厘金、正杂各税、正杂各捐、官业收入、杂收入、捐输、债款等项目；岁出部分基本上是按政府机构的设置分类，分为外交部所管、内务部所管、财政部所管、教育部所管、陆军部所管、海军部所管、司法部所管、农商部所管、交通部所管等项目。

从有据可考的预算资料来看，北洋政府时期大部分时间处于收支失衡状况。1913 年，国家预算表上，经常门和临时门合计，收入总额为 557296145 元，支出总额为 642236876 元，预算赤字为 84940731 元。1914 年，经常门和临时门合计，预算收入总额为 382501188 元，支出总额为 357024030 元。收支相抵，结余为 25477158 元。1916 年收入总额为 472838584 元，支出总额亦为 472838584 元。收支恰好平衡。1919 年，预算收入总额为 490419786 元，支出总额为 495762888 元。收支相抵，赤字为 5343102 元。1925 年，预算收入总额为 461643740 元，支出总额为 634361957 元。收支相抵，赤字为 172718217 元。5 年中 1 年为结余，1 年平衡，3 年赤字。

在建立预算制度的同时，北洋政府还初步制定了决算制度。民国初年，北洋政府要求筹办在京各机关的决算。1913 年春，又进一步要求各省办理民国元年（公元 1912 年）的决算表册。1914 年对决算编制办法作了修订，并将其写入当年公布的《会计法》中。该法就决算制度作出如下规定：①总决算先经审计院审定后，由大总统提交国会，其分门之次序与总预算相同，并须提供下列数据：岁入部分须提供岁入预算额、查定预算额、已收讫岁入额、岁入亏短额、未讫岁入额；岁出部分须提供岁出预算额、预算决定后增加岁出额、支付饬书已发之岁出额、转入次年度之岁出额、岁出剩余额。②总决算提交国会时，由大总统提出报告书，并附送下列各书类：各官署所管岁入决算报告书、各官署主管岁出决算报告书、各官署主管特别会计决算报告书。

北洋政府时期虽然从法律上对决算作了制度规定，但揆诸史实，此时决算编制的具体方案并未落实，其制度规定也未能得到有效的实施。

三　财政管理体制

受西方思想影响，清末曾试图确立分级预算的财政管理体制，但未果。北洋政府于 1912 年冬公布了《国家费、地方费法（草案）》，1913 年 11 月公布了《划分国家税地方税法（草案）》。这两个《草案》的公布，标志着分级财政管理体制在中国的确立。

《划分国家税地方税法（草案）》规定：①国家因筹集中央及地方行政诸经费所征收的租税，为国家税；地方自治团体因处理地方事务筹集经费所征收的租税，为地方税。②划为国家税的税有：田赋、盐税、关税、常关税、统捐、厘金、矿税、契税、牙税、当税、牙捐、当捐、烟税、酒税、茶税、糖税、渔业税等共 17 种。③划为地方税的税捐有：田赋附加税、商税、牲畜税、粮米捐、土膏捐、油捐及酱油捐、船捐、杂货捐、店捐、房捐、戏捐、车捐、乐户捐、茶馆捐、饭馆捐、鱼捐、肉捐、屠捐、夫行捐、其他杂税杂捐等共 20 种。④将来新税划为国家税的有：印花税、登录税、继承税、营业税、所得税、出产税、纸币发行税等 7 项。⑤将来新税中划为地方税的有：房屋税、国家不课税之营业税、国家不课税之消费税、入市税、使用物税、使用人税、营业附加税、所得附加税等 8 项。

将税收收入划分为国家税和地方税的同时，中央政府与地方政府也同时拥有了各自的税收征管机构。中央政府在各地设立了国税厅，专司国税征收及国家费用出纳业务。中央政府原来设在各地的财政司则改归地方政府领导，专门负责地方税征收和地方费用出纳业务。后来由于国税厅和财政司在职能行使上经常发生冲突矛盾，所以，1915 年北洋政府又将国税厅与财政司合并成财政厅。并规定，财政厅是省级政府的最高财政机关，负责地方政府税收的征收及费用出纳业务，同时兼司国税征收之责。

在划分中央政府与地方政府的财权的同时。北洋政府对中央与地方政府的费用支出标准也作了一些规定。按照 1912 年冬公布的《国家费、地方费标准（草案）》的规定，属于国家的经费开支项目有立法费、官俸官厅费、海陆军费、内务费、外交费、司法费、专门教育费、官业经营费、工程费、西北拓殖费、征收费、外债偿还费、内债偿还费、清帝优待费；属于地方政府的经费开支项目有立法费、教育费、警察费、实业费、卫生费、救恤费、工程费、公债偿还费、自治职员费、征收费。

分级预算制度最初实行得较为顺利，但由于地方政府的财政收入主要来源于税收附加，其数额有限，而地方政府的职责却十分繁复，所以实施一段时间后，就出现了地方政府收不抵支、财政困难的现象，地方自治体系难于维持。为维系自治体制，地方政府只好靠截留原本应属于中央政府的国税收入来保证自己的开支需求，由此造成中央政府财政收入严重不足。无奈，财政部于1914年6月呈准取消国地税收之划分，相应地，地方政府的各项财政支出也随之改归财政部统一安排。此后，分级财政管理体制一度中断实施。

北洋政府成立后，一直实行地方政府向中央政府解款的制度。所谓解款制度是指"各省每年以收抵支之余款缴解国库济用"。① 解交款额的多少由各省认领，但地方政府截留应上解中央的财政款项的现象时有发生；为制止地方政府截留中央收入的行为，北洋政府于1915年1月实行了专款上解的制度。规定：各省财政厅征收的印花税、烟酒牌照税、烟酒税增收、验契税、契税增收等五项收入为中央政府的专款收入，各省财政厅必须按月将上述五项收入解京。1916年2月，财政部又通令各省财政厅，再将屠宰税及牲畜税、田赋附加、厘金附加、牙税等四项收入划为中央专款，由各省财政厅按月解京。

至此，地方财政的主要收入来源丧失殆尽，地方财政已有名无实。为解决地方财政财力空虚的问题，1917年1月北洋政府对中央专款进行了整理，重新将屠宰税、牲畜税和印花税划归地方政府，将烟酒税、烟酒附加税、烟酒牌照税、契税、牙税和矿税等六项收入划定为中央专款收入。同时还对地方上解专款收入的数额作了规定，完成上解定额之后的赢余归地方政府，完不成定额者，所缺部分由省政府用自有收入补交。这一措施对促进地方政府税收征收的积极性有一定的作用。

1923年12月，北洋政府宣布立宪，在所公布的宪法中，对中央、地方财政管理体制再次作了规定，重建分级财政体制。其主要内容一是取消专款上解制度，重新划分中央税和地方税；二是赋予中央政府调节控制地方政府财政活动的权力。宪法规定：关税、盐税、印花税、烟酒税、其他消费税等全

---

① 《财政年鉴》（上），第3页。

国税率应划一的税种划归中央政府，国债、专卖及特许均属国家事项，由国家立法并执行之。田赋、契税等税种划归地方政府。为防止在分级预算体制下，各省自行其是，妨害国家利益，宪法中还明文规定，为避免各省政府税收征收过程中的各种弊端，维护公共利益，当各省税收征收出现下列问题时，中央政府有权对其课税的种类及其征收方法，通过法律手段予以限制：①妨害国家收入或通商；②二重课税；③对于公共道路或其他交通设施之利用，课以过重或妨害交通之规费；④各省及各地方间因保护各自的产物对于输入商品为不利益之课税；⑤各省及各地方间物品通过之课税。

《宪法》在国家与地方政府的支出范围上，也作了调整。规定：属于国家费用的支出项目包括外交费、国籍法实施费、国防费、司法费、划一度量衡费、币制及国立银行费、国税征收费、邮电铁路国道及航空费、国债偿还费、国省财政整理费、专卖及特许费、中央行政费、两省以上之水利费、移民垦殖费、特种国营矿业费、其他于本宪法所定国家事项度支之费；属于地方政府的支出项目包括省教育实业及交通费、省财产处理费、省水利及工程费、省税征收费、省债偿还费、省警察费、省慈善及公益费、下级自治费、其他国家法律赋予事项之经费。

总体上说，《宪法》所制定的财政管理体制较民国初年制定的管理体制更倾向于分权化。将田赋完全划归地方政府是该宪法关于财政管理体制方面的一个创新，由于田赋收入颇为充裕，因此对保证地方政府的财政需要具有非常重要的意义。与此同时，地方政府的支出范围也有所扩大，原本由中央、地方共同负责的教育、实业以及交通等多项开支均交由地方政府独自承担。收支权限的扩大将使地方自治程度大大提高。另外，其加强中央政府对地方政府的调控能力的有关规定也十分必要。如若上述各项条款对地方政府的调控能力的有关规定也十分必要。如若上述各项条款能够付诸实施，对于分级预算管理体制的真正建立将大有裨益。但受时局影响，上述条款连同整个宪法均未能得到有效落实，最终成为一纸空文。

复习思考题

1. 简述北洋政府财政的特点。
2. 简述北洋政府时期经过整理后的田赋征收制度的内容。

3. 论北洋政府时期收回关税主权的经过及结果。

4. 简述北洋政府时期外债发行的特点。

5. 论北洋政府时期政府预算制度的建立过程及内容。

6. 简述北洋政府时期分级预算制度的建立过程及内容。

第十二章　国民政府的财政

本章中心内容：本章系统介绍了国民政府在实现全国统一后的财政制度体系。国民政府在资本主义现代财政制度的建设上作了大量的具有历史意义的工作。如在改革旧税制，确立现代预算制度、分级预算制度等方面，尤其是在财政制度法制化的建设上取得了值得肯定的成就。本章的学习重点是国民政府时期现代财政制度的建立过程及其内容。如现代所得税制的建立，营业税取代牙税等旧税种的过程，分级预算制度的建立等，以及国民政府在夺回关税自主权、废除厘金制度等方面所作的努力都是学习的重点内容。

第一节　国民政府时期的政治、经济概况

1927 年，北伐战争的胜利，结束了军阀割据、南北两个政府对峙的局面，中国重新实现了统一。中国社会进入一个相对平稳的社会发展阶段。以蒋介石为首的国民政府从统一全国到败守台湾，历时 22 年。在国民政府执政时期内，以抗日战争为界，可分为三个阶段，1927 年至抗日战争爆发前为第一阶段，八年抗日战争时期为第二阶段，抗日战争结束后到 1949 年为第三阶段。

这一历史时期的社会政治、经济发展具有以下几方面的特点：

其一，经济统一的实现。国民政府时期，国家的统一带来了经济上的统一，尤其是货币制度的统一以及 20 世纪 30 年代初厘金制度的废除和统税的开征，为全国统一市场的形成奠定了基础，全国统一的市场经济体制逐步形成。

其二，经济总量缓慢增长。国家的统一带来经济上的稳定发展，我国经

济逐步从凋敝不堪中复苏，经济总量呈增长趋势，尽管其增长速度非常缓慢。此时期国内生产总值的情况，从《剑桥中华民国史》中可看出一个大概轮廓（见表 12 – 1）。

表 12 – 1   1914—1918 年及 1933 年的国内生产总值（1957 年物价）[1]

部 门	1914—1918 年	1933 年（10 亿元，1957 年物价格）
制造业[2]	8.5	11.77
其中：现代[3]	1.3	4.54
农业	29.9	35.23
服务业	10.0	12.52
折旧	—	2.19
国内生产总值	48.4	61.71

从表中可以看到，抗战爆发前，国民经济总量呈增长态势。抗日战争的爆发，打乱了中国经济发展的进程，尤其是抗日战争结束后，面对遭受战争重创的国民经济，国民政府未将其工作的重心放在恢复经济上，而是放在了内战上，致使本已满目疮痍的国民经济不堪重负，最终濒于崩溃，国民政府也随着经济的破产而垮台。

其三，工业化进程取得了一定的成绩。在国民经济总量缓慢增长过程中，国民经济的结构也发生了一定的变化。其最明显的变化是，工业部门的发展速度超过了农业部门的发展速度。从统计数字看，国民经济的主体——工业部门在此时期内有了较大的发展。即使是在抗日战争时期，除了前 4 年有较大幅度的下降外，其他年份仍有一定的增长（见表 12 – 2）。

值得指出的是，此时期内，农业经济出现了发展停滞的现象。

据统计，1931—1937 年，农业总产值年平均为 191.4 亿—197.9 亿元（1933 年价格），较之 1914—1918 年的 160.1 亿—170.3 亿元相差无几，年增长率低于 1%。本国农业经济的发展停滞，导致对粮食进口的依赖性增大。据统计，1867—1870 年，中国每年粮食净进口数为 19375 吨，1911—1915 年为

---

① 《剑桥中华民国史》第一部（节选），第 47 页。
② 制造业＝工业（现代和现代前的制造业、矿业和公用事业）＋运输业。
③ 现代＝工厂产品、矿业、公用事业和现代运输。

251180 吨，1931—1935 年为 2009165 吨。这从一个侧面反映了农业经济发展的停滞状况。

表 12 - 2 　　　　　　1912—1939 年中国大陆工业生产指数[①]

（15 种产品，1933 年 = 100）

年份	总产值	净增值
1912	11.9	15.7
1913	15.6	19.2
1914	20.1	24.0
1915	22.5	26.1
1916	24.0	27.7
1917	26.9	32.0
1918	27.8	32.2
1919	34.1	36.9
1920	40.2	42.9
1921	42.4	42.4
1922	34.7	39.0
1923	41.6	45.6
1924	46.9	50.5
1925	55.7	60.1
1926	59.0	61.0
1927	66.6	66.3
1928	72.1	70.5
1929	76.9	75.2
1930	81.6	80.1
1931	88.1	86.5
1932	91.6	90.3
1933	100	100.0
1934	103.6	106.8
1935	109.7	119.5
1936	122.0	135.0
1937	96.0	112.3
1938	76.2	104.1
1939	88.2	120.7

其四，现代金融体系初步建立。现代金融体系的建立，一方面体现在金融机构的数量和规模上，另一方面体现在货币等金融工具的发达和完善上。

从现代金融机构的发展角度来看，中国现代金融业在第一次世界大战期

[①] 《剑桥中华民国史》第一部（节选），第 60—61 页。

间，随着民族工商业的发展而得到了较大的发展，初步形成了一些颇有经济实力的金融财团。全国统一后，在北伐战争中大力支持国民党政府以江浙籍金融资本为核心的金融财团（即所谓江浙财团），在政府的大力扶持下经济实力迅速扩张，成为中国金融业的主力军。此外，一般民族金融机构在这段时期内也得到了一定的发展，在全国范围内形成了较为系统的金融网络体系。据统计，到1935年，全国的金融机构已有3566家之多，其中90家规模较大的银行，注册资本总额大约达到3000亿元。值得指出的是，在金融机构的发展过程中，政府的介入程度非常深，一些大的金融机构直接控制在中央政府首脑手中，而一些地方性金融机构也往往与地方政府关系密切。这种状况在初期有利于现代金融业的兴起，但也使得现代金融业从诞生之日起就成为畸形儿，少数金融机构凭借政治势力垄断了金融市场，公平的市场竞争机制无法形成，最终断送了中国金融业发展的最佳时机。

清末以来，特别是北洋政府统治时期，中国的货币制度十分混乱，金融市场上使用的货币五花八门，有中国传统的铜币，也有银元、银票，还有生银，甚至有大量的外国货币在我国市场上流通。不同地区使用的货币往往不能通用，由此严重地阻碍了全国统一金融市场的形成。国民政府于1935年进行的货币制度改革，结束了这种混乱的局面，法币成为全国通用的货币，至此，统一金融市场的建立有了坚实的基础。所惜者，由于战争对军费的需求过大以及政府本身行为等多方面因素的影响，抗日战争期间及其后，过度的货币发行导致了严重的通货膨胀，葬送了法币的权威，统一的货币制度在抗日战争胜利后迅速崩解。

在上述政治、经济背景下，政府财政具有诸多特点。其中，值得肯定的特点主要有两点：

其一，财政活动的规范化有了较大进展。北洋政府时期，虽然在财政活动的制度化、法制化上做了一些工作，但由于中央政府的统摄力过弱，而使法令和制度仅停留在纸面上。国民政府时期，中央政府的权威大大加强，尤其是从20世纪20年代后期到30年代中期，国民政府从多方面对财政制度作了整理、改革。在财政制度改革中，力图运用立法程序来规范政府的财政活动，颁布了一系列的财政法律、法规，并付诸实施。例如，此时期新设立的税种基本上都通过立法程序颁布实施。

其二，建立了适应现代资本主义经济发展要求的新型税制结构。北洋政府时期，税制仍沿用清政府旧制，其税收制度带有浓厚的封建社会色彩，如田赋、牙税、当税等，均属十分落后的财政收入形式。中国的税制体系与国际上先进的、适合资本主义经济发展的新型税制体系有很大的差距。国民政府在 20 世纪 30 年代进行的税制改革中，将中国征收了数千年之久的田赋改为土地税（由于种种原因，土地税实际上直到 40 年代初才开始真正实行）；取消了牙税、当税等落后的税种，代之以现代营业税；取消了妨碍资本主义统一市场形成的厘金，代之以统税；并正式开征了所得税等现代气息浓厚的新税种。基本上建立起一套适应现代经济发展要求的税制体系。中华人民共和国成立初期所建立的税制体系也是在国民政府原有的税制体系基础上加以调整建成的。

第二节　国民政府的财政制度改革

1927 年，全国统一后，国民政府面临的一个重要议题是如何在实现政治统一的同时，建立全国统一的财政制度体系。南北统一前，国民政府的财政制度带有很大的临时性和战时性，而北洋政府的财政制度在军阀割据的政治形势下处于混乱不堪的状态。全国统一后，这种混乱的财政状态，一方面使得各级政府尤其是中央政府的财政需要得不到满足；而另一方面，老百姓的赋税负担却是十分沉重，严重阻碍了社会经济的发展。造成这一局面的原因是财政分配活动的无序化，导致严重的财政厄漏。客观形势迫使国民政府将整理财政列入其统一后的首要议事日程。1928 年 6 月，国民政府召开的全国经济会议上，发出了统一财政的通电，其后又在 7 月召开的全国财政会议上拟定统一财政案。该案明确规定，整理财政的内容包括四个方面：一是财政规章制度建设，二是财务行政，三是用人制度，四是财政收支体系。1931 年，为保证财政整理的顺利进行，特意设立了由政府首脑、工商界、金融界人士和专家学者共同组成的财政委员会，由蒋介石亲自主持。

由于政治独裁和经济发展迟缓，再加上各种社会势力的牵绊，财政整理从 1928 年开始，直到 1934 年才基本完成。有些改革甚至延后到抗日战争期间或抗日战争胜利后。前一阶段集中于中央与地方关系的整理以及中央财政收支的整理，后一阶段侧重地方财政的整理。目的在于加强国民政府中央集权。

此次财政整理的具体内容如下：

一　明确划分中央政府与地方政府的财政权限以及财政收支

1928 年第一次全国财政会议结束后，国民政府于 1928 年 11 月公布了《划分国家收入地方收入标准案》，将财政收入分为国家收入和地方收入两部分，并具体划分了国家税与地方税的收入来源。同时明确规定，当地方税收性质与国家税收重复时，禁止地方政府征收该税。《标准案》的公布，结束了自清末到北洋政府时期中央政府与地方政府财政关系混乱的局面。标志着中国分级预算管理体制的真正确立。

二　整理税制

从 1928 年起到抗日战争爆发前，国民政府对北洋政府遗留下来的税制进行了多方面的清理、整顿和改革。其具体内容包括：

（一）裁撤厘金、设立统税。国民政府一成立，国内及国际社会敦促国民政府裁厘的呼声就非常强烈，迫于社会的压力，国民政府于 1927 年设立了裁厘加税委员会，专门负责裁厘工作。但因厘金是政府财政的重要收入来源，一旦裁撤，若没有其他收入予以弥补，政府就将面临严重的财政困难。所以一直拖到 30 年代初，国民政府才最终将社会呼吁多年的裁撤厘金付诸实施。1930 年 12 月，财政部长宋子文发表通电，要求各省从 1931 年 1 月 1 日起将厘金以及类似厘金的统税、特税、货物税、铁路货捐、邮包税、落地税和正杂各税捐，以及海关征收的 50 里外常关税、内地常关税（陆路边境所征国境进出口税除外）、子口税、复进口税等一律裁撤。为弥补裁厘造成的财政收入损失，政府陆续开征了棉纱火柴水泥统税、麦粉统税等税种。裁厘的实现，消灭了困扰中国工商业数十年的重复征税、严重妨害商品流通的现象，为结束国内市场四分五裂的局面，建立全国统一的市场创造了有利的外部条件。

（二）裁汰和改良不符合社会经济发展要求的旧税种，开征符合市场经济发展需要的新税种。其内容包括，将田赋改造成土地税；废除牙税、当税等旧税种，代之以国际通行的营业税；开征所得税（公元 1936 年）、遗产税

（公元 1940 年）等直接税税种。上述现代税种的开征，标志着中国税制体系从传统的适应自然经济和小商品经济需要的旧体系向适应现代资本主义经济发展需要的现代化税制体系的转化已经启动。

（三）整理地方税制。整理地方税制的重点放在废除各种不规范的苛捐杂税和整顿税收附加上。1934 年第二次全国财政会议结束后，国民政府发布废苛捐杂税令。一方面对不合法捐税的范围作了界定，认定下述各项为不合法捐税：①妨害社会公共利益；②妨害中央收入来源；③复税；④妨害交通；⑤为一地方利益，对其他地方货物输入为不公平课税；⑥各地方物品通过税。地方政府凡有属于上述各类捐税者，限自 1934 年 7 月起至 1934 年 12 月底止，分期一律废除。另一方面，规定了税收整理程序：地方政府应将其在 1928 年《国家收入地方收入划分标准》公布前征收的税捐列报财政部，《标准》公布后开征的捐税则需报请财政部补行审议；各省征收捐税或增减税目者凡与法律及法令有抵触的，财政部得随时撤销。该法令出台后，各地苛捐杂税及各种名目的附加税严重扰民的现象在一定程度上得到缓解。据统计，从 1934 年到 1937 年间，各省废除的苛捐杂税达 7400 多种，减轻百姓税收负担 1 亿多元。这次地方税制整理的意义并不仅仅限于减轻百姓的税收负担，更重要的在于，在规范地方财政制度的同时，加强对人民的统治，加强中央政府对地方政府的统一指挥权。

这次税制整理对中国现代税收制度的建设具有非常重要的意义。它缩短了中国税制体系与国际社会税制体系的距离，大大加强了税收的法律约束力，通过上述几个方面的税制整理。中国的税收制度向国际通行的、适应资本主义经济发展需要的现代税制迈进了大大的一步。

三　整理公债

北洋政府后期，内外债负担已令政府难以承担。北洋政府被迫于 1923 年 8 月成立财政整理委员会，对政府债务以及其他财政事项进行整顿，但由于政权更迭，整顿中途停止。南北统一后，国民政府以前所借债务以及北洋政府遗留下来的债务数额巨大，政府债务负担愈加沉重，内外债总额已达 16.15 亿元。如此巨额的债务偿还若得不到保证，将会严重影响政府在国内外的债信，也会影响到政府正常的财政收支活动。为此，国民政府从 1928 年起，对国债进行了整理。为保证债务整理的顺利进行，国民政府于1929年成立了整理内外债委员会，专门负责各项债务整理事宜。该委员会为整理债务制定了五项原则，其中较为重要的有：（1）整理范围包括中华民国中央政府所实欠之全部无确实担保的所有内外债；（2）关税自主实现后，由关税收入中每年提出一定数额，作为未偿债务的担保。为此财政部设立了整理债务基金。基金的资金由财政部根据每年应偿债务金额的大小从关税附加收入（关税主权收回之前）和关税收入（关税主权收回之后）中划拨。债务整理过程中，财政部对政府历年所借内外债进行了详细的核查。属于中央政府所借债务者，经审核符合偿还条件者，按规定偿还；不属于中央政府的债务由地方政府或借债单位负责偿还。经清理核实，列入整理范围之内的内外债合计总额为银元1677115497枚。截至1936年，已经商定整理办法及已全部还清的债务共计49款，公债整理中政府获得的债务本息免让使政府的国库负担大为减轻，负担减轻额大约为国币35700余万元。

公债整理不仅大大减轻了政府的财政负担，而且大大提高了政府债信，为其在抗日战争时期利用债务手段筹集军费创造了条件。

四　重建预算制度

北洋政府初期，已初步建立了现代预算制度，但后来因战乱而受到破坏，未能坚持下来。国民政府于1934年7月公布了《修正预算章程》，对国家预算及地方预算的编制原则、编制结构、编制方法、编审程序等问题都作了制度规定。1937年4月又公布了《修正预算法》，将预算制度上升到法律高度。该法的颁布，标志着中国现代预算制度的确立。

五　整理国库制度

北洋政府时期，财政收入管理制度十分混乱，各行政事业单位自收自支、坐支等现象比比皆是，国库形同虚设。国民政府成立初期，同样也存在这种情况。为强化国库的功能，强化财政部门对财政资金的统一管理权限，国民政府于1933年2月公布了《中央各机关经管收支款项由国库统一处理办法》。《办法》规定：中央各部会直接收入款及其所属非营业机关收入款与营业机关盈余款或摊解非营业之经费款均解交国库核收。该制度的出台，将各行政事业单位的财权收归财政部行使，杜绝了各单位私自处置财政收入的现象，为财政收入真正保障政府职能的行使提供了有利条件。1938 年 6 月，又公布《国库法》进一步将国库制度上升到法律高度。同时，也对地方政府的公库制度建设作出规定，使地方公库制度得到了改进和完善。

六　行政、人事制度的整理

1931 年，国民政府公布了修订的《财政部组织法》，对财政行政及人事制度作了较详细的制度规定，明确了各机构的分工与职责。为财政职能的顺利履行提供了组织人事上的保证。

上述财政制度的变化在当时被称为"财政整理"，但其性质已远远超出了"整理"的范围，它实际上是中国近代以来的一次大规模的财政改革。通过这次改革，大大加强了法律对财政活动的约束力，使政府财政走上规范化、国际化的道路。更值得提及的是，此次财政改革的贯彻实施程度较之清末戊戌变法中有关财政制度的改良措施以及北洋政府时期进行的各项财政改革措施的实施贯彻程度高得多，收效也十分明显。

第三节　国民政府的财政收入

国民政府时期，中央政府与地方政府分级预算制度基本确立，因此财政收支随之分为中央和地方两部分。而时局的变化，导致其收入的划分也时有变化。一些税种时而划归地方政府，时而收归中央政府。所以在分析财政收入时，我们将不分中央、地方，一并介绍。国民政府的财政收入以税收收入为主，辅之以专卖收入、行政收入、官产收入、债务收入和其他零星收入。

一　税收收入

20 世纪 30 年代，国民政府在税制建设上做了大量工作，将国际上通行的直接税、间接税概念引入中国，并在直接税体系的建设上做了许多工作，开征了所得税、非常时期过分利得税、特种过分利得税、遗产税等税种，并将传统的田赋改造为土地税，填补了中国税制体系中现代直接税税种的空白。在间接税体系的建设上，此时期的重点放在对传统税种征收制度的改良上。

如废除遇卡征税的厘金，代之以在生产环节一次性征收的统税；取缔牙税、当税等封建性旧税种，代之以国际上通行的营业税等。

不过由于税收征收机构的变化等历史原因，国民政府时期的直接税、间接税体系的划分界限还不十分清楚，在税收收入统计上，一些原本属于间接税的税种，如营业税、印花税等，被归入了直接税体系。从尊重历史的角度出发，我们仍将这些税种放在直接税体系中介绍。

（一）间接税收入

1. 关税。1929 年国民政府收回了关税自主权，并于 1929 年 2 月开始实行新的国定税则。该税则打破了协定税则下进口关税税率不分商品种类，一律值百抽五的规定，将进口关税税率的边际税率提高至 27.5%，从而使得进口关税对民族经济的保护作用得到加强。税则规定，进口税税率自 7.5% 至 27.5%，共分 7 个税率等级。此后，关税税则又分别于 1931 年、1933 年、1934 年多次修订。进口关税税率从 7 个税率等级增加为 14 个等级，最高税率提高到 80%。关税对本国经济的保护作用进一步加强。不过，税则所定高税率的实施受到列强国家的蛮横抵制和干预，特别是受到日本政府的无理干涉。例如，1933 年修订的关税税则中，国民政府为迎合英美国家的要求，对棉货、海产品和纸张等主要由日本进口中国的商品实行高税率，就受到日本政府的强力干预，迫使国民政府于 1934 年对仅实行了一年的关税税则进行重新修订，调低其上述产品的进口税税率。我国政府关税自主权在行使中大打折扣。

1934 年修订的关税税则一直实行到抗日战争结束，未再作大的修订，只作了局部调整。一是在抗日战争期间对一些我国急需的战略物资，如米、汽油、柴油等，免征进口税；二是对部分有关国计民生的商品调低进口税税率，税率下调幅度较大，达到原税率的 2/3，1942 年取消了转口税；三是于 1943 年将进口税中原来对部分进口商品从量计征的办法改为从价计征。抗日战争胜利后，政府又对进口税税则进行了局部修订。为保护民族经济的发展，复将战争期间关税税率降低 2/3 的进口商品的税率恢复到战前的税率水平，但仍对米、汽油、柴油等战略物资实行免征进口税的政策。

抗日战争爆发前，关税收入出现逐年递增的局面，尤其是关税自主权收回后的最初几年中，关税收入的增长幅度更大。关税收入最多的 1931 年，收入总额达到 314686596 元，为 1926 年关税收入的 4.7 倍。抗日战争爆发后，由于国民政府抵抗不力，国土大片沦丧，尤其是经济发达的沿江沿海大城市的陷落，使许多海关落入日伪手中，关税收入也相应落入敌手。据统计，八年抗战中，被敌伪截掠走的关税收入总额达到 226 亿元以上。而这段时期内，国民政府所掌握的关税收入则不到 30 亿元，只占关税收入总额的 1/10 左右。抗日战争胜利后，随着失地收复，关税收入大幅增长。1946 年的关税收入达到 3255.5 亿余元。

2. 盐税。国民政府时期，收回了盐税自主权。1927 年 6 月国民政府在财政部内设立盐务处。1928 年，国民政府财政部部长宋子文发表声明称，财政部将改进盐务稽核所的工作，不再承认稽核所所有保管收入用以偿还外债的权利，此项工作须另行指定特殊机关负责。收税职权也从盐务稽核所手中收回，归运使、运副主管，各稽核分支所只负责填发准单、秤放盐斤及编造账目。据此，从 1929 年起，所有征收的盐税款由征收机构存入财政部指定银行，归财政部支配使用，原来用盐税收入偿还的外债，由于本时期关税收入大增，所以像善后大借款等外债已改由关税项下偿还。其他债务由财政部负责用盐税收入安排偿还。从此，盐税的征收、保管及使用权又重新掌握在中国政府手中。

北洋政府时期，盐税征收制度颇为混乱，各地在税之外，往往还征收附加税，各地税率也有很大差别。国民政府上台后，先是于 1930 年 12 月对各地的盐税附加进行整理，规定各省盐税附加均限于 1931 年 3 月 1 日一律划归财政部统一核收，以便整理。后又于 1931 年 5 月颁布了《盐法》，对盐税征收制度作了进一步规定。该法的主要内容有：①制盐须经政府许可。②制成的盐（包括精盐）应验存政府指定的仓坨。③场价由场长召集制盐人代表按质分等议定。④每百公斤食盐一律征税 5 元，不得重征或附加；渔盐征 0.3 元，工农业用盐免征。⑤设盐政机关掌理盐务行政、场警编制、仓坨管理及盐的检验收放。⑥另设稽核机关掌理盐税征收、稽查盐斤收放及编造盐款收支报告。

尽管《盐法》明确规定取消盐税附加，但由于军费需求过多，实际上在盐税征收时仍附征附加税。中央统一规定征收的盐税附加有三种：一种称为军用加价，限于淮南食岸、浙江各销岸征收。征收额按原规定是带征 1 元。

实际执行中各岸情形不一。第二种称为善后军费，对淮浙鲁各区、湘鄂西皖四岸行盐征收，税率是 1.5 元。第三种称为外债镑亏，全国各区一律带征 0.3 元。此外，1930 年以前各地方政府征收的盐税附加在 1931 年划归中央政府，后改由中央政府继续征收。因此中央政府的盐税附加并不仅限于上述 3 种，具体征收中，各地情况有所不同。有些地方附加项目少些，有些地方多些。例如，1931 年时，湘岸盐区的盐税附加除中央政府的附加项目外，还有镑亏费、筹备费、赈捐、平浏路捐等 4 种名目；长芦盐区则有镑亏费、销地捐、河工捐、缉私捐、产地捐、加征产捐、军事附捐、整理费等数项名目。经过整理，盐税征收制度趋于规范化，盐税收入也有了较大幅度的增长。1925 年盐税收入仅为 79144093 元，1929 年盐税收入总额增长为 130135400 元，1932 年增长为 164615200 元，较北洋政府末期增长了 1 倍有余。

抗日战争爆发后，东北、华东东部、东南沿海及华南等地区的大部分盐场先后落入敌手。国民政府的盐源减少了 80%，再加上内地井盐运输困难等原因，国统区不仅盐税收入大减，而且食盐供应也出现紧张局面。为应对这种局面，国民政府制定了"增产赶运，以开辟盐源；统制配售，以平衡供销"的政策，实行"官运官销、计口售盐"的措施。1942 年 1 月 1 日，财政部宣布，盐专卖即日起实施，所有专商引岸及其他垄断盐业的特殊待遇及权益一律废除。除各省政府盐斤加价外，其余附加一律停征。食盐的运销管理也从原来的民制、商运、商销改为民制、官收、官运、商销。1943 年 10 月，出于筹集战争经费的需要，国民政府又宣布开征战时食盐附加税每担 300 元。1945 年又先后两次提高附加税征收标准，第一次增至 1000 元，第二次增至 6000 元。此外，1944 年 3 月财政部又下令，在食盐项下加征国军副食费每担 1000 元，并入仓价。同时要求所有军队在各地方就地征收款物应即停止。1942 年 1 月至 1945 年 2 月，食盐专卖收入、战时附加税和副食费收入合计总额为 720.39 亿元，占此时期税收收入总额 1458.09 亿元的比重高达 49.5%。盐税收入成为国民政府最主要的财源，对支持庞大的军费开支具有非常重要的意义。

1945 年 2 月，预见到抗日战争即将胜利，国民政府取消了食盐专卖制度，改征盐税。盐税的税率最初按光复区税率从低的原则制定，苏、皖、京、沪各地盐税为（每担）1000 元（当时后方区盐税为 7000 余元，光复区税率不及后方区的 1/7）。后来，为平衡其与后方区的税负，又将两淮区的盐税税率提高至 1500 元，京、沪区调至 2000 元，安徽徽属及安庆为 4000 元，其余皖南北各地为 3500 元。1946 年，国民政府又分三期对全国盐税率作了调整。调整后，盐税税率从 700 元到 3000 元，共分四等。为扶持工业发展，对工业用盐暂行免税，盐业副产品亦免税。

1946 年起，取消了战时征收的战时附加税和国军副食费的名目，并称盐税。至此，各种名目的盐税附加统统取消。同年，食盐的运销管理也改为民制、民运、民销。

战后，随着产盐区的收复，盐税收入绝对额有所增长，1946 年为 2057 亿多元。但由于战后其他财政收入的迅速增长，盐税收入占国税收入总额的比重则降至 16.56%。

3. 统税。统税起源于厘金。清末一些省份，如湖北省，曾将重复征收的厘金合并为一次征收，称为统捐。北洋政府时期，为克服厘金无物不税、无地不税、重复征税的弊端，曾试办过纸烟统捐，规定纸烟捐为国税，由中央征收，不管国产货、进口货，均征内地统捐一道，完纳统捐之纸烟，不再重征其他内地杂捐、厘金等。但由于政府军需过重，纸烟统捐开征后不久，各种杂税、杂捐纷纷设立。北洋政府克服重复征税的努力以失败告终。

国民政府在广州成立后，在向北挺进的过程中，于 1926 年 12 月颁布征收卷烟统税办法，1928 年公布的《卷烟统税条例》规定，卷烟统税为中央税，由财政部专设卷烟统税处，各省设置卷烟统税局办理。凡交纳统税之卷烟，即准其行销全国，不再重征其他任何货物税捐。1928 年 6 月，又公布了《征收麦粉特税条例》，该税对机制麦粉征收，税率为 5%。其性质与统税相同。1930 年后，为弥补裁厘造成的财政收入损失，扩大了统税的征收范围，先后将棉纱、火柴、水泥、熏烟叶、啤酒、火酒等商品列入征收范围。此后，统税收入不断增长，逐渐成为中央政府财政收入的重要支柱。

统税的最大优点是克服了厘金道道征税、税负过重、严重阻碍商品流通的弊端。商品在出厂时缴纳一道税后即可通行全国，大大方便了商品流通，有利于全国统一的商品流通市场的形成。

1931 年 1 月，国民政府公布的《棉纱火柴水泥统税条例》规定：（1）统税由财政部所属统税机关征收。（2）统税采用从量征收办法，税率采用定额税率。各类应税商品的税率为：本色棉纱按纱支高低，分别从量每百斤征收 2.75 元至 3.75 元，其他各类棉纱照海关估价征收 5%；火柴区别不同长度及每盒支数多少，每大箱从量征收 5 元至 11 元；水泥每桶（380 磅）征收 0.6 元。(3) 征收方法采用派员驻厂或驻关征收。(4) 已税货品运销各省，不再另征其他捐税。

为加强对统税征收的管理，国民政府于 1931 年成立了统税署，专门负责统税的征收管理工作。

在统税征收过程中，区分不同情况，规定有减免税优惠：(1) 卷烟出口或运往未征统税的地区时，免征统税。(2) 对军用面粉、慈善团体采购的用于赈灾的面粉免征统税；对于出口面粉，最初实行的是禁止出口政策，后来应商人的申请，准许面粉出口。并给予出口免税待遇。(3) 对出口棉纱及其制品最初实行免税政策，但鉴于税收征管难度大，易给奸商提供漏税之机会，所以后来又改成出口退税制。(4) 运销国外的火柴免征统税。(5) 运销国外的水泥免征统税。

抗战爆发前，统税的基本征收制度变化不大，但税率却曾多次调整，其调整趋势是税率不断提高。1933 年 12 月，财政部训令各区统税局提高卷烟、水泥、火柴三项统税税率。提高后的具体税率标准是：(1) 卷烟每 5 万支售价在 300 元以上者为一级，征税 160 元；售价在 300 元以下者为第二级，征税 80 元。(2) 水泥每桶 170 公斤，征税 1.2 元。(3) 硫化磷火柴，甲级每箱征税 10.8 元，乙级每箱征税 13.5 元；安全火柴甲级每箱征税 13.5 元，乙级每箱征税 17.4 元，丙级每箱征税 21 元。

1937 年 3 月，财政部再次调高统税税率。卷烟税率由二级税制改为四级税制。最高税率为每 5 万支 800 元，最低税率为每 5 万支 100 元；火柴最高税率为每箱 24 元，最低税率为每箱 12.6 元；水泥税率为每桶重 170 公斤征税 1.5 元。同年 5 月，棉纱的统税税率也随之提高。最高税率为每百公斤棉纱 10 元，最低税率为每百公斤 5 元。

统税的征收范围最初只限定在苏、浙、闽、皖、赣五省。其后征收范围不断扩大，抗战前夕，黄河以南地区大多开征了统税。由于统税主要是对机制品征收，因此其税源集中于大机器工业发达的东南沿海地区。由于实行就厂征收，只征一道税的办法，避免了重复征税现象，统税的开征受到工商界的欢迎，其收入呈逐步增长趋势。1929 年统税初办时期，其收入总额为 45615677.31 元；1931 年增长为 77407420.51 元；1933 年增至 104977964.74 元[①]。

抗日战争时期，为更多地筹集财政收入，国民政府不断扩大统税的课税对象范围和税收征收范围。在课税对象范围上，先后将饮料、手工卷烟、食糖、茶、竹木、皮毛、陶瓷、纸箔等商品列入统税征收范围，并将统税与烟酒税合并，改称货物出厂税或货物取缔税。后来在实际征收过程中，货物统税的课税对象几乎扩大到无物不征的地步。例如，由对竹木征税扩大到对扫帚、草鞋、粪箕、锅刷等竹木制品征税。税收征收范围扩大到云南、新疆、青海等省区。另外，为增加收入，还对货物统税的计税方法作了修改，将原来实行的从量计征的办法改为从价计征，并重新规定了各类商品的税率。新税率下，纳税人的税收负担大大加重。例如，棉纱在改为从价计征后，税率提高了 4 倍。修改后，各种商品的具体税率为：卷烟 80%，熏烟叶 25%，洋酒啤酒 60%，饮料品 20%，火酒中的普通酒精 20%、改性酒精 10%、动力酒精 5%，火柴 20%，糖类 15%，水泥 15%，棉纱 3.5%，麦粉 25%，竹木及普通木材 15%，贵重木材 30%，皮毛 15%—30%，瓷器 10%，陶器 5%，纸箔 5%—50%。

1943 年，为满足战争对战略物资的需要，财政部公布了《财政部棉纱麦粉统税改征实物暂行办法》，规定对上述商品按原规定的税率改征实物。1944 年 7 月又将糖类商品列入征实范围，并把其税率从 15% 提高到 30%。值得提及的是，改征实物部分的货物统税收入并未计入政府的货物统税收入总额中。这就使得政府预算、决算中，1944 年、1945 年的货物统税收入数字严重失真。

抗日战争时期，货物统税成为中央政府的重要财政收入来源。据统计，1940 年，该税收入（货物出厂税和货物取缔税合计）决算额为 35080162.70 元，占经常性财政收入总额的比重为 6%；1941 年为 111272253.65 元，占经常性财政收入总额的 9.1%；1942 年为 259222863.44 元，所占比重为 3.7%；1943 年为 681744839.20 元，所占比重为 5.2%。若把战时消费税和矿产税等

---

① 《财政年鉴》（上），第 155—195 页。

具有货物税性质的税种也计入其中的话，则货物税收入占税收总额的比重已达到 1/4 左右。

抗战胜利后，随着沦陷地区的收复，统税的征收范围大大扩大，包括棉纱和烟酒在内的货物统税的税率提高，再加上通货膨胀等因素的影响，统税收入大幅度增长。1946 年，货物统税实收额占当年税收总额的 35.1%；1947 年该税实收额为 4.5 万亿元，占当年关、盐、直、货四税收入的 43% 以上。

4. 其他间接税。国民政府时期，在关、盐、统三大间接税之外，还沿北洋政府旧制，继续征收烟酒牌照税、矿产税、筵席及娱乐税等间接税。此外，出于特殊需要，国民政府还曾先后开征过其他一些间接税税种。这些税种的征收时间一般较短，其社会影响较小。

（1）烟酒牌照税。国民政府于 1927 年至 1928 年对原北洋政府征收的烟酒牌照税加以整顿，先后公布了《国民政府财政部卷烟营业牌照税章程》、《国民政府财政部洋酒类营业牌照税章程》、《华洋机制酒类营业牌照税章程》等一系列规章制度，对烟酒牌照税实行分类征收的办法。其后又对具体征收制度多次作出修订。

1928 年 3 月公布了《烟类营业牌照税暂行章程》规定，凡售卖华洋烟类，均需领照纳税。牌照分整卖、零卖两类，整卖类按经营范围分为 3 等，每等各按季纳税 100 元、40 元、20 元；零卖类分为 5 级，按季各纳税 12 元、8 元、4 元、2 元、1 元。

1927 年 11 月公布的《华洋机制酒类营业牌照税章程》规定，凡贩卖华洋机制酒及火酒者，按整卖、零卖及营业收入分为四等，分别每季征收 50 元、20 元、15 元和 5 元的定额税。

1935 年 1 月，烟酒牌照税改划为地方税。为规范各地烟酒牌照税的征收，财政部公布了修订的《烟酒营业牌照税暂行章程》，规定该税按季征收，分烟、酒、洋酒三类，各自分整卖、零卖征收不同数额的定额税。

1942 年 1 月，国民政府宣布停征烟酒牌照税。

在烟酒牌照税收入属于中央政府时期，时有地方截留烟酒牌照税的情况出现，该税的实际征收规模难以确切统计。后来，中央政府加强了税收征管力度，由财政部直接任命地方印花烟酒税局局长，并要求地方印花烟酒税局按规定期限解缴烟酒牌照税税款。此后，烟酒牌照税的规模才有了较为确切的统计资料。即使这样，由于一些省局在解缴税款时，将烟酒牌照税与烟酒公卖收入合并上解，因此，烟酒牌照税的总体规模仍缺乏数据。据《财政年鉴》公布的数字，江苏、浙江等 11 个省 1929 年该税的收入合计为 1590323元，1930 年为 1644266 元，1933 年为 796632 元。

（2）矿税。国民政府初期，对矿税征收制度进行了整顿，将北洋政府所征收的矿产税与矿统税合二为一。1930 年 5 月，又公布了《矿业法》，进一步规范了矿税的征收制度。该法规定：矿税分为矿区税和矿产税，由矿业权者分别缴纳；矿区税税率分别为：每公亩按年纳税 1 分，砂矿在河底者，每河道长 10公尺，按年纳税 1 分；采矿区每公亩或河道每长 10 公尺，自开办起 5 年内按年纳税 2 分，自第六年起按年纳税 5 分。矿产税按照矿产物价格纳税 2%。

由于历史原因，《矿业法》在 1934 年以前并未得到执行，各矿区矿税征收制度有很大差异。直到 1934 年 10 月财政部公布《矿产税稽征暂行章程》，对矿税计税方法、征收手续等一系列问题作了较详细的规定之后，全国矿税征收制度才趋于统一。

抗日战争期间，为筹措军费，政府一方面扩大了征收范围，将以往未开征该税的湘、川、粤、桂、黔、闽、陕、甘、康、宁、滇等省均纳入矿税的征收范围；二是将纳税环节从单一的生产环节扩大到流通环节，在矿产运输途中查征该税；三是提高了矿税税率和计税价格。

抗日战争胜利后，政府于 1946 年 10 月公布《矿产税条例》，对该税的征收制度作了重新规定。其内容大体如下：矿产税为国家税，由税务署所属货物税机关征收；课税对象以《矿产法》第 2 条所列举者为限；税率按矿产物分为两类，第一类铁、煤、石油等，第二类石膏、明矾等；均按律从价计征。

1948 年 2 月政府再次公布《矿产税条例》，对该税的征收制度进行修订。

矿税收入抗战前较多，1936 年为 4904633 元；抗战期间，由于许多矿区沦于敌手，矿税收入一度萎缩，仅为战前的 1/3 左右。后经整顿，税收收入有所增加，1942 年增至 2290 余万元。战后其收入大幅度增长，1946 年实际收入总额为 11963393000 元。

（3）特种消费税。该税开征于 1928 年。当年 12 月，国民政府在其召开的苏、浙、皖、赣、闽五省裁厘会议上，通过了《特种消费税条例》，规定：

对糖类、织物、出厂品、油类、茶类、纸、锡箔、海味等 19 项货品征收该税；应税货品中，除糖类、织物及出厂品另订条例由财政部直接办理外，其余由各省就地方情形自行提出呈部核定；税率为奢侈品自 12.5% 至 17.5%，半奢侈品自 7.5% 至 10%，日用品由 2.5% 至 5%；不得带征任何附加税；特种消费税由各省财政特派员公署主办；已经征足特种消费税的货品，不再征收其他捐税。

1929 年 1 月，《特种消费税条例》正式公布，据此福建等省开征了此税。其中，福建省于 1929 年 1 月发布公告，宣布在废除厘金及与厘金性质相同的税种后，于 1 月 6 日起开征特种消费税。应税货品共分 10 类，税率分四级，自 2.5% 至 7.5%，土货与必需品从轻，洋货与消耗品从重。

该税开征后，受到商界的抵制。1929 年 2 月，全国商会联合会致电国民政府，称特种消费税弊害胜过厘金，要求免予举办。鉴于此，国民政府于 1931 年 4 月宣布停办特种消费税。

（4）银行业收益税。该税开征于 1931 年。为弥补裁厘造成的财政收入损失，其他行业开征了营业税，但银行业未包括在营业税的征收范围内，而是单独征收收益税。1931 年 8 月，国民政府公布了《银行业收益税法》。规定：银行业收益税的税率按纯收益与资本额之比分为三级：纯收益额不满资本额的 15% 者税率 5%，满资本额的 15% 不满 25% 者税率 7.5%，满 25% 以上者税率 10%；银行业的范围包括商业、储蓄、汇业、实业及其他各银行、信托公司、储蓄会中央及地方政府设立之银行免缴收益税。该税后来被并入营业税中与其他行业统一征收。

（二）直接税收入

1. 所得税。所得税的设立经过两个阶段。先是在 20 世纪 20 年代末，为弥补裁厘带来的财政收入损失，国民政府于 1929 年 1 月公布了《所得税条例（草案）》。该条例在北洋政府的所得税条例基础上修改形成。条例规定，对在我国内地有住所或一年以上居所以及在内地无住所或一年以上居所而有财产、营业或公债、社债的利息所得者开征所得税。由于财政部聘请的外国财政专家的反对，开征所得税的计划被搁置。1936 年 7 月，国民政府公布了《所得税暂行条例》，规定从 1936 年 10 月 1 日正式开征所得税。至此，所得税终于正式开征。《条例》规定：第一类营利事业所得、第二类薪给报酬所得、第三类证券存款利息所得，均应缴纳所得税；税率采用超额累进税率和比例税率。除证券存款利息所得采用比例税率按5%征收外，营利事业及薪给报酬所得均采用超额累进制，最低税率为3%，最高为20%；营利事业所得采用自行申报制；薪给报酬及证券存款利息所得采用代扣代缴方式征收。1936年7月，财政部下设直接税筹备处，负责征收所得税与其他直接税的筹备工作。为保证所得税开征的顺利，开征之初，所得税的征收范围暂以政府机关公务人员的薪给报酬所得及公债利息所得为限（1936年10月至1936年年底）。其余各项所得于1937年1月1日起开征所得税。

抗战爆发后，为筹集军费，政府于1943年1月公布了《财产租赁出卖所得税法》，规定土地、房屋、堆栈、码头、森林、矿场、舟车、机械等的租赁或出卖所得均应依法征税；税率采用超额累进制，租赁所得最低税率为10%，最高为80%；农业用地及其他财产出卖所得最低税率为10%，最高为50%。1943年2月，政府又公布了《所得税法》，对所得税征收制度作了修订，主要内容一是提高税率，将营利事业最高税率订为20%；二是提高起征点，将薪给报酬所得税的起征点从30元提高到100元。

抗战胜利后，国民政府于1946年4月公布了修订后的《所得税法》。将原来的分类所得税改为综合所得税，征收范围从原来的三类扩大到五类，包括营利事业所得、薪给报酬所得、证券存款所得、财产租赁所得、一时所得。各种所得的税率均采用累进制。分别是：①营利事业所得的税率分两种，甲为公司组织的营利事业所得，根据所得合资本的百分比的不同，分9级税率，实行全额累进制，税率最低为4%，最高为30%；乙为无限公司组织及独资合伙等营利事业的所得，以所得额为准，采全额累进制，税率共11级，由4%到30%。②薪给报酬所得，亦分为两种，甲为业务或技艺报酬所得，乙为薪给报酬所得。甲种所得的起征点为15万元，税率从3%至20%；乙种所得起征点为5万元，税率自0.7%至10%。③证券存款利息所得，采用比例税率，为10%。④财产租赁所得，分甲、乙两种，甲为土地、房屋、堆栈、森林、矿场、渔场等租赁之所得，乙为码头、舟车、机械等租赁所得。甲类所得起征点为5万元，税率采超额累进制，最低为3%，最高为35%，共分12级；乙类所得照甲类所得同级税率加征10%。⑤一时所得，采用超额累进制，起征点为2万元，税率自6%至30%。

尽管所得税开征后恰逢抗日战争爆发，大片国土沦丧敌手，但其收入规模却不断增长，成为支持抗日战争的重要财源。1936 年，所得税实际收入总额为 648 万余元；1937 年尽管受到战争的影响，所得税实际收入仍达到 2000 万元以上；1941 年其收入剧增至 7757 万余元；1945 年其收入达到 34.9 亿余元。

抗日战争胜利后，随着敌占区的收复，再加上通货膨胀因素，所得税收入的增长更是惊人。1946 年猛增至 601.6 亿余元。

2. 非常时期过分利得税。该税为筹集军费、制止借战争之机求暴利的行为而开征。1938 年 10 月，财政部公布了《非常时期过分利得税条例》，规定：营利事业资本在 2000 元以上其利得超过资本 15% 以及财产租赁利得超过财产价额 12% 者，一律课征非常时期过分利得税；税率采用超额累进制，自 10% 至 50%。1938 年 7 月，又对该条例进行了修订，将原营利事业及财产租赁利得的起征点分别改为营利事业利润超过资本额 20% 及财产租赁利得超过财产价额的 15%。开征时间改为 1939 年 1 月 1 日。并重订了分级税率。在该税的实际征收过程中，由于战时商品供不应求，价格高涨，再加上通货膨胀因素的影响，对营利事业非常时期过分利得税的征收进行得十分顺利，但对财产租赁所得的征税受到阻碍。因为该税专对房产租赁征收，而当时后方因敌机频繁轰炸，房屋财产及其租赁收入毫无保障。故此，1943 年 2 月重新公布的《新非常时期过分利得税法》和《财产租赁所得税法》规定，废除财产租赁过分利得税，另行征收财产租赁所得税。非常时期过分利得税只对营利事业所得征收，其税率也作了调整，主要是提高了所得超过资本额 100% 部分的最高税率，从原来的 50% 调为 60%，以加强对暴利的限制作用。

战争时期，社会秩序动荡，不法商人借机投机倒把，获取非法暴利的现象比比皆是，开征非常时期过分利得税可以说是既有利于稳定社会秩序、制止不法商人牟取暴利、发国难财的不义行为，又可以增加国家的财政收入、保证战争所需巨额经费，可谓一举两得。

过分利得税开征之初，税收收入额较小，1940 年的实际收入额为 500 万余元。此后由于通货膨胀和企业赢利率的提高，其收入迅猛增长，1943 年该税实收额为 2 亿余元；1944 年又增至 19 亿余元；1945 年为 37 亿余元；1946 年为 306 亿余元。7 年之中税收收入增长 1000 倍以上。

抗战争胜利后，该税于 1947 年 1 月 1 日明令废止。

3. 特种过分利得税。该税开征于 1947 年。考虑到战后初期社会经济仍很不稳定，各种投机行为仍颇为猖獗，国民政府在废除非常时期过分利得税的同时，开征了该税，以期抑制各种投机行为。该年 1 月，国民政府公布《特种过分利得税法》，规定：凡买卖业、金融信托业、代理业、营造业等类行业，其利得超过资本额 60% 者，征收该税。税率采用超额累进制，起征点为利润超过资本额的 10% 以上的部分。最低为 10%，最高为 60%，共分 13 级。同年 2 月，又对该税进行了修订，其内容一是将制造业纳入征收范围，二是提高了起征点，从原来的利得额超过资本额的 10%，提高到资本额的 60%。税率仍为 10% —60%。

特种过分利得税的征收，对经济发展的阻碍作用很大，受到工商业界的普遍反对。故此，国民政府于 1948 年 4 月明令废止《特种过分利得税法》。

4. 遗产税。1938 年 10 月，国民政府公布《遗产税暂行条例》，1939 年又公布了《遗产税施行条例》，规定从 1940 年 7 月开始征收遗产税。《条例》规定：①中国人民在本国领域内有住所于死亡后遗有财产者（包括在国外的财产）应课征遗产税；②课税财产包括动产、不动产及其他有财产价值的权利；③采用总遗产课税制；④纳税义务人为遗产继承人及受遗赠人；⑤起征点为5000 元。另外允许将继承人继承的价值不满 500 元的农业用具或从事其他各业工作的用具从遗产总额中扣除；⑥税率兼采比例与超额累进制。最低税率为 1%，最高为 50%。

1946 年国民政府公布了《遗产税法》，对遗产税征收制度作了修订。规定：①在本国领域内有遗产者及在本国领域有住所而在国外有遗产者均应征税；②起征点为 100 万元；③税率采用超额累进制，自 1% 至 60%；④规定免税范围。未成年子女的免税额和各扣除项目。丧葬费准许扣除，但不得超过100 万元。

遗产税开征后，其税收收入增长较快。1943 年其实际征收额为 49406499 元；1944 年为 144426316 元；1945 年为 360331397 元；1946 年为 3766921575 元。

5. 营业税。营业税是在废止封建性较强的牙税、当税等旧税种的基础上而开征的一种税。为弥补各省因厘金裁撤造成的财政收入损失，国民政府于1928 年 7 月在全国财政会议结束后，公布了《各省征收营业税大纲》。规定：

营业税为地方收入；营业税应按商业种类与等级分别征收，其种类等级由各省按本地商业状况酌定；征收标准以照营业收入计算为原则；税率最高不得超过2‰，但奢侈业及取缔性行业例外；营业税实行后，各省牙、当税捐及屠宰税等均应归并或废止；营业税俟裁厘完成之后开征。1931年1月，中央政府又公布了《各省营业税大纲补充办法》，对各省征收营业税的税率、免税范围、纳税期限等作了具体规定。

据此精神，1931年裁厘之后，各省先后制定并公布了营业税征收条例。各省的营业税征收制度略有差别，有的省分别按资本额和营业额征收营业税，也有一些省按资本额、营业额和收益额三种标准征收，税率上也略有差别。为统一营业税征收制度，1931年6月，国民政府公布了《营业税法》。该法对营业税征收制度作了原则性规定。确定营业税的课税范围是所有以营利为目的之事业，但不包括农业。该法对课税标准及税率采用弹性规定，由各省根据本地情况在中央公布的《营业税法》规定范围内自行决定。该法规定：按营业额计征者，税率2‰—10‰；按资本额计征者，税率4‰—20‰；按纯收益计征者，依纯收益与资本比较分级课征，分级税率最低为2%，最高为纯收益的10%；各省牙税、当税、屠宰税得按原订税率改征营业税；营业税的征收，采用纳税人请领营业调查证、自行按期申报营业额、核定征收的办法。纳税期限可分按年、半年或季征收。

1931年12月，国民政府公布了《减免营业税原则及办法》，规定对机织土布的制造及贩卖、制造贩卖农具业、灾区特殊条件下制造及贩卖民生日用品、在国际贸易中有提倡保护之必要的商品、有关贫民生计的手工织品等均可酌情免税。

由于营业税属地方性税种，各省的税收征收制度相差甚远，税率不一，征收制度也颇为混乱，个别地区甚至有包税、摊派等现象，省际间重复征税现象也时有存在。原属良税的营业税成了恶税，受到工商业界的臧否。缘此，国民政府于1942年7月公布修正的《营业税法》，将营业税改归中央直接税处举办。此为原属间接税的营业税归入直接税体系的原因所在。该法还将营业税收入从原来的全部归地方改为在中央与县级政府之间分成。并对营业税征收制度进行整顿，废除了预征、省际间重复征收、行栈代征等有害于经营的做法，消除了税务机构自收自支、坐支抵解等不规范行为。1943年2月，又公布了《营业税法施行细则》，规定了统一的征收制度：按资本额计征者，税率为4%，以年计算，分季缴纳；按营业额计征者，税率为3%，分月征收；牙行按佣金额征6%。此外，细则还对行商住商登记、商货运销登记、账册等规定了管理办法，并废止了原来的减免税条例及缓征成案。

经过整顿，营业税的征收制度趋于规范，对经济的消极作用大大减轻。

抗日战争胜利后，1946年再次对营业税征收制度作了修订。但其基本征收制度未作大的变化，只是将其税率降低了一半，并提高了起征点和罚款金额。

营业税归地方政府时期，其税收收入各地相差很大，如江西省1941年营业税收入总额为1600余万元，而陕西省同年的收入总额却只有770余万元。收归中央直接税处征收后，1942年其实际收入总额为592272499.58元，占国家财政收入总额的比重为2.2%；1943年占当年财政收入总额的比重为3.2%。

6. 印花税。国民政府时期，参酌北洋政府印花税旧制，于1927年11月公布了《印花税暂行条例》。《条例》规定，印花税的征税对象分为四类：第一类包括发货票、租赁凭证、支取银钱货物凭证、账簿等共15种，最低贴印花1分，最高1角；第二类包括提货单、承揽字据、存款凭证、股票、汇票、借款字据等14种，最低贴印花1分，最高贴1.5元；第三类包括出洋游历护照、官吏合格证书、毕业证书、呈文及申请书、执照、婚书等45种，最低贴印花3分，最高5元；第四类为烟酒类，按烟、酒类不同等级贴花。

由于《条例》的规定较粗陋，印花税征收过程中存在苛派勒销、营私舞弊等扰民现象，少数地区甚至实行包税制，大大加重了纳税人的负担。为此，1934年12月，又公布了《印花税法》，对原《暂行条例》中存在的诸多弊端作了矫正，使其趋于规范化。同年，还将印花税征收方法由原来的各省印花税局征收改为由邮局代售印花，人民自由购贴完税的办法，从而杜绝了苛派勒销、营私舞弊等现象。

抗战爆发后，为筹措军费，1937年10月，政府制定了《非常时期征收印花税暂行办法》，规定印花税一律加倍征收，并酌增贴用印花种类。同时加大漏税处罚力度。另外，鉴于印花税与所得税、财产税的密切关系，为监察便利起见，1940年9月印花税征收事务由税务署移交给直接税处办理。此为印花税归入直接税的原因所在。

抗战胜利后，政府于1946年4月公布了修订的《印花税法》。该法将原来的39个税目调整、合并为35个，并扩大了征税范围，将国营公营事业所用之相关凭证纳入印花税征收范围。同时扩大免税范围。其税率仍采用比例税率和定额税率两种。

抗战前，印花税收入增长较快，1934年为6990043.44元；1936年为10750861.20元，两年内增长了53.8%。抗战时期，由于税率提高等原因，印花税收入的增长幅度更大，1943年，其收入总额为399243756元；1945年为3397719600元，是1943年的8.5倍。抗战胜利后，虽然印花税税率有所降低，但由于通货膨胀等因素的影响，印花税收入仍呈快速增长趋势，1946年的收入总额为48454083368元。

7. 土地税。国民政府早期，对农业仍采用传统的田赋征收制度；后期，则设立了包括田赋在内的土地税体系。土地税从广义上讲包括田赋、地价税、土地增值税、契税等四个税种。下面概略介绍一下土地税体系中各税种的征收情况。

（1）田赋。国民政府初期，田赋征收制度与北洋政府时期差别不大。在1928年11月公布的《划分国家收入地方收入标准案》中，田赋收入属于地方政府的财政收入来源，田赋征收制度由各省在中央制定的原则条款下自行制定。基本是按土地肥瘠分等，按亩一年分两次（即上忙、下忙）征收。田赋税率在省际间有较大差别，总的情况看，是南方税收负担重于北方。各地的税目名称也略有不同，有的省仍分地丁、漕粮和租课三部分征收，有的省则将三者合一，通称田赋。

征收制度原本就十分混乱的田赋，在下放给地方政府后，其征收情况较之以前更为混乱，百姓的负担更为加重。税负加重一是由于田赋附加的不断加码。虽然中央政府为田赋附加规定了一定的限度，但实际征收过程中各省往往突破其限度。尤其是在1931年裁厘完成后，地方政府为弥补裁厘造成的财政收入损失，不约而同地将田赋附加视为增加财政收入的源泉。举凡自治、公安、保卫、卫生、教育、筑路、水利等所需各项经费均摊入田赋附加中。导致田赋附加增加了十数倍，甚至数十倍。如湖南此时期的田赋附加就达到正税的30倍。其他各省也都在10倍左右。二是由于落后的征收制度。当时，税收征收大权掌握在地方官吏之手，浮收中饱、税不入官等现象比比皆是，格外加重了百姓的负担。

为解决百姓田赋负担过重问题，国民政府于1934年5月第二次全国财政会议上决定整顿田赋征收制度，并为其制定了八条原则：其一，经征机关与收款机关应须分立，由县政府指定当地银行、农业仓库或合作社收款，若无此类机关，则由县政府财政局或科派员在柜征收；其二，串票应注明正附税银元数及其总额，并需预发通知单；其三，禁止活串；其四，不得携串游征；其五，不得预征；其六，确定征收费在正项下开支，不得另征；其七，革除一切陋规；其八，田赋折征国币，应酌量情形，设法划一。该8项原则中，第八条此前已实施，其余7条在这次整顿中得到实施。整顿后，百姓的田赋负担有所减轻。1934年5月又公布了《办理土地陈报纲要（草案）》，选择部分县市进行土地陈报工作，借以清查逃避田赋的黑地。试行结果，应税田亩有所增加。如安徽当涂增加了29万余亩，江苏萧县增加了12万余亩。使两地每亩地应纳田赋分别减少0.1772元和0.0629元[①]。1940年又对田赋推收作了整顿。所谓田赋推收是指当土地所有权发生转移时，其应负担的田赋随之转移到新的土地所有者手中，一方面由原业主推出，另一方面由新业主接收，故称推收。实行田赋推收的目的是保持户、地、粮三者结合在一起，使地有所归，粮有所稽。在由地方政府办理田赋时期，由于各省无一定之规，无确定的经管机构，或办理不认真，造成产权转移后，田赋减免紊乱，弊病丛生，加重了其他农户的田赋负担。故此，政府对田赋推收制度进行了整顿。初时，由于田赋归地方政府办理，整顿效果不明显。1941年田赋收归中央政府办理后，整顿初见成效。多数省在县田赋管理处下设第四科，专门办理田赋推收事项。由此扩大了田赋的税基，使农户的田赋负担趋于均衡。

抗战时期，田赋征收制度发生了很大的变化，先后实行了田赋征实、粮食征购和粮食征借等非常措施。

①田赋征实。抗战全面爆发后，物价腾涌，人民最基本的生活必需品——粮食的价格更是大幅度上涨，一般百姓几乎无法维持最低生活需要，政府经费需求随之急剧扩大。为增加财政收入，地方政府开始加倍征收田赋，

---

① 《国民政府财政金融税收档案史料》，中国财政经济出版社1997年版，第80—83页。

农民财政负担大大加重。但即便如此，也难于弥补财政缺口。为平衡财政收支、平抑物价，国民政府从1941年7月开始将田赋征收权收归中央政府，并实行田赋征实（即直接征收粮食）。此前，1939年国民政府颁发的《战区土地租税减免及耕地荒废救济暂行办法》中就曾规定，战区土地税得以农产品按市价折算缴纳实物。山西等省早在1939年就已经实施了田赋征实。至此，田赋征实在整个国统区全面施行。

根据1939年的规定，田赋改征实物的征收标准为每元折谷2市斗，产麦区得折征等价小麦，产杂粮区得折征杂粮。1941年，又将折征率提高到每元折征谷四斗，或小麦2市斗8升。实际征收过程中，各省之间的折征率略有不同，一般在一元折二三斗之间。

田赋征实将大量粮食掌握在政府手中，对战争期间保证军队及后方居民对粮食的需要有很大的积极作用；对稳定物价、抑制通货膨胀也有十分重要的意义。但由于征实发生的大量运输费用加重了农民的负担。再加上实际征收过程中，经收官员采用大斗浮收、压级压价等手段中饱私囊，更是大大加重了农民的税负。

抗战胜利后，由于以蒋介石为首的国民政府再次发动内战，导致通货膨胀加剧，市场价格持续大幅上涨，尤其是粮食价格更是飞速增长。故此，田赋征实办法一直延续到国民政府垮台。

②粮食征购。抗战时期，军队及后方百姓对粮食的需求量非常大，田赋征实所筹集的粮食不敷使用。缘此，政府于1942年在田赋征实之外，又采取了定价征购粮食的办法。其具体征购办法是随赋带征。小额粮户可以免征购，大额粮户采用累进办法征购，征购总额达到征购限额为止。征购粮食价格标准由中央政府按各省县产粮市价分区核定，各省价格差别较大。产稻区，最高的云南，照稻谷每市石190元计算；赣皖为60元。北方产麦区，一律按小麦每市石100元作价。征购价款按规定搭发2年期法币储蓄券。实际给付时，各省情形不一。一些省采用部分给付法币，部分搭发粮食库券的办法，如川、陕、两广、湖南、安徽和西康等省给付三成法币、七成粮食库券；另一些省是搭发法币储蓄券，如黔、赣、豫、鄂、甘、绥等省；还有些省搭关金储蓄券，如云南和山西。云南按每斤稻谷搭100元关金储蓄券给付，山西则为三成法币，七成关金储蓄券。由于粮食库券和关金储蓄券等都不能直接进入流

通领域，这种给付方法就使得农民在出售粮食时不能及时拿到足额现金，用于消费，大大增加了农民承受的通货膨胀风险。

实行粮食征购办法的当年，共征购粮食31953080市石。

③粮食征借。由于粮食征购存在多种弊端，遭到社会的强烈反对。在各界强烈呼吁下，国民政府从1944年起，改粮食征购为粮食征借，并废除粮食库券，只在交粮收据上另加注明，作为征借的凭据。征借名义上是借，实际上是有借无还，是对农民的一种变相的掠夺。更有甚者，安徽省干脆将征购改成了捐献，赤裸裸地对农民进行掠夺。

④带征县级公粮。1942年开始实行。由于战争期间，地方政府经费困难，机构运转难于维持，故许多地方在中央正赋之外，加征附加现象十分普遍。为此，田赋改归中央政府后，从1942年起，中央在田赋征实的过程中，带征县级公粮。征收标准原则上是正赋的三成，但在实际征收中，各省的征收标准不尽相同。如鄂、滇按每元5升的标准征收；而黔、浙、粤三省则按每元1斗的标准征收，比前者翻了一番。

国民政府实行的田赋三征（即征实、征购、征借）大大加重了农民的税负。从1941年到1948年，田赋三征的总额达到33730万石。其中，抗战时期为24490万石。这反映了当时农民的抗日救国热情，也反映了农民为抵抗外敌入侵所付出的巨大代价。据资料记载，当时四川农民每亩稻田收稻4石，需缴纳的征实、征购、县公粮附加等项负担为2.38石，占每亩收获总量的比重高达59.5%。

抗战胜利后，农民的田赋负担不仅未减轻，反而更形加重。地方巧立名目征收的各种田赋附加，使百姓无法承受。据统计，当时的浙江省田赋附加的名目多达11种。由于此时沉重的田赋负担已不再有抵御外敌的借口，因此遭到农民的强烈抵制，许多地方爆发抗捐运动，并进而演变成革命运动。可以说，国民政府之所以在取得抗战胜利后不久，即迅速垮台，与其征敛无度、苛扰过重的财政政策有着直接的关系。

（2）地价税和土地增值税。地价税和土地增值税的设立源于孙中山的土地理论。"耕者有其田"是孙中山的一贯主张，为实现这一主张，孙中山力倡土地国有制。同时，主张使用土地的人必须向国家支付土地价格。另外，随着社会进步，土地价值尤其是城市土地价值将会不断增值。孙中山认为，土地价值增值带来的收益不能归少数人享有，而应该归全国人民共同享有。地价税和土地增值税设立的理论渊源即在于此。地价税实际上是社会使用土地向国家支付的土地价格，而土地增值税的征收则可以把由于社会进步带来的土地增值收益拿到国家手中，用于全社会。

地价税和土地增值税的创立过程颇为曲折。早在 1929 年 6 月，在国民党三届二中全会上，就初步制定了改革田赋、施行地价税的方针。但由于客观条件所限，该方案未能实施。

1930 年 6 月，国民政府公布了《土地法》。该法对土地税的征收制度作了统一规定。但该规定仍未付诸实施。

1936 年 2 月，国民政府公布修订后的《土地法》及《土地法施行法》，规定：开征土地税；土地税向土地所有权人征收；土地税分地价税和土地增值税两种；地价税照估定地价按年征收；土地增值税照土地增值之实际数额计算，于土地所有权转移或土地虽未转移，但持有土地届满 15 年时征收。

1937 年 1 月，国民政府公布了《各省市土地税征收通则》，规定：各地方依法举办土地税时，隶属于行政院之市，应拟订土地税征收章程；隶属于各省政府之县市，应拟订土地税征收规则，呈省分别咨由内政、财政两部会核呈院备案。

开征地价税和土地增值税的首要条件是整理土地和核定地价，因许多省的土地未经整理，地价无从核定，故未能开征两税。只有上海、青岛、杭州、南昌和广东省等较为发达的地区开征了该税。各省的征收制度略有不同。上海市于 1933 年 7 月公布《征收暂行地价税章程》，开征地价税。其征收制度规定：地价税税率按估定地价征收 0.6%，由土地所有者或永租者负担；全年分两期缴纳，由上海市财政局负责征收。青岛市 1937 年开征此税，其征收制度规定：土地税分主要市区地税、次要市区地税、主要市区改良物税和土地增值税四种。主要市区地税税率为 2%。次要市区地税分三等，每市亩分别年纳 0.11 元、0.35 元和 0.77 元。改良物税依申报价征 0.5%。

1937 年 8 月，为进一步规范土地税征收制度，政府又公布了《各省市土地税征收规则》，规定：各省市在土地测量登记完竣后，应立即举办地价税、土地增值税及改良物税；地价税及改良物税每年征收一次，税率由省、市政府在《土地法》规定的税率范围内自行确定；土地增值税于土地转移时征收；

未开征土地税的地区仍依照核定科则征收田赋。

该规则公布后，一些省市陆续开征了地价税和土地增值税。截至 1942 年底，共有江苏、浙江、江西等十余省的 47 个市县开征了地价税，13 个市县开征了土地增值税。各省的税收征收制度略有差异，一部分省地价税的税率采用区分改良地、未改良地、荒地分别制定不同的税率，另一部分省则无此区分，一律按 1% 的税率征收。还有些省，不同市县的税率也有所不同。

抗战爆发后，南京、上海、青岛等城市先后沦陷，该税被迫停征。其他地区继续征收。为加强对粮食等战略物资的控制，与田赋一样，对农地征收的地价税也改为折实征收，仅城市地价税仍征收法币。

抗战胜利后，国民政府于 1946 年 4 月公布了修订后的《土地法》，对土地税的征收制度作了如下修订：地价税按年征收，采用累进税率，基本税率为 1.5%，超过累进起点地价时，其超过部分分三级加征，自 0.2% 加至 5%；土地增值税于土地所有权转移或虽无转移但届满 10 年时征收。土地增值税就其增值部分征收，税率分四级，自 20% 累进至 80%；土地改良物税按年征收，最高税率不得超过 1%。此后，地价税和土地增值税的征收制度未作大的修订，只在 1948 年币制改革后，将地价税和土地增值税的征收单位改为金圆券，并对地价作了一些调整。

地价税开征之初，由地方政府主持，税源较分散，税额较小，各省之间的收入差额也较大。据统计，1942 年，湖北省地价税收入总额为 1993341 元；湖南为 298834 元；广东为 1619964 元；甘肃为 1687189 元；宁夏为 2426346元。1942 年地价税和土地增值税收归中央政府后，该税的收入逐渐增长。1943 年，全国地价税与土地增值税收入合计为 76148597 元；1945 年为262575244 元。抗战胜利后，1946 年两税合计收入总额为 6501667911 元。

（3）契税。国民政府成立初期，契税划归地方政府。各地契税正税税率不同，高的达到卖九典六，低的为卖四典二；契税附加的税率差别更大，附加税率高的省，附加部分可与正税相匹敌。百姓为躲避过重的契税负担，在买卖或典当土地时往往不到有关部门登记过户，偷漏税现象较为普遍。故此，1934 年 5 月第二次全国财政会议上决定对契税征收制度进行整顿，规定：契税正税以卖六典三为限度，附加以正税半数为原则，其逾期及短匿之罚金至多不得超过其应纳税额。

1941 年 8 月契税划归中央政府后，1942 年 5 月修订公布的《契税暂行条例》规定：契税税率依契价卖契征 10%，典契征 6%。新增交换、赠与契税，交换征 4%，赠与征 10%。

1946 年 6 月契税与契税附加又被划为地方税，并对契税征收制度作了修订，新公布的《契税条例》规定：卖契、赠与契、占有契，税率为契价的6%；交换契、分割契为 2%；典契为典价的 4%。此后，契税的征收制度再未作大的修订。

国民政府初期，由于契税归地方政府征收，全国契税总的收入规模难于统计。上报财政部的江苏等 16 省及 3 直辖市的契税收入总额，1928 年为5427905 元；1929 年为 8661448 元；1930 年为 7159668 元。抗战期间，契税由国民政府中央接管后，1943 年其收入总额为 672848639 元；1944 年为1278486009 元；1945 年为 4759954782 元。抗战胜利后的 1946 年上半年契税收入总额为 7407253813 元。

二　专卖收入

国民政府初期，实行专卖的商品甚少，只对烟酒实行公卖制度。1929 年8 月公布的《烟酒公卖暂行条例》规定：烟酒销售以官督商销为宗旨，各省设烟酒事务局并划定区域设立分局或稽征所；烟酒销售应由各省烟酒事务局规定价格，公卖费率暂定为 20%；烟酒公卖适用于在本国制造的烟酒。抗战爆发前夕，国民政府曾派员对日本的专卖制度进行考察，预备引进日本的专卖制度。抗战爆发后，为筹措巨额军费，1941 年 4 月召开的国民党五届八中全会上明确提出选择大宗消费品实施专卖制度的主张，并初步拟定对盐、烟、酒、火柴、茶、食糖 6 种消费品实行专卖。为此，财政部成立了国家专卖事业设计委员会。后决定对茶、酒暂缓实行专卖，先对食糖、火柴、烟类三项物品实行专卖。为实施专卖制度，专门成立食糖专卖局、烟类专卖局、火柴专卖公司等机构。对专卖品实行民制、官收、官督商销的办法，并征收专卖费。按规定，食糖专卖费率为食糖统税税率的 15%；烟类专卖收益为按收购成本价的 50% 计算征收；由于火柴是民生必需品，所以对火柴不在价格之外另收专卖费，其专卖收益主要来自批零差价收入。1942 年 1 月，又对食盐实行专卖，已如前述。

国民政府实行专卖制度的立意，最初是试图借助专卖制度制止战时因物资短缺所引起的物价狂涨，平抑物价；将国计民生所必需的战略物资掌握在政府手中；增加财政收入，为战争筹措巨额军费。客观地说，专卖制度实施初期，上述目的已基本实现，但随着时间的推移，由于缺乏严格的法律约束和控制管理，专卖制度逐渐成为扰乱市场物价、阻碍工商业经济发展之渊薮，成为少数官员鱼肉百姓、牟取暴利的工具。直到抗战胜利前夕才渐次取消了专卖制度。先是于1944年7月取消了食糖专卖，后又于1945年1月全面停办专卖。

专卖制度实行期间，政府获得的食糖、烟类、火柴专卖收入总额为317375331元。

与专卖制度同时实行的还有统购统销制度。这也是政府为加强战时物资管制、调节供求、保证军需、增加财政收入而采取的一种措施。实行统购统销的物资分两大类：一类是外销产品，包括茶叶、桐油、猪鬃、生丝、羊毛和矿物等六种产品，这些产品当时是我国用以偿还外债的主要出口产品；另一类是日用必需品，包括棉花、棉纱和棉布三种产品。统购统销在抗战初期，对国民政府的帮助甚大，在偿还外债、保证军需民用等方面都起到了重要作用。但与专卖制度一样，统购统销在抗战后期也成为阻碍工商业发展的一大弊害。因为统购统销和专卖一样，政府以压得很低的价格收购统购产品，再以较高价格出售，其实质是对工商业的一种变相的掠夺。有时收购价格甚至低于成本。例如，1941年政府收购1吨绿茶毛茶的价格最高为105元，最低价格只有68元，而其生产成本则高达188.22元。茶叶生产商入不敷出，根本无法维持生产的正常进行。

三　行政收入

国民政府时期，各种行政性收费也是政府的财政收入来源之一。这些收入一般规模较小，较零散。具体的项目主要有：首都警察厅各项行政收入，外交部签证货单费，实业部商品检验费及商标注册费，铨叙部证书费，司法行政部司法印纸、状纸工本费暨律师登记费，最高法院诉讼费，交通部轮船商船注册、给照及证书登记、丈量、检查、牌照各费等项目。

国民政府初期，沿用北洋政府旧制，上述各类行政收入多由各收费单位自收自支,自行管理,较为混乱,易于发生乱收费现象。1933 年,在财政整顿过程中,对国库收付制度作了改革,要求各单位须将其收入统一缴入国库,不得坐支经费。此后,上述各项行政收费的征收有了统一的征收标准和征收制度,趋于规范化。

四 官业官产收入

官业是指政府投资形成的经营性资产,即我们现在所讲的国有企业。国民政府在煤矿、铁路、航运、邮政、电讯、印刷等行业进行的投资颇具规模,再加上传统的官营手工业、商业等,国家的官业资产总额颇巨,官业收入也有一定的规模。以官营印刷业为例,其收入总额 1927 年为 1797544.582 元,1933 年为 1204613.310 元。不过,需要指出的是,国民政府时期,官业收入固然颇巨,但其支出也同样可观,其自身收支相抵后,政府从中获取的收益实际微乎其微。仍以印刷业为例,1927 年的支出为 1300076.280 元,1933 年的支出则为 1201600.510 元。收支相抵,1927 年净赢利额为 497468.302 元,而 1933 年则只有 3012.80 元。

官产收入是指官产的转让租赁收入。1927 年国民政府财政部曾对官产进行过清理整顿。整顿后,各地官产统归中央政府所有,由财政部委托各省财政厅或农矿厅代为管理,其收入统一缴入国库。1933 年,由于地方财政资金紧张,财政部应各省要求,将各省沙田官产事务划归各省直接办理,收入让与地方政府。

五 内、外债

国民政府时期,债务收入仍然是政府的重要收入来源。政府的债务负担仍很沉重。政府债务按发行主体划分,可分为国债和地方公债;按债务资金来源划分,可分为内债和外债。

(一)国债

1. 内债

国民政府的内债主要由面向社会公开发行的公债、国库券以及向银行和其他法人社团的借款构成。

国民政府初期,内债负担较轻,据统计,1927 年时,所欠内债总额为

22000 余万元。此后，为巩固其政权，国民政府以关、盐、统三税收入为担保，大量发行内债，到 1936 年为止，共发行了 26 亿元以上的内债。

内债主要用途是军费开支，此外尚有部分用于铁路等设施的修建或弥补政府临时性财政资金的不足。与此相适应，内债的期限结构以中长期公债为主。

此时期内，由于政府对内债的需求过大，社会闲置资金不足以满足其需求，迫使政府高息发债。当时公债的年息低者 6 厘，高者达 8 厘。此外许多公债还有折扣，例如，1929 年发行的"十八年赈灾公债"的年利率为 8 厘，折扣为 9.2 折。利息加上折扣，债权人年收益率可达到 8.7%。高息和折扣为政府筹措资金提供了便利条件，却抬高了金融市场的资金利率水平，对工商业经济的发展产生诸多不利影响，也大大加重了政府的偿债成本，最终酿成债务危机。1932 年，淞沪战争爆发后，银行资金周转失灵，政府公债价格急剧下跌，迫使政府停止内债的发行，并对已有内债进行整顿。1936 年的公债整理中，国家用统一公债调换旧债，并规定了各种债券的还本年限，才使国民政府渡过了债务危机。

抗战时期，为保证战争需要，国民政府大量发行公债。由于时局动荡，本币的市场信誉大大降低。许多内债的发行被迫用外币或黄金为计量单位。从 1937 年到 1944 年，不算其他政府部门和机构所借的债务，仅财政部发行的内债总额就达到 150 亿元。这其中还未包括以谷麦为计算单位发行的粮食债券。在 50 亿元的内债中，除 1937 年发行的救国公债在民间募集外，其余均未向社会公开发行，而是以总预约券的方式向银行进行抵押，由银行垫付款给政府。这种公债发行方式的实质类似银行透支，实际上是以货币发行来弥补政府的财政亏空。这正是造成抗战时期通货膨胀的原因之一。

抗战胜利后，政府内债规模不仅未随着抗日战争的结束而缩小，反而进一步扩大。由于通货膨胀严重，此时期在内债的发行上除少部分采用法币发行外，大部分采用美元、稻谷、黄金等为计量单位。此时期内债的发行情况见表 12 - 3：

表 12－3　　　　　　　　　　1946—1949 年内债发行情况

年份	项目	发行定额	实际发行额
1946	土地债券	3 亿元	3 亿元
	美金公债	4 亿元	8000 万元（美金）
1947	土地债券	1000 万石	1000 万石
1948	美金公债	4 亿元（美金）	不详
	公债	5.23 亿元（金圆券）	不详
1949	黄金公债	200 万两（黄金）	200 万两（黄金）
	黄金公债	1.36 亿元（美金）	不详

2. 外债

南京国民政府成立后，为维护政府在国际上的信誉，向国际社会承诺承认前北洋政府所欠的巨额外债，并根据不同情况予以偿还。为此，国民政府对北洋政府积欠的外债进行了整理。当时对这些外债分两种情况处理，对确有担保的外债，按期偿还本息；对无确实担保的外债，则"预存基金，协商整理"，即与每个债权国单独协商，寻求解决办法。从 1927 年到 1933 年，清偿有担保外债本息总额为银元 24900 余万元；承认归入整理的，到 1934 年 6 月止，共计银元 109600 余万元。缘此，国民政府成立伊始就背上了沉重的外债负担。

以国民政府承诺偿还旧债为前提，西方国家答应为国民政府提供新的借贷资金。1931 年从美国借入价值 900 万美元的小麦、麦粉外债，1933 年又借入价值 5000 万美元的棉、麦外债。此外，还为铁路建设多次举借外债。但所借外债实际多未用于铁路修建，而是被挪作他用。

抗战时期，为筹措军费，国民政府曾多次向苏联、美国等国借债。前期主要以苏联为主。当时，苏联为支援中国抗日战争，主动给国民政府提供了大量贷款。从 1937 年到 1939 年共计贷给中国政府 25000 万美金，其后又分两次贷给共计 5638.5 万余元美金的易货贷款。贷款为无抵押贷款，利息为 3 厘，中国用茶叶折价偿还。美国从 1939 年到 1942 年共向中国提供 4 笔易货借款和 1 笔信用借款，共计 62000 万美元。英国从 1939 年到 1944 年共向中国提供贷款 5800 余万英镑。此时期内，外债合计总额达 10 亿美元以上。此时期外债的借入有较大的积极意义，为抗日战争的胜利提供了重要的资金保证。

抗战胜利后，国民政府发动全面内战，为筹措巨额军费，继续大规模发行外债。此时期，直接参与第二次世界大战的英、法、德、日等国战后恢复、建设任务繁重，资金紧缺，自顾不暇。美国成为中国外债资金的主要来源。从1946年到1949年，美国共借给中国政府29笔贷款，总额达60亿美元。其中以物资"援助"为主，占贷款总额的82%。此时的外债为政府打内战、镇压本国百姓提供了经济支持，对中国产生的是巨大的破坏作用。

（二）地方公债

中国历史上，地方政府无权发行公债。地方公债肇始于庚子战后。由于庚子赔款的巨额负担，中央政府无暇顾及地方政府的财政需要，只好允许地方政府就地筹措财政资金，从此开了地方公债之先河。地方公债主要由省级政府发行。清末北洋政府时期，地方公债中既有内债，又有外债。中央政府无力控制地方公债的发行，因此造成地方公债的泛滥。尤其是：1917年以后，地方割据势力日益强大，地方公债的发行更处于失控状态。国民政府成立后，于1928年7月公布了《财政部关于发行公债及订借款项限制案》，对中央及地方政府的公债发行权限予以限制。《限制案》对地方公债发行作出如下限制性规定：省市政府的债务由省市财政厅办理，其他各厅局不得自行举办；举债用途专限建设有利事业，不得用于消耗途径；省市公债发行必须经财政部核明，如不经财政部核明，财政部可以通告取消之；各省收入解款及拨付基金及还本付息款数应按月报告财政部核查。《限制案》公布后，在一定程度上制止了地方政府乱发公债的现象，但仍时有省市未经呈准财政部而擅自发行公债的现象。

抗战时期，为加强国家财政的统一调度权，省级政府的预算纳入了国家预算，相应地，省公债停止发行，其以前发行的公债由中央政府负责统一偿还。因当时各省公债的发行情况比较混乱，有些公债的发行是经过财政部核准的，而有些是未经核准的。此外在公债发行条件、偿还期限及偿还方式上也是五花八门，各不相同。财政部被迫对省公债进行整理，区别省公债的性质，分别采取不同的处理方式。为结清省公债，财政部发行了一笔整理省债公债，专门用于省债的清偿。该次公债整理一直延续到抗战胜利之后。战后主要是对原敌占区抗战前省政府未偿还的公债进行整理。

有案可稽的省市公债发行数额，1927年至1934年共有170901.709亿元。

截至1943年6月省公债整理时，各省未偿还的债务余额合计为173677547元。

第四节　国民政府的财政支出

国民政府时期，中央财政与地方财政支出范围有了较明确的划分。中央财政主要负责全国性的支出，地方政府则主要负责地方性事务的支出。

一　中央政府支出

中央政府支出包括党务费、政务费、军费、债务费支出等多项内容，其中以军费、政务费和债务费支出为主，三项主要支出中又以军费支出最巨。

（一）党务费支出

国民政府时期，在一党专政的条件下，国民党的各项经费开支也从政府财政收入中拨付。其支出规模较小，一般保持在占财政支出总额的1%以下。1926年，该项支出的数额是404万元，占当年财政支出总额的比重为0.93%；1933年为4756172.31，占财政支出总额的0.71%；1936年该项支出为7675409.70元，占当年财政支出总额的0.39%；1945年，该项支出总额为13548520989元，占财政支出总额的1.3%。

（二）政务费支出

该项支出包括的内容很多，行政、立法、司法等机构的经费支出以及国家用于社会发展的支出均包括在内。其具体支出项目分为国务费、内务费、外交费、财务费、教育文化费、实业费、交通费、蒙藏费、建设费、补助费、抚恤费、救济费等十余项。其中的补助费是指中央政府拨给地方政府的财政补助款。在此，我们将实业费、交通费、建设费、教育费等项目略而不述，只介绍其实际用于政府自身的政务费支出。

抗战爆发前，政务费支出占财政支出总额的比重相对较大，以1933年为例，当年中央政府预算中，政务费开支总额为68079984.03元，占财政支出总额的比重为8.55%。其各项支出中，占首位的是中央向地方财政的补助拨款，为32001332.81元，占政务费支出的比重为47.01%；其次是行政、立法、司法、监察等国家机构的经费开支，1933年为15473112.68元，占政务费支出总额的比重为22.73%。

政务费支出中，中央向地方政府拨付的财政补助支出之所以占如此大比重，其原因在于裁厘过程中，地方政府的财政收入大为减少。为保证地方财政支出不受影响，以换取地方政府对裁厘的支持，中央政府大幅度的增加了对地方的财政补助支出。裁厘完成后，预算中财政补助支出占政务费支出总额的比重逐渐下降。

抗战时期，政府对预算的类级科目进行了调整，政务费支出中的各个项目升为类级科目单独列入预算。1941 年用于政府政务支出的各项支出，包括政权行使、国务、行政、立法、司法、考试、监察、外交、侨务、财务等项支出的预算支出总额为 341193812.81 元，占经常性支出总额的比重大为降低，为 4.7%。这主要是为保证战争需要，而不得不压缩政府自身经费开支的结果。

（三）军费支出

国民政府统治时期，从头到尾，军费开支一直是占财政支出比重最大的支出项目。1927 年，国民政府获得北伐战争的胜利，统一了全国，当年其军费开支占财政支出总额的比重高达 88.4%。其后，军费开支占财政支出总额的比重虽在不断下降，但在预算类级科目中，仍是各支出项目中比重最大的项目。1936 年，该项支出所占比重仍达 29.3%。如果再考虑到政府有意识地转移到其他支出项下的军费支出项目的话（例如，从 1930 年开始，国民政府将国防建设费开支列入一般建设费开支项下），该项支出的实际比重比账面上的数字高得多。

抗战期间，军费开支再次陡增，1937 年预算中，该项支出占财政支出总额的比重达到 66.4%；1945 年高达 87.3%。

抗战胜利后，国民政府又重新挑起内战，军费开支比重居高不下。据有关资料统计，1946 年军费开支占财政支出的实际比重高达 86%，1947 年、1948 年的军费实际开支超过最初预算数的 3 倍和 4 倍。

上述资料显示，在国民政府统治的 22 年中，中国一直处于战乱之中。战争不仅打破了人民安宁的生活，而且将国民经济拖到了崩溃的边缘。

（四）实业费、交通费和建设费支出

国民政府统一全国后，借鉴西方国家的经验，政府对有关国计民生的部门给予一定的财政投资支持。如在公共基础设施建设上，曾投入财政资金进行铁路建设。抗战前，实业费、交通费和建设费支出列在政务费项内，1933年其支出额分别为：实业费 1578072.12 元；交通费 4909033.96 元；建设费 6812363.67 元，三项合计占经常性支出总额的比重为 1.73%。

抗战时期，实业费、交通费的支出有所减少，但建设事业专款基金有所增加。1938 年上述三项支出合计为 368555961 元，占经常性支出的比重为 28.49%。其中，建设事业专款基金一项的支出数达 365531464 元，占三项支出总额的比重高达 99.18%。而当时的建设事业专款基金中包括用于国防项目的建设支出，并不是全部用于社会经济建设。

抗战胜利后，国家预算的科目改按政府部门设置，1946 年中央预算中，经济部、交通部主管的支出总额为 1099319000 元，占经常性预算支出总额的比重约为 8%。

从各时期三项支出所占的比重可以看出，国民政府时期，政府对公共基础设施及社会经济建设的财政投入规模很小，很难对经济发展产生大的支持作用。其原因也与前面提到的军费开支负担过重有密切关系。

（五）教育文化费支出

国民政府初期，教育文化费支出作为政务费支出中的子项目，其支出数额较小。1933 年该项支出的实际支出额为 13338008.28 元，占政务费支出总额的比重为 13.49%，占经常性支出总额的比重为 1.73%。

抗战时期，教育文化支出从政务费中分列出来，升为类级科目。1941 年该项支出的预算数字为 186618567.48 元，占经常性支出总额的比重为 5.85%。

抗战胜利后，该项支出 1946 年的预算数字是 4467411000 元，占经常性支出总额的 0.32%。

（六）债务支出

国民政府时期，财政支出对债务收入的依赖程度很高，内、外债规模颇大。因此，其每年的偿债支出负担很沉重。1933 年中央政府的债务费、赔款费支出合计总额为 244278238.64 元，占经常性支出总额的比重为 31.76%。

抗战期间，该项支出的绝对额增加，但占经常性支出的比重却大幅度下降。1941 年的预算数字为 896153705.33 元，占经常性支出的比重为 8.34%。

抗战胜利后，债务支出的绝对额与相对规模均大大缩减。1946 年其预算支出额为 56934374000 元，占经常性支出的 4.12%。

值得指出的是，上述分析中，使用的多是预算数字。由于当时预算的法律地位尚未真正确立，预算执行的实际结果往往与最初的预算数字相差甚远。从国民政府岁计局 1949 年编制的 1931—1937 年各项收支预算数与实收数比较表中可以看到其中的差距（见表 12-4）。

表 12-4 历年各项支出预算数与实收数之比较 单位：国币百万元

年度	军费		经济建设		教育文化		社会救济		债务支出		其他支出	
	预算数	实支数	预算数	实支数	预算数	实支数	预算数	实支数	预算数	实支数	预算数	实支数
1931	297	303	14	1	19	6	—	—	343	158	220	104
1932	43	339	21	3	19	13	—	—	224	151	203	85
1933	297	386	13	8	19	13	—	—	266	333	164	152
1934	368	387	57	44	36	32	—	—	369	456	428	307
1935	373	362	89	51	40	36	—	—	277	359	307	543
1936	547	555	72	126	46	46	—	—	309	835	361	425
1937	417	1388	507	175	38	36	3	—	353	374	148	130

资料来源：《国民政府财政金融税收档案史料》（1927—1937 年），中国财政经济出版社 1997 年版，第 287 页。

从中央政府上述财政支出内容可以看出，当时政府职能的重心放在消除异己、巩固统治、国防安全和国家机器的运转上，对社会经济发展及人民生活水平的提高等方面关注不够，投入很少。这与当时国际上流行的古典政治经济学派政府不干预经济的主张有关，更与中国当时政局动荡、内忧外患交加的客观现实有着密不可分的关系。

二 地方政府支出

南京国民政府成立后，在北洋政府划分国地收支的基础上，确立了分级预算的财政管理体制。根据 1928 年第一次全国财政会议通过的《划分国家支出地方支出标准案》的规定，由地方政府负责的财政支出项目共计 13 项：地方党务费、地方立法费、地方行政费、公安费、地方司法费、地方教育费、地方财务费、地方农矿工商费、公有事业费、地方工程费、地方卫生费、地方救恤费和地方债款偿还费。

由于各省地域大小不同、经济发展水平差别大，财政收支规模上有很大差异。就拿财政支出总规模来说，1933 年支出规模最大的河北省的支出（支出总额为 25772831 元）是支出规模最小的云南省（支出总额为 3625472 元）的 7.11 倍。故此省与省之间在不同支出项目的分配比例上也有很大差别。下面通过对部分有代表性的省份在不同支出项目上分配比例差异的分析来介绍一下地方政府的财政支出状况。

在地方政府的支出中，占比重较大的支出项目主要有行政费、司法费、公安费、财务费和教育费支出。

部分经济较发达或情况特殊的省份，其财政支出以公安费为最主要支出。该项支出在财政支出总额中位居第一的主要有山东、上海、北平、福建、贵州等省市。其中较高的几个省的情况如下：1933 年，山东该项支出概算总额为 5514104 元，占其财政支出总额的比重为 23.39%；上海该项支出的概算总额为 3429056 元，所占比重为 30.38%；北平该项支出概算总额为 2091469 元，所占比重为 40.29%。

另有部分省市则以行政费开支为最大的支出项目，如云南、河南、宁夏、青海、威海等省市。其中，云南 1933 年该项支出所占比重为 18.85%；河南为 20.25%；宁夏为 29.55%；青海为 33.81%；威海市为 34.50%。

此外，尚有少部分省市是以教育支出为最主要的支出项目。如江苏、安徽、湖南等省。1933 年，江苏教育支出占其财政支出总额的比重为 20.45%；安徽省为 24.27%；湖南省为 18.46%。个别省份则以债务支出或协助费支出为首位支出。如：湖北省 1933 年债务支出占其财政支出总额的比重为 23.63%，浙江省该比重为 29.70%，均为第一位的支出项目。河北省则以协助费为最主要的支出项目。1933 年的支出概算中，该项支出占的比重为 23.96%。救恤费和地方债款偿还费。

从上述分析可知，抗战前，各地方政府财政支出的差异较大，支出的重心各有不同，而这种不同，往往是由当地的社会经济发展水平或地理环境所决定的。

抗战期间，为增强中央政府战时统筹能力，凝聚财力，更有效地抵御侵略者，国民政府于 1941 年公布了《改订财政收支系统实施纲要》和《财政收支系统分类表》，将省级财政和院辖市财政与中央政府财政合并为国家财政，将县级财政作为新的地方自治体系的主体。而且对各自的财政收支作了重新划分。

按 1943 年国民政府下达的《战时县市预算编审办法》的规定，重新划分后的县市财政支出分经常性支出、临时性支出两部分。经常性支出项目包括行政支出、教育文化支出、经济及建设支出、卫生支出、社会及救济支出、保安支出、财务支出、债务支出、公务员退休及抚恤支出、补助及协助支出、信托管理支出、其他支出、预备金等共计 13 项支出；临时性支出项目的名目与经常性支出基本相同，区别仅在于列入临时性支出中的项目多为一些临时发生的支出项目，如临时行政支出中主要包括县市政府临时费、县市行政会议经费、表报簿籍印刷费、统计调查费、视察经费、兵役粮政宣传费等，均为常规支出之外的费用支出。

1943 年，16 个省的县市预算中各支出项目的支出规模大致情况如下：占支出总额比重最大的支出项目是其他支出（据当年地方政府岁出总预算书的规定，其他支出中包括公务员生活补助经费、其他经费），所占比重为28.25%；其次是行政支出，所占比重为 19.72%；再次为教育文化支出，占 15.48%。

抗战胜利后，国民政府于 1946 年 7 月再次改订财政收支系统，将省及院辖市财政重新划归地方财政系统。改订后，地方政府的支出项目大致与先前相同。

第五节　财政管理机构和制度

一　财政管理机构

国民政府时期，主管全国财政事务的机构是财政部，同时辅之以其他一些机构。财政部设立于国民政府成立之初。1925 年 7 月国民政府公布了《财政部组织法》，并据此成立了财政部。最初财政部机构设置比较简单，下设秘书、第一局、第二局、第三局。

南京国民政府成立后，于 1927 年 8 月对《财政部组织法》进行了修订，据此对财政部内部机构设置进行了调整。调整后的财政部机构设置与北洋政府时期基本相同，也设有总务厅、参事厅、赋税、钱币、公债、会计和国库等五个司，外加关税、盐务、禁烟、土地等四个处。该法还对财政部下设机构的职责范围作了明确规定。此后，财政部内部机构设置随其管理职能的变化、财政收支内容的调整以及人事任命的更替而多次进行调整，机构的分设、合并、增加、撤销时有发生。

1934 年，国民政府再次修订《财政部组织法》，对财政部的机构设置、财政部的职权范围以及各下设机构的职责范围等都作了较明确的规定。至此，财政部内部机构设置基本趋于完备。此时的财政部下设一厅、一处、三署、六司，即参事厅、秘书处、关务署、盐务署、税务署、总务司、赋税司、公债司、钱币司、国库司、会计司。除上述机构外，还设有为国家制定财政政策出谋划策、带有智囊团性质的几大委员会，包括盐务稽核总所及各分支机关、税务整理研究委员会、国定税则委员会、会计委员会、币制研究委员会、整理地方捐税委员会、财政整理会、财政特派员公署。这些机构直隶财政部秘书处。此外还有造币厂、北平印刷局等附属机构。

根据 1934 年 11 月修订的《财政部组织法草案》规定，财政部的职能是管理全国财务行政事务。凡全国财政收支、税赋的征课、有关收支制度的制定推行、国库的监督、支付命令的签发等均由财政部负责。财政部的权限一是对于各地方最高行政长官执行本部主管事务有指示监督之责；二是就主管事务对于各地方最高行政长官之命令或处分认为有违背法令或逾越权限者，得提经行政院会议议决后停止或撤销之；三是财政部经行政院会议及立法院之议决得增置裁并各署、司、委员会及其他机关。

为加强对财政部各项职责履行情况的监督，国民政府还在财政部外设立了监察、审计系统。该组织于 1927 年设立，最初称为财政监察委员会，1928年改称预算委员会，直隶于国民政府。1929 年 2 月又改称财政委员会，并扩大了其职权范围。其不仅拥有议决预、决算权，而且拥有财政决策权。1930年，国民政府取消了该机构，将其职权交给中央政治会议。

抗战时期，为保证战争对财政资金的需要，国民政府加强了财政部的职权，并对财政部内部机构设置进行了调整。1943 年 3 月国民政府公布了修订后的《财政部组织法》，规定：财政部下设国库署、直接税署、关务署、税务署、缉私署、钱币司、公债司、盐政司、专卖事业司、地方财政司、总务司、人事处。此外，根据战时的特殊需要，还设立了贸易委员会、田赋管理委员会、货运管理局、公债筹募委员会、花纱布管制局、财政研究委员会、金融研究委员会、设计考核委员会等机构。这些机构多属临时性机构，抗战后期及抗战胜利后，上述机构陆续撤销或合并于其他部门。

国民政府时期，随着分级预算制度的确立，地方政府财政机构逐步建立。初时，中央政府在各省设立的财政厅改归省级政府，负责地方政府财政收支事项，同时兼管中央政府财政收入的征管工作。财政厅下设秘书、总务、征管、制用等机构。1929 年 1 月国民政府公布了《修正财政特派员暂行章程》，规定：财政部在各省设置财政特派员。由特派员接管各省财政厅代管之一切国税及其机关。此后，各省财政厅专门负责地方财政收支的管理工作。

1927 年公布的《国民政府财政部会计则例》规定，凡收支款项分为国库、省库两种。据此各省建立了省库。1931 年 11 月公布的《预算章程》规定，地方政府的预算编制工作由各省财政厅负责。

此后，凡属省库出纳、省税征收、省公债募集和偿还、省公产的管理等事物均由省财政厅掌管。各市县政府则设有财政局（科），掌管本市县的各项财政事务。财政局（科）下设总务、经征、会计等机构。

二　财政管理体制

国民政府时期，财政管理体制在北洋政府时期的分级预算管理体制的基础上进一步发展完善。1926 年，国民党第二次全国代表大会通过的财政决议案中明确规定，政府在财政方面的工作重点是统一财政，建立一个收支平衡的国家及地方预算。其具体内容一是明确划分中央政府与地方政府的财政收支；二是规定地方预算须呈交国民政府。并规定，地方政府财政收入不足部分由中央政府予以补助。南京国民政府成立后，据上述决议对中央地方财政作了明确的划分。此后，分级预算制度基本确立。政府预算分中央政府和地方政府两级。两级政府独立编制自己的预算，有自己的较固定的收支。地方政府由省级政府和其下的县级政府组成，地方预算的权力集中在省政府手中，县级政府只是省级政府的派出机构，没有独立的财政收支和财政权限。

在财政管理体制建设上，值得提出的是都市财政的确立。清政府随着现代工商业的发展，城市化有了较大的发展，城市在国家行政区划上的法律地位问题初步得到社会的关注，清政府曾公布京师地方自治章程。但此时期，独立的城市财政体系并未确立。北洋政府时期，北京率先在全国设立市政管理机关，城市财政初露端倪。此后，全国城市建设蓬勃兴起。1922年北洋政府曾公布市自治章程，将城市分为特别市与普通市，这意味着地方政府所在的城市，作为一级政府的法律地位得到了确认。但此时期，关于市级政府的财源问题并未作出明确规定。

国民政府建立后，先于1926年颁布特别市组织法，后于1930年颁布了市组织法，将城市分为直隶行政院市和直隶省政府市两级。当时直隶行政院的城市有南京、上海、北平、广州和青岛等五个城市。院辖市的地位与省政府相捋，拥有自己独立的财政收入和支出。城市财政由此诞生。

在财政管理体制上，国民政府对中央政府与地方政府的财政收支划分曾进行过多次调整，使分级财政管理体制渐趋完善。

1928年11月公布的《划分国家收入地方收入标准案》，对中央政府与地方政府的财政收入划分作了如下规定：国家收入为盐税、海关税及内地税、常关税、烟酒税、卷烟税、煤油税、厘金及一切类似厘金的通过税、邮包税、印花税、交易所税、公司及商标注册税、沿海渔业税等15项；地方政府的收入为田赋、契税、牙税、当税、屠宰税、内地渔业税、船捐、房捐、地方财产收入、地方营业收入、地方行政收入、其他收入等12项。此外，根据《标准案》的规定，裁厘完成后开征的营业税也将成为地方政府的重要财源。另据1928年公布的《特别市组织法》规定，市政府的财政收入来源包括土地税、土地增值税、房捐、营业税、牌照税、码头税、广告税、市公产收入、市营业收入等。1931年颁布《市组织法》时，又取消了土地增值税与码头税。

通过上述规定，各级政府均有了自己的相对独立的财源，为执行政府的各项职能提供了物质保证。

此次划分国地收入体系的最大特点是将田赋划归地方政府。在此之前，地方政府的财政收入主要依赖于各种税收附加，没有大的固定财源。将收入不菲的田赋划归地方政府，对加强地方政府的公共服务能力有非常重要的意义。同时也显示了国民政府建设分级财政的决心。其次，将厘金以及类似厘金的财政收入从地方政府手中收回，也是此次国地收入体系划分的一大重点。

这为其后国民政府废除厘金奠定了非常重要的基础，有效地避免了地方政府因局部利益而干扰国家财政制度的总体改革。尽管其后实施过程中，厘金收入并未真正收归中央政府。但缘此规定，裁厘后，取代厘金地位的统税则完全收归中央政府，成为中央政府的主要财政收入来源。

1930 年 2 月，国民政府又颁布了《财政收支系统法原则》，对国地收支划分作了调整。这次调整的特点之一是将市政府与其他地方政府放在一起，统一划分财源。该《原则》规定：营业税为省（院辖市）税；土地税、营业牌照税、使用牌照税、行为取缔税为县（省辖市）税；房屋税为省、市、县税。其特点之二是设立了中央地方共享收入。《原则》规定：所得税、遗产税为共分税。虽然此处所列举的共分税尚在酝酿之中，还未开征，但共分税的设立仍有其十分重要的意义。它在加强中央政府对地方政府的调节能力、兼顾中央、地方利益等方面都起着重要作用，是分级预算趋于完善的标志。此外，该《原则》还强调了中央政府财政收入不容侵犯的原则。指出，凡属中央政府的收入，地方不得重征，并不得以任何名目征收附加捐费。该规定在保证中央政府收入的同时，制止了地方政府乱征税收附加、增加百姓负担的现象。《原则》强调指出，货物税及货物专卖收入均属中央政府所有，地方政府一律不得征收。从而有效地防止了地方政府对商品流通的重复征税现象，对全国统一市场的形成颇为有利。

在明确划分国地财政收入的同时，国民政府还对国地财政支出上的分工作了明确规定。先是在 1927 年，公布了《国地支出标准案》，后又在 1928 年夏对其作了修订。修订后的《标准案》规定：地方政府的财政支出包括地方党务费、地方立法费、地方行政费、公安费、地方司法费、地方教育费、地方财务费、地方农矿工商费、公有事业费、地方工程费、地方卫生费、地方救恤费、地方债款偿还费等，共计 13 项。

《国地支出标准案》的公布具有很大的意义。它的公布，使得各级政府的职责分工有了明确的依据。

在国民政府初期，分级预算只是在中央和省级政府进行，而省与其下辖县市之间的财政收支未作进一步划分。1934 年，国民政府第二次全国财政会议上，曾拟订《划分省县收支原则》，就解决此问题作出一些初步规定。据此，1935 年公布的《财政收支系统法》将分级预算的结构定为三级预算，地方预算由省（院辖市）和县（市）两级构成。并明确规定了各级预算的财源和支出范围。县市自治财政的收入由税课收入、特赋收入、惩罚及赔偿收入、规费收入、代管项下收入、代办项下收入、物品售价收入、租金使用费及特许费收入、利息及利润收入、公有营业及事业之盈余收入、补助收入、赠与及遗赠收入、财产及权利售价收入、收回资本收入、公债收入、长期赊借收入和其他收入组成。其中的税课收入中包括土地税、房屋税、营业牌照税、使用牌照税、行为取缔税、由中央分给之所得税、由中央分给之遗产税、由省分给之营业税等；县市自治财政的支出项目有政权行使支出、行政支出、立法支出、教育及文化支出、经济及建设支出、卫生及治疗支出、保育及救济支出、营业投资及维持支出、保安支出、财务支出、债务支出、公务人员退休及抚恤支出、损失支出、信托管理支出、普通协助及补助支出和其他支出等。

该规定出台后，受时局影响，一时未能付诸实施，直到1939年国民政府公布了《县各级组织纲要》后，县市财政才得以建立。

抗战时期，为加强中央政府在战时的调控调度能力，1941年制定了《改进财政收支系统统筹整理分配以应抗战需要而奠地方自治基础藉使全国事业克臻平均发展》的议案。该议案规定：全国财政分为国家财政与自治财政两大系统；国家财政系统包括中央及省两级财政，通盘筹划，统一支配；自治财政系统以县为单位；国家财政系统的收入由原属国家预算的收入和原属省政府预算的收入组成。国家预算支出分普通政务预算及特别建设预算两大部分。普通政务预算包括中央及省所有管、教、养、卫各项经常性和临时性支出；特别建设预算以中央及省所需兴办之事业，按其需要与财力所及安排；自治财政预算由各县编制。其税收由中央设立的税务机关代其收纳划拨，其规费收入由各县按法律规定自行征收。自治财政的支出由中央规定科目，依一定标准编造预算，送经民意机关同意后，再由省呈请中央核定。

该规定的出台，大大加强了中央政府的财政权限，自治财政部分的收支都由中央财政控制，地方财政实际上已是名存实亡。这种体制是战争的产物，它对强化中央政府的权力、积聚全国的力量抗击外敌入侵有非常重要的作用。

抗战胜利后，国民政府调整了财政管理体制，从原来的过度集权重新走向分权。1946年公布的《修正财政收支系统法》重新将财政收支系统划分为中央、省（市）、县（市）三级。并对各级政府的财源作了详细划分。按规定，属于中央政府的财政收入包括营业税（由院辖市以30%比例划归中央）、土地税（省县市地方以30%划归中央，院辖市以40%划归中央）、遗产税（省县市30%，直辖市15%）、印花税、所得税、特种营业税、关税、货物税、盐税；属于省政府的收入包括营业税（总收入的50%）、土地税（总收入的20%）、契税附加；属于院辖市的收入包括营业税（总收入的70%）、土地税（总收入的60%）、契税、契税附加、遗产税（中央分给15%）、土地改良物税（房捐）、屠宰税、营业牌照税、使用牌照税、筵席及娱乐税；县（市）政府的财政收入包括营业税（省分给50%）、土地税（总收入的50%）、契税、遗产税（中央分给30%）、土地改良物税（房捐）、屠宰税、营业牌照税、使用牌照税、筵席及娱乐税。

　　为照顾特殊地区的特殊情况，抗战胜利后，国民政府还对少数特殊地区实行了特殊的财政管理体制。其中最主要的就是对台湾省实行的特殊预算制度。国民政府从日伪政权手中接管台湾省后，允许台湾省单独发行台币，单独编制台湾省特别预算。其财政收入中，除关、盐两税由中央政府派出机构负责征收，其收入归中央政府以外，其他所有收入，不分中央收入、地方收入，统统归入台湾省特别预算，由台湾省政府支配使用。另外，其军费、司法费开支由中央政府负责支拨。这种特殊预算管理体制对台湾省战后经济、社会生活的迅速恢复产生了积极的促进作用。

　　如果将国民政府不同时期采取的财政管理体制作一个比较的话，可以总结出以下几个特点：

　　其一是财政管理体制的发展方向是在朝着分权化的方向发展，地方政府的财政权限逐步扩大。这集中体现在收入的划分方法上。国民政府成立初期，地方政府的自有收入主要以税收附加收入为主，其收入额十分有限，收入来源也很不稳定；国民政府中期，地方政府已拥有了一些固定的税种，作为其收入来源，其收入的保障性得到加强。但此时属于地方的税种仍多是些小税种，收入仍有限；国民政府后期，许多税源充足的税种不再由中央政府独享，而是在中央与地方政府之间按一定比例分配，这就进一步扩大了地方政府的财源，其收入的保障程度也进一步提高。

　　其二，中央政府与地方政府的利益渐趋一致。在早期以税收附加作为地方政府主要财源的情况下，地方政府与中央政府的利益是一致的，财政收入总额越多，地方政府的财政收入也越多。但在中期，地方政府的财源改以一些独立的小税种为主后，中央政府与地方政府的财政利益就有了区别，这种管理体制不利于协调中央与地方政府的行为。而后期将税源充足的税种作为共享税，则使各级政府的利益得到统一和协调，可以促使各级政府共同注重财源的培养，增加财政收入，也可以在一定程度上避免地方政府巧立名目，搜刮百姓。

其三，财政管理体制的制定法制化程度渐趋加强。国民政府早期，有关财政管理体制的制度由政府部门制定并颁布执行，未经过立法程序所公布的制度称作"标准案"。30 年代以后，财政管理体制的制定逐渐改为由政府部门制定，经过立法机构审议批准后公布执行，所公布的制度称作"法"。这较之先前无疑是前进了一步。

从制度本身来看，抗战胜利后，国民政府的财政管理体制已趋于完善。但此时国民政府的统治已到了崩溃边缘，即使再好的财政管理体制也已无法挽救其败局。其失败的命运也注定了其所制定的财政管理体制最终成为一纸空文。

三　预、决算管理制度

国民政府的预决算制度，较之北洋政府的预决算制度有所改进。在预算编制上，最初只有临时性规定，财政部每年就预算编制方法下达文件。

1931 年 11 月，国民政府公布了《预算章程》，对各级政府的预算编制作了长期的制度性规定。《章程》规定：以每年的 7 月 1 日至次年的 6 月 30 日为一个会计年度；年度预算分为国家及地方两部分，按照国家规定的收支划分标准分别编制；每一年度内的所有收入、支出都必须编入预算；年度预算在未经国民政府主计处编成总预算案以前称为概算；各机关所编制的本级概算称为第一级概算，中央各主管机关汇总一级概算而编制成的概算以及各省政府及各院辖市政府汇总一级地方政府概算而编制成的省、市概算为第二级概算，国民政府主计处汇总第二级概算编制的概算为第三级概算。主计处编制的第三级概算须交中央政治会议核定。主计处根据中央政治会议核定后的第三级概算编制总预算。所编制的总预算交由行政院提交立法院核议。此外，该《章程》还就预备费的设立、预算的执行以及地方预算的编制、审议等问题作了具体规定。

1932 年 9 月国民政府又颁布了《预算法》，对预算制度作了修订。修订后的预算制度较原来的预算制度规定更为详细。

决算制度在国民政府时期也得到落实。1929 年为编制 1928 年度决算，国民政府制定了《编制十七年度决算章程》。规定：京内外各级机关编制中央地方及特别会计年度决算均照本章程办理。1932 年 10 月国民政府公布了《暂行决算章程》，对决算制度作了进一步规定。1938 年 8 月，国民政府公布了《决算法》，预算法和决算法的出台，说明预、决算制度步入了法制法轨道。

国民政府预算制度的另一重要特点是预算会计的超然化。国民政府成立初期，财政预算、决算、会计、统计等项事务均由财政部会计司负责。30 年代初，为加强对财政收支的会计管理，国民政府提出超然主计制度的设想，主张由原来的财政部门自行办理岁计、会计、统计事务改为由一个超然于财政机构的独立部门为所有政府机构办理岁计、会计、统计事务。为此，1930 年公布了《国民政府主计处组织法》，依据此法于 1931 年成立了主计处。主计处直隶于国民政府，总揽全国岁计、会计、统计事务。主计处根据各政府机构收支事务的繁简，在其下设置会计、统计室。为其办理有关岁计、会计、统计等事务，主办人员直接对主计处负责，并依法受所在机构主管人员的指挥。这种将政府各部门的会计业务统一交给一个专门机构管理的办法，可以使会计人员本身与财政收支所引起的直接物质利益相分离，与所在单位的物质利益相分离，同时也使会计人员摆脱了单位领导的制约和束缚，处于较为超脱的地位，有利于其对政府财政收支进行有效的监督管理。

四　国库制度

国民政府时期，在国库制度建设上做了许多工作。北洋政府时期，国库形同虚设，随意截留财政收入、坐支挪用等现象屡见不鲜。国民政府成立后，在国库管理制度上，先是在 1927 年 7 月颁布的《会计则例》中对国库收支程序作了初步规定。1928 年 3 月，又授予中央银行代理国库的特权。国库制度初步确立。

1933 年 2 月，国民政府针对当时一些机关存在的不按规定程序上缴收入、请领经费的情况，又公布了《中央各机关经管收支款项由国库统一处理办法》。规定：中央各部会直接收入款及其所属非营业机关收入款与营业机关盈余款或摊解非营业之经费均须解缴国库核收；中央各部会及其所属机关经费均由国库统筹核拨。并对收入解缴国库和支出拨付的程序、收付过程中统一使用的收付款凭证等作了较全面的规定。此后，凡是中央政府的财政收入或支出都必须通过国库进行收付，国库在财政收支过程中的管理作用大大加强。地方财政建立后，地方政府财政收支也比照中央政府的做法予以管理。

1939 年 6 月，为加强国库对财政资金的统一管理权，国民政府又公布了《公库法》和《公库法施行细则》。该法从管理对象和管理内容两方面扩大了公库的管理范围。公库的管理对象从原来的中央政府扩大到各级政府，其管理内容不仅包括政府的各项财政收支，而且还包括其动产和不动产。该法规定：各级政府机关之现金、票据、证券之出纳、保管、转移及财产契据等之保管事务，均应由代理国库之指定银行或邮政机关代理，不得自行办理；财政部为国库主管机关，办理国库行政事务，中央银行为代理国库机关，办理国库出纳业务，审计部办理国库审核事务，国库主管机关主办会计人员办理国库会计事务。并对公库出纳程序以及所使用的各种书证作了明确规定。《公库法》构建了一个行政、公库、会计、审计四权分立、相互监督制约的公库管理体系。为配合该法的实施，国民政府还进行了公库建设。财政部与中央银行签订代理国库契约。中央银行再与中国银行、交通银行、中国农民银行订立代理国库契约，委托其在全国各地的机构代行国库职责。由此建立起了较完整的国库网络体系。到 1942 年，全国各地共设立国库达 737 处。国库网络体系的建立对加强财政收支的管理，避免各政府机构随意支取、挪用财政资金，防止财政收入流失起到了非常重要的作用，满足了政府对巨额战争经费的需求，为抗日战争的胜利提供了坚实的物质保证。抗战胜利后，国民政府于 1946 年 5 月对《公库法》进行了修订。修订后，形成了国库、省（市）库、县（市）库三级公库体系，四权分立的公库管理制度进一步完善。

复习思考题

1. 简述国民政府时期经济发展的特点。
2. 简述国民政府时期政府财政的特点。

3. 论国民政府20年代"财政整理"的内容及意义。

4. 简述国民政府时期间接税税收体系的构成。

5. 简述统税的起源及开征意义。

6. 论国民政府所得税征收制度的建立过程及内容。

7. 简述国民政府时期中央政府财政支出的结构。

8. 简述国民政府时期地方政府财政支出的结构。

9. 简述1928年公布的《划分国家收入地方收入标准案》对中央政府与地方政府财政收入的划分内容。

10. 论国民政府财政管理体制的特点。